D1720489

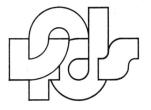

Heinz Küpper

Das Bundessoldatendeutsch

Verlag für deutsche Sprache (VfdS) GmbH·Wiesbaden
1978

Beihefte zur MUTTERSPRACHE, 3
Herausgegeben von der Gesellschaft für deutsche Sprache,
Wiesbaden

Redaktion: HELMUT WALTHER

ISBN 3-88228-001-8

Einbandentwurf: Bruno Ollik, Wiesbaden
© Verlag für deutsche Sprache (VfdS) GmbH · Wiesbaden
Gesamtherstellung:
Wiesbadener Graphische Betriebe GmbH, Wiesbaden
Printed in Germany

Inhalt

Vorwort

Den Wortschatz unserer Soldaten zusammenzutragen wurde mir seit 1969 ermöglicht durch ministerielle Genehmigung sowie durch einen auf zwei Jahre befristeten Forschungsauftrag der Deutschen Forschungsgemeinschaft. Am Ausfüllen meiner umfangreichen Frageliste beteiligten sich rund 30 000 Bundeswehrangehörige, vor allem die Mannschaften.

Bei der Erklärung der einzelnen Wörter und Redewendungen folgte ich im wesentlichen den Angaben der Befragten, weil es mir richtig erschien, von den Sprechern selber zu erfahren, warum diese Vokabeln geläufig sind. Etwaige Fehldeutungen ließen sich mit Hilfe von Fachkennern und Wörterbüchern leicht richtigstellen.

Um den Zusammenhang mit der Soldatensprache früherer Generationen zu wahren und zu verdeutlichen, suchte ich bei den einzelnen Wörtern das ungefähre Entstehungsjahr zu ermitteln. In vielen Fällen — gekennzeichnet durch »wohl älter« — mußte ich mich mit Vermutungen begnügen, weil mir die Benutzung der soldatensprachlichen Sammlung der beiden Weltkriege verwehrt wurde; von dieser Sammlung besitze ich lediglich Auszüge, die Herr Studiendirektor HANS ERNST MÜLLER 1942 angefertigt und mir nach seinem Tode zugeeignet hat. Vielleicht gelingt es durch dieses Buch, Kenner ausfindig zu machen, die meine unfreiwilligen Vermutungen bestätigen oder berichtigen.

Überhaupt ist beabsichtigt, diese erste Sammlung des Bundessoldatendeutsch fortzusetzen, weswegen jeder Kenner einschlägiger Vokabeln sich herzlich aufgefordert fühlen möge, dem Verfasser bei der Vervollständigung der guten Sache zu helfen.

Dr. HEINZ KÜPPER
Westerwaldstraße 82
D-5413 Bendorf 3

Einleitung

Bisher wurde die Soldatensprache nur während eines Krieges oder nach einem Krieg gesammelt: Der Krieg war der äußere Anlaß. Diese Veranlassung fehlt notwendig beim Bundessoldatendeutsch. Die Bundesrepublik Deutschland verweigert sich der Führung eines Angriffskrieges und stellt sich ausschließlich auf den Verteidigungsfall ein; auch gehört sie einer übernationalen Verteidigungsgemeinschaft an. Diese politischen und militärischen Gegebenheiten spiegeln sich in der Bundessoldatensprache deutlich wider. Wörterbuchgeschichtlich bringt das vorliegende Buch die erste Sammlung Soldatendeutsch, die nicht unter dem Eindruck eines Krieges entstanden ist.

Das in Friedenszeiten gewachsene Bundessoldatendeutsch hat keine innere, erlebte Beziehung zu Schlacht, Hauptkampflinie und Schützengraben, zu Verbandplatz, Kriegsgefangenschaft und Tod auf dem Schlachtfeld. Was an einschlägigen Vokabeln vorkommt, stammt nachweislich von Kriegsteilnehmern. In seinem selbständigen Vokabelteil entbehrt das Bundessoldatendeutsch eine große Zahl von Begriffen, die in Kriegszeiten selbstverständlich sind. Im Frieden werden kriegsähnliche Handlungen nur vorgetäuscht. Dazu dient das Manöver, das als *Kriegsspiel* aufgefaßt wird; es gibt Bezeichnungen wie *Karl-May-Festspiele* (wie in Bad Segeberg) oder *Indianerspiel* und *Räuber und Gendarm* in Erinnerung an beliebte Knabenspiele; andere halten das Manöver für einen *Betriebsausflug*, wie ihn das zivile Alltagsleben kennt. Die Formalausbildung ist den Wehrpflichtigen gern der *Alkoholverdunstungstag*.

Wie man im Bundessoldatendeutsch vergebens nach eigenständigen kriegerischen, kriegslüsternen oder feindnachbarlichen Vokabeln sucht, ist auch für Hurrapatriotismus kein Platz. Abgesehen von der Tatsache, daß manche Wörter und Wendungen die Einsicht in die Notwendigkeit und Bedeutung des Wehrdienstes erwartungsgemäß noch nicht belegen, richtet sich die Leidenschaftlichkeit des Bundeswehrsoldaten im Sinne der Grundsätze der Inneren Führung nicht auf Feindbilder, auch nicht auf Vergeltungssucht und Militarismus, geschweige denn auf Welteroberung: Seine Grundgesinnung ist geprägt durch die Vorstellung vom unentrinnbaren Zwang zum bewaffneten Frieden. Daher ist mit gutem Grund sein Sinnbildtier der Igel, von dem es schon 1904 bei WILHELM BUSCH heißt:

> Und allsogleich macht er sich rund,
> schließt seinen dichten Stachelbund
> und trotzt getrost der ganzen Welt
> bewaffnet, doch als Friedensheld.

Je länger der bewaffnete Friede den Krieg vereitelt, um so mehr ähneln die Lebensbedingungen beim »Bund« denen der Zivilisten. Der Wehrpflichtige verbringt — nach mündlicher Mitteilung eines Generals — von seinen 15 Monaten Dienstzeit rund ein Drittel außerhalb der Kaserne, und zwar vorwiegend in zivilen Kreisen, sei es bei den Eltern und Verwandten, sei es bei der Freundin oder im Sportverein, bei den Sanges- und Kegelbrüdern, bei den Nachwuchsorganisationen der politischen Parteien usw. Die jeden Freitagnachmittag und Sonntagabend zu beobachtende Verkehrsdichte auf den Ausfallstraßen des Standorts zeigt deutlich, in welch großem Umfang der Wochenendurlaub genutzt wird; bei den Soldaten nennt man es die *NATO-Rallye*. Dieses eine Wort beweist die Anziehungskraft der Freizeit und die magnetische Bindung an das zivile Leben, das sowohl durch die Motorisierung als auch durch die Urlaubsbestimmungen aufgewertet ist. Diese und ähnliche Tatsachen machen es zur Selbstverständlichkeit, auch auf die Freizeitvokabeln unserer Soldaten zu achten, obwohl sie mit dem Nurmilitärischen nichts zu tun haben. Dieselbe Notwendigkeit besteht lexikographisch auch beim heutigen Schülerdeutsch: Auch der für die Zeit außerhalb der Schule gültige Wortschatz ist organischer Bestandteil der Pennälersprache.

Stärker als in Kriegszeiten wird im Frieden der Soldatenwortschatz vom Leben in der Kaserne bestimmt. Hinsichtlich ihrer Grundeinstellung sind die Wehrpflichtigen natürlich nah verwandt mit den Schülern. Die Schulpflicht läßt bei vielen fast dieselbe Auffassung entstehen wie die Wehrpflicht. Schüler wie Wehrpflichtige empfinden sich als unfrei, halten sich voller Selbstmitleid an die Vorstellung von der Zugehörigkeit zur unterdrückten Mehrheit und werten daher Schule wie Kaserne als staatliche Einrichtungen des Freiheitsentzugs. Dies gilt allerdings nur für die Zeitspanne der Schul- oder Wehrpflicht: Längerdienende und Berufssoldaten verstehen sich ebensowenig als Häftlinge wie die Oberstufenschüler oder ihre gleichaltrigen Kameraden; die freie Entscheidung über die Dauer des Schulbesuchs oder der Verpflichtung zum Dienst mit der Waffe lassen Vokabeln der Unfreiheit im allgemeinen nicht zu. Die künftigen Abiturienten sowie die Längerdienenden werden fast ausschließlich von denen gehänselt und verunglimpft, die nur die Pflichtdauer einhalten. In dieser Frosch- oder Dackelperspektive ergibt sich ein bezeichnender Unterschied. Wer über die Schulpflicht hinaus Schüler bleibt, gilt bei den Grund- und Hauptschülern als »obergescheit«, als »feines Söhnchen« oder — in völliger Verkennung der Sozialpolitik — als Kind vermögender Eltern; hingegen halten uneinsichtige Wehrpflichtige die Freiwilligen und die Berufssoldaten für arbeitsträge, für Versager im Zivilleben oder für berechnende Beamtenanwärter. Sie nennen sie *Verpflichtungsprämienjäger, Leibeigene* oder *Rentenempfänger* und schimpfen sie *Zeit-Sau* oder — verkürzt — *Z-Sau*; die Zahl solcher Schelten ist erdrückend groß.

Hierbei ist zu bedenken, das die Ehrenkränkung der Berufssoldaten und überhaupt der Widerstand gegen das deutsche Militär keine nurdeutsche Angelegenheit sind. Vielmehr wurde die Saat der Verunglimpfung auch von den Siegermächten ausgestreut; die Zeitspanne von 1945 bis zur Aufstellung der Bundeswehr war mit Ungerechtigkeiten aller Art, mit Verhetzung und politischer Unsicherheit angefüllt. Angesichts solcher Benennungen müssen wir freilich bedenken, daß die jungen Leute, die seit Ende 1955 das Stammpersonal der Bundeswehr bildeten, aufgewachsen waren in einer Zeit antimilitärischer Strömungen — eine Folge der militärischen Niederlage Deutschlands im Jahr 1945. Der verständliche Geist des Widerspruchs, der auch namhafte Persönlichkeiten des öffentlichen Lebens beseelte, durfte Rechtens auch die damaligen Rekruten erfüllen;

kein Kenner der Verhältnisse konnte voraussetzen, daß die
Soldaten der fünfzehn ersten Jahre der Bundeswehr ihrer Wehrpflicht gern und mit Überzeugung nachkamen. — Daß diese und
ähnliche Strömungen heute völlig versandet sind, ist mit den
Vokabeln des Bundessoldatendeutsch noch nicht schlüssig zu
beweisen. Es ist dies wohl mehr als eine vorübergehende Er-
scheinung.

Die damaligen Wehrpflichtigen gehörten der kritisch und
zweiflerisch geprägten Generation an; ihr Denken beherrschte
und bestimmt noch immer der empfindliche Autoritäts- und
Traditionsverlust, aber auch die Abkehr von gedankenlosem
Untertanengeist. In ihrem frischen Freiheitsgefühl empfanden
und empfinden die Wehrpflichtigen jede Beschränkung als ein
Unrecht, als einen Verstoß gegen die Bestimmungen des Grund-
gesetzes. Nicht bloß den schon in ihrer Schulzeit spießgesellen-
haft verharmlosten Arrest fassen sie als einen unerlaubten Ein-
griff in ihre Freiheit auf, sondern auch die Gehorsamspflicht
gegenüber dem Befehl. Stets auf der Suche nach Zweck, Sinn
und Beweggrund einer Handlungsweise oder Anordnung, läßt
mancher Wehrpflichtige darin auch in der Kaserne nicht nach:
Weil er nicht aus freien Stücken Dienst tut und in seiner beruf-
lichen Entwicklung empfindlich beeinträchtigt wird, will er die
Einschränkung der Willensfreiheit begründet wissen. Seinen
vermeintlich bedrohten Freiheitsanspruch rettet mancher auf
dem Umweg über gespielte Selbsttäuschung: Er veralbert oder
verzerrt den Befehl zu einem *Wunsch des Vorgesetzten* und
deutet ihn spöttisch als *Anregung zu selbständigem Handeln*,
gelegentlich auch als *Witz*, der nicht ernst genommen wird.
Hinter solchen Ausdrücken verbirgt sich das Hadern mit der
Handlungsunfreiheit, der Kampf wider überlieferte Normen.

Ähnlich kritisch und ironisch ist auch die Einstellung der
Wehrpflichtigen zu den Wehrdienstverweigerern. Vom Standpunkt der vielbeschworenen Chancengleichheit her gesehen,
sind sie Gegenstand weniger von Neid als von Geringschätzung;
die schweigende Mehrheit wehrt sich auf ihre Weise gegen die
murrende Minderheit. Die Verweigerer werden verspottet als
Gewissensängstler und *Blindgänger* und *Drückeberger*; der
W-Fünfzehner sieht in ihnen *Staatskrüppel*, er nennt den Ver-

weigerer *Apo-Mann* oder — nach einer Fernsehserie — *Richard
Kimble*. Solche Leute gelten als üble *Verpisser* oder spöttisch
als *Taubenzüchter*, weil sie Friedenstauben zu züchten glauben.
Zum Zivildienst herangezogen, werden sie im Spott *zur
Nächstenliebe abkommandiert* und müssen im Rahmen der
Christenverfolgung als *Nachttopfschwenker*, *Pfannenschüttler*
oder *Blutrührer* tätig werden — lauter Bezeichnungen, die
früher nur dem Sanitätssoldaten galten; als Neuerung kommt
beim »Bund« der *Urinkellner* hinzu.

Wie der Zivilist formt auch der Soldat Tadel und Bestrafung
gern zu einer Ehrensache um: Er spricht von *Ehrendienst*,
während der Schüler die Strafarbeit *Ehrenaufgabe* nennt. Überhaupt ist Zivilisten wie Soldaten das Wort *Dienst* verhaßt. Sie
sagen *Job*, sie reden ironisch von *Freizeitbeschäftigung* (wor-
unter die Schüler die häuslichen Schularbeiten verstehen) und
kramen die alte Spottvokabel *Beschäftigungstheorie* hervor.
Gleichwohl ist ihnen auch dienstliches Unbeschäftigtsein zu-
wider; sie nennen es *Gammeln*: Schule wie Bundeswehr wie
Firma erscheinen einhellig als *Gammelhaufen*.

Solche Gleichheit der Denkweise drückt sich auch auf cha-
rakterlichem Gebiet aus. Die Eingewöhnung in eine Gruppe
Gleichaltriger, die Unterordnung unter den Geist der »Stube«
oder des Klassenzimmers, auch die nachdrückliche, handgreif-
liche Umerziehung des unkameradschaftlichen Schicksalsge-
nossen ergeben für Schule und Kaserne denselben Wortbe-
stand. Die Mannschaftsstube, die mit französischem *Appartement* ironisch im Wert gesteigert wird, ist als die kleinste militärische Erziehungseinheit zugleich die wichtigste und frucht-
barste Keimzelle des Bundessoldatendeutsch. Sie ist die Naht-
stelle zwischen dem Militärischen und dem Zivilen, zwischen
Bundeswehr und Zivilleben. Auf dem Umweg über die Er-
ziehung zur Gemeinschaftsfähigkeit entsteht hier eine Fülle
von volkstümlichen Bezeichnungen für die grundlegenden
Verhaltensweisen im militärischen und zivilen Alltag. Kamerad-
schaftlichkeit und Zuverlässigkeit werden gelobt; mit dem Mittel
der Kameradenjustiz zieht man den einordnungsunwilligen,
den einzelgängerischen oder den selbstsüchtigen Kameraden
zur Rechenschaft. Man verpönt Liebedienerei und Prahlerei,

ist ein Feind von Geschwätzigkeit und stopft dem unentwegten Nörgler den Mund. Titelsucht und Ordenslüsternheit werden angeprangert, und für Versager hat man beim »Bund« wie im Zivilleben einen reichhaltigen Schimpfwortkatalog. Wie unter Zivilisten wird die Dummheit aufs Korn genommen und der *Durchblicker* gepriesen. Kurz: Man bewegt sich vollauf in der zivilen Gedanken- und Vorstellungswelt. Der einschlägige Wortschatz entspricht bis auf sachbedingte Kleinigkeiten in solch starkem Maße der Denk- und Sprechweise der Heranwachsenden, daß man nicht durchgehends weiß, ob die Redewendung innerhalb oder außerhalb der Kaserne aufgekommen ist.

Dieser Eindruck verstärkt sich bei einem Blick auf Bezeichnungen für Erlebnisse, die der Soldat außerhalb der Kaserne haben kann, etwa im Urlaub, im Wirtshaus, beim Tanz, in der Freizeit und im Umgang mit dem anderen Geschlecht. Die Benennungen hierfür decken sich mit den Halbwüchsigen- und den Schülervokabeln. Diesen Wortschatz beherrscht der Wehrpflichtige bereits vor seiner Einberufung, so daß er also in dieser Hinsicht Zivilist bleibt.

Für das Bundessoldatendeutsch wichtig ist die Tatsache, daß die Bundeswehr nahezu genauso alt ist wie die Halbwüchsigensprache. Früher gab es zwischen Schülersprache und Studentendeutsch keinen Bedarf an einem Wortschatz für Heranwachsende; denn man begriff die jungen Leute nicht als besondere gesellschaftliche Gruppe. Dies änderte sich weltweit mit dem Ausgang des Zweiten Weltkriegs. Die Halbwüchsigen lehnten sich gegen die ältere Generation auf, und der geschäftstüchtige Handel entdeckte die Kinder der Wohlstandsgesellschaft als eine zunehmend anschaffungsfreudige Käuferschicht. Je mehr man auf die Halbwüchsigen aufmerksam wurde und je nachdrücklicher die Heranwachsenden ihren eigenen Lebens- und Erlebnisstil zu entwickeln und durchzusetzen verstanden, um so natürlicher wurde das Verlangen nach einem eigenen Wortschatz: Auch sprachlich wollte man sich gegen das Überkommene absetzen. In diesem sprachlichen Neubeginn wuchsen die Bundeswehrsoldaten auf. Daher ist das Halbwüchsigendeutsch besonders stark in der Bundessoldatensprache vertreten, wie ja überhaupt das Bundessoldatendeutsch mit dem zivilen Alltagsdeutsch weit stärker verzahnt und verzapft ist, als es vor 1945 jemals der Fall war. Die Übereinstimmungen sind ungleich größer als die Unterschiede. Im Sprachlichen ist die Bundeswehr in die Gesellschaft eingegliedert.

Das Material, aus dem der Bundeswehrsoldat die Bausteine seines Wortschatzes gewinnt, gehört fast uneingeschränkt dem Alltagsleben des Bundesbürgers an: Die Wörter sind äußerlich dieselben, nur ihr Inhalt ist den soldatischen Gegebenheiten angepaßt. Von dieser Sicht her ist das Bundessoldatendeutsch fest mit der Alltagssprache verbunden, und zwar so sehr, daß man nicht feststellen kann, wo die Soldatensprache anfängt und das Umgangsdeutsch aufhört. Die alltagssprachliche Bezeichnung hat vielfach sowohl eine zivile als auch eine soldatische Bedeutung. Beide Lebensbereiche berühren sich aufs engste im Alltagsdeutsch. Anders ausgedrückt: Im Bundessoldatendeutsch begegnen uns Alltagsausdrücke mit so leichter, naheliegender Bedeutungsabwandlung, daß der Kenner des Alltagsdeutsch keine Erläuterung benötigt: Er versteht auf Anhieb. An Beispielen ist kein Mangel.

Auch für den *Bundeslandser* ist die *Maloche* oder der *harte Job* der schwere, körperlich anstrengende Dienst; der gute Kamerad ist ihm der *Kumpel,* und der Zivildienstleistende ist der *Gelegenheitsarbeiter.* Das Nachexerzieren kommt als *Nachtschicht* oder *Überstunde* vor, und unsinnige Arbeit heißt spöttisch *Arbeitsbeschaffung.*

Aus dem Bereich des Handels stammt *Laden* im Sinne von Einheit, Kompanie o. ä.; die Bundeswehr nennt man *Firma.* Aus dem Kreiswehrersatzamt wird der *Rekrutenmarkt* oder das *Soldatenversandhaus.* Das *Gütezeichen* einer Ware nimmt beim »Bund« die Geltung von »Tauglichkeitsgrad« an. Die Bekleidungskammer wird als *Leihhaus* oder *Boutique* aufgefaßt. Der Wehrpaß ist der *Garantieschein:* Er verbürgt seinem Inhaber eine bestimmte Zahl von Dienstzeitmonaten. Die Gebirgsjäger erhalten wegen des Edelweißabzeichens den Namen *Fleurop-Truppe.*

Aus der Welt der Technik holt der Soldat das Wort *Drehzahl* für die Dienstzeit; wer sie für nutzlos hält, sagt *Leerlauf.* Im

Treibriemen oder *Keilriemen* erkennt der Soldat das Koppel wieder. Das Schanzzeug als ein von Hand betätigtes Schaufelwerkzeug erhält den Namen *Handbagger*, wie auch das Eßbesteck heißt. Aus dem Maschinengewehr wird der *Rasenmäher* oder die *Fräse*, weil es die Reihen der Angreifer dünnt.

Auch Verkehrswesen und Kraftfahrt liefern dem Bundessoldatendeutsch viele Vokabeln. So paßt *Nummernschild* für die Erkennungsmarke; bevorrechtigte Abfertigung ist *Vorfahrt*, und im Leichthubschrauber wird eine *Isetta am Stiel* erkannt. Den *Kupplungsscheiben* ähneln die Dosenbrotschnitten, und *ballonbereift* ist, wer die Füße wundgelaufen hat. Die Gesundheitsbesichtigung ist der *Prüfstand* oder der *TÜV*. Wirtshaus und Kantine heißen *Tankstelle*; dies ist aus dem Wortschatz der zwanziger Jahre übernommen worden.

Auch die Fachsprache der Bekleidungsindustrie bereichert den Wortschatz unserer Soldaten. Die Einkleidung fassen sie als *Modenschau* auf; die Uniform erscheint ihnen als *Trachtenanzug*, die lange Uniformhose ohne Bügelfalte wird als *Rundgebügelte* verspottet, und das lange Hemd gilt als *Maxikleid*. Der Arbeitsanzug heißt *Mao-Look*, das Koppeltraggestell wird zum *Bonner Hosenträger* oder zum *Büstenhalter*, und der Stahlhelm kommt mal als *Bügelfreier*, mal als *Knitterfreier* vor.

Im Gesundheitsbereich erklärt der Soldat die Beleibtheit als *Bier-*, *Pils-*, oder *Brauereigeschwür* und als *Brauereitumor*. Wer *einarmiges Reißen* hat, leidet nicht etwa an Rheumatismus, sondern an Becherheben. Hingegen ist *Armkrampf* seit dem Zweiten Weltkrieg auf oftmaliges Grüßen zurückzuführen. Die Übung mit der ABC-Schutzmaske erweist sich als *Diätkur*, weil man Pfunde abschwitzen kann. *Seelenmassage* steht für die geistlichen Übungen. *Herztropfen* erhält der Soldat nicht vom Sanitätssoldaten, sondern in der Kantine: Ein Schnaps erhöht die Beherztheit. Auch sagt der Soldat *Schluckimpfung* und meint den Alkoholverzehr. Mit dem Wort *Prothese* kennzeichnet er das Auto.

Als Vokabelquelle sehr ergiebig ist selbstverständlich auch der Sport. Das fängt morgens an mit dem *Frühsport* oder Bettenherrichten. Als *Flossengymnastik* ist das Salutieren aufzufassen. *Seelenakrobatik* sind die geistlichen Übungen, *Nacken-gymnastik* ist das Zechen. *Klimmzüge* macht, wer mit einem Mädchen flirtet. Das Geschützexerzieren begreift der Soldat als Vorbereitung für sportliche Leistungen, weswegen er *Zwecksport* sagt. Der Ausbilder wird zum *Trainer*, Exerzierplatz und Ka-sernenhof heißen *Rennbahn* oder *Gelände für Grasbahnrennen*. Den Zeitsoldaten nennt der Wehrpflichtige *Amateur* oder *Ver-tragsspieler*; hingegen ist der Berufssoldat *Profi*. Der italieni-sche Radrennfahrer FAUSTO COPPI gibt seinen Namen für den Begriff »Liebediener« her: Der Radfahrer ist seit langem die Sinnbildgestalt der Unterwürfigkeit. Der Name des Boxers CASSIUS CLAY ist sinngleich mit »Maulheld«: Der Prahler und der Liebediener gehören bei den Soldaten zu den unsympa-thischsten Charakteren.

Aus der Welt der Musik kommt *Beat* für das Trommelfeuer, auch *Germanenmusik* für die ernste Musik (wohl in Erinnerung an die Opern RICHARD WAGNERS). *Kleine Nachtmusik* steht für das nächtliche Schnarchen in der Mannschaftsstube. Mar-schieren nach der Musik heißt *Affentanz* oder *großer Ballett-reigen*. Als *Balletthose* gilt die Unterhose. *Quadrattango* ist das Schachspiel, und *Lichtorgel* meint das Blinkgerät. Aus dem Hubschrauber macht der Soldat die *Windorgel* und aus dem Unterseeboot die *Wasserorgel* in Anspielung auf das Tauchen und Aufsteigen. Die Maschinenpistole wird zur *Hawaiigitarre*, weil sie ähnlich gehalten wird; aber das gleichbedeutende *Chicagoklavier* weckt die Erinnerung an Kämpfe mit der Chi-cagoer Unterwelt.

Theater- und Zirkuswelt sind die Vorbilder für Vokabeln wie *Dompteur* oder *Tierbändiger* für den Ausbilder. Aus dem Ka-sernenhof und dem Exerzierplatz wird anzüglich die *Manege* oder die *Marionettenbühne*, auf der sich die Soldaten eckig und ungelenk bewegen. Aus gleichem Grund heißt das Turnen *Kasperlespiel*. Das Manöver ist die *Gastspielreise*; aber wer *auf Tournee* ist, begeht Fahnenflucht. Das Sturmgepäck nennt der Soldat *Artistengepäck*, weil er es als schwer und unförmig emp-findet.

Die Dienstvorschrift wird *Märchenbuch* genannt oder *Dienst-, Lach-* oder *Idiotenfibel*. Wer den Angehörigen des Mannschafts-

standes *Woyzeck* nennt, scheint seinen Büchner zu kennen.
Ebenfalls setzt die Bezeichnung *Schiwago* für den Postenmantel
Roman- oder Filmkenntnis voraus. Der Name *Des Teufels
General* für den Viersternegeneral oder auch für den Oberstabs-
feldwebel kennzeichnet die Machtfülle. Daß der Soldat mit
Senkfüßen *Donald Duck* heißt, leitet sich von WALT DISNEYS
Enterichkarikatur her. Anders ist es mit der weitverbreiteten
Vokabel *Spatenpauli* für den Panzergrenadier: Dieser Name
geht zurück auf eine Figur aus der für Kinder geschriebenen
und bebilderten Geschichte »Fix und Foxi«; diese Figur hat
Ähnlichkeit mit einem Maulwurf, der einen Spaten bei sich
führt. Diese kindertümliche Gestalt in der Bundeswehr anzu-
treffen läßt den Schluß auf die Beliebtheit und Einprägsam-
keit solcher Bildergeschichten zu, wohl auch auf eine gewisse
Anspruchslosigkeit in der Wahl des Lesestoffs.

Auf der Suche nach den Quellen, aus denen unser Soldaten-
deutsch schöpft, wird sehr fündig, wer den Bereich des Films
und des Fernsehens betritt. Aus diesem Gebiet sind sehr viele
Vokabeln verbreitet; doch läßt sich kaum feststellen, ob Leinwand oder Bildschirm die Vermittler waren. *Don Camillo* ist
der Militärpfarrer, der Aufklärungsverband wird wortspielerisch zum *Oswalt-Kolle-Verband*, und *Lohn der Angst* umschreibt
den Wehrsold, auch die Fallschirmspringer- und die Fliegerzulage, sogar die Entlassung aus dem Wehrdienst. *Frankenstein* nennt der Soldat den Kälteschutzanzug, *Goofy* ist ihm der
Einfältige und Ungeschickte, und *ein Herz kehrt heim* heißt es,
wenn das Dienstende gekommen ist. Die 36-Stunden-Übung
wird mit *Pulverdampf und heiße Lieder* wiedergegeben. Der
vorbildliche Soldat ist *der Mann, den keiner kannte*, und bei
überraschender Beförderung wird der Filmtitel *Eine Welt
voller Rätsel* angeführt. *Bonanza* taufen unsere Soldaten das
Munitionslager.

Sehr viele Vokabeln stammen auch aus dem Werbefunk und
dem Werbefernsehen, überhaupt aus der Werbung. Auf diesem
Gebiet sind Zivilist und Soldat gleicherweise abhängig. *Kitekat*
und *Chappi* stehen für das Essen; *Ata-Girl* heißt die Putzfrau,
die Revierreinigung ist die *Aktion Ajax*, und die ABC-Schutzmaske nennt der Soldat *immer dabei* nach dem Werbespruch

einer Kölner Parfümeriefabrik. Weil die Weinbrandflasche
drei Sterne trägt und auch der Hauptmann und der Oberst
drei Sterne auf der Schulterklappe tragen, erhalten sie die
Spitznamen wie *Weinbrand, Kognak, Noris, Martell.* Das
HB-Männchen einer Zigarettenfirma steht für den aufbrau-
senden Vorgesetzten. Die Überfallhose heißt *Sarottimohr-Hose*
nach der Hosentracht des Sarottimännchens, und die Heeresflieger werden als *Sarottiflieger* verulkt, weil die Firma Sarotti
Reklameflüge unternimmt. Die gelbe Fangschnur macht aus
dem Kompaniefeldwebel den *Gilb*, benannt nach dem Wäschekobold für das Waschmittel Dato. Der Altgediente ist *asbachuralt,* und ein Zivilist, der nicht das Zeug zum Soldaten hat,
wird als *Neckermann* bezeichnet in Anspielung auf den Werbespruch »Neckermann macht's möglich«: Gemeint ist, daß auch
aus einem Mann mit unterdurchschnittlicher soldatischer Ver-
anlagung ein Durchschnittssoldat gemacht werden kann.

Ob Massenmedien oder Verkehrswesen, ob Technik oder
Sport — die Quellen, aus denen der Wortschatz von heute sich
speist, sind für Soldaten und Zivilisten dieselben: Beide beuten
dieselben Minen aus und geben ihren Funden die gruppen-
spezifische Bedeutung.

Selbstverständlich sind nicht sämtliche Bestandteile der
Bundessoldatensprache in den Kasernen der Bundeswehr entstanden. Viele Wörter und Wendungen sind erheblich älter;
teilweise reichen sie in die Zeit des Krieges von 1870/71 zurück.
Vermittler dieser Vokabeln sind die Altgedienten, die *Soldaten
aus ehemaligen Heeresrestbeständen* und die *Pulverschleimer-
grauten.* Diese *Oldtimers* bilden die Brücke zwischen dem Wortschatz der kaiserlichen Armee, der Reichswehr und der Wehrmacht einerseits und dem Bundessoldatendeutsch andererseits.
Mindestens ein Fünftel aller heutigen Soldatenwörter ist vor
1945 entstanden. Diese Zahl besagt, daß — zum mindesten im
Sprachlichen — die Tradition in den zehn waffenlosen Jahren
nicht ernstlich gelitten hat. Als wären sie am Ort des Geschehens
gewesen, sagen die Bundeswehrsoldaten für den Postenmantel
Stalingrad-Gedächtnisdecke oder auch *Wolganerz. Vater Philipp*
ist auch ihnen der Arrest; als Schimpfwörter übernehmen sie
Saftsack und *indische Tempelhure*; den Abort nennen sie *Zy-*

linder, und *rucksen*, *koksen* und *bremsen* sprechen sie ebenfalls den Teilnehmern beider Weltkriege für »schnarchen« nach.

Eine weitere Vokabelquelle ergibt sich aus der Partnerschaft der Bundeswehr mit den Armeen der westlichen Staaten. Da der »Bund« Teil einer größeren militärischen Gemeinschaft ist, werden mit *NATO-* als Bestimmungswort die älteren Zusammensetzungen mit *Kommiß-* und *Barras-* immer weiter zurückgedrängt. Aus dem Brathähnchen wird großspurig der *NATO-Adler*, Leberwurst in der Tube ist *NATO-Zahnpasta*, die Dienstvorschrift heißt *NATO-Bibel*; *NATO-BH* ist das Koppeltraggestell und *NATO-Knitterfreier* der Stahlhelm; *NATO-Isetta* steht für den Spähpanzer, die Bundesmarine wird *NATO-Fischer* genannt, und die Unterhose ist der *NATO-Erotikdämpfer*.

Da in der Nordatlantischen Verteidigungsgemeinschaft die Amerikaner und Engländer das Übergewicht haben, ist nicht bloß das amtliche Bundeswehrdeutsch, sondern auch die Bundessoldatensprache überreich an Anglizismen. Aus der englischen Aussprache von *Leutnant* entsteht kosewörtlich der *Lefti*: der Hubschrauber wird zum *Chopper*; Flugzeuge *approachen*, *climben*, *ascenden* und *crashen*. Der beliebte Vorgesetzte ist der *Dad*, der Kranke geht zum *Doc*, Stadturlaub ist *Towntrip*, und langweiliger Unterricht oder Gottesdienst gilt als *Pooftime*. Die 4. Jägerdivision zu Regensburg wird in *Royal Bavarian Hunters* umgetauft. Die ausgedehnte Zecherei wird zu *big Suff* anglisiert; das Schulschiff »Gorch Fock« kommt als *Focking George* vor. Das Schauorchester der Bundeswehr unter GÜNTER NORIS erscheint seit 1971 als *New Zappenstrike Forces*.

Gallizismen sind hingegen selten. Das Arrestlokal oder *Café prison* wird zu *Capri* verkürzt; beliebt sind — deutsch ausgesprochen — die *Pommes* und die *Fritten*, und aus der Bekleidungskammer wird spöttisch die *Boutique*.

Die vielen Umbenennungen, mit denen der Bundeswehrsoldat die ihm im Zivilleben unbekannten militärischen Sachen und Vorkommnisse in die ihm gemäße Sprache übersetzt, scharen sich wie zu allen Zeiten hauptsächlich um Uniform und Bekleidungsstücke, um Dienstgrade und Dienstgradabzeichen, um Waffen und Geräte, um Waffengattungen und Ausrüstung,

ferner um Verpflegung, um den Urlaub und um die Militärseelsorge. Militärische Gegebenheiten erhalten einen zivilen Namen, der teils humorvoll, teils mit offenem oder verdecktem
Spott das Amtsdeutsch bloßstellt oder der Sache zu gestelzt-
hochtrabender Geltung verhilft. Je nach dem Gegenstand und
je nach der Gemütslage übertreibt oder untertreibt der Soldat.
Beliebt sind bei ihm scherzhafte Wertsteigerung und scherzhafte Wertminderung, auch Verharmlosung und Beschönigung.
Auch haben viele Umbenennungen einen Hintersinn, der am
eindeutigsten erkennbar wird, wenn man — wie bei der gehörten Alltagssprache — Tonfall und Betonung, Mienenspiel
und Augenzwinkern miterlebt. Ohne diese schauspielerische
Beigabe bleiben für den bloßen Leser viele Ausdrücke schal
und blaß; Ton und Gebärde müssen zum Wort hinzutreten,
damit sein wirklicher Gehalt in vollem Umfang erfaßt werden
kann.

Wer beispielsweise den Hackbraten oder die Frikadelle wegen
der reichlichen Semmelbeimengung *notgeschlachtetes Feinbrot*
oder *Schnitzel vom Bäcker* oder *Brötchen mit Fleischgeschmack*
nennt, macht gute Miene zum bösen Spiel, ohne verletzend sein
zu wollen; wer allerdings den Hauptgefreiten wegen der sechs
Litzen auf den Uniformärmeln *einer mit sieben Balken* tauft,
treibt argen Spott mit ihm, weil er ihm einen zusätzlichen
»Balken« vor dem Kopf zuerkennt. Die *Zange* oder *Kneifzange*
als das Dienstgradabzeichen des Hauptfeldwebels gehorcht
dem volkstümlichen Anspruch auf Bildhaftigkeit der Wörter;
doch die Bezeichnungen *Gemütsakrobat* und *Waffensegner* für
den Militärgeistlichen sind abfällig und angriffslüstern gemeint.
Mit *NATO-Oliv lang* für die Unterhose wird das Amtsdeutsch
der Sachverzeichnisse spöttisch nachgeahmt, ebenso mit der
Bezeichnung *Kampfanzug, Nacht, einfach, gestreift* für den
Schlafanzug. Das Wort *Abseilerurlaub* für den Krankheitsurlaub deutet den Verdacht der Dienstunlust und Drückebergerei an. Zu *Elefanten* werden die Staubkörnchen im Gewehrlauf aufgebauscht; hingegen ist *Schrottkunde* für die
Waffeninstandhaltung geringschätzig gemeint und als Ausdruck großer Unzufriedenheit zu werten. Hinzu kommen noch
die Umdeutungen militärischer Abkürzungen wie beispielsweise

HVP, was amtlich den Hauptversorgungspunkt meint, aber
bei den Soldaten Tarnbezeichnung für das Wirtshaus ist.

Auch andere Begriffe kommen im Bundessoldatendeutsch
gehäuft vor, vor allem die Lieblingsbegriffe Dummheit und
Gewitztheit, sodann die grotesken Antworten auf die Frage
nach dem Aufenthalt eines Kameraden, die Charakterisierung
von Ärmlichkeit, von übelberüchtigtem oder zivilisations-
fremdem Heimatort, dazu die Freude am Unsinn und Blödeln.
»Ich glaube, mein Hamster bohnert!« mitsamt den unzähligen
Abwandlungen als Entgegnung auf eine unglaubwürdige Behauptung hat inzwischen Schule gemacht und ist im zivilen
Alltag bis zum Überdruß geläufig, vor allem bei den Halbwüchsigen, die — ob zu Recht oder Unrecht — ihre Urheber-
schaft geltend machen. Diese Tatsache verdeutlicht erneut den
nahtlosen Übergang von Ausdrücken und die enge Verbindung
zwischen Bundessoldatensprache und Alltagsdeutsch — ein
Zusammenhang, der von Jahr zu Jahr enger wird.

Der Bundeswehrsoldat ist Teil einer Lebens- und Sprachge-
meinschaft von rund einer halben Million Mann, die alle 15
Monate Neulinge aufnimmt und Ausgebildete entläßt, also alle
15 Monate an Zahl und Wirkungsmöglichkeit zunimmt. Von
den Untauglichen und Verweigerern abgesehen, kommt im
Normalfall jeder männliche Zivilist für eine bestimmte Zeit in
den Einflußbereich dieser Gemeinschaft; ebenso sicher beeinflußt jeder Bundeswehrangehörige den Wortschatz der Zivilisten, wie ja auch der Zivilist sprachlich den »Bund« beeinflußt. Es ist eine typische Wechselwirkung. Aus ihr entsteht
und wächst die Gemeinsamkeit des weitgehend volkstümlichen
Wortbestands. Wie die Bundeswehr kein Staat im Staate ist,
so ist auch das Bundessoldatendeutsch keine Sondersprache im
allgemeinen Deutsch.

Die Bundeswehr setzt sich aus Angehörigen aller Landschaf-
ten des Bundesgebietes zusammen. Dadurch nähert sie die
sprachlandschaftlichen Eigenheiten einander an und fördert
gleichmäßig in den Bundesländern die Weiterverfestigung des
Alltagsdeutsch. Nächst den Schülern und den Studenten ist
die Bundeswehr der größte Schmelztiegel, in dem sich Stoffe
unterschiedlichster Herkunft mischen. Daß solche wechselsei-

tige Durchdringung in Kriegszeiten weit brodelnder und sie-
dender verläuft, wissen wir zur Genüge aus dem Erlebnis oder
Nacherlebnis zweier Weltkriege. Wie solches sprachliche Werden hingegen in Friedenszeiten vor sich geht und wie stark es
schon im ersten Vierteljahrhundert der Bundeswehr entwickelt
ist, läßt sich mit den 9000 bis 10000 Wörtern und Redewendungen erleben, von denen unsere Soldaten den weitaus größten Teil in den eigenen Reihen gebildet haben.

Abkürzungsverzeichnis

abf.	abfällig	n	Neutrum
Abk.	Abkürzung	nd.	niederdeutsch
adj	Adjektiv	niederl.	niederländisch
adv	Adverb	nordd.	norddeutsch
amerik(an).	amerikanisch	nordwestd.	nordwestdeutsch
ausgeh.	ausgehend	num	Zahlwort
Ausdr.	Ausdruck	o. a.	oder andere(s)
Ausr.	Ausruf	o. ä.	oder ähnliche(s)
bad.	badisch	Obb.	Oberbayern
bayr.	bayrisch	ON	Ortsname
-bed., Bed.	-bedeutend, -bedeu-	österr.	österreichisch
	tung, Bedeutung	part	Partizip
Bez.	Bezeichnung	pl	Plural
BW	Bundeswehr	PN	Personenname
BMVg	Bundesministerium	poln.	polnisch
	der Verteidigung	präd	prädikativ
dän.	dänisch	preuß.	preußisch
dt.	deutsch	refl	reflexiv
engl.	englisch	rhein.	rheinisch
entspr.	entsprechend, ent-	rotw.	rotwelsch
	spricht	schlesw.	schleswig-holsteinisch
etw.	etwas	schwäb.	schwäbisch
f	Femininum	sold.	soldatensprachlich
f.	folgende(s)	spätlat.	spätlateinisch
ff.	folgende	-spr.	-sprache, -sprachlich
FlN	Flurname	stud.	studentisch
FN	Familienname	südd.	süddeutsch
franz.	französisch	tr	transitiv
imp.	imperativisch	u.	und
intr	intransitiv	u. a.	und andere(s)
i. S. v.	im Sinne von	u. ä.	und ähnlich
Jh.	Jahrhundert	v.	Verb
jidd.	jiddisch	vgl.	vergleiche
jmd.	jemand	VN	Vorname
(jmdm.,	(jemandem,	-w.	-wort
jmdn.,	jemanden,	WdU	(siehe Literaturver-
jmds.)	jemandes)		zeichnis)
lat.	lateinisch	z. B.	zum Beispiel
LN	Ländername	zw.	zwischen
m	Maskulinum	→	(Verweisung auf
meckl.	mecklenburgisch		ein im vorliegenden
mhd.	mittelhochdeutsch		Wörterbuch enthal-
mitteld.	mitteldeutsch		tenes Stichwort)
mnd.	mittelniederdeutsch		

Wörterverzeichnis

Aal m 1. *Torpedo.* Wegen der Glätte u. der Form; frühes 20. Jh. — 2. *Penis.* Wegen Formähnlichkeit; 1900 ff. — 3. einen A. pellen *onanieren;* 1900 ff. → abpellen

Aassänfte f *Sanitätskraftwagen.* A. urspr. ›Tragbahre‹

abartig adj 1. *unschmackhaft.* — 2. Das ist ja a.! (Ausr. der Überraschung)

ABC [Abk. für:] *atomar, biologisch, chemisch*

ABC-Abwehrtee m *Kräutertee.* Kräutertee ist frei von schädl. Substanzen

ABC-Eumel m, pl -s *ABC-Abwehrtruppe*

ABC-Hiesel m, pl -s *ABC-Abwehrtruppe.* Oberd. Hiesel (zu Matthias) ›grober, bäuerischer, dummer Mensch‹

ABCist m, pl -en *ABC-Abwehrtruppe*

ABC-Komiker m, pl *ABC-Abwehrtruppe.* → Komiker 2

ABCler m, pl *ABC-Abwehrtruppe*

ABC-Marie f *ABC-Schutzmaske.* → Marie; → Gasmarie

ABC-Mary f [Grundw. engl. Ausspr.] *ABC-Schutzmaske.* → Mary

ABC-Muffel m, pl -s *ABC-Abwehrtruppe.* → Muffel

ABC-Schmutzmaske f *ABC-Schutzmaske.* Wortspiel

ABC-Schutz-Gas-Gummifratze f *ABC-Schutzmaske*

ABC-Schütze m, pl -n *ABC-Abwehrtruppe.* Zu Schütze ›Soldat‹, ›Grenadier‹; spielerisch zu Abc-Schütze ›Schulanfänger‹

ABC-Shop m *Gasübungsraum.* Zu engl. shop ›Laden, Geschäft‹

Abendanzug m, knitterfreier A. *Ausgehanzug*

Abendsonne f (*Dienstgrad des*) *Oberstleutnant(s).* — Weil der O. den Dienstgrad gewöhnl. erst sehr spät erreicht, scheint ihm nur noch die »A. des Lebens«. 1971 wurden in einer sog. »Aktion A.« 1650 Hauptmannsstellen zu Majorsstellen u. 2350 Majorsstellen zu Oberstleutnantsstellen angehoben

Abfahrt f *Flugzeugabsturz.* Der F. als ›Abfahrt zum Jenseits‹. → fahren

abfeuern intr *koten.* Ausgangsbed. ›einen Schuß abgeben‹

abfingern tr, einen a. *onanieren*

abfliegen intr *sich einer Dienstaufgabe entziehen.* → Adler 2 a

Abflug m 1. *Urlaub.* — 2. *Urlaubsantritt.* — 3. A.! (Aufforderung, wegzugehen). — 4. einen A. machen *wegeilen.* Auch Rockerspr. (WEISSBACH 128)

abfüllen tr [*jmdn.*] *betrunken machen.* Ausgangsbed. ›völlig ausfüllen‹ (WOSSIDLO 1, 115)

Abgang m 1. *Ejakulation; Koitus.* — 2. *Entlassung aus dem Wehrdienst.* Wahrscheinl. älter. Ausgangsbed.: ›Verlassen eines Wirkungskreises (z. B. der Schule)‹. — 3. A. fahren *aus dem Wehrdienst entlassen werden.* Zu → Abgang 2. — 4. Ich habe einen A. nach dem andern! (Ausr. der Freude). Zu → Abgang 1. — 5. A. machen a) *den Soldatentod*

erleiden. 1939 ff., wohl erhebl. älter. Zu tödl. Abgang ›Sterben‹.
— b) *nachlässig Dienst tun.* Eigentl. ›die Arbeitsstelle eigenmächtig verlassen‹, überh. ›allmähl. verschwinden‹

abgezupft adj *unzuverlässig.* → zupfen 1

abhaken tr, jmdm. einen a. *jmdm. einen abspenstig machen.* Zu abhaken (Eisenbahnerspr.) ›[einen Eisenbahnwagen] abhängen‹ oder: abhaken (Kraftfahrerspr.) ›[einen Anhänger] vom Haken [des Motorwagens] lösen‹

abhängen intr *hinter anderen zurückbleiben; langen Märschen nicht gewachsen sein; kraftlos werden.* Um 1910 über die Sportspr. aus der Eisenbahnerspr. (→ abhaken) entlehnt

abharken tr [*etw.*] *entwenden.* Zu Harke ›Hand‹

Abirent m *Abiturient* [abf.]. Wohl älter. Vgl. DEPPICH 83. → Aburent

abjagen refl, sich einen a. *onanieren*

abklopfen tr 1. [*jmdn.*] *der Musterung unterziehen.* Von der Organuntersuchung durch Ab-, Beklopfen des Körpers. — 2. [*jmdn.*] *einem Verhör unterziehen*

abknallen tr [*ein Mädchen*] *beischlafwillig machen.* Wohl älter. Zu knallen ›schießen‹. → Schuß 1

abkommandieren tr [*etw.*] *entwenden.* Eigentl. ›[jmdn.] vorübergehend zu einer anderen Dienststelle versetzen‹; weiterentw. über ›[etw.] vorübergehend an sich nehmen‹

abmelden refl *den Soldatentod erleiden.* Aus älterem »sich [bei Urlaubs- oder Versetzungsantritt] von der Verpflegung a.«

abmoven tr [*jmdn.*] *abberufen.* Zu engl. to move ›bewegen, rücken, abmarschieren, abziehen‹

Abortdeckel m, pl *große, plumpe Hände.* Im Vergleich zur Beschreibung großen Umfangs, z. B. »Kotelett wie ein A.«; 1914 ff. (IMME 103)

abpellen tr *onanieren.* 1900 ff. → Aal 2, 3

abpesen intr *sich schnell entfernen.* Spätes 19. Jh. → pesen

abprotzen intr *die Hose herunterlassen, um die Notdurft zu verrichten; koten.* Eigentl. ›die Kanone von der Protze abhängen, um sie schußbereit zu machen‹. Etwa 1840. Vgl. HAUPT 8; MAUSSER 42; BUSCHAN; GRAFF 12. → protzen

abpuhlen refl, sich einen a. *onanieren.* Wie → abpellen

abrasieren tr [*etw.*] *dem Erdboden gleichmachen,* [*ein Waldstück*] *durch Zerlegermunition beseitigen.* 1939 ff.

abräumen tr [*jmdn.*] *degradieren.* Die Uniform wird wie ein Tisch abgeräumt

abreißen tr, seinen Dienst, die Dienstjahre a. *seinen Wehrdienst ableisten.* Abreißen i. S. v. ›verschleißen, abnutzen‹. 1870 ff. (HORN 79); vgl. HAUPT 8; GRAFF 13. → Dienst 5

Abriß m *Degradierung.* Vom Abreißen der Dienstgradabzeichen von der Uniform

abrotzen tr *einen Schuß abfeuern.* → rotzen 2

abrudern refl, sich einen a. *onanieren.* Von der Vor- u. Rückwärtsbewegung des Ruderers im Boot

abrüsten intr *die Uniformhose herunterlassen; koten*

absägen tr [*jmdn.*] *degradieren*

absahnen intr *Wehrsold empfangen.* Wohl älter

absatteln intr *entmilitarisieren.* → aufsatteln

abschießen tr 1. [*jmdn.*] *in Unehren aus der BW entlassen.* Abgeschossen werden *in Unehren aus der BW entlassen werden.* Aus dem Beamten- u. Politikerdt., urspr. Jägerspr. — 2. abgeschossen werden *einberufen werden.* → Abschußziffer; → Abschußziffern

abschleudern tr *onanieren.* → schleudern 2

abschmieren intr *abstürzen* (Flugzeug). 1914 ff.

Abschmierer m *durch Abstürze berüchtigter Flugzeugtyp.* → abschmieren; → Abschmiervogel

Abschmierfett n *Margarine*

Abschmiervogel m *Starfighter.* → abschmieren; → Abschmierer

abschnallen intr *entmilitarisieren.* 1918 ff. — Da schnallst du ab! (Ausr. der Überraschung). 1920 ff.

Abschreckgespenst n *NATO-Truppen.* Wortmischung aus Abschreckung + Schreckgespenst

Abschreckungsgehilfe A 13 m *Offizier der Gehaltsstufe A 13*

abschußreif adj 1. *heiratsfähig.* Wohl älter. — 2. *beischlafwillig.* → abknallen

Abschußziffer f 1. *Nachwuchsbedarf.* → abschießen 2. — 2. pl -n *Tauglichkeitsgrade.* Die Wehrpflichtigen werden je nach Tauglichkeitsgrad »abgeschossen«; → abschießen 2

abschütteln tr, sich einen a. *onanieren.* Wie → schleudern 2

Abseildienst m *Kirchgang.* → abseilen 5

abseilen 1. intr *mit dem Flugzeug landen.* Von der Vorstellung, der Pilot lasse sich an einem Seil hinab; auch Einfluß von engl. to sail ›fliegen‹. — 2. tr, einen a. *koten.* Vgl. ein Seil dreißen ›lange auf dem Abort sitzen‹ (MÜLLER 8, 54). — 3. tr, einen a. *onanieren.* — 4. tr, [etw.] a. [*etw.*] *entwenden.* Aus »etw. heimlich am Seil hinablassen«. — 5. refl, sich a. *sich dem Dienst, der Dienstpflicht entziehen, zu entziehen suchen; nicht am Dienst teilnehmen.* Zu »sich beim Gefängnisausbruch am Seil hinablassen« oder zu nd. afseilen ›wegsegeln, -gehen‹ (*Hamburg. Wb.* 74). Vgl. auch engl. to know the ropes ›den Rummel verstehen; den Kniff raushaben; sich auskennen‹ (WYKEHAM 1, 156)

Abseiler m *Unabkömmlicher*; *Wehrdienstverweigerer.* → abseilen 5

Abseilerstube f *Handwerkerraum.* → abseilen 5

Abseilerurlaub m *Krankheitsurlaub.* → abseilen 5

Abseilung f *Versuch oder Geschick, sich dem Dienst zu entziehen.* → abseilen 5

absetzen refl *sich dem Dienst, der Dienstpflicht entziehen.* Ausgehend von ›sich (heimlich) vom Feind, von der Front zurückziehen‹. 1943 ff.

abspringen intr, Halt die Schnauze, sonst springt mir gleich einer [= ein Samenerguß oder ein Knopf am Hosenschlitz] ab! (Ausr. des Unwillens bei obszönem Reden)

abspritzen intr *koitieren*

Abstandsknochen m *Entfernungsmesser.* Wegen Formähnlichkeit

abstauben tr 1. [*jmdn.*] *schröpfen, ausplündern.* Ausgehend von ›den Staub von etwas entfernen‹ über ›sich etwas heimlich aneignen‹. 1920ff. — 2. ein Mädchen a. *ein M. ansprechen, umwerben.* — 3. sich den Körper a. *sich waschen.* Ironisch. 1914ff.

Abstauber m *Ordonnanz.* Älter: Absatzpolierer, Putzer

abstechen intr *straff grüßen.* Nach der eckigen u. stoßenden Bewegung der rechten Hand zur Mütze

Absteige f *Marschquartier*

Abstellpersonalreserve f *Territoriale Verteidigung.* Die Kontingente der T.n V. unterstehen nicht der NATO, sondern nationalem Kommando

Absturz m 1. gesteuerter A. *Flugzeuglandung.* — 2. gezielter A. *Ansetzen zur Flugzeuglandung*

Absturzbomber m *durch Abstürze berüchtigter Flugzeugtyp*

abtanken intr *harnen.* Die Harnblase als Tank aufgefaßt

abteifen intr *sich schnell entfernen.* Zu oberd. Teifi = Teufel: Der Teufel verschwindet in den Sagen oft sehr rasch

abtreiben → zurückficken

Abtreiberschlitten m *Schützenpanzer HS 30.* Angebl. verbietet das Rütteln u. Schütteln einer Schwangeren das Mitfahren

abtupfen refl *sich waschen.* Ironisch

Aburent m *Abiturient.* 1950ff. → Abirent

Abwaschbrühe f *dünner Kaffee; Malzkaffee.* 1900ff.

Abwaschwasser n *gehaltlose Suppe; Fleischbrühe; Malzkaffee.* 1850ff. Vgl. WOSSIDLO 1, 213

Abwesenheit f, eigenmächtige A. *unerlaubte Entfernung von der Truppe.* Euphemismus

abwichsen refl 1. *sich zum Dienst fertigmachen.* Zu wichsen ›glänzend machen‹. — 2. sich einen a. a) *onanieren.* → wichsen 1. Gemeindeutsch vor 1900. — b) *sich übermäßig anstrengen; übertrieben diensteifrig sein.* 1900ff.

achielen intr → achilen

Achile n, f 1. *Nahrung, Verpflegung.* Rotw. frühes 19. Jh. (WOLF 30). → achilen. — 2. A. machen *essen.* 1939ff.

achilen intr *essen.* Nebenform von gleichbed. acheln. Rotw. 19. Jh. (WOLF 30; IMME 104). → Achile

Achille n, f → Achile

achtundsiebzig num, A! (Erwiderung auf den Gruß »Guten Tag!«). Man zählt vorgebl. noch 78 Tage bis zur Entlassung

Achtzylinder (Horch) m *Latrinen-, Abortanlage mit 8 Sitzen.* 1939ff. → Zylinder 1

Ackerbauvernichtungslatsche f, pl -n *breite Füße.* Mit den F.n wird die Frucht niedergetreten

Ackerfurchenspezialist m, pl -en *Panzergrenadiere*

Ackervernichtungslatsche f, pl -n 1. *Stiefel.* — 2. *plumpe Füße.* → Ackerbauvernichtungslatsche

Adamsapfel m, den A. verwöhnen *zechen.* Stud. Herkunft?

Adel m, uralter A. *Geschlechtskranker.* Anspielung auf angebl. Degenerationserscheinungen beim Uradel

Adelskrankheit f *Geschlechtskrankheit.* → Adel   [me 1

Adelsvulva f *Pflaume.* → Pflau-

Adenauerknecht m *Bundeswehrsoldat der ersten Stunde.* 1955 aufgekommen unter Gegnern Adenauers u. der Wiederaufrüstung

Adenauer-SS f *Bundesgrenzschutz.* Schmähwort

Adler m 1. *Flieger*. 1914 ff. (RIPPL 103). — 2. einen A. machen a) *sich einer Dienstaufgabe entziehen*. Wie → abfliegen. — b) *den Soldatentod erleiden*. Wohl älter

Adlerauge n *Zielfernrohr*

Adlerbuch n *Wehrpaß*. Wegen des Adleremblems

Adlerfeder f *Dienstgradabzeichen von Stabsoffizieren u. Generalen* (Heer u. Luftwaffe). Das Eichenlaub als Flügelpaar gedeutet

Adlerscheiß m *Fliegerzulage*. → Adler 1; → Scheiß 3

Adlersystem n, im A. tippen *beim Maschineschreiben vor dem Anschlagen mehrmals mit dem Zeigefinger kreisen* (»Einfingersuchsystem«)

Admiral m, A. in Lauerstellung *Vizeadmiral*. Der V. »lauert« auf seine Ernennung zum A.

Adolf VN, A.s Werkstatt *Gasübungsraum*. → Eichmann

Adolf-Eichmann-Gedächtniskammer f *ABC-Übungsraum*. → Eichmann; → E.-Gedächtniskammer

Adolf-Eichmann-Gedächtnisstätte f *ABC-Übungsraum*. → Eichmann; → E.-Gedächtnisstätte

Adolf-Hitler-Gedächtnisschnitte f *Kommißbrotschnitte*

adoptieren tr *die Patenschaft für eine militärische Formation übernehmen*

Aeroklub m *Flugzeugverband*. Aus der Sportfliegerei (Aeroclub von Deutschland, 1907 gegr.). 1939 ff.

Aerosani m, pl -s *Luftrettungsstaffel*. → Sani

Affairenpanzer m *Schützenpanzer HS 30*. Die Umstände der Beschaffung des S.s (1956) waren umstritten. (»HS-30-Affaire«; 1967 Untersuchungsausschuß des Deutschen Bundestages); das Fahrzeug hatte viele techn. Mängel

Affe m 1. *Tornister, Rucksack*. Der T. ragt dem Soldaten über die Schulter wie der Affe dem Leierkastenmann. 1800 ff. Vgl. HORN 65; KREBS 1, 171. — 2. fit wie ein A. *voll leistungsfähig; einsatzbereit*. Nach der Lebhaftigkeit oder dem stark ausgeprägten Geschlechtstrieb des A. — 3. Ich glaube, mein A. trägt einen Colt (Ausdr. der Verwunderung, des ungläubigen Staunens). — 4. vergammelter Affe *zähes Gulasch*

Affendödel m *Bratwurst*. → Dödel 1

Affenfett n *unschmackhafte Butter; Margarine; minderwertiges Schweineschmalz*. 1900 ff. WOLF 32; AHNERT 132

Affenfraß m, **-futter** n *Banane*. 1930 ff.

Affengeschirr n *Koppeltraggestell*. → Affe 1

Affenjäckchen n, **-jacke** f *kurze Dienstjacke; Feldbluse*. Nach der Jacke des Zirkusaffen

Affenkasten m *Fernsehgerät*. Angebl. sehen nur »Affen« ›dumme, alberne Leute‹ fern u. blicken so neugierig auf den Bildschirm wie Affen in den Spiegel

Affenmiege f *Kakao*. Miege ›Harn‹

Affenmolle f *Bett*. → Molle. Anspielung auf den schlechten Geruch

Affenschaukel f 1. *Schieß-, Fang-, Schulterschnur*. Die Schnur nimmt an allen Bewegungen des Uniformträgers teil, erinnert an Schaukeln für Affen in Schaustellerbuden u. zoologischen Gärten u. schmeichelt der Eitelkeit manchen Trägers (»eingebildeter Affe«). Ausgeh. 19. Jh. Vgl. HAUPT 10; RIPPL 219. — 2. *Sturmgepäck.* Nach der Schaukelbewegung beim Marschieren. — 3. *Flugzeug mit schlechter Gleichgewichtslage.* 1914 ff. Vgl. GRAFF 14

Affenschule f *Offizierschule.* Entstellt aus Waffenschule mit Anspielung auf die Eitelkeit manchen Offiziers (»eingebildeter Affe«)

Affenseiche f *Dünnbier*

Affenstall m *Offizierskasino.* Vgl. → Affenschule

Affentanz m *Marsch nach Musik.* Nach dem Tanz des Jahrmarktsaffen

Aftersäuseln n, **-sausen** n *Durchfall; Stuhldrang; Abgehen von Darmwinden.* Spätest. ausgeh. 19. Jh.; vgl. GRAFF 14

Agent m, pl -en 1. Gehen Sie in den Keller, fangen Sie A.! (Scherzauftrag für einen Dummen). — 2. Er sitzt im Keller und fängt A. (Antw. auf die Frage nach jmds. Aufenthalt)

agfa *schlecht; untüchtig, erfolglos.* Zusammenges. aus den Anfangslauten von »alles glatt für'n Arsch«. Kein unmittelbarer Zusammenhang mit dem Firmennamen Agfa

AHV f *Maßeinheit für die Busengröße* (scherzh.). Zusammenges. aus den Anfangsbuchstaben von »aristokratische Handvoll«; → Handvoll 1

Airborner m [Ausspr. engl.], pl *Luftlandedivision.* Aus dem Engl.

Airfight m [Ausspr. engl.] *Luftkampf.* Aus engl. airfighting

Airforceprofi m [Bestimmungsw. engl. Ausspr.] *Luftwaffenangehöriger.* → Profi 1

Ajax n, Aktion A. *Putz- u. Flickstunde.* Nach einem Putzmittel gl. Namens

Akademie f, A. *für Dr. Pi Pionierschule.* Die P. scherzh. als Hochschule mit Promotionsberechtigung aufgefaßt

Akademikerdienst m *Berufsförderungsdienst.* Den Soldaten erscheint der B. als zu praxisfern

Aktenhobel m, Holen Sie den A.! (Scherzauftrag für einen Dummen)

Aktenschuppen m *Kompaniegeschäftszimmer.* → Schuppen

Aktive f *Fabrikzigarette; aus frischem Tabak, nicht aus Zigarettenendstücken selbstgedrehte Zigarette.* »Aktiv« meint hier ›vollwertig‹ (vgl. »aktiver« Soldat im Gegensatz zu Reservisten). 1939 ff.

Alarm m, halber A. *Fertigmachen zum Dienst.* Der Soldat fühlt sich unter Zeitdruck (»Zehn Minuten vor der Zeit ist des Soldaten Pünktlichkeit«)

Alaskafloh m *Filzlaus.* Phantasie oder nach Erfahrungen in den Militärstützpunkten Alaskas

Alchimist m *Apotheker.* Der Al. als ›Goldmacher‹, der Ap. (wegen hoher Gewinne) als ›Geldmacher‹ aufgefaßt

Alimentengehäuse n *Penis*

Alimentenkabel n 1. *Samenstrang; Penis.* 1939 ff. — 2. das A. auswringen *harnen*

Alimentenlolli m, den A. auswringen *harnen.* Lolli, Luller, Lülle u. ä. ›Penis‹

Alimentenschleuder f *Penis*

Alkoholschule f *Wirtshaus*

Alkoholverdunstungsanzug m *Sportanzug*

Alkoholverdunstungsraum m *Erholungsraum im Soldatenheim*

Alkoholverdunstungsstätte f *Exerzierplatz*. Wohl älter
Alkoholverdunstungsstunde f 1. *Sportstunde*; *Geländelauf*; *Exerzieren*. 1939ff. — 2. *Kirchgang*
Alkoholverdunstungtag m *Felddienstübung*
Alkoholvernichtungsstübchen n *Bauch*
alles pron, a. oder nichts (Redewendung auf einen sexuell Triebhaften). Nach dem Titel einer Fernsehserie
Alma mater f, A. m. der Artillerie *Artillerieschule*. Die A. scherzh. als Universität aufgefaßt
Almdudler m, **Almerer** m *Gebirgsjäger*
Almosen n *Wehrsold*. Der W. wegen seiner geringen Höhe als milde Gabe aufgefaßt
Alpen-Karajan m *Leiter des Musikkorps der Gebirgsjäger* (Garmisch-Partenkirchen). Nach dem Dirigenten HERBERT VON KARAJAN (geb. 1908)
Alsterlerche f, voll wie eine A. *volltrunken*. Die A. ist wohl die — gefräßige — Möwe
Alte m 1. *Kompaniechef, Kapitän* u. ä. 19. Jh. — 2. öberschter A.r *General* (bei Heer u. Luftwaffe). — 3. f *feste Freundin; Geliebte*
Alteisensammlung f *die Kriegsorden*. Die K. als Schrott aufgefaßt. → Altmetall
Altfuchs m *Altgedienter*. Aus »alter Fuchs« i. S. v. ›Lebenserfahrener, Listiger‹
Altgammler m *Altgedienter*. → Gammler
Altgefreite m *Altgedienter*. Ein Altged. ist als Gefreiter aus der ehem. Wehrmacht ausgeschieden
Altkapo m *Stabsunteroffizier*. → Kapo

Altmetall n *Orden u. Ehrenzeichen*. → Alteisensammlung
Altsoldat m *Altgedienter*
Alttitte f *Altgedienter*. → Titte
Aluminiumgewinnung f, A. aus der Luft *Flugzeugabsturz*
Amateur m 1. *Zeitsoldat*. — 2. pl *Reservisten*
Ameisenbekämpfungsclub m *ABC-Abwehrtruppe*. Andersdeutung von → ABC
Ameisenei n, pl -er *Reis*. Wegen Formähnlichkeit
Ammenbier n *Nähr-, Malzbier; leichtes, dünnes Bier*. Das N. wird angebl. von Ammen bevorzugt oder ihnen empfohlen. Spätes 19. Jh. Vgl. *Hamburg. Wb.* 96; WOSSIDLO 1, 279; ZIESEMER 1, 132
Amo m *häßliches, feistes Gesicht*. Initialwort aus »Arsch mit Ohren«. 1900ff. → Arsch 4
Amplitudenjodler m, pl, **-quetscher** m, pl *Fernmeldetruppe*
Ampullenheini m, pl -s *ABC-Abwehrtruppe*. Anspielung auf die Gefäße der Entseuchungs- u. Entgiftungsmittel. → Heini
Amputierte m *VW 181*. → Conterganauto
Amt n, A. für Wehrtechnik und Bestechung *Bundesamt für Wehrtechnik und Beschaffung*. → Bestechungsamt
Amtsbruder m, Herr A. (Anrede unter Offizieren gleichen Dienstgrads.) Übernommen von der Anrede unter Geistlichen u. Beamten
Amüsiergrotte f *Vagina*
Amüsierknüppel m *Penis*
anbieten intr, lang a. gehen *Nachturlaub antreten*. »Anbieten« in der Sportspr. ›den Angriff freigeben‹; »sich anbieten« im

Fußballspiel >auf das Zuspiel des Mitspielers warten<
anbrüten tr, *angebrütet werden nur kurz ausgebildet werden*
Andenken n *Erkennungsmarke.* Die E. als ein Stück der Erinnerung an einen Gefallenen aufgefaßt
andererseits adv, *Aber a., man weiß auch nicht* (Vermeintl. tiefsinnige Schlußwendung)
angebrütet part → anbrüten
angepest part → anpesen
angerobbt part → anrobben
Angina f, *mit A. im Bett liegen* 1. *wegen A. bettlägerig sein.* 1950 ff. — 2. *wegen Geschlechtsverkehrs dem Dienst fernbleiben.* — Nach einem Kabarettistenwitz mit dem vermeintl. weibl. VN Angina
Angstschiß m *durch Angst hervorgerufener Durchfall.* 1914 ff.
Anhängsel n, pl, *Steck deine A. ein! Nimm deine Beine weg!*
anheuern 1. intr *dem Einberufungsbescheid nachkommen; gemustert werden.* Seemannsspr. >anwerben; in Dienst treten<. — 2. tr *ein Mädchen umwerben; flirten*
Anisplätzchen n *Baskenmütze.* Wegen Formähnlichkeit
Anker m, *vor A. gehen heiraten.* Marinespr. 1914 ff.
ankern intr *heiraten.* Marinespr. 1914 ff.
Ankerplatz m *Kantine*
Ankerwerfer m *Matrose*
Anklopfgerät n 1. *Panzerfaust; Panzerabwehrkanone; Geschoß.* Seit 1939. — 2. *Maschinengewehr.* 1939 ff. — Angebl. klopft man mit den Waffen um Einlaß an
Anklopfmaschine f *leichtes Maschinengewehr.* → Anklopfgerät

anknicken tr [*jmdn.*] *wecken.* Knicken >stoßen< (MÜLLER 4,933)
anlabern tr [*jmdn.*] *einfältig ansprechen;* [*mit jmdn.*] *Streit suchen.* Auch Schüler- u. Rockerspr. → labern
Anlaufen n *Dienstappell*
Anna (VN) f, *schnelle A. Maschinengewehr*
annageln tr [*jmdn.*] *mit Arrest bestrafen.* 1910 ff.
Annahme f, A. u. Verschwand *Annahme u. Versand.* Wortspiel mit Anspielung auf Unredlichkeit
annehmen tr [*sich jmdm.*] *stellen;* [*jmdn.*] *zur Rede stellen; sich auf einen Kampf* [*mit jmdn.*] *einlassen.* Um 1900 aus der Jägerspr. Wild »nimmt« >greift< den Menschen, den Hund an
anpesen intr, *angepest kommen schnell nahen.* 1870 ff. → pesen
anpfeifen tr [*jmdn.*] *anherrschen, barsch anfahren,* [*jmdn.*] *einen Rüffel erteilen.* 14. Jh. → Anpfiff
Anpfiff m *heftige Zurechtweisung, Rüffel.* Spätes 19. Jh. → anpfeifen
anpoppen tr *schwängern.* → poppen
Anregung f, *A. zu eigenem selbständigem Handeln Befehl.* Höhnisch
anrobben intr, *angerobbt kommen sich mit Hilfe der Ellenbogen kriechend nähern.* 1914 ff. → robben
anrödeln refl *sich zum Dienst fertig machen.* → rödeln
ansaugen tr *sich* [*etw.*] *diebisch aneignen.* Analog zu >abzapfen<
anscheißen 1. tr [*jmdn.*] *ausschimpfen, anherrschen.* 1850 ff. Vgl. HORN 137; HAUPT 14; GRAFF 16. → anpfeifen. — 2. refl, *sich* [*bei jmdm.*] *a. sich* [*bei jmdm.*] *beliebt machen wollen.* Vor Liebe-

dienerei verliert man angebl. die Gewalt über den Afterschließmuskel. 18. Jh.

Anscheißer m 1. *für Anherrschen berüchtigter Vorgesetzter.* → anscheißen 1. — 2. *Liebediener.* → anscheißen 2

Anscheißstunde f *Sprechstunde des Militärpfarrers.* Zu → anscheißen 2

anschießen tr *[jmdn.] unvorbereitet ansprechen.* Der übliche Warnschuß bleibt aus

Anschiß m *Zurechtweisung.* 1870 ff. → anscheißen 1

Anschlagart f, pl -en *Körperstellungen beim Geschlechtsverkehr.* Eigentl. die schußfertige Haltung des Gewehrs. → Schuß 1

anschlucken tr, sich einen a. *sich betrinken*

Ansetzer m *Pfeifenreiniger, -stopfer.* Eigentl. der Ladestock

Anstandsstrick m *Krawatte.* → Strick

antanzen intr *dem Einberufungsbescheid nachkommen*

Antennenheizer m *Funker*; pl *Fernmeldetruppe.* Scherzh., Marinespr. seit 1910

Antennenschaukler m, pl *Fernmeldetruppe*

Antigrippal m, n *Halsbinde, -tuch*

Antikumpel m *Unkameradschaftlicher.* → Kumpel

Antilopenpisse f, scharf wie A. *geil.* Der Urin der Antilope ist scharfriechend; auch → scharf

Anton (VN) m 1. blauer A. *blauer Monteuranzug; Arbeitsanzug des Maschinisten.* 1850 ff. — 2. flotter A. *Durchfall*

antraben intr *herbeikommen.* 1935 ff.

An- u. Abschrauber m, pl *Technische Truppe.* Harmloses Scheltw.

Anwärter m, A. *auf den goldenen / silbernen / bronzenen Lenker Einschmeichler.* → Lenker

Anwesenheitsprämie f *Wehrsold*

Äpfelklauer m, **Äpfelklauerhose(n)** f (pl) *Knickerbocker; weite Hose; Überfallhose.* Die Hose als Versteck für gestohlene Äpfel aufgefaßt. 1930 ff.

Apfelweinkrug m *Urinflasche.* Wegen Farbähnlichkeit der Inhalte

Apo-Kollege m, **-Mann** m *Wehrdienstverweigerer.* Apo = außerparlamentarische Opposition (1967/68)

Apoturient m *Abiturient.* Wortspiel mit Anspielung auf die Apo-Mitgliedschaft von Gymnasiasten

Apparat m *Genitalien; Penis.* Aufgefaßt als Geschlechts-»Werkzeuge«. 1914 ff.

Appartement n [Ausspr. franz.] *Kasernenstube.* Scherzh.

Appellkommode f *Spind*

Appetitvernichtungsplakat n *Speisezettel*

approachen intr [Ausspr. engl.] *mit dem Flugzeug ankommen, landen*

Aquarium n *See.* Die S. scherzh. verkleinert. Marinespr., 1900 ff.

Aquariumplanscher m *Marineangehöriger.* → Aquarium

Aral m *Bundeswehrangehöriger kurz vor der Entlassung.* Initialwort aus »angehender Reservist auf Lauerstellung«

Aralist m *Bundeswehrangehöriger kurz vor der Entlassung.* → Aral

Arbeiter m *Arbeitsanzug*

Arbeiterbrause f *Bier*

Arbeiterbutter f *Margarine*

Arbeiterköm m *klarer Schnaps.* Nd. Köm ›Kümmelschnaps‹

Arbeitersekt m *Mineralwasser* u. ä. 1910 »Arbeiterchampagner«

Arbeiterspargel m *Schwarzwurzel.*
1900 ff.

Arbeitsanzug m, A. für einen
Gentleman / des kleinen Mannes
Präservativ

Arbeitsbeschaffung f *überflüssiger
Dienst; unsinnige Arbeit zur blo-
ßen Beschäftigung der Truppe;
Strafdienst.* 1933 ff.

Arbeitsbeschaffungskunst f *Zivildienst*

Arbeitsbotten pl *Schnürschuhe.*
→ Botten

Arbeitsmantel m, chinesischer A.
Präservativ. Viell. Anspielung auf
den chines. Roman »Kin-p'ing
mei« des 16. Jh.s. → Arbeitsanzug

Arbeitsmütze f *Stahlhelm*

Arbeitsscheue m *Längerdienender;
Zeitsoldat.* Vermeintl. scheut ein
L. die geregelte zivile Arbeit

Arbeitsschwein n, pl -e *Mannschaften*

arbeitsunfähig adj *dienstunwürdig.*
Euphemismus

Arbeitszins m *Wehrsold*

Arena f 1. *Kasernenhof.* Der K.
aufgefaßt als Zirkusplatz, auf
dem der »Dompteur« (der Ausbilder) die »Zirkusvorstellung«
(den Exerzierdienst) abzieht. —
2. gelbe A. *Fernmeldeschule.* →
Gelbe

Ärgernis n *Spind.* Bei der Spind-
kontrolle gibt es oft Ärger

Ari f 1. *Artillerie.* Spätest. 1914. —
2. pl *Artilleriebataillon.* — Kurzform

Arie f *Artillerie.* 1914 ff. → Ari 1

Arifutter n *Wurst.* Nach der Ar-
tilleriemunition in vermeintl.
Wurstform. → Ari 1

Arimixer m *Artilleriegast.* Marinespr. → Ari 1; → Mixer

Armeematratze f *Prostituierte im
Soldatenbordell; sehr leichtlebige*

weibl. Person. 1900 ff. → Matratze

Armeesocke f, pl -n, gehackte
A. *übelriechender Tabak*

Armekerlkaserne f *Ermekeilka-
serne in Bonn.* Wortwitz mit
armer Kerl ›Bedauernswerter‹

Armeleutebutter f *Margarine*

Armeleutekognak m *Weinbrand*

Armeleutesekt m *Obstschaumwein*

Armeleutespargel m *Schwarzwurzel*

Armkrampf m, A. kriegen *fort-
während grüßen müssen.* 1939 ff.

Armleuchter m 1. *Wehrdienstverweigerer.* Schimpfw., verhüllend
für Arschloch ›Feigling‹. — 2. pl
Scheinwerferbedienung. 1939 ff.
Überlagerung von A. ›Leuchter
mit mehr. Armen‹, hier ›Scheinwerfer‹. u. A. ›Arschloch‹

Arrest m. A. schieben *im Arrest
sein.* Spätestens seit 1900. →
Kohldampf

Arrivierter m *Unteroffizieranwärter.* Arrivieren ›berufl. vorwärts-
kommen, anerkannt werden‹

Arsch m 1. *Rekrut, Soldat.* →
Schütze 1. — 2. *Liebediener.* Verkürzt aus Arschkriecher. — 3. A.
mit Griff *Feld-, Bergmütze.* —
4. A. mit Ohren *häßliches, feistes
Gesicht.* Vom Gesäß unterscheidet sich das G. vermeintl. nur
durch die Ohren. 1900 ff. → Amo.
— 5. am A. des Propheten *am
Ende der Dienstzeit; in weiter
Ferne.* Ironische Variante zu
»leben wie in Abrahams Schoß«
›in Behaglichkeit, Sorglosigkeit,
Seligkeit leben‹. — 6. A. der
Welt *abgelegener Truppenübungsplatz.* 1941 ff. Vgl. *WdU* 1, 74. —
7. dampfender A. *Wundsein zwischen den Oberschenkeln, Haut-*

wolf. — 8. dicker A. *Mann mit vorwiegend sitzender Tätigkeit.* — 9. kalter A. mit Schneegestöber *minderwertiges Essen; Phantasieessen.* K. A. meint wahrscheinl. den Schinken, Schneegestöber den Kartoffelbrei. 1920 ff. → Arsch 24. — 10. Wer bist du denn schon? Keinen A. in der Hose, keine Zähne im Maul, aber La Paloma pfeifen! (Redewendung auf einen Schwächling). — 11. schwarzer A. von Neckermann *Kameradenjustiz*. S. A. meint die Dunkelheit; Neckermann spielt an auf das Warenversandhaus N., in dessen reichhaltigem Angebot man scherzh. auch den s. A. vermutet. — 12. A. an die Wand, die Fla kommt! (Warnruf). → Fla. — 13. A. an die Wand, der NN ist im Land! (Warnung vor einem Homosexuellen). — 14. sich den A. abfrieren *im Winter Posten stehen; lange in der Kälte stehen.* 1939 ff. — 15. Da ist der A. ab *dann ist Schluß, Ende; dann tritt der Tod ein.* 1939 ff. — 16. Der A. ist ab *die Dienstzeit ist zu Ende.* A. »das dicke Ende«. — 17. [jmdm.] den A. (bis unter den Adamsapfel / zum Geht-nicht-Mehr / zur Halsbinde / zum Halskragen / zum Kehlkopf / zur Kragenbinde / zum Kragenknopf / zum Maul / zum Scheitel / zum Stehkragen) aufreißen [*jmdn.*] *rücksichtslos behandeln, entwürdigend anherrschen, überstreng einexerzieren.* Vergröberter Kasernenhofjargon, fußend auf »jmdm. Angst einjagen (daß ihm der Kot abgeht)«. 1930 ff. — 18. Der A. ist auf Dauerfeuer eingerastet *man hat Durchfall.* Vom Einrasten des Gewehrschlosses. — 19. sich

in den A. gucken lassen / in den A. gucken kriegen *vom Musterungsarzt untersucht werden.* — 20. einen im A. haben *betrunken sein.* Vom torkelnden Gang. — 21. den A. hochbinden *streng einexerzieren.* — 22. [jmdn.] antreiben (o. ä.), bis [ihm] der A. runterfällt [*jmdn.*] *zu größerer Eile, bis zur Erschöpfung antreiben.* — 23. Es schmeckt wie A. auf Eimer *es schmeckt widerlich.* — 24. Es schmeckt wie kalter A. mit Schneegestöber *es schmeckt widerlich.* → Arsch 9. — 25. Das ist für den A. *das taugt nichts; das ist vergeblich; das schmeckt scheußlich.* 1910 ff. — 26. glatt wie ein A. *mittellos.* — 27. völlig im A. *sehr dumm.* Was im A. ist, gilt als tot oder nicht vorhanden; hier der Verstand. — 28. Dem trete ich in den A., bis ihm das Blut aus den Ohren spritzt! (Drohrede). — 29. den A. vollhaben *betrunken sein.* 1900 ff. → Arsch 20. — 30. sich den A. vollsaufen *sich betrinken.* 1920 ff. — 31. Da tut mir der A. weh! (Ausr. der Überraschung). — 32. den A. zukneifen/zumachen/zudrücken/zuschnappen *sterben, als Soldat fallen.* 1700 ff. 33. Truppe A. → Truppe 1

Arschbacke f, pl -n 1. die A. zusammenklemmen/-kneifen *sich ermannen; straffe Haltung annehmen.* 1900 ff. — 2. die A. zusammenkneifen, daß den Filzläusen die Augen tränen/den F. die Tränen in die Augen schießen/ein 5-Mark-Stück die Prägung verliert/man damit einen Nagel aus der Wand ziehen kann *straffe Haltung annehmen.* 1935 ff.

arschficken intr *sich homosexuell betätigen.* 19. Jh. → ficken 1

Arschficker m 1. *Homosexueller.* 19. Jh. → arschficken. — 2. *überstrenger Ausbilder.* → Ficker

Arschgeige f *Feigling, Liebediener, Schmeichler.* Schimpfwort. Der Homosexuelle gilt als schmeichlerisch, feig. 1850 ff.

Arschgranate f *Abführzäpfchen.* Wegen Formähnlichkeit. 1935 ff.

Arschgucken n *Gesundheitsbesichtigung.* → Arsch 19

Arschgucker m *Musterungsarzt.* → Arsch 19

Arschguckerei f *Musterung.* → Arsch 19

arschkriechen intr *liebedienern*

Arschkriecher m *widerlicher Liebediener.* 18. Jh. → arschkriechen

Arschkriecherei f *würdelose Willfährigkeit.* 1900 ff. → arschkriechen

arschkriecherisch adj *liebedienerisch.* → arschkriechen

Arschlehne f *Latrinensitzstange*

Arschparade f *gemeinsames Sitzen auf der Latrine*

arschputzen intr *die Feuerwaffe reinigen*

Arschröster m *Flammenwerfer*

Arschrunzeln n, Es kostet mich ein feuchtes/müdes A. *es macht mir keine Mühe.* Aus »Es kostet mich ein leises Arschbackenrunzeln«. 1900

Arschserviette f *Toilettenpapier*

Arschwärmer m 1. *würdelos diensteifriger Untergebener; Ordonnanz.* 1935 ff. — 2. *Mantel, Postenmantel*

Arschwasser n, [jmdn.] schleifen (o. ä.), bis das A. kocht [jmdn.] *überstreng einexerzieren.* 1935 ff.

Arschzuzieher m *Zitrone*

Artilleriedeichsel f *Blutwurst.* Die Waffenfarbe der Artillerie ist Rot; Deichsel ›Penis‹. 1914 ff.

Artistengepäck n *Sturmgepäck*

Arzneigurke f *Gurke.* Die G. ist nach durchzechter Nacht hilfreich

Arzt m 1. A. mit Eichenlaub *Oberstabsarzt.* Der O. hat auf den Schulterklappen ein silbernes Eichenlaub. — 2. A. dritter Klasse *Stabsarzt.* Der S. hat auf den Schulterklappen drei Sterne

Arzttropfen m, pl *Magenbitter.* Der M. als Medizin aufgefaßt

As n *Spitzenkönner; erfolgreicher Flieger* u. ä. Vom Kartenspiel. In der Bed. ›erfolgreicher Kampfflieger‹ möglicherw. nach engl. ace ›As‹. 1914 ff.

asbachuralt adj *sehr betagt; völlig unmodisch.* Nach dem Weinbrand Asbach uralt. 1930 ff.

Asbestanzug m *Uniform; Kampf-, Arbeitsanzug.* Wegen der Wärmeentwicklung. → Durstanzug; → Einmannsauna

Asbestjacke f *Sommerrock.* → Asbestanzug

Asbestklamotte f, pl -n *steife, dicke unmodische Uniform.* 1969 Äußerung von Verteidigungsminister HELMUT SCHMIDT. → Asbestanzug; → Klamotten

Asbestsack m *Uniform.* → Asbestanzug

ascenden intr [Ausspr. engl.] *mit dem Flugzeug aufsteigen*

Asche f 1. *Geld, Kleingeld.* Beruht auf Asche ›Rückstand in kleinster Form‹ oder auf franz. acheter ›kaufen‹. 19. Jh. — 2. A. machen [etw.] *veräußern*

Aschenbecher m *Spähpanzer.* Der S. in grimmem Spott als Urne aufgefaßt

Aschenpapst m *Aschenbecher.* Fußt wohl auf Papst(stuhl) ›Abort‹ (Papststuhl = Heiliger Stuhl). 1900 ff.

Aschloch n *Aschenbecher*

ashaft adj *ausgezeichnet*. → As

Asiatenteller m *Reissuppe*. Anspielung auf die asiat. Hauptnahrung

Äskulapgrenadier m *Sanitätssoldat*

Asphaltbeleidiger m, pl *breite Schuhe*

Asphaltbiene f *Straßenprostituierte*. → Biene 2

Asphaltblase f *Kleinauto; Auto*. Beeinflußt von angloamerikan. bubble-car. 1955 ff.

Asphaltbombe f *hausbackenes Mädchen*. Anspielung auf die Zähflüssigkeit des Asphalts; Bombe ist ironisch

Asphaltschaukel f *Auto*

Asphaltschwalbe f *Straßenprostituierte*. Die Schwalbe als Zugvogel. 1920 ff.

Aspirinologe m *Militärapotheker*

Aspirinsepp m *Sanitätssoldat*

Aspirinstute f *Krankenschwester*

Ast m *Gewehr*. Geschultert wirkt das G. wie ein astförm. Auswuchs

Asthmapäckchen n, **-packl** n, **-paket** n *Tornister, Sturmgepäck*. 1935 ff.

astmäßig adj *ausgezeichnet, hervorragend*. Wortspiel in Anlehnung an Ast ›erigierter (empor-, hervorragender) Penis‹

astrein adj 1. *charakterlich zuverlässig, kameradschaftlich; unverdächtig*. 1930 ff. — 2. *tadellos; ausgezeichnet*. 1930 ff. — Siehe *WdU* 1, 75

Astronaut m *Arrestinsasse*. → Knastronaut

Astronom m *Buckliger*. Scherzwort zu Ast ›Buckel‹

Ata-Girl n *Putzfrau*. Nach dem Putzmittel Ata

Ätherbiene f *Krankenschwester*. → Biene 1

Ätherkrach m *Rundfunkkonzert*

Ätherquieker m, pl *Fernmeldetruppe*

Athletenfilm m *Sportübertragung im Fernsehen*

Atom-Anni f *ABC-Schutzmaske*. Nach dem weibl. VN

Atombeutel m *ABC-Schutzmaskenbehälter*

Atombomber m, pl *ABC-Abwehrtruppe*. → Bomber 1

Atombrot n *Brot mit 1 Jahr Lagerfähigkeit*. Atom zur Bez. des Hervorragenden oder Ungewöhnlichen

Atomdose f *ABC-Schutzmaskenbehälter*

Atomschnorchel m *ABC-Schutzmaske*. → Schnorchel

Atomtoni m, pl **-s** *ABC-Abwehrtruppe*

Atomtrapper m *Soldat mit Ausbildung zum Überleben im Atomkrieg*. → Trapper

Atomziel n, *lohnendes A. drei Beieinanderstehende*

Atropin-Hugo m *Sanitätssoldat*. Wegen der reichl. Verwendung von Atropinpräparaten

Audienz f *Sprechstunde des Militärpfarrers*

aufballern tr [*jmdn.*] *wecken*

auferstehen intr *wach werden*

auffressen tr, *Ich fresse Sie auf u. scheiße Sie an die Wand!* (Drohrede)

aufgamsen intr *prahlen; sich aufspielen*. Zu bayr. gamsen ›lustige Sprünge machen‹

aufgeilen intr, refl 1. *übertrieben Dienst tun*. → dienstgeil. — 2. *Daran kann ich mich a.!* (Ausr. des Unmuts)

aufgestumpt adj *kleinwüchsig, gedrungen*. Aufstumpen (z. B. den Sack) ›aufstoßen‹

Aufhauer m *Unteroffizier*; *Ausbilder*. Eigentl. ›Prahler‹

Aufhupferl n *Geschlechtsverkehr*. Südd. 1900 ff.

Aufmucker m *Aufsässiger*. Vgl. *WdU* 1, 78

Aufmunterung f, freundliche A. *Befehl*. Ironisch

aufmüpfen intr *sich auflehnen*, *aufbegehren*. → aufmüpfig

aufmüpfig adj *aufsässig*. Zu müpfig [schweiz. Form von muffig] ›schmollend, widersprechend‹. *Sprachdienst* 1970, 131 ff. → aufmüpfen

Aufmüpfigkeit f *Aufsässigkeit*. → aufmüpfen

Aufpolierung f, A. des Heiligenscheins *Teilnahme an geistl. Übungen*

aufputschen tr *das Geschütz laden*. Eigentl. ›aufhetzen, energiesteigernde Mittel anwenden‹

aufreißen 1. tr, ein Mädchen a. *die Bekanntschaft eines Mädchens machen*. — 2. *koitieren*

Aufrüstung f, moralische A. *Sprechstunde des Militärgeistlichen*; *geistl. Übungen*. Nach der christl. Bewegung (seit 1938) »Moralische Aufrüstung«

aufsatteln intr *remilitarisieren*. → absatteln

aufscheuchen tr [*jmdn.*] *wecken*

Aufschlagbomber m *durch Abstürze berüchtigter Flugzeugtyp*

aufsitzen intr *koitieren*. 1930 ff.

Aufwischwasser n *dünner Kaffee*

Auge n 1. *After*. Wegen Ähnlichkeit des Aussehens. — [2.—10. pl -n:] 2. die A. federn *geschlechtl. unruhig sein*. Federn ›schnell auf- und abbewegen‹. — 3. braune/ dicke A. haben *Stuhldrang verspüren*. — 4. Daß du doch keine viereckigen A. hast! (Redewen-

dung an einen leidenschaftl. Fernsehzuschauer). → Auge 6. — 5. A. auf Masse legen *schlafen*. — 6. viereckige A. machen *fernsehen*. → Auge 4. — 7. die A. pflegen *ruhen*; *schlafen*. 1920 ff. → Augenpflege. — 8. zwei A. gucken rein u. keines raus (Redensart über eine fettarme Suppe). 1900 ff. — 9. saufen bis zum Stillstand der A. *sich betrinken*. Anspielung auf den starren Blick des Betrunkenen. — 10. Da tränen mir die A.! (Ausr. der Verwunderung, der angebl. Rührung)

Augennummer f, eine A. machen *lüsterne Blicke tauschen*. → Nummer

Augenpflege f, A. (be)treiben/ durchführen *schlafen*. → Auge 7

Augentripper m *Augenentzündung*. Eigentl. die Erkrankung der Bindehaut durch Trippererreger

augenvögeln intr *flirten*; *lüsterne Blicke tauschen*. → vögeln

ausbaufähig adj *kinderlos verheiratet*. Die Ehe ist zur Familie a.; auch Ausbau ›schwangerer Leib‹

Ausbeuter m *Offizier*. Anspielung auf die höheren Einkünfte

Ausbläser m *Versager*. Eigentl. die nichtdetonierte Granate. 1914 ff.

Auschwitz ON *Gasübungsraum*. Nach dem Konzentrations- u. Massenvernichtungslager A.

Ausflugdampfer m *Schulschiff*

Ausgehdeckel m *Schirmmütze*. Deckel ›Mütze, Kopfbedeckung‹

Ausgehhut m, knitterfreier A. *Stahlhelm* (bei Felddienstübungen o. ä.)

Ausgehzwirn m *Ausgehuniform*. → Zwirn 1, 2

ausgekalbt → auskalben

ausgelaugt adj *mittellos*. Vom Fleisch, das so lange kocht, daß es seinen Saft verliert

ausgepumpt adj *mittellos*

auskalben intr, ausgekalbt haben *eine alte Frau sein*

ausklinken tr, einen a. *koten*

ausknacken tr, einen a. *schlafen*. → knacken 1

Ausläufer m, pl, südliche A. *Beine, Füße*. Aus der Erdkunde

ausmisten tr *Räume reinigen*

auspoofen intr *ausschlafen*. → poofen

ausrauschen intr *sich gehen lassen*. Wohl nach dem Abgehenlassen von Darmwinden

Ausrede f, In X haben sie neulich einen Obergefreiten erschlagen, der wußte keine A. mehr! (Redewendung auf jmdn., der stets Ausreden hat)

Außenbordkamerad m, **-kollege** m 1. *Hering*; *Fisch*. Marinespr. 1900ff. — 2. *Marineangehöriger*. → Hering 1

ausstaffieren refl *sich zum Dienst fertig machen*

aussteigen intr *mit dem Fallschirm abspringen*. 1935ff.

Auster f, schwangere A. (Schimpfw. auf einen langsamen Menschen)

Austobungsplatz m *Truppenübungsplatz*

Ausweichmanöver n *Onanieren*

auszählen refl *völlig erschöpft sein*. Man erklärt sich selbst für k. o.

Auto n 1. *Schützenpanzer*. — 2. schräges A. *in Popfarben bemaltes Auto*. Schräg ›vom Üblichen abweichend‹. — 3. Da haben sie grade ein großes Fest gefeiert, weil das erste A. durchs Dorf fuhr (Redensart auf eine wenig zivilisierte Gegend). Ostfriesenwitz?

Autobahner m, pl *Pioniere*. P. bauen auch Behelfsstraßen für Bundeswehrfahrzeuge

Autobahngefreite m *Obergefreiter*. Die beiden Querstreifen auf dem Oberärmel als Autobahn gedeutet

Autobahnscheißhaus n *Geschütz Hotchkiss*

Axt f, fett wie eine A. *betrunken*. Fett ›betrunken‹. Analog »scharf wie eine Axt«

B (in Zusammensetzungen Abk. für:) *Berufs-*

Babykost f *Krankenkost, Diät*

Babylonier m *Chiffriergerät*. Anspielung auf die babylon. Sprachverwirrung

Bach m *Atlantischer Ozean; Meer*. Ironisch. 1870ff.

Bachratz f *häßliches Mädchen*. B. eigentl. die (als unschön, streitsüchtig, bissig geltende) Wasserratte

Back f *Eß- u. Arbeitsgemeinschaft an Bord; Tisch*. Fußt auf spätlat. bacca ›Wasserfaß‹, weiterentw. zu ›hölzerne Eßschüssel‹. 17. Jh.

backen intr, b. u. banken *die Mahlzeit einnehmen; Essen fassen*. → Back. 1850ff.

Backenschlosser m *Zahnarzt*. Der Z. als Reparaturhandwerker aufgefaßt

Backenwischer m *Toilettenpapier*

Bäckerfleisch n *Fleischklops mit viel Semmelbeimengung; Hackbraten*. 1920ff.

Bäckerfotze f *Brötchen*. Wegen der Formähnlichkeit. → Fotze 1; auch »Arschbrötchen«

Bäckermeister m, **-schreck** m,
-steak m, **-stolz** m *Frikadelle,
Hackbraten u. ä.* Wegen der Weiß-
brotbeimengung. → Bäcker-
fleisch
Backofen m *Prahler; Schwätzer.*
Wegen des angebl. Qualmes.
1920 ff.
Backschaft f *Eß- u. Arbeitsge-
meinschaft an Bord.* 19. Jh. →
Back
Backschafter m *Essenholer; Kell-
ner im Offiziersraum o. ä.* 1870 ff.
→ Back; → Backschaft
Bad Schweden ON, in B. S. sein
arrestiert sein. → Schweden
Badegast m *Soldat, der bei einer
Flußüberquerung am Drahtseil ins
Wasser stürzt*
Bademeister m 1. *Feldwebel.* Der
F. führt beim Schwimmen die
Aufsicht. — 2. pl *ABC-Abwehr-
truppe.* Wegen der Wasserunter-
suchung auf Verseuchung u. ä.
Badewanne f, B. spielen *sich lang-
sam betrinken.* 1930 ff. → Tal-
sperre
Bagger m 1. *Flakpanzer, Panzer-
flak.* Wegen der Raupenketten. —
2. B. Üb. *Schanzzeug.* Das S. als
Übungsmodell eines Baggers ge-
deutet; → Üb.
baggern intr *essen.* Bildl. vom
Schaufelbagger
Bahndamm m, B. dritter Hieb/
dritte Lese/dritter Schnitt/dritte
Wahl; B. letzte Ernte/letzte
Sorte; B. Nordhang/Ostseite,
Verschnitt/Sonnenseite; letzter
Schnitt vom B.; Marke B. auf der
Schattenseite *übelriechender Ta-
bak.* Dieser T. wächst angebl. als
Unkraut am B. 1914 ff.
Bahndammgras n *übelriechender
Tabak.* 1939 ff. → Bahndamm

Bahndammraub m 1. *minderwertige Zigarette.* 1939 ff. → Bahn-
damm. — 2. B. 66 *übelriechender
Tabak.* → Bahndamm
Bahndamm-Riesling m *schwarzer
Tee.* Der T. wächst angebl. als
Unkraut am Bahndamm
Bahndammschnitt m *minderwertiger Tabak.* 1939 ff. → Bahn-
damm
Bahnerer m *Eisenbahnbeamter*; pl
Bahnpolizei, -schutz
Bahnhof m 1. *Fehlschuß.* Weiter-
entw. aus → Fahrkarte. —
2. *Bordell.* Das B. als → Durch-
gangsbahnhof oder ›Ort mit star-
kem (Geschlechts-)Verkehr‹. —
3. B. Schattenseite *übelriechender
Tabak.* → Bahndamm
Bahnhofshalle f *Kantine.* Die K.
als ungemütl. Raum aufgefaßt
Bahnhofspenner m *Bahnbeamter.*
Penner ›einer, der keine körper-
lich anstrengende Tätigkeit aus-
übt‹. → Bahnpenner
Bahnhofspennermantel m *warmer
Wintermantel.* Anspielung auf die
Kleidung der in Bahnhöfen näch-
tigenden Nichtseßhaften
Bahnpenner m *Bahnbeamter; An-
gehöriger der Eisenbahntruppe.* →
Bahnhofspenner
Bajuffe m *Rekrut; Angehöriger
des Mannschaftsstandes.* Herk.
unbek.
Bakteriensammler m *Kochgeschirr*
Bakterienschleuder f *Taschen-
tuch*
Bakterienzuchtverein m *ABC-
Abwehrschule.* Anspielung auf die
Erprobung von Abwehrstoffen
an Bakterienkulturen
Balken m 1. *Gewehr, Karabiner.*
1870 ff. — 2. *Dienstgradlitze.*
1935 ff. — 3. *Gefreiter.* Wegen der
Litze (→ Balken 2) am Ober-

ärmel. — 4. pl, einer mit 7 B.
Hauptgefreiter. Neben den 6 Litzen an den Ärmeln (→ Balken 2)
trägt ein H. angebl. einen B. vor
dem Kopf (»Brett vor dem
Kopf«). — 5. pl, einer mit 9 B.
Hauptgefreiter UA. Wie → Balken 4; 2 Ärmellitzen zusätzl. —
6. auf den B. gehen *die Latrine
aufsuchen.* → Donnerbalken. —
7. pl, Über dem Dorf werden demnächst drei B. gespannt, dann
wird es zugeschissen (Redensart
auf ein rückständiges Dorf)
Balkenbär m *Gefreiter.* → Balken 3; → Bär 1
Balkenformale n *Gefechtsexerzieren.* → Balken 1
Balkenheini m, pl -s *Pioniere.* Die
P. schleppen oft Holzbalken. →
Balkenschlepper; → Heini
Balkenjäger m *Hauptgefreiter.* →
Balken 2, 4
Balkenkönig m *Hauptgefreiter
UA.* → Balken 2, 5
Balkenschlepper m 1. *Hauptge-
freiter.* → Balken 2, 4. — 2. pl
Pioniere. → Balkenheini; → Bal-
kenträger
Balkenträger m 1. *Unteroffiziers-
anwärter; Gefreiter; Hauptgefrei-
ter.* → Balken 2. — 2. pl *Pioniere.*
1914ff. → Balkenheini; → Bal-
kenträger
Balkongewächs n *übelriechender
Tabak.* Dieser T. ist angebl. im
Blumenkasten auf dem Balkon
gezogen oder darf nur dort ge-
raucht werden
Ballastpäckchen n *Sturmgepäck.*
→ Päckchen
Ballerei f *heftiger Beschuß; Schuß-
wechsel.* 19. Jh. → ballern 1
Ballermann m 1. *Maschinenge-
wehr.* → ballern 1. — 2. *Pistole,
Revolver, Colt.* → ballern 1. —

3. *Präservativ.* → Schuß 1. —
4. pl *Heeresflugabwehrtruppe.* →
ballern 1. — 5. pl -männer
Artillerie. → ballern 1
ballern 1. intr *laut werfen; knallen; schießen.* Schallwort. 1700ff.
— 2. tr, einen b. *Alkohol trinken;
ein Zechgelage veranstalten; eine
Runde auswerfen.* 1910ff. Analog
zu schmettern
Ballett n *Parademarsch* u. ä. Der
P. als einstudierter Tanz aufgefaßt
Balletthose f *Unterhose*
Ballettreigen m, großer B. *Para-
demarsch; Marsch nach Musik.*
→ Ballett
Ballon m 1. *(rundlicher) Kopf.*
1870ff. — 2 pl -s *wundgelaufene
Füße.* Wegen der Ähnlichkeit
mit der Oberfläche von Auto-
reifen. 1935ff. — 3. pl -s, auf ge-
füllten B. laufen *wundgelaufene
Füße haben*
ballonbereift adj *wundgelaufen* (die
Füße). → Ballon 2
Ballonbereifung f *Blasen an den
Füßen.* 1935ff. → Ballon 2
Ballonreifen m, pl *wundgelaufene
Füße.* → Ballon 2
Bambo m *Bahnbeamter; Angehö-
riger des Bahnschutzes.* Kurzwort
mit Assimilation des *n* an das *b.*
Bayr.
Bambule f, B. machen *sich wich-
tig tun; sich aufspielen.* B. ist
Nebenform von jidd. bilbul ›Ver-
wirrung; verworrener Vorgang‹
(WOLF 464), wohl beeinflußt von
engl. bamboozle ›verwirren, be-
schwindeln‹ (WILDHAGEN 56)
Banane f *Transporthubschrauber
mit 2 Propellern* (Typ Vertol
H 21). Wegen der Formähnlich-
keit
Bananenflieger m, pl *Hubschrauberstaffel.* → Banane

Bandagemechaniker m *Sanitäts-soldat*

banken → backen u. banken

Bär m 1. *Soldat*. B. bildl. für den großen, kräftigen Menschen, hier auch Anspielung auf den abgerichteten Tanzbären. → Tagebär 1. — 2. aussehen wie ein B. um die Eier *bleiches Aussehen haben*. Anspielung auf die Pelzfarbe des Bären in der Hodengegend. → Ei 3. — 3. einen B.en bauen *militär. grüßen*. Anspielung auf den abgerichteten Tanzbären. — 4. pl -en, Ab hier kommen die B. von rechts (Redewendung auf eine einsame Gegend)

Barackensekt m, **-whisky** m *klarer Schnaps*. Die Kasernen der BW waren anfangs Baracken

Barbara (VN) f *Artillerie*. Die hl. Barbara ist die Schutzheilige der Artillerie; vgl. TRANSFELDT 98f.

Bardame f, männliche B. (harmloses Schimpfw.)

Bärenauge n *Vagina*. Bär ›Schamhaare‹

Bärenfänger m *Wachmantel*. Nach dem Aussehen des Mantelträgers. → Bär 1

Bärenhang m, im B. sein *mit festgekrallten Händen u. umgelegten Beinen am Seil hängen* (z. B. beim Überqueren einer Schlucht)

Bärenmatte f *Bett*. Das B. verstanden als Unterlage für die → Bärennummer

Bärennummer f, **-stellung** f *Geschlechtsakt*

Bärentanz m *Wachwechsel*. Wegen der beim W. vorgeschriebenen Schritte; Anspielung auf den Tanzbären

Bärentest m *Kameradenjustiz mit Verprügeln*. Test, ob der Kamerad »Bärenkräfte« hat

Bärentreiber m *Postenmantel*. → Bärenfänger

Barett n 1. *Basken-, Feldmütze*. — 2. pl -s, grüne B. *Fallschirmjäger*; *Jäger*. Wegen der Uniformfarbe

Barhocker m *Ordonnanz*

bärig adj *ausgezeichnet*. Zu Bärenstärke, Bärenkraft. 1910ff.

Barras m 1. *Kommißbrot*. Aus jidd. baras ›Fladenbrot‹, im früh. 19. Jh. unter fränk. Bauern aufgekommen. — 2. *Heer, Militär(wesen), Wehrdienst*. — 3. → scheiß 1. — B. wahrscheinl. zu franz. barraques (Behelfsunterkünfte der deutschen Besatzungssoldaten in Frankreich nach 1871)

Barrashengst m *aktiver Unteroffizier*; *Berufssoldat*. 1914ff. → Barras 2

Barrasler m *Soldat*. Ableitung zu → Barras 2

Bart m, Der B. ist ab *die Wehrdienstzeit ist überstanden*

Barze f *Zigarette, Zigarettenstummel*. B. geht wahrscheinl. über die Nebenform Bats (*Hamburg. Wb.* 217) auf amerik. butt ›Zigarettenstummel‹ zurück

Bastelkompanie f *Technische Truppe*

Bastelstunde f, erotische B. *Geschlechtsverkehr*. 1933ff.

Batailloner m, **-öner** m *Bataillonskommandeur*. 1939ff.

Bataillonstrottel m *Altgedienter* (abf.)

Bati m *Bataillonskommandeur*. Kurzwort, Kosebez.

Batman m [Ausspr. engl.] *Luftwaffenangehöriger*. Das Emblem auf dem Ärmelband als Fledermaus gedeutet; engl. bat ›Fledermaus‹. Der B. oder Fledermausmensch ist eine Hauptfigur in amerik. Bilderheften u. in Fernsehserien

Batschklapp f *Bergmütze*. Wegen der Formähnlichkeit mit einer Batscha ›Semmel‹ (ZIESEMER 1, 424); -klapp wegen der Faltbarkeit

Batteriehure f *Kraftfahrzeug mit wechselndem Fahrer*. Der Fahrerwechsel als Geschlechtspartnerwechsel aufgefaßt

Bau m 1. *Arrest(lokal)*. Nach dem Tierbau oder Anspielung auf frühere Verurteilung zur schweren Festungshaft, zum Festungsbau. 18. Jh. — 2. *Arreststrafe.* 19. Jh. — 3. *Kaserne.* Die K. als Arrestlokal aufgefaßt. → Bau 1. — 4. *Kasernenstube.* Wie → Bau 3. — 5. *Wehrdienstzeit.* Die W. als Freiheitsstrafe aufgefaßt. — 6. B., Steine, Erden *Bundesheer.* Nach der Industriegewerkschaft B., S., E.

Bauarbeiter (bewaffneter) m *Pionier*

Bauarbeiterbelustigungsgetränk n *Schaumwein.* Viell. aus der Zeit des Westwallbaus (1938 ff.)

Baubulle m, pl -n 1. *Arrestwache.* → Bau 1. — 2. *Fernmeldetruppe*

Bauchaufschlitzer m *Seitengewehr*

Bauchbengel m *Seitengewehr.* Bengel ›Prügel, Stock‹

Bauchbinde f *Koppel.* 1939 ff.

Bauchbremse f *Koppel.* Das K. bremst das Beleibtwerden

Bauchhalter m *Koppel, Leibriemen*

Bauchladen m *Bordkantine*

Bauchpariser m *Leibbinde.* Die L. aufgefaßt als → Pariser 1 für den Bauch

Bauchschnalle f *Koppel.* Das K. ist der Ordensschnalle nachgebildet

Bauernbomber m *Verbindungsflugzeug Skyservant.* Scherzh.-abschätzig, da kein Kampfflugzeug

Bauerngummi m, n *Blutwurst.* Wegen der Zähigkeit der Bl.

Bauernstunde f *Sprechstunde des Militärgeistlichen.* Bauer ›Einfältiger‹ oder ›Bauernschlauer‹

Bauerntracht f *Felduniform, Kampfanzug.* → Trachtengruppe 1

Baumbeobachter m, pl *Hubschrauberstaffel.* Wegen der verhältnism. geringen Flughöhe

Baumeister m *Soldat mit vielen Arreststrafen.* → Bau 2

Baumfäller m *Pionier*

Baumhackel m *Langnasiger.* B. bayr. ›Buntspecht‹ (mit langem Schnabel)

Baumsäge f *Maschinengewehr.* → Säge

Bautrupp m *Geschützbedienung.* Die G. baut die Geschützstellung auf

Bayrisch Sibirien LN *Oberfranken; entlegener Standort.* → Sibirien

Bazille f, linke B. *jmd., dem nicht zu trauen ist; unkameradschaftl. Soldat.* Link ›unaufrichtig‹

Bazillenkäfig m *Taschentuch*

Bazillenmutterschiff n *Taschentuch.* Angelehnt z. B. an Flugzeugmutterschiff

Bazillenschleuder f *Taschentuch*

Bazookalehrgang m *Arrest.* Die Bazooka ist bei den Indianern ein Blasrohr, dann in USA u. BW Panzerabwehrwaffe mit Raketentreibladung. Anspielung auf ›Trübsal blasen‹ im A.

beammen tr [*jmdn.*] *bemuttern, umsorgen*

Beamte m, B.r Gottes *Geistlicher.* → Gottesbeamter

Beamtenbutter f *Margarine.* 1920 ff.

Beamtenfriedhof m *BMVg.* B. gemeinhin ›Amtsgebäude‹ (hier »ruhen« viele Beamte)

Beamtenschuppen m *BMVg.* Schuppen ›Gebäude‹ (abf.)

Beat m [Ausspr. engl.] *Trommelfeuer.* Nach Beat ›Schlagrhythmus im Jazz‹

Beatmaus f [Bestimmungsw. engl. Ausspr.] *für Beatmusik schwärmendes Mädchen*

Beatschuppen m [Bestimmungsw. engl. Ausspr.] *Tanzlokal; Partykeller; Diskothek.* → Schuppen 1

Bee Gees pl [Ausspr. engl.] *Bundesgrenzschutz.* Deutung der Abk. BGS in Anlehnung an den Namen einer Beatband (Pop-Gruppe) aus Australien

Beerdigung f *ernste Musik*

Beerdigungsbesteck n *Schanzzeug.* Mit dem S. läßt sich ein Grab ausheben; manches Deckungsloch wurde zum Grab

Beethovens pl *Spielleute; Musikkapelle; Trompeter.* Große Militärkapellen spielen Symphonien von L. VAN BEETHOVEN. 1939 ff. (LOOSE 287)

Befehlsdusche f *Befehlserteilung.* (Kalte) Dusche ›Überraschung, Ernüchterung‹

befeuchten refl *sich waschen*

Beförderungsessen n *Wildbret.* W. als das übl. Kantinenessen zur Feier einer Beförderung

Befruchter m *Penis*

Befruchtungsanstalt f, geistige B. *BW-Fachschule*

Befruchtungsschuppen m *Lokal mit Mädchenbetrieb; Bordell.* → Schuppen 1

Befruchtungsurlaub m *Familienurlaub*

Befruchtungswalzer m *gefühlvollzärtliche Musik*

begängeln tr [*jmdn.*] *bemuttern, umsorgen.* Gängeln ›bevormunden‹

Begattungswurzel f *Penis*

Begeisterungsdämpfer m *Stahlhelm.* Der S. dämpft auch die Geräusche u. gilt als unkleidsam

Begräbnisknaller m *Panzermine*

behämmert adj *dumm, dümmlich, geisteskrank.* 1930 ff. Analog → bekloppt

Behelfsheim n, geistiges B. *Dummer*

behornen refl *sich betrinken.* Die Flasche wird wie ein Horn an den Mund gesetzt; analog zu ›einen blasen/dudeln/tuten‹

behornt adj *bezecht.* → behornen

Beichtonkel m, **-vater** m *Wehrbeauftragter des Deutschen Bundestages*

Bein n 1. einen zwischen die B.e jubeln *koitieren.* — 2. B.e machen *eine Tanzschallplatte auflegen.* — 3. sich die B.e in den Arsch/Bauch/ Leib stehen *lange stehen; Posten stehen.* 1850 ff.

Beinahe-Unteroffizier m *Hauptgefreiter*

Beischlaf m, den B. legalisieren *heiraten*

Beischläfer m, pl *Ungeziefer.* Die Schädlinge als ungebetene Bettgenossen verstanden

Beißer m, pl *Feldjäger.* Die F. gelten als »bissige Hunde«

Beize f *Wirtshaus; Kantine.* 19. Jh. Fußt auf jidd. bajis ›Haus‹ (WOLF 246). Bayr. Boazn

bekackt adj *schlecht, minderwertig.* Analog zu beschissen

bekloppt adj *geistesbeschränkt, dümmlich.* Anspielung auf Gehirnerschütterung. 1920 ff. Analog → behämmert

beknackt adj *dumm, einfältig.* Knacks ›bleibender Schaden‹. 1910 ff.

belabern tr [*jmdn.*] *beschwatzen, übertölpeln.* 1900 ff. → labern 1

Belaberung f *Kompaniebelehrung; Dienstunterricht.* → belabern

belegt adj, schwach belegt *nicht bei Kasse.* Von der schwach belegten Brotschnitte übertragen

Beleuchter m 1. *Presseoffizier.* Der P. beleuchtet Vorgänge vom amtl. Standpunkt aus. — 2. pl *Scheinwerferabteilung*

belgen intr *körperliche Arbeit verrichten; schwer arbeiten.* Seit 1900(?). Ausgangsbed. ›den Balg abziehen‹, ›schinden‹

Belle m, **Belli** m *Kopf.* 1930 ff. Bayr. Nebenf. zu Bollen ›kugelförmiger Körper‹

Belliwärmer m *Stahlhelm.* → Belli

Belustigungspinsel m *Penis.* → Pinsel 1

Belustigungswasser n *Schnaps*

bemoost adj 1. *sehr alt; ehrwürdig.* Nach dem mit Moos überzogenen Karpfen. 18. Jh. — 2. *wohlhabend; über Barmittel verfügend.* 1900 ff. → Moos

Bemooste m *Altgedienter.* 1914 ff. → bemoost 1

benetzen refl, sich (den Körper) b. *sich waschen*

Benzin n, Er sitzt im Keller und sägt B. (Antw. auf die Frage nach jmds. Aufenthalt)

Benzinkutsche f *Auto.* 1900 ff. Analog der Pferdekutsche

Benzinkutscher m 1. *Kraftfahrer.* 1900 ff. — 2. pl *Kraftfahrtruppe.* 1914 ff. → Benzinkutsche

Benzinlümmel m (*rücksichtsloser*) *Kraftfahrer*

Benzinofen m *Auto.* → Ofen 1

Benzinpansche f *Kraftstofflager*

Benzinquäler m, pl *Kraftfahreinheit*

Benzinschleuder f *Auto.* → Schleuder 3

beraffen refl *sich betrinken; sich* [*von etw.*] *reichlich nehmen.* 1900 ff. Raffen ›gierig zugreifen‹

Berauschungsanlage f *Fernsehgerät.* Mancher berauscht sich beim Fernsehen

bereit adj, allezeit b. *beischlafwillig.* Aufgekommen mit der Empfängnisverhütung durch Ovulationshemmer

Bereitschaft f, B. schieben *Bereitschaftsdienst wahrnehmen*

Berg m, Über den B. ist es weiter als zu Fuß (Redensart zum Abweisen eines Schwätzers)

Bergebulle m, pl -n *motorisiertes Instandsetzungsbataillon.* Das I. schleppt Schadgerät ab. → Bulle 1

Bergfest n, B. feiern *die Hälfte der Wehrdienstzeit abgeleistet haben.* Bildl. das Erreichen des Berggipfels; nun geht es bequemer abwärts. 1935 ff.

Berghase m, alter B. *erfahrener Gebirgsjäger*

Bergmann m, ein Kreuz haben wie ein B., nicht so breit, aber so dreckig *einen unsauberen Rücken haben*

Bergmuli m, *Gebirgsjäger.* → Muli

Bergsandale f, pl -n *Schnürschuhe*

Bergtrottel m *Gebirgsjäger*

Bergziege f 1. pl -n *Gebirgsjäger.* — 2. geschlechtskranke B. (Schimpfw.)

Berieselungsapparat m *Rundfunk-, Fernsehgerät.* Sich berieseln lassen ›ständig hinhören, ohne wirkl. wahrzunehmen‹

Berieselungsstunde f *militärischer Unterricht.* → Berieselungsapparat

Beritt m *Kasernenbereich.* Eigentl. der vom Förster berittene Dienstbezirk

Bermudas pl *Unterhose*; *Badehose.* Verkürzung aus → Bermudashorts

Bermudashorts pl [Ausspr. engl.] *kurze Unterhose*; *Turnhose*; *Badehose*

berotzt adj *betrunken.* Trinker haben gelegentl. heftigen Niesreiz u. vernachlässigen dabei die Sauberkeit. 1930 ff.

Berta (VN) f, dicke B. *schwere Panzerfaust.* Eigentl. der nach Bertha Krupp benannte 42-cm-Mörser des 1. Weltkriegs

Berufsbremser m *Berufssoldat.* → bremsen

Berufsbulle m *Berufssoldat.* → Bulle 1

Berufsdurchblicker m *Schreibstubendienstgrad.* → Durchblicker 1

Berufshinderungsdienst m *Berufsförderungsdienst.* Ironisches Wortspiel

Berufskiller m *Berufssoldat.* Unter Wehrdienstgegnern verwendet

Berufsschule f, B. der Nation *BW*. Wegen des Berufsförderungsdienstes; auch → Schule 5; → Fahrschule d. N.

Beruhigungspille f *Eierhandgranate.* Mit der E. wird der Gegner zur Ruhe gebracht

Besamungsanstalt f *Bordell*

Besamungszeit f *Familienurlaub*

Beschaffer m, pl *Bundesamt für Wehrtechnik und Beschaffung*

Beschäftigungstheorie f 1. *Arbeit, deren Sinn nicht einzusehen ist*; *sinnlose Arbeit*; *Gammelei.* 1930 ff. — 2. *Putz- u. Flickstunde.* — Wortspiel mit Beschäftigungstherapie

Beschäftigungstherapie f *Putz- u. Flickstunde.* → Beschäftigungstheorie 1, 2

Bescherung f *Wehrsoldempfang*

beschickern refl *sich betrinken.* 1840 ff. → schicker

beschickert adj *betrunken*; *leicht bezecht.* 1840 ff. → schicker

beschlauchen refl *sich betrinken.* Seit ausgeh. 19. Jh. → schlauchen

Beschwerde-Ede m *Wehrbeauftragter des Deutschen Bundestags.* Ede (aus franz. aide) ›Helfer‹

Besoffsky m *Betrunkener*; *Trunksüchtiger.* 1920 ff.

besorgen tr, es sich b. *sich betrinken.* Man beschafft sich einen Rausch

Besorgungsschule f *Marineversorgungsschule.* Ironisch

Bestatter m, B.! (Ausr. beim Erblicken eines ermatteten Soldaten)

Beste m, Das hält der B. nicht aus! (Ausr. bei unverträgl. Zuständen)

Bestechungsamt n *Bundesamt für Wehrtechnik u. Beschaffung.* Das B. war in Bestechungsfälle verwickelt (1957 Untersuchung durch den Verteidigungsausschuß des Deutschen Bundestages)

Bestechungsbeamte m *Angehöriger des Bundesamts für Wehrtechnik u. Beschaffung.* → Bestechungsamt

Bestechungsboß m, pl -bosse *Bundesamt für Wehrtechnik und Beschaffung.* → Bestechungsamt

Bestechungsurlaub m *Ernteurlaub* (zur Hilfe im Familienbetrieb)

Besteck n, B. des Lebens *Schanzzeug.* Dem mit dem S. gegrabenen Deckungsloch verdanken viele Soldaten, daß sie am Leben bleiben. Wohl älter

Beten n, dienstliches B. *Kirchgang*
Beton m *Quark*. Vertrockneter Q.
ist angebl. fest wie B.
Betonschiß m *Stuhlverhärtung*
Betriebsausflug m *Manöver*.
1935 ff.
Betriebsschlosser m *Militärarzt*.
Der M. als Reparaturhandwerker
aufgefaßt
Betriebsunfall m 1. *Geschlechtskrankheit*. 1939 ff. — 2. *nichteheliches Kind*. 1939 ff. — 3. *versehentl. Schwängerung*. 1939 ff.
Betriebsurlaub m *Ruhetag*
Betschuppen m *Kirchengebäude*.
Schuppen ›Gebäude‹ (abf.)
Betschuppenwalk m [Grundw.
engl. Ausspr.] *Kirchgang*. → Betschuppen; engl. walk ›Spaziergang‹
Betsilo m *Kirchengebäude*
Bett n 1. das B. b./B.en bauen *das Bett vorschriftsmäßig herrichten*. 1870 ff. — 2. Ich glaube, mein B. brennt! (Ausr. des Erstaunens)
Bettblümchen n *leicht beischlafwilliges Mädchen*. Erst im Bett blüht das M. auf. Analog Pflänzchen
Bettenbau m *vorschriftsmäßiges Herrichten des Betts*. 1870 ff. → Bett 1
Bettenbauer m 1. *Soldat, der sein Bett herrichtet*; *Rekrut*. 1935 ff. — 2. alter B. *Altgedienter*. 1939 ff. — 3. junger B. *Rekrut*. 1939 ff. → Bett 1
Bettenbauertauglichkeit f *Wehrdiensttauglichkeit*. → Bett 1
Bettenbau-Uni f *Krankenpflegerschule*
Bettensprung m *Zapfenstreich*
Bettente f *Urinflasche für den Bettlägerigen*. 1870 ff. → Ente 1

Bettes m *Rekrut in der Grundausbildung. Der R. lernt den* → Bettenbau
Bettgestell n *elektronischer Sensor auf einem Zerstörer*. Wegen Formähnlichkeit mit einer Matratze; → Matratze 2
Betthupfer m *Bettgenosse, -genossin; Geliebte(r)*. 1900 ff.
Betthupferl n 1. *beischlafwillige weibl. Person*. 1900 ff. — 2. *Zapfenstreich*
Bettlerbrett n, pl -er *breite Hände*. Brett hier ›Frühstücksbrett‹
Bettnässer m *Rekrut*. Spottw. überhebl. Altgedienter
Bettschicht f *Familienurlaub*
Bettvase f *Urinflasche für den Bettlägerigen*
Beule f 1. B. mit Schirm *Dienstmütze*. — 2. B. machen *sich betrinken* (›sich anschwellen lassen‹)
Beutel m *Hodensack*. → Ei 7
Beutelaffe m *Unselbständiger*. Der B. als Phantasietier, vom Muttertier im Brutbeutel getragen. Oder Schreibung Beutel-Laffe?
Beutelgeschwür n *Geschlechtskrankheit*. → Beutel
beuteln intr *koitieren*. Analog rütteln oder zu → Beutel
Beutelratte f, **-ratz** m *Filzlaus*. 1914 ff. → Beutel
Beuteltier n *Filzlaus*. → Beutel
Bevölkerungsflöte f *Penis*. Seit 1933 (?). → Flöte
Bevölkerungsknüppel m *Penis*
bevölkerungspolitisch adv, b. positiv sein *eine verheiratete Mutter sein*
Bewerber m, B. um den goldenen Lenker *Liebediener*. → Lenker
b. H. m *dummer, eingebildeter Kerl*. Abk. von »blöder Hund«. 1914 ff
B. H. m *hochgerutschtes Koppel*. → Büstenhalter

Biafra-Cocktail m *Blutwurst*. Zusammenh. mit den blutigen Kämpfen in Nigeria (1967—1970)
Bibel f 1. *Dienstvorschrift*. Was für den Christen die B., ist für den Soldaten die D. 1900 ff. — 2. *Bimsstein zum Oberdeckschrubben*. Der B. formähnlich einem Buch. — 3. *Wehrpaß*. Der W. als »Buch der Bücher« aufgefaßt
Bibelbunker m *Kirchengebäude*. Bunker spielt an auf die moderne Betonarchitektur
Bibelfresser m *Geistlicher*
Bibelstudie f, pl -n *geistliche Übungen; Rüstzeit*
Bibelstunde f *Sprechstunde des Militärgeistlichen*. 1939 ff.
Biber m *Pionier*. B. sind geschickte Dammbauer, Holzfäller usw.
Biberschule f *Pionierschule*. → Biber
Bibi m *Stahlhelm*. Siehe *WdU* 1, 101
Biene f 1. *nettes Mädchen; intime Freundin; Tanzpartnerin*. Nach dem Kinderlied »Summ, summ, summ, Bienchen summ herum!«. 1870 ff. — 2. *Prostituierte*. 1870 ff. — 3. *Leichthubschrauber*. Wegen des Motorgeräuschs. — 4. dufte B. *hübsches, nettes, umgängliches Mädchen*. → dufte. — 5. flotte B. *lebenslustiges Mädchen*. — 6. kesse B. *reizendes, nicht schüchternes, schnippisches Mädchen*. Keß fußt auf jidd. chochem ›klug‹
Bienenhaus n *Bordell*. 1939 ff. → Biene 2
Bienenscheiße f *Honig*
Bienenschreck m *Krüllschnitt*. Der starke Geruch des K.s schreckt die Bienen ab
Bienenschwarm m *Jagdbomberverband*
Bier n 1. B. für werdende Mütter *Malzbier*. — 2. Das ist mein B.

das ist meine persönliche Angelegenheit. Einen Fremden läßt man nicht aus dem eigenen Glas trinken. 1939 ff. — 3. Das ist nicht mein B. *das geht mich nichts an, ist nicht meine Aufgabe*. — Siehe TODENHAGEN 334 ff. — 4. B. wegbringen *harnen*
Bieranzug m *Sport-, Arbeitsanzug*. Ironisch
Bierarsch m (*breites*) *Gesäß*. Bier macht angebl. dick, vor allem am G. 1870 ff.
Bierbox f *ABC-Schutzmaskenbehälter*. Wegen mögl. Zweckentfremdung
Bierbunker m *Kantine*
Bierdeckel m 1. *Zielscheibe*. — 2. geriebener B. *Frikadelle* (abf.)
Bierfilz m *Frikadelle* (abf.)
Bierfilzanzug m *Kampfanzug, Felduniform*. Anspielung auf Dikke und Steife
Bierflasche f *Urinflasche*. Wegen Farbähnlichkeit des Inhalts
Bierflaschenaufbewahrungsbehälter m *ABC-Schutzmaskenbehälter*. → Bierbox
Biergeschwür n *dicker Leib*
Bierhölle f *Kantine*. Mißverstanden aus Bierhöhle oder angelehnt an Spielhölle
Bierkasten m *ABC-Schutzmaskenbehälter*. → Bierbox
Bierlager n *Bauch*
Bierschuppen m *Wirtshaus*. → Schuppen 1, 4
Bierstall m *Soldatenkneipe*
Biertour f *Runde durch mehrere Bierlokale*
Biertrage f *ABC-Schutzmaskenbehälter*. → Bierbox
Bierzelt n *Krankenstube in der Kaserne*. Besucher bringen oft Bier mit

Bierzipfel m *Penis*. Anspielung auf Versteifung wegen Harndrangs. → Zipfel

Big Band f [Band engl. Ausspr.], B. B. der Bundeswehr *Musikkorps, Show-Orchester der BW*

Big Boß m 1. *Viersternegeneral.* — 2. *Bundesminister der Verteidigung*

Big Suff m *große Zecherei*

bilden refl *lesen*

Bilderbuch n *Dokumentation im Fernsehen*

Bilderbuchoffizier m *mustergültiger Offizier.* 1939 ff.

Bilderbuchsoldat m *Soldat in gepflegter Uniform u. mit straffer Haltung.* 1939 ff.

Bildungscenter n *Leseraum im Soldatenheim*

Bildungsecke f *Leseecke, -raum im Soldatenheim*

Bildungsstube f *Leseraum im Soldatenheim*

Bild-Zeitung f, sich mit der B. zudecken *ärmlich leben*

Bilgenkrebs m, pl -e *Maschinenpersonal, Heizer.* Bilge ›Kielraum des Schiffes‹. Marinespr. 1939 ff.

Bimmelkasten m *Fernsprechgerät*

bimsen 1. tr ⌊jmdn.⌋ *einexerzieren, drillen.* 1870 ff. Wie → schleifen 1. — 2. intr *koitieren.* Von der Hinu. Herbewegung des Bimssteins. 1870 ff.

Bimser m *strenger militär. Vorgesetzter.* → bimsen 1

Bimserei f *Drill.* 1939 ff. → bimsen 1

Bimskuh f *leichter Transporthubschrauber Vertol H-21.* Bimsspielt an auf Verwendung als Übungshubschrauber, »Kuh« auf den geknickten Rumpf

Bindenwickler m *Sanitätssoldat*

birkeln intr *onanieren*. Nach den gedrehten Nudeln der Firma Birkel

Birne f 1. *Kopf.* Wegen Formähnlichkeit. 1870 ff. — 2. *Urinflasche.* Wegen Formähnlichkeit. — 3. sich die B. einölen *zechen.* → ölen. — 4. sich gefechtsmäßig einen in die B. knallen *sich betrinken.* Gefechtsmäßig spielt an auf die Pflicht zum Mittrinken im Kameradenkreis

Biß m *Angriffsgeist; volle Einsatzbereitschaft.* Vom Biß des angriffslustigen Tieres. Sportlerspr.

B-Kopp m *Berufssoldat.* B Abk. für → Barras 2, 3 oder → B

Blabla n 1. *leeres Geschwätz.* 1920 ff. — 2. *Fernsprecher, -melder; Ferngespräch.* — Franz. faire du bla-bla ›schwätzen‹

Blanksoldat m *Bundeswehrsoldat der ersten Stunde.* Nach THEODOR BLANK, 1950 Beauftragter des Bundeskanzlers für die mit der Vermehrung alliierter Truppen zusammenhängenden Fragen, 1955/1956 der 1. Bundesverteidigungsminister

Blase f 1. *Fesselballon.* — 2. *kleine militär. Gruppe.* Als Ansammlung von Hohlköpfen aufgefaßt

blasen 1. intr *wecken.* Das Wecksignal wurde früher mit dem Horn gegeben. — 2. tr, einen b. *Alkohol trinken.* Der aus der Flasche Trinkende ähnelt einem Bläser. 1800 ff.

Blasendoktor m *Stabsarzt*

Blasenkonzert n *wundgelaufene Füße*

Blasenleiden n *Blasen an den Füßen.* 1914 ff. (IMME 121)

Blasenmacher m, pl *Schnürschuhe*

Blasenöffner m *Sanitätssoldat*

Blasenorden m *Erinnerungsme-daille für Teilnehmer am Holland-Marsch (Nymwegen-Marsch)*. Der Internationale Viertagemarsch (4 ×50 km) in Nymwegen (seit 1909) findet jährlich zu Pfingsten oder im Sommer auch mit Beteiligung von Soldaten der BW statt
Blasentreter m, pl *Stiefel*
Blasrohr n 1. *Gewehr*. 1910 ff. — 2. *Leichtgeschütz.* — → Püster
Blätterwald m *Kräutertee*
Blätterwaldförster m *Presseoffizier*. Blätterwald ›Zeitungswesen‹
Blattschuß m *Volltreffer*. Aus der Jägerspr. 1914 ff.
Blauarsch m *Marineangehöriger*. Wegen der blauen Uniform. → Arsch 1
Blaue m 1. *Luftwaffenangehöriger*. Wegen der blauen Uniform. → 2. *Angehöriger der Technischen Truppe*. Wegen der blauen Kragenspiegel
Blaukittel m *Luftwaffenangehöriger*. → Blaue 1; → Kittel 1
Blau lang m *Dienstanzug*. Nach der Farbe der ganzen Uniform
Blaumacher m 1. *alkoholisches Getränk*. Dem »Weißmacher« (Waschmittelwerbung) nachgebildet. — 2. ein B./Schnaps mit einem B. *32% iger Schnaps*. — 3. zwei B./Schnaps mit zwei B.n *38% iger Schnaps*. Blau ›betrunken‹
Blaumann m 1. *blauer Arbeitsanzug*; *Overall für den technischen Dienst*. 1930 ff. — 2. pl -männer *Technische Truppe*. → Blaue 2
Blaumeise f, pl -n *Technische Truppe*. → Blaue 2
Blauzeug n *Dienstanzug*. → Blau lang
Bleamlesträger m, pl *Gebirgsjäger*. → Blümchensoldat. Bayr.

Blech n *Orden u. Ehrenzeichen* (abf.). B. als geringwertiges Metall. 1914 ff.
Blechadmiral m *Oberstabsbootsmann*. Blech spielt an auf → Zange u. 2 Winkel. Der O. ist der höchste Dienstgrad der Unteroffiziersdienstgrade, der Admiral der höchste Dienstgrad der Bundesmarine
Blechbüchse f *Schützenpanzer* (abf.)
Blechdach n *Stahlhelm* (abf.)
Blechdeckel m *Stahlhelm* (abf.). 1916 ff.
Blecheimer m 1. *Stahlhelm* (abf.) 1939 ff. → Eimer 5. — 2. *Panzerwagen*. Der P. als → Eimer 1 zu Lande
blechgeil adj *ordenslüstern*. → Blech; → geil 2, 4
Blechgeneral m *Oberstabsfeldwebel* (bei Heer u. Luftwaffe). → Blechadmiral
Blechgeschirr n *Gesamtheit der angelegten Orden*; *Ordensspange mit Bändern*. 1914 ff. (GRAFF 30) → Blech. Geschirr ›Riemenzeug bei Reit- u. Zugpferden‹
Blechgewehr n *Blasinstrument*. Wegen Blasmusik = Blechmusik
Blechhändler m *reichdekorierter Offizier*. → Blech
Blechhaufen m 1. *Militärmusikkapelle*; Spielleute. 1914 ff. (HAUPT 27; HAMMER 5). → Haufen 1. — 2. *Schriftleitung einer Soldatenzeitung*. Selbstbezeichnung auf der Grundlage von Blech ›Unsinn‹
Blechhut m *Stahlhelm*. 1916 ff.
Blechkiste f *Schützenpanzer* (abf.)
Blechkram m 1. *Instrumente der Militärkapelle*. — 2. *Dienstauszeichnungen*. → Blech; auch Blech ›Unsinn, Wertlosigkeit‹

Blechkuh f *Büchsenmilch*. 1920 ff.
Gleichbed. engl. canned cow
Blechladen m *Orden u. Ehren-zeichen*. 1914 ff. → Blech
Blechmantel m *Gummimantel*. Der
G. ist blank wie Rohblech
Blechmarke f *Erkennungsmarke*
Blechmelone f *Stahlhelm* (abf.).
Melone ›steifer Hut; Halbzylin-der‹
Blechmütze f *Stahlhelm* (abf.).
1939 ff.
Blechnapf m *Kochgeschirr*
Blechorden m *Erkennungsmarke*
Blechorgel f, pl -n *Instrumente
der Militärkapelle*
Blechsarg m 1. *Unterseeboot*.
1939 ff. → Sarg 2. — 2. *Panzer-kampfwagen*. 1939 ff. → Sarg 1
Blechsargkutscher m *Fahrer eines
Panzerkampfwagens*. → Blech-sarg 2
Blechschild n *Erkennungsmarke*
Blechsoldat m *Angehöriger des
Heeresmusikkorps*. → Blechkram 1
Blechsombrero m *Stahlhelm*
Blechsucht f *Ordenssucht*. →
Blech
Blechtag m *Tag der Entlassung
aus der BW*. Anspielung auf die
Auszahlung der Übergangsgelder.
Blech ›Sold‹
Blechtüte f *Stahlhelm*. 1939 ff.
→ Tüte 1
Blei n, [jmdn.] voll B. pumpen;
[jmdm.] den Leib voll B. pumpen
[*auf jmdn.*] *viele Schüsse abgeben*.
Von engl. to pump lead
Bleiarsch m *Soldat einer Boden-formation*. Der S. hat »Blei im
Arsch«, steigt nicht auf
Bleibohne f *Geschoß*. → Bohne
Bleihummel f *Geschoß*. → Hum-mel 3
Bleipumpe f *Gewehr*. → Blei
Bleipuste f *Pistole* u. ä. → Puste

Bleirotze f *Gewehr*. → rotzen
Bleirotzer m *Maschinengewehr*.
→ rotzen 2
Bleischleuder f *leichtes Maschinen-gewehr*; *Gewehr*. → Schleuder 2
Bleispritze f 1. *Gewehr*. → Spritze
1. — 2. *Pistole*; *Maschinen-pistole*. — 3. *Maschinengewehr*
Bleispucker m *Gewehr*; *Maschi-nengewehr*. → spucken
Bleistift m, fliegender B. *Star-fighter*. (1939: Messerschmittjä-ger; Do 17)
Bleiverteiler m *Maschinenpistole*
Bleiwerfer m *Pistole*; *Maschinen-pistole*
Blendwerk n, B. der Hölle *Friede*.
B. d. H.! aus »Die Braut von
Messina« (III, 4) von FRIED-RICH SCHILLER
Bleyle-Schlüpfer m *Badehose*.
Nach der Strickkleidung der Mar-ke Bleyle
Blick m, Mir bricht der B.! (Ausr.
des Unwillens, der Überraschung)
blind adj 1. *dumm, uneinsichtig,
untüchtig, unfähig, minderwertig*.
I. S. v. ›geistig blind‹. — 2. *un-selbständig, unbeholfen*. — 3. *feige*.
— 4. b. u. blutarm *unselbständig*.
— 5. Er ist nicht nur b., sondern
sieht auch schlecht *er ist überaus
dumm*. — 6. Da wird man b.!
(Redensart angesichts der glit-zernden Dienstgradabzeichen der
Offiziere)
Blinddarmwärmer m *Leibbinde*
Blinde m *Längerdienender*. →
blind 1
Blindenbuch n *Dienstvorschrift*.
→ blind 1, 2
Blindenführer m 1. *Leutnant*. —
2. *Stabsunteroffizier*. — → blind
1, 2
Blindenheim n *Offizierschule*
(abf.). → blind 1

Blindenschule f 1. *Offizierschule* (abf.). → blind 1. — 2. *Zivildienst.* → blind 1
Blindflansch m *Dummer.*˙ Nach dem Deckelverschluß des B.s. Marinespr.
Blindflug m, B. zwischen zwei Wolldecken *schlafen*
Blindfuchs m *feiger Soldat.* → blind 3
Blindgänger m 1. *Fehlschlag; Versager.* Vom nichtexplodierenden Geschoß. 1910 ff. Vgl. HAUPT 27. — 2. *Offizieranwärter.* — 3. *Wehrdienstverweigerer; Soldat, der sich seiner Pflicht zu entziehen sucht.* 1914 ff. (GRAFF 30). — 4. *kinderlos Verheiratete(r).* 1930 ff. — 5. *geistiger B. Dummer*
Blindi m 1. *Obergefreiter.* — 2. El B. *Rekrut.* — → blind 1, 2
Blinki m *Blinkgerät, Blaulicht*
Blitz m 1. *Bestrafung, Anherrschung.* Aus »Blitzstrahl der Ungnade« verkürzt oder Entlehn. aus engl. blitz ›Anschiß‹. — 2. Sie hat wohl der B. beim letzten Schiß erwischt? *Sie sind wohl nicht recht bei Verstand?* Zusammenh. mit der Schelte »Möchte dich der Blitz auf dem Scheißhaus treffen!«
Blitzableiter m *Großwüchsiger*
blocken tr [etw.] *säubern, waschen, herrichten.* Bl. eigentl. (mit dem Blocker) ›bohnern‹
Blödmann m *Einfältiger, Geistesbeschränkter.* 1930 ff.
Blohm u. Voß FN 1. *Schule der Technischen Truppe.* — 2. B. u. V. letzte Schicht Mütze *Arbeitsmütze.* — Nach der Hamburger Schiffswerft
Blubberkasten m *Hubschrauber.* Schallnachahmung

Blubberkiste f *Gesäß.* Anspielung auf abgeh. Darmwind
Blubberkopf m. -kopp m *Großsprecher.* Der G. hat vermeintl. Blubber ›Blasen‹ im Gehirn; sein Gehirn treibt Blasen (FRIEDRICH SCHILLER, »Don Carlos« II, 8)
Blubberlotsch m *Mineralwasser.* Blubber spielt auf die Kohlensäurebläschen an; -lotsch zu latschig ›fade; ohne Geschmack‹
Blubberreis m *Milchsuppe.* Beim Schütten von Reis in kochende Milch entsteht ein blubberndes Geräusch
Blubberwasser n 1. *dunkles Bier.* Anspielung auf Blähungen. — 2. *Mineralwasser.* 1870 ff. → Blubberlotsch. — 3. *minderwertiger Kaffeeaufguß.* 1920 ff.
Bluff FN, aussehen wie Jack B., der Zwiebelfarmer (Redewendung auf jmdn., dessen Aussehen Anlaß zum Lästern gibt). Absichtl. unsinnige Zusammenstellung. Ausbilderjargon
Blümchensoldat m, pl -en *Gebirgsjäger.* Wegen des Edelweißabzeichens. → Bleamlesträger
Blümchentee m, -wasser n *Kräutertee*
Blumenkind n, pl -er *Gebirgsjäger.* Anspielung auf das Edelweißabzeichen
Blumenkohl m 1. *Geschlechtskrankheit* (Tripper). 1900 ff. — 2. *Ekzem.* Formähnlich mit einer Wucherung. — 3. *Rohrkrepierer.* Wegen Ähnlichkeit des Aussehens. — 4. *Goldstickerei an der Marineoffiziersmütze*
Blumentopf m *Ausbläser.* Wegen starken Geruchs. 1939 ff.
Blutacker m *Truppenübungsplatz.* Eigentl. das Schlachtfeld. Spätest. 1935

Blutgeld n *Wehrsold.* Der W. als schwer verdientes Geld aufgefaßt
Bluthund m 1. *Stabsarzt.* — 2. *Sanitätssoldat.* — 3. *Feldjäger.* Anspielung auf dienstliche Strenge
Blutlecker m *Sanitätssoldat*
Blutreinigungstee m *Hülsenfrüchtesuppe.* Wegen der darmreinigenden Wirkung
Blutrührer m *Zivildienstleistender.* Anspielung auf die Krankenhaustätigkeit vieler Z.
Blutsauger m *Rotweintrinker*
Blutze f *Zigarette.* Zu plotzen ›rauchen‹
BMW f *flachbusige weibl. Person.* Initialwort aus »Brett mit Warzen«. 1950ff.
Boazn f → Beize
Bock m 1. *Flakgeschütz.* Der Schuß klingt wie der Laut des Rehbocks. — 2. *Bett.* Verkürzt aus Sägebock mit Anspielung auf sägen ›schnarchen‹. — 3. *Motorfahrzeug; Lastkraftwagen; Auto.* Wohl weil das Fahrzeug gelegentl. »bockt«. 1939ff. — 4. *Panzerkampfwagen.* Der P. als Rammbock, Rammklotz, Mauerbrecher aufgefaßt. — 5. *Hubschrauber.* — 6. alter B. *kriegsgedienter Offizier.* — 7. dicker B. *Tankkesselwagen.* — 8. sturer B. *Unbelehrbarer, Uneinsichtiger.* 1900ff. → stur. — 9. Immer locker vom B. (Ausdr. der Anerkennung über eine Bewegung oder Handlungsweise). Vgl. HOLT 38. — 10. den B. aufsitzen lassen *den Kameraden verprügeln.* — 11. sich auf den B. hauen *schlafen gehen.* → Bock 2
bocken intr *koitieren.* Aus der Viehzucht. 1500ff.
Bockrente f *Trennungsgeld.* → bocken

Bodenkaffee m *dünner Kaffee.* Durch den K. hindurch sieht man den Tassenboden
Bodenkosmetik f, **Bodenleckerei** f *Reinigen der Kasernenstube*
Boden-Luft-Offizier m *Militärgeistlicher.* M. aufgefaßt als Mittler zwischen Erde und Himmel
Boden-Luft-Verbindungsoffizier m *Militärgeistlicher.* → Boden-Luft-Offizier
Bodenpersonal n, 1. B. des Himmels/des Herrn/Gottes *Geistlichkeit.* Die G. aus der Himmelsperspektive gesehen mit den Augen eines Luftwaffenangehörigen. 1939ff.(?). — 2. himmlisches B. *Referat für die Militärseelsorge beim BMVg*
Bodensee m *Geldmangel.* Kalauer: Man sieht den Boden des Geldbeutels
bofe(l)n intr → poofen
Bohne (blaue) f *Geschoß einer Handfeuerwaffe.* Anspielung auf das bläul. schimmernde Blei. 1650ff.
Bohnenkaffee Üb. m *Malzkaffee.* M. zu Übungszwecken wird Bohnenkaffee im Ernstfall. → Üb.
Bohrmaschine f *Gewehr.* Die Geschosse bohren sich in den Körper
Boiler m *Kopf.* Engl. Urspr. wohl Schelte auf den Wasserkopf
Bollchenwasser n *Mineralwasser mit Geschmack.* Bollchen ›kugelförmiges Bonbon‹
Bolle f 1. B. sein *betrunken sein.* Bolle ›Kugelförmiges‹; → rund 2. — 2. pl -n *Angst, Kummer.* B. ›kugelige Exkremente‹. Spätest. 1900
Bollerkopf m, pl -köpfe *Artillerie.* Bollern ›poltern‹
Böllermann m *Geschoß.* Böller ›kleine Kanone; Mörser‹

Bolzen m, einen B. drehen *unerlaubt handeln; einen folgenschweren Irrtum begehen.* 1850 ff. Wie »ein dickes Ding drehen« **Bolzenheini** m (*Mann mit*) *Stuhlverhärtung.* Bolzen ›walzenförmiger Kot‹. → Heini

Bombe f 1. *großer Kothaufen.* 1900 ff. — 2. eine B. abseilen *koten.* → abseilen 2. — 3. eine B. ausklinken *koten.* → ausklinken — 4. Da muß eine ganz schöne B. gefallen sein, daß die Lumpen bis hierher geflogen sind (Redewendung auf eine vermeintl. übelberüchtigte Gegend). Lumpen ›Fetzen‹ u. auch ›Gesindel‹. — → Asphaltbombe

Bomber m 1. *Artillerist.* Fußt auf älterem Bombenschmeißer; 1914 ff. → Atombomber. — 2. *Hauptgefreiter.* Der H.e als Beleibter. — 3. *draufgängerischer Soldat.* Vom schlagkräftigen Boxer. — 4. *Breitschultriger.* Wegen der Boxerschultern

Bonanza n *Munitionslager.* Engl. bonanza ›Goldgrube, Glücksquelle‹. B. auch Titel einer amerikan. Fernsehserie (dt. 1967—1969, 1973/74, 1975—1977)

Bonbon n 1. *Mine; Artilleriegeschoß.* Ironisch. 1914 ff. (IMME 137). — 2. *Offiziersstern.* → Lolli 1. — 3. *Kriegsorden; Dienstauszeichnung.* Der K., die D. wie als Belohnung für braves Verhalten. 1939 ff. — 4. einem Schiff ein B. ans Hemd kleben *am Schiffsrumpf einen Sprengsatz befestigen*

Bonbonträger m *Offizier.* → Bonbon 2

Bonbonverteiler m, pl *Artillerie.* → Bonbon 1

Bonbonwasser n *Limonade.* 1920 ff.

bongen tr [*jmdm.*] *Strafdienst auferlegen.* B. eigentl. ›einen Bon an der Registrierkasse ausstellen‹; hier ›ins Anschreibbuch des Ausbilders eintragen zwecks Bestrafung‹

Bongo n, f, pl -s *Fernmeldebautrupp.* Vergleich des Steigeisens mit dem spiralig gedrehten Horn der Waldantilope (Drehhornrind)

Bonner Feldherrnhalle f *ein Wagenschuppen beim BMVg* (in dem 1955 die Ernennung der Generäle stattfand). Nach der Feldherrnhalle in München

Bonner Feldherrnhügel m *Hardthöhe bei Bonn* (Sitz des BMVg). Auch → Feldherrnhügel

Bonner Hosenträger m, pl *Koppeltraggestell*

Bonner Präsentiersoldat m, pl -en *Wachbataillon beim BMVg*

Bontje m, **Bontsche** m *angenehmer Dienst.* B. nordd. ›Bonbon‹

boofe(l)n intr → poofen

Boontje m → Bontje

Bootsknüppel m *Bootsmann.* Marinespr. 1914 ff. → Knüppel 1

Bootsmann m, gehackter B. *Gulasch.* Marinespr.

Bootsmanngeschwür n *Blutwurst.* Marinespr.

Bordell n, B. der tausend Betten *Kaserne.* Aus »Hotel der tausend Betten«. → Hotel 1

Bordellroter m, pl -rote *ABC-Abwehrtruppe.* Spielerisch nach der Waffenfarbe Bordeauxrot

Bordkuh f *Dosenmilch* (für Marineangehörige)

Bordputzer m *Matrose*

Bordsteinbiene f *Straßenprostituierte.* → Biene 2; → Bordsteinschwalbe

Bordsteinlikör m *klarer Schnaps; Fusel.* Der S. hat angebl. eine so

»umwerfende« Wirkung, daß man sich bald in der Gosse wiederfindet; viell. auch Anspielung auf Hundeharn

Bordsteinschwalbe f *Straßenprostituierte.* Amerik. kerb-market ›Bordsteinmarkt, inoffizielle Börse‹

borgen tr [*etw.*] *entwenden.* Euphemistisch

Böschungshobel m *Hauptfeldwebel.* Wegen des Emblems auf dem Schulterstück

Boß m 1. *Leiter, Anführer, Kommandeur* u. a. 1920ff. — 2. B. vom Ganzen *General*

Botanik f 1. *Truppenübungsplatz.* — 2. in der B. rumeiern *mit dem Panzer im Gelände fahren.* Eiern ›sich ungleichmäßig bewegen‹

Botaniker m, pl *Gebirgsjäger.* Wegen des Edelweißabzeichens

Botanikertrommel f *ABC-Schutzmaskenbehälter.* → Botanisiertrommel

Botaniktasche f *Tragetasche für die ABC-Schutzmaske*

Botanisiertrommel f *Gasmaskenbehälter; ABC-Schutzmaskenbehälter.* Wegen Formähnlichkeit. 1914ff. (GRAFF 32; MECHOW 85)

Bottel f *Flasche.* Aus engl. bottle

Botten pl *derbe Schuhe; Stiefel.* Aus franz. botte ›Stiefel‹. Seit der Besetzung Berlins durch die Franzosen (1806ff.)

Bottich m 1. *Eßgeschirr.* — 2. *Abort.* — 3. einen in den B. jubeln/legen/schmettern/stanzen/wirbeln *koten*

Boutique f [Ausspr. franz.] *Kleiderkammer*

Brand m, Ich habe einen B., ich könnte ein ganzes Graubrot fressen, so müde bin ich (Redewendung nach einer ausgiebigen Zecherei). Brand ›(Nach-)Durst‹

Brandenburger m *Geschlechtskrankheit.* Tarnwort für den durch Brennen spürbaren Tripper

brandig adj *betrunken.* → Brand

Brandy m [Ausspr. engl.] *schwarzer Tee.* Wegen Farbähnlichkeit

Braß m 1. *Wut.* — 2. Das bringt ihn in B. *das erregt ihn, macht ihn wütend.* — Mittelniederd. bras ›Lärm‹

Bratapfel m, pl -äpfel, Es riecht nach B.n *es herrscht Gasgefahr.* Wohl älter

Bratenrock (großer) m *Paraderock zur Uniform; Ausgehrock.* Der P. als Sonntags-, Festtagsrock aufgefaßt. 1939ff.

Bratgeier m *Brathähnchen.* → Geier 2

Brathendlfriedhof m *Bauch.* Südd.

Brathering m, aussehen wie ein luftgetrockneter B. *faltig aussehen*

Bratkartoffel f, pl -n, Und schon wieder ist es gelungen, aus Scheiße B. zu machen! (Ausr. bei einem Erfolg)

Bratkartoffelverhältnis n *Liebesverhältnis besonders um der guten Verpflegung willen.* 1939ff. Vorausgeh. Stullenverhältnis (Berlin 1900)

Bratpfanne f 1. *breite Hand.* → Abortdeckel. — 2. Ihn haben sie wohl mit der B. über den Ozean geschaukelt *er ist überaus dumm*

Bratpfannenleger m, pl *Minenlegergeschwader.* Wegen der Formähnlichkeit zw. Mine u. Bratpfanne

Brauerei f *Küche.* Brauen ›zubereiten, verwässern‹

Brauereigeschwür n, **-tumor** m *(dicker) Bauch des Biertrinkers*

Brauereipferd, -roß n, Hinterer (Arsch) wie ein B. *sehr breites Gesäß.* 1935ff.

braun adj 1. *nicht recht bei Verstand.* B. spielt auf die Braunhemden der NSDAP an u. kennzeichnet die NS-Weltanschauung als unsinnig, ihre Funktionäre als anmaßend, prahlerisch u. dumm. — 2. *gewitzt.* Wohl analog zu abgebrüht, ausgekocht

Braunarbeiter m *Homosexueller*

Braune m 1. *Gewitzter.* → braun 2. — 2. *Gewissenloser.* Zu → braun 1

Brausepöter m *Gesäß.* Brausen ›Darmwind laut entweichen lassen‹; niedersächs. Pöter ›Gesäß‹

Braut f 1. *Gewehr, Karabiner.* 1866ff. → Frau 1; → Soldatenbraut. — 2. zerlegbare B. des Soldaten *Gewehr.* — 3. die B. schrubben *das Gewehr reinigen*

Brautpflege f *Waffeninstandhaltung.* → Braut 1

Brecher m 1. *Draufgänger.* Der D. bricht sich Bahn. — 2. *Großwüchsiger, Breitschultriger.* — 3. böser B. *Panzerabwehrkanone*

breit adj *betrunken.* Der Betrunkene macht sich breit (spielt sich auf) oder benötigt beim Torkeln die ganze Breite der Straße

Breitarsch m *sehr Dicker.* 1900ff.

Breitflansch m *Krawatte*

Breitpisser m *weibl. Person*

breitsegeln intr *mit dem Flugzeug abstürzen.* Wegen des Torkelns. → breit

Bremsbacke f, pl -n 1. *Knäckebrot* u. ä. Wegen Formähnlichkeit. — 2. *Gesäß (des Skiläufers)*

Bremsbelag m, pl -läge *Knäckebrot* u. ä. → Bremsbacken 1

bremsen intr *schlafen; schnarchen.* Vom Surren der Bremse (Fliege). 1890ff.

Bremsgummi n, m 1. *Hartwurst, Preßsack.* Wegen der Festigkeit. — 2. *Harzer/Mainzer Käse.* Wegen der Ähnlichkeit in Form u. Festigkeit

Bremsgummikäse m *Harzer/Mainzer Käse.* → Bremsgummi 2

Bremsklotz m 1. *Kommißbrot.* 1935ff. — 2. *Frikadelle, Hackbraten.* Wegen Formähnlichkeit

Bremsscheibe f *runde Brotschnitte*

Bremsschuhgeschwader n, pl *Truppenverwaltungsbeamte.* Die T.n werden für arbeitshemmend gehalten

Bremsspur f, pl -en 1. B.en in der Unterhose *Kotspuren.* — 2. eine B. legen *würdelos liebedienern*

Bremsspurenfänger m *Unterhose.* → Bremsspur 1

Brennesselanzug m *Kampfanzug.* Wegen der Farbe

Brett n 1. *Bett, Liege, Lagerstätte.* Wegen der Härte. — 2. B. mit Astloch *hageres Mädchen*

brettern intr *schlafen.* → Brett 1

Brezelmann m *Hauptfeldwebel.* Das Emblem auf der Schulterklappe des H.s als Brezel gedeutet

Brief m, blauer B. *Einberufungsbescheid.* Vgl. *WdU* 1, 105

Briefkastenonkel m *Wehrbeauftrager des Deuschen Bundestags.* Eigentl. Schriftleiter, der auf Kümmernisse der Leser eingeht

Briefmarkenlecker m *Postbeamter.* Wohl älter

Briefmarkenmechaniker m *Postbeamter*

Briefträger m, pl *Panzeraufklärer.* Wegen der (post)gelben Waffenfarbe

Briefträgereinheit f *Verbindungs-
staffel.* Die V. versieht Kurierdienst
Briefträgergeograph m, pl -en *To-
pographietruppe.* Wegen des Är-
melabzeichens »Geo« u. der Kar-
tentasche
Briefträgerhut m *Schirmmütze*
Briefträgerkluft f *Uniform.* Spöttisch. → Kluft
Brigadepenner m *Schläfer*
Brigadier m [Aussp. franz.] *Bri-
gadegeneral*
Brikett n, pl -s 1. *Geld.* Wie →
Kohle. — 2. *Stiefel;* (*Halb-*)
Schuhe. Wegen Form- u. Farbähnlichkeit. 1910ff. — 3. Er sitzt
im Keller u. staubt B. ab/wäscht
B. (Antw. auf die Frage nach
jmds. Aufenthalt)
Brille f 1. *Abort, Abortöffnung.*
Vgl. *WdU* 1, 113. — 2. einen in
die B. schrauben *koten.* — 3. Das
ist eine B. *das ist eine großartige
Sache.* Gemeint ist die gute B. mit
der richtigen Stärke
bringen 1. intr, Das bringt
(Äußerung der Zufriedenheit).
Zu ergänzen »Erfolg«, »Treffer
auf der Zielscheibe«, »Geld« o. ä.
— 2. tr, Das bringt wieder was
(Äußerung der Zufriedenheit). —
3. intr, Das bringt tödlich (Äußerung der Zufriedenheit). Tödlich
›unbedingt‹. — 4. tr, einen/es b.
flirten; koitieren. → bringen 1
Bröckchenhusten m *Lungenkrankheit.* Anspielung auf den Auswurf
Brockelbeef n [Grundw. engl.
Aussp.] *Gulasch*
Brocken m *Geschütz schweren Kalibers.* 1914ff.
Brockenzählung f *Musterung der
Ausrüstungsgegenstände*
Bronchie f, pl -n, Die B.n schleifen
am Boden (Äußerung bei hefti-
gem Husten)

Brot n 1. B. mit Fleischgeschmack
Frikadelle, Hackbraten. Anspielung auf zuviel Weißbrotbeimengung. — 2. B. für die Welt *Reis.*
Eigentl. Leitwort der Hilfsaktion
des Rats der Evangelischen Kir-
che in Deutschland (seit 1959). —
3. Dünn wie ein B., aber ganz nah!
(Unsinnige Redewendung). —
4. Da wird das B. in der Toilette
(o. ä.) eingeweicht *da lebt man
sehr ärmlich.* — 5. Selber trocken
B. essen, aber anderen Leuten
ein Stück Fleisch in den Bauch
schieben (Redewendung auf einen
sexuell aktiven Hageren)
Brotbeutel m 1. *Sturmgepäck.* —
2. *ABC-Schutzmaskenbehälter.* Anspielung auf Zweckentfremdung
Brotbeutelfurzer m *Grenadier.* Der
G. trägt den Brotbeutel oberhalb
des Gesäßes
Brotbraten m *Hackbraten.* →
Brot 1
Brotbüchse f *ABC-Schutzmasken-
behälter.* → Brotbeutel 2
Brötchen n 1. *Frikadelle.* Seit
1939(?). → Brot 1. — 2. B. mit
Fleischgeschmack/im Kostüm/im
Morgenmantel/im Tarnanzug
Frikadelle. → Brot 1. — 3. flei-
schiges B. *deutsches Beefsteak.*
→ Brot 1. — 4. gebratenes/ge-
tarntes/verzaubertes B. *Frikadel-
le.* → Brot 1
Brötchengeber m *Rechnungsführer*
Brotkasten m, im B. schlafen
ärmlich leben
Brotschleuder f, pl -n *Küchenper-
sonal*
Brottasche f, **Brot- u. Keksdose** f
ABC-Schutzmaskentasche. → Brot-
beutel 2
Brotzeitbeutel m *ABC-Schutz-
maskentasche.* Bayr. → Brot-
beutel 2

Bruchband n 1. *Leibriemen, Koppel.* 1900 ff. — 2. *Leibbinde*
Bruchpilot m 1. *Flugzeugführer, der bei der Landung das Flugzeug zertrümmert; notlandender Pilot.* 1914 ff. (IMME 36; GRAFF 34). — 2. pl -en *Heeresflieger* (abf.)
Bruder m, warmer B. *Homosexueller.* 18. Jh. Vgl. *WdU* 1, 114
Brüllaffe m *für häufiges Brüllen bekannter Vorgesetzter; Schimpfender; tobender Ehemann.* 1900 ff.
Brüllkasten m *Rundfunkgerät, Lautsprecher*
Brüllwürfel m *Rundfunkgerät, Transistorgerät.* Wegen Formähnlichkeit
Brumme f *Mädchen, intime Freundin; Tanzpartnerin; Braut.* 1900 ff. Wie → Biene 1
brummen intr, Ich glaube, es brummt (Ausdr. der Verwunderung). B. ›geschlechtl. erregt sein‹
Brummer m 1. *schwerer Lastzug.* 1925 ff. — 2. *Querbinder.* Analog zu Fliege. — 3. *Kampfpanzer.* — 4. pl *Kraftfahrtruppe.* — 5. dicker B. *Transportflugzeug.* — 6. schwerer B. *schweres Motorrad*
Brummfiets n *Motorrad.* Niederl. bromfiets ›Moped‹. Halbwüchsigenjargon
Brummsummsel f *Vagina.* Brummsel ›Hummel‹ durch summ(en) erweitert
Brust f 1. von hinten durch die B. ins Auge *hinterrücks; auf Umwegen; heimtückisch.* Vom phantast. Weg eines Geschosses. 1914 ff. — 2. B., wie wenn eine Maus die Faust ballt *flache Brust.* — 3. sich die B. einreiben, bis sie glänzt *sich betrinken.* Äußerl. Einreibung übertragen auf innerliche. — 4. einen zur/an die B. neh-

men/heben *Alkohol trinken.* Vom Säugen des Kindes oder vom Studenten- u. Offiziersbrauch, beim Zutrinken das Glas bis zur Höhe des zweiten Rockknopfes zu heben. 1820 ff. — 5. sich einen durch die B. schießen *Alkohol trinken.* — 6. sich von hinten durch die B. ins Auge schießen [*etw.*] *sehr unzweckmäßig u. umständlich handhaben.* → Brust 1
Brustkastenpfeifer m *Lungenkranker; Lungenkrankheit*
Brustschmerz m, pl -en *Verlangen nach Orden und Ehrenzeichen.* 1914 ff. (GRAFF 25)
Brustwarze f, auf der B. angekrochen kommen (o. ä.) *unterwürfig nahen; bescheiden* [*um etw.*] *bitten; kriechend herbeikommen; völlig erschöpft nahen.* 1935 ff.
Brutkasten m *Kampfanzug, Felduniform.* Anspielung auf große Hitzeentwicklung
Brutkastenprodukt n *Kleinwüchsiger.* Schimpfwort
B-Sau f *Berufssoldat, -offizier* (abf.). → B; → Z-Sau
B-Soldat m *Berufssoldat.* → B; → Z-Soldat
Bubu f, B. machen *schlafen.* Aus der Kindersprache. B. ablautend zu Baba ›Wiege‹
Büchsenöffner m 1. *Seitengewehr.* Vom Verwenden des S.s zum Öffnen von Konservendosen. 1914 ff. (AHNERT 104; HAUPT 33). — 2. *Panzerabwehrkanone.* 1939 ff. → Sardinenbüchse 2. — 3. *Panzerjäger*
Buchstabenschleuder f *Schreibmaschine*
buchten tr [*jmdn.*] *mit Arrest bestrafen.* Bucht ›Pferch für Haustiere‹. Die Arrestzellen waren früher Bretterverschläge. 1900 ff.

Buchthengst m *für häufiges Bestrafen bekannter Vorgesetzter.* → buchten

Bückel m 1. *Rekrut.* — 2. *schlechter Soldat.* — 3. pl -n *Mannschaften.* — Zu bückeln ›laufen, weglaufen‹ (*Hamburg. Wb.* 515)

Bucklige m, der B. von Soho *Buckliger.* Nach dem gleichnam. dt. Edgar-Wallace-Film (1966)

Bucks pl, keine B. haben *mittellos sein.* Buck (amerik. Slang) ›Dollar‹

Buddelanzug m *Felduniform.* → buddeln

Buddelbesteck n *Schanzzeug.* → buddeln

buddeln intr *Schanzarbeit verrichten*

Buddelzeug n *Schanzzeug.* → buddeln

Bude f *Kasernenstube.* Aus der Kaufmanns- u. Studentenspr. 1870 ff.

Büffelbüchse f *Gewehr.* Büffel hier ›plumpes Gerät‹; G. viell. auch als Jagdwaffe aufgefaßt

Büffelfurz m *Klops.* Furz hier ›Kleinigkeit‹

Büffelschweiftee m *Fleischbrühe.* Umschreibung für Ochsenschwanzsuppe

Bügel m 1. *Penis.* Ausgangsbed. ›Griff, Henkel‹. — 2. Pack mich am B.! (Ausdr. der Abweisung)

Bügelbrett n *Landungsboot.* Die am Bug des L.s heruntergeklappten Planken ähneln einem B.

Bügelbrettgeschwader n *Landungsgeschwader.* → Bügelbrett

Bügeleisen n *Leichtgeschütz des Schützenpanzers HS 30.* Das L. kann ein Waldstück → flachbügeln

Bügelfreie m *Stahlhelm*

bügeln intr *koitieren.* Von der Hin- u. Herbewegung. 1870 ff.

Buk m *Sturmbeutel.* Initialwort für »Beischlafutensilienkoffer«

Buko m *Kulturbeutel, Koffer.* Wie → Buk; bei der Luftwaffe Initialwort für »Bordfunkerutensilienkoffer«. 1930 ff.

Bulettenheini m *Koch.* → Heini

Bulle m 1. *Mann* ((Schimpfw.). — 2. *Feldjäger.* 1939 ff. — 3. *schikanöser Ausbilder; Kompaniefeldwebel.* — 4. *Transporthubschrauber.* — Das männl. Zuchtrind als Symbol der Gewalttätigkeit, Stärke, Ungeschlachtheit. 15. Jh.

bullenartig adj *breitschultrig*

Bullenbiwak n *Kompaniegeschäftszimmer.* → Bulle 3

Bullenheim n *Soldatenheim.* → Bulle 1

Bullenhof m *Kasernenhof.* → Bulle 3

Bullenkammer f *Bekleidungskammer.* → Kammerbulle

Bullenkloster n 1. *Kaserne; Soldatenheim.* → Bulle 1. — 2. *Schulunterkunft für Offiziere.* → Bulle 1

Bullenolympiade f *Sportstunde.* → Bulle 1

Bullenpenne f *Feldjägerschule.* → Bulle 2

Bullenpisse f 1. *Kräutertee* (abf.). — 2. *Bier* (abf.)

Bullenrente f *Wehrsold.* → Bulle 1; → Rente 1

Bullenschau f 1. *militärärztl. Untersuchung auf Wehrtauglichkeit.* Aus der Viehzucht. 1935 ff. — 2. *militärärztl. Untersuchung auf Geschlechtskrankheiten*

Bullensiedlung f *Kasernenbereich.* → Bulle 1

Bullensilo m *Kaserne.* → Bulle 1

Bullentee m *Cola-Getränk* (abf.)

Bullenzimmer n *Kompaniegeschäftszimmer.* → Bulle 3

Bullriementee m *Ochsenschwanz-suppe.* Bullriemen ›Ochsen-schwanz‹

Bull's eye n (m) *Volltreffer.* Aus dem Engl. i. S. v. ›das Schwarze in der Zielscheibe‹

Bumbum n *Gewehr.* Schallw. 1914 ff.

Bumbumsuppe f *Hülsenfrüchtesuppe.* Anspielung auf laut entweichende Darmwinde

Bumerang m, Königsberger B. *zäher, harter Klops.* Ein an die Wand geworfener Kl. kommt angebl. zurück

Bumme f *Gewehr.* Nach dem Abschußgeräusch

Bums m 1. *Haubitze.* Nach dem Abschußgeräusch. — 2. *öffentl. Tanzvergnügen; minderwertiges Lokal.* Nach der Tanzmusik. 19. Jh. — 3. *Bordell.* 1880 ff. → bumsen

bumsen intr *koitieren.* Ausgangsbed. ›dumpf schlagen, stoßen‹. 1880 ff.

Bumser m *Granatwerfer.* Nach dem Abschußgeräusch

Bumsgucker m, pl *Artillerie-Beobachtungsbatterie*

Bumskopp m 1. *Artillerist, Artillerie.* 1900 ff. (AHNERT 20; HAUPT 34). — 2. *schwerer Mörser*

Bumskoppseminar n *Artillerieschule.* → Bumskopp 1

Bumsmolle f, **-mulde** f *Bett.* Bums wegen laut abgehender Darmwinde oder wegen → bumsen. → Molle; → Mulde; → Pumpsmulde; → Pupmolle, -mulde

Bumsurlaub m *Hochzeitsurlaub.* → bumsen

Bund m 1. *BW.* — 2. → scheiß 2. — 3. mit dem B. verheiratet sein *Soldat der BW sein*

Bundesadler m *Geflügel*

Bundesarmleuchter m, pl *Scheinwerferabteilung.* → Armleuchter 2

Bundesasbestanzug m *Felduniform, Kampfanzug.* → Asbestanzug

Bundesbahnpolster n, B. von der dritten Klasse *Krüllschnitt*

Bundesbedienstete m *Soldat der BW*

Bundeseigentum n, B. nicht beschädigt (Ausdr. beim Fehlschuß, Verfehlen der Zielscheibe). 1914 bis 1918: Königliches Eigentum n. b.; 1939—1945: Wehrmachtseigentum n. b.

Bundesfeuerwehr f *BW.* Die BW soll nur eingreifen, wenn es »brennt«

Bundesgeier m *Bundesadler.* Abf. wegen der Stilisierung des B.s, auch Annäherung an den →Pleitegeier

Bundeslandser m *Soldat der BW.* → Landser

Bundespleitegeier m *Starfighter.* → Pleitegeier

Bundesseefahrer m *Angehöriger der Bundesmarine*

Bundesverblödungskiste f, **-verdummungskasten** m Fernsehgerät

Bundesverteidigungsbeamte m *Soldat der BW.* → Verteidigungsbeamter

Bundeswehrbaunserl n *Frikadelle.* Baunserl, -zerl ›Milchbrot‹. Anspielung auf Weißbrotbeimengung. Bayr.

Bundeswehrboy m *Angehöriger der BW.* Boys urspr. die engl. u. amerik. Soldaten

Bundeswehrbüffel m *Altgedienter.* Der Büffel als Symbol der Kraft, Stämmigkeit, Vierschrötigkeit

Bundeswehrcamping n *Felddienstübung*

Bundeswehreierbecher m *Badehose.* → Eierbecher 2

Bundeswehreigentum n, B. nicht beschädigt. → Bundeseigentum

Bundeswehrer m *Angehöriger der BW*

Bundeswehrgetto n *Bundeswehrsiedlung.* → Getto 2

Bundeswehrheini m *Angehöriger der BW.* → Heini

Bundeswehrhilfsschule f *Berufsförderungsdienst* (abf.)

Bundeswehrkultursenkel m *schmale Krawatte.* Senkel ›Schnürband‹. → Kultursenkel

Bundeswehrler m *Angehöriger der BW.* Bayr.

Bundeswehrmärchenbuch n *Zentrale Dienstvorschrift 3/11.* → Märchenbuch

Bundeswehrparasit m *Zivilangestellter der BW.* → Parasit

Bundeswehrprofi m *Berufssoldat.* → Profi 1

Bundeswehrschotte m *Truppenverwaltungsbeamter.* Ein T. ist angebl. geizig im Umgang mit den öffentl. Geldern

Bundeswehrwanderpreis m *Soldatenliebchen*

Bundeszebra n *Hauptgefreiter.* → Zebra

Bunker m 1. *Kaserne.* Die K. als Arrestanstalt aufgefaßt. — 2. *Wehrdienstzeit.* Die W. als Freiheitsstrafe aufgefaßt. — 3. *Bett.* I. S. v. »Schutzraum«. 1914 ff. — 4. B. bauen *das Bett vorschriftsmäßig herrichten.* → Bett 1; → Bunker 3

Bunkerhose f *Arbeitshose.* In den Taschen der A. lassen sich viele Gegenstände »einbunkern«

Bunkerlöwe m, pl -n *Luftschutz.* Anspielung auf die Machtbefugnis des Luftschutzwarts

Bunkermuli m, pl -s *Luftschutz*

Bunsenbrenner m 1. *Feuerzeug*

mit großer Flamme. — 2. *Dummer.* Ironisch: Ein D. ist »kein großes Licht«

Burgbauen n *Schanzarbeit.* Nach der Urlaubsbeschäftigung am Sandstrand

Bürger m, B. in Uniform *Angehöriger der BW.* B. i. U. als das verbindl. Leitbild des Soldaten; sold. Pflichten aus den staatsbürgerl. Rechten abgeleitet. → Staatsbürger

Bürgerparkspätlese f *minderwertiger Tabak*

Bürgersteig m, pl -e, Da werden abends die B.e hochgeklappt (Redensart auf eine langweilige Stadt, in der abends die Straßen menschenleer sind). Ostfriesenwitz?

Bürgersteigbeleidiger m, pl *plumpe Füße; plumpes Schuhwerk.* 1935 ff.

Bürofliege f, pl -n *Truppenverwaltungsbeamte.* Man hält die T.n für lästig u. nutzlos wie Fliegen

Bürogeneral m *Generalinspekteur der BW*

Bürohengst m *Schreibstubendienstgrad; Truppenverwaltungsbeamter u. ä.* 1870 ff. (HORN 28; GRAFF 35)

bürsten intr *koitieren.* Nach der Hin- u. Herbewegung der Bürste. 18. Jh.

Bürstenzeit f *Putz- u. Flickstunde*

Busch m *Truppenübungsplatz.* Aus der Farmer- u. Kolonisatorenspr.

Buschgeld n *Manöverzulage.* → Busch

Buschi m *Bundesgrenzschutz.* Zusammenziehung → Buscho; → Buschu

Buschkrieg m *Manöver.* → Busch

Buscho m *Bundesgrenzschutz.* Wie → Buschi; → Buschu

Buschoschwein n *Angehöriger des Bundesgrenzschutzes* (abf.). → Buscho

Buschu m *Bundesgrenzschutz.* Wie → Buschi; → Buscho

Busenlose m *Hauptfeldwebel.* Der H. hätte bei ausgeprägtem Busen keinen Platz für sein dickes Notizbuch

Busentreiber m *dunkles Bier.* Das B. macht angebl. füllig

Bußschießen n *geistl. Übungen; Rüstzeit* u. ä. Angelehnt an Übungsschießen

Büstenhalter m *hochgerutschtes Koppel.* → BH

Butler m [Ausspr. engl.] *Ordonnanz*

Büttel m *Rekrut*

Butterfleck m *Untersetzer, Dicker.* Wie → Fettfleck

Butterlecker m, pl *Küchenpersonal.* Scheltw.; angebl. nascht das K. zum Nachteil der Soldaten an der Butter

Butze f *Kasernenstube.* Eigentl. ›Verschlag‹

Buwe f *BW*

Buwelü m *ungesitteter Bundeswehrsoldat.* Kurzw. für Bundeswehrlümmel

B. v. K. n *Uneinsichtiger.* Abk. für »Brett vorm Kopf«

BW lang *Kartoffelsuppe.* Die K. als ein in der BW häufiges Gericht; lang ›gelängt‹; ›wäßrig‹

B-Wutz n, f *Berufssoldat.* → B; Wutz ›Schwein‹

Café n 1. C. Eichmann *ABC-Übungsraum.* → Eichmann 2. — 2. C. Eintopf. *Kantine.* — 3. C. Gitterblick *Arrestanstalt.* — 4. C. Ohneklinke *Militärgefängnis.* — 5. C. Vaterland *Arrestanstalt.* —

6. C. Viereck *Arrestlokal.* 1935ff. → Hotel 5

Camp n [Ausspr. engl.] *Biwak*

Camping n [Ausspr. engl.] *Manöver, Felddienstübung*

Candy f [Ausspr. engl.] *Kantine.* Aus engl. canteen

Capitano m *Hauptmann.* Aus dem Ital.

Capri n *Arrest.* Aus franz. café prison oder engl. prisoners' camp

Captain m [Ausspr. engl.] *Hauptmann*

Casanovaplüsch m *Unterhose.* Wegen der flauschigen Beschaffenheit

Cassablanca f *Mittellosigkeit.* Ital. cassa ›Kasse‹ + blank ›mittellos‹; in Anlehnung an den ON Casablanca. 1939ff.

Cassius m *Großsprecher.* Nach dem US-Boxer CASSIUS CLAY, der als G. gilt. 1964ff.

Catch n [Ausspr. engl.] *Nahkampf.* Verk. aus engl. catch-as-catch-can ›Freistilringen‹

Chansonettentitte f, pl -n *Frikadellen* u. ä. Anspielung auf den rosettenförm. Büstenhalter der Chansonette; vgl. → Titte. 1914ff. (HOCHSTETTER 86; GRAFF 36)

Chantré, FN, System C., die weiche Welle *Behandlung des Bundeswehrsoldaten nach den Grundsätzen von Menschenrecht u. Menschenwürde.* Nach dem Werbespruch der Firma Eckes für den Weinbrand Chantré

Chappi n 1. *Essen; Krankenkost; Diät.* — 2. *Fleischkonserven* u. ä. — 3. *Gulasch.* — 4. *Hackbraten.* — 5. *Knäckebrot.* — 6. *Knödel*(?). — Nach der Hundenahrung gleichen Namens

Chappibeutel m *Brotbeutel.* → Chappi

Chappizeit f *Mittagszeit.* → Chappi

Charakterbeule f *Kopf.* Der K. als Anschwellung oder Höcker aufgefaßt

Charmebrigade f, Lebers C. *die weibl. Sanitätsoffiziere.* Seit 1975. Nach GEORG LEBER, Bundesverteidigungsminister 1972—1978

checken tr [*etw.*] *herausfinden, überprüfen.* Zu engl. to check

Chef m *Hauptmann; Batterieführer; Vorgesetzter einer Einheit.* Franz. 17. Jh. (SCHULZ 1, 111)

Chemiepfeife f, pl -n *ABC-Abwehrtruppe.* → Pfeife 1

Chicagoklavier n *Maschinenpistole.* Anspielung auf Chikago als Hochburg des Gangsterwesens

Chinafraß m *Reissuppe* u. ä.

Chinapest f *Gelbsucht.* Anspielung auf die Hautfarbe der Chinesen

Chinawasser n *schwarzer Tee*

Chinese m 1. *Chiffriergerät.* Anspielung auf das Chinesische als eine für den Uneingeweihten unverständl. Spr. — 2. einen C.n abseilen *koten.* Anspielung auf die Farbe des Kots. → abseilen 2. — 3. pl -n, mit den C. Bruderschaft getrunken haben *an Gelbsucht leiden.* → Chinapest. — 4. pl -n, Da sind 2000 C. bestellt, um das Nest zuzuscheißen (Redewendung auf ein übelbeleumdetes Dorf). — 5. C. spielen *an Gelbsucht leiden.* → Chinapest

Chinesenfraß m, **-futter** n *Reis*

Chinesenhaut f, gelochte C. *Schweizer Käse.* Wegen der Farbe

Chlorophyll n *Salat*

Chopper m *Hubschrauber.* Aus dem Amerikan.

Christbaum m *reichdekorierter Uniformierter; Offizier.* Analog zu → Lametta

Christbaumschmuck m *Orden u. Ehrenzeichen; Wehrgehänge der Offiziere.* Wie → Lametta. 1914 ff. (GRAFF 36)

Christbaumspitze f *Präservativ*

Christenverfolger m 1. *3-t-Ford-Lastkraftwagen.* — 2. *Panzerkampfwagen Typ Hotchkiss.* — 3. *Hartwurst.* H. wird angebl. zu oft aufgetischt. — 4. *moderner C. Zahnarzt*

Christenverfolgung f 1. *Drill; Formalausbildung.* 1939 ff. — 2. *Heranziehung des Wehrdienstverweigerers zum Zivildienst*

Christusbraten m *Fisch.* Der F. als Sinnbild für Christus

Chromosomenschleuder f *Penis*

clever adj [Ausspr. engl.] *schlau, gewitzt, wendig.* Aus dem Engl. über die Sportspr. Vgl. HAUBRICH 137

Climb m [Ausspr. engl.] *Aufstieg, Steigflug.* → climben

climben intr [Ausspr. engl.] *mit dem Flugzeug aufsteigen*

Clinch m [Ausspr. engl.] 1. *Nahkampf.* Aus der Boxerspr. — 2. in den C. gehen *flirten*

Clinch FN 1. Tom C., der Zwiebelfarmer aus Kentucky *irgendeiner.* — 2. Ja, und dann kam Tom C., der Zwiebelfarmer aus Kentucky (Redewendung an jmdn., der in seiner Erzählung nicht weiter weiß). — T. C. als Phantasiename

Club m → Klub

Cocktail m [Ausspr. engl.] *Brandflasche.* → Molotowcocktail

Cocktailbecher m [Bestimmungsw. engl. Ausspr.] *Uringlas.* Wegen Formähnlichkeit

Colonel m [Ausspr. engl.] *Oberst*

Colt m *Pistole, Maschinenpistole.* Nach dem Ingenieur SAMUEL COLT (1814—1862)

Commander m [Ausspr. engl.]
Kommandeur, Oberstleutnant
Conterganauto n *VW 181*. Der
VW 181 hat nur 4 Gänge statt
der bis zu 12 Gänge and. Gelände-
fahrzeuge u. gilt insofern als be-
hindert. → Contergankind; →
Amputierter
Conterganflosse f, pl -n (*kleine*)
Hände. → Contergankind
Contergankind n *Starfighterpilot.*
Anspielung auf Absturzgefahr u.
mögl. Verstümmelung. — Von
1960 an wurden nach der Ein-
nahme des Schlafmittels Contergan
durch schwang. Frauen mißgebil-
dete, behinderte Kinder geboren
Conterganoffizier m *Major*. Der
M. ist an der »Majorsecke« ab-
gestürzt. → Contergankind
Conterganspatz m *halbes Brathähnchen*. → Contergankind
Costa nixa f *erbettelte, geschenkte
Zigarette*. Hispanisierung von
»kostet nix« nach dem Muster
z. B. von Costa brava
Couchbereitschaft f *Verlöbnis*
Crash m [Aussp. engl.] *Flugzeugabsturz*. → crashen
crashen intr [Ausspr. engl.] *mit
dem Flugzeug abstürzen*
Crashpilot m *deutsches Beefsteak*
(abf.)
Crashvogel m 1. *Brathähnchen*
u. ä. Das B. als abgestürzter, ab-
geschossener Vogel aufgefaßt. —
2. *Starfighter*. → Abschmiervogel
Cravallo m → Krawallo
Crew f [Ausspr. engl.] *Gruppe;
Panzer-, Schiffs-, U-Boot-Besat-
zung; Geschützbedienung* o. ä.
Marinespr. 1910 (NESKE 86)

D, fünf D/DDDDD *Dienst,
Druck, Dreck, Deckung, Dauer-*

lauf. Kennzeichnung des Drills.
→ Dienst; → Druck 1
Dachstuhlfilet n *deutsches Beef-
steak; Hackbraten; falscher Hase*.
Zubereitung angebl. aus dem
Fleisch der Katze = Dachhase
Dackel m, Ich glaube, mein D.
jodelt ganze hundertfuffzig! (Er-
widerung auf eine unglaubw.,
unsinnige Äußerung, Behaup-
tung)
Dackelgarage f *Ein-, Zweimann-
zelt*. Wegen der Enge
Dackelgymnasium n *Hundeschule
der BW*
Dackelhotel n, **-hütte** f *Ein-,
Zweimannzelt*. → Dackelgarage
Dackelzwinger m *kleines Lager-
zelt*. → Dackelgarage
Dad m [Ausspr. engl.] *beliebter
Vorgesetzter*. Engl. dad(dy) ›Vä-
terchen‹, ›Papi‹. → Daddy 1
Daddeldu, Nu is D.! (Ausr. der
Unerträglichkeit). D. fußt auf
engl. that will do ›das genügt‹
Daddy m [Aussp. engl.] 1. *belieb-
ter Vorgesetzter*. — 2. *alter Mann;
Mann über vierzig*. — 3. *alter D.
kriegsgedienter Offizier*. → Dad
Damenobst n *Pflaumen*. Wegen
→ Pflaume 1
Dampf m 1. *harter Drill; Bestra-
fung; Strafdienst*. 1939 ff. Vom
Druck im Dampfkessel. — 2. D.
draufhaben *Harndrang verspüren*
Dampfer m 1. *Hubschrauber des
Such- u. Rettungsdienstes der Ma-
rine*. — 2. *Tabakspfeife*. — 3. *haus-
backenes Mädchen; Ehefrau*.
1930 ff. Verkürzt aus Schrauben-
dampfer. — 4. (ein Getränk:)
$1/2$ Bier (als Schornstein), 2 klare
Schnäpse (als Anker- u. als Heck-
licht), 1 Escorial grün u. 1 roter
Korn (als Steuer- u. als Backbord-
licht). Marinespr. — 5. *flotter D.*

nettes, lebenslustiges Mädchen. —
6. offener D. *leicht zugängliches
Mädchen.*

Dampframme f *rücksichtsloser Vorgesetzter*

Dampfriemen m *Bockwurst.* →
Riemen 1

Dampfröhre f *Vagina.* Dampf
›Sexualvermögen‹

Dampfrolle f *Zigarre*

Dappkopf m, **-kopp** m *Dummer.*
Zu dappig ›dumm‹

Darmbremse f *Schokolade.* 1925 ff.
S. ruft Verstopfung hervor

Därmeschaukel f *Sanitätskraftwagen*

Darmreiniger m 1. *Magenbitter.* —
2. pl *Hülsenfrüchte*

Darmverschließer m *Schokolade.*
→ Darmbremse

Dash m *Leutnant.* Nach dem
Waschmittel D. (»Dash wäscht so
weiß, weißer geht's nicht«). Anspielung auf saubere Kleidung,
auf peinlich genauen Sinn für die
Anzugordnung. Dem Soldaten ist
der L. der beste »Weißmacher«

Datum n, das D. pumpen *Liegestütze ausführen in einer durch den
Monatstag vorgegebenen Anzahl.*
→ pumpen

Dauerregen m *Trommelfeuer.*
Wohl älter

Dauerrucksack m *Buckel*

Daumen m, Leute mit den dicken
D. *zum Wachdienst Abkommandierte.* Viell. Anspielung auf das
Kartenspielen während des Wachdienstes

davosverdächtig adj *hustend; lungenkrank.* Anspielung auf Davos
als Kurort für Lungenkranke. Wohl
älter

Decke f *Felduniform, Kampfanzug.*
→ Pferdedecke 1

Deckgeld n *Trennungsgeld.* Decken

(aus der Viehzucht) ›koitieren;
begatten, schwängern‹

Deckputzer m *Matrose*

Deckschein m *Urlaubsschein.* →
Deckgeld

Deckschrubber m *Matrose*

Deckung f, in D. gehen *heiraten.*
Anspielung auf das Kriechen unter die Bettdecke

Deckurlaub m *Heiratsurlaub.*
1939 ff. (MECHOW 97). → Deckgeld

Deckvorrichtung f *Penis.* → Deckgeld

Deichaffe m, pl -n *Marineangehörige.* Deich ›Schutzdamm gegen
Hochwasser‹ unter Einfluß von
Teich ›Ozean‹ u. Teigaffe
(Schimpfw.)

dejustieren tr, dejustiert *gucken
verständnislos blicken.* Dejustieren
›die Zieleinrichtung einer Waffe
falsch einstellen‹

Dekan m, D. der abortologischen
Fakultät *Toilettenwärter*

Demokratenschnalle f *Stiefelschnalle*

demontieren tr |*jmdn.*| *degradieren.* Vgl. → Abriß

Denker m, alter D. *kriegsgedienter Offizier*

Departure f |Ausspr. engl.] *Flugzeugaufstieg*

Dergel m *kleines Boot.* Ausgangsbed. D. ›großes · Schnapsglas‹
(ZIESEMER 2, 40). Marinespr.

desinfizieren refl *sich waschen*

Destille f *Kraftstofflager.* Der
Kraftstoff über Sprit als Schnaps
gedeutet

Detlev (VN) m *Homosexueller.*
Durch Ausspr. [de:dle:v] Nachahmung der weichen Sprechweise
des H.n

Detonator m, Da kriegst du einen
auf den D.! (Ausr. der Verwun-

derung, des Unwillens). D. ›Zündpatrone, Initialzünder‹. → Zünder

Deutsche m, f, pl -en, die alten D.n *Wehrmacht des Dritten Reiches*

Deutschland LN, in D. wohnen *weit weg von der Kaserne wohnen*

Deutschlehrer m *Chiffriergerät.* Ironisch

d. g. *übertrieben diensteifrig.* Abk. von → dienstgeil

Diätkur f *Übung mit der ABC-Schutzmaske. Bei der Ü.* werden Pfunde abgeschwitzt

dick adj 1. *betrunken.* Ausgangsbed. ›umfangreich‹, ›satt‹. 17. Jh. — 2. d. dran *sinnlich veranlagt.* D. ›häufig‹. Anspielung auf häufig. Geschlechtsverkehr. — 3. es d. haben *viel Geld haben.* 1900 ff. — 4. d. sein *bei Kasse sein.* Anspielung auf die d.e Brieftasche

Dickbeinantilope f *Filzlaus*

Dicke m *Stuhlverhärtung*

Dickhäuter m, pl *Panzerbesatzung, -truppe*

Dickschiff n *Großkampfschiff; Kreuzer o. ä.* 1914 ff. (LÖOSE 286). → Schiff

Dickschiß m *Stuhlverhärtung*

Dienst m 1. D. rund um die Uhr *12 Stunden (ohne Pause)* D. Vgl. *Sprachdienst* 1977, 81 ff. — 2. innerer D. *Verdauung.* Auch V. ist »D.« — 3. → scheiß 3. — 4. D. brummen *D. tun.* Brummen ›lustlos, mißmutig tätig sein‹. — 5. sich vom D. drücken *sich dem Exerzierdienst entziehen.* 1870 ff. → Dienstdrücker; → drücken. — 6. seinen D. runterreißen *seinen D. vorschriftsmäßig, aber ohne Begeisterung versehen.* 1914 ff. → abreißen. — 7. D. schieben *D.*

tun. 1914 ff. → schieben. — 8. D. schrubben *D. tun; das Revier reinigen.* — 9. D. ist D. u. Schnaps ist Schnaps (Redensart zur Bekräftigung der Ansicht, daß dienstl. u. außerdienstl. Verhalten auseinanderzuhalten sind, Ernst u. Spaß nicht verwechselt werden dürfen, alles zu seiner Zeit geschehen soll. Urspr. beim Ertappen eines im Dienst Alkohol trinkenden Untergebenen. Spätest. 1900

Dienstabwehrhose f *Ausgehhose; lange Hose.* 1939 ff.

Dienstanzug m, den großen D. ausführen *in Formalausbildung sein*

Dienstappel m *Dienstappell.* Wortspiel. Wohl älter

Dienstdrücker m *Soldat, der es versteht, sich unangenehmem Dienst zu entziehen.* 1870 ff. → Dienst 4; → drücken

diensteln intr *nachlässig Dienst tun*

Dienstfibel f *Dienstvorschrift*

Dienstfuchser m *übertrieben diensteifr. Soldat.* 1939 ff. → Fuchser

dienstgeil adj *übertrieben diensteifrig.* 1939 ff. → d. g.; → geil

Dienstgeilheit f *übertriebene Dienstauffassung.* 1939 ff. → dienstgeil

Dienstgrad m 1. höchster D. *Zivilist der BW.* Spöttisch. — 2. höchster D. der BW *Wehrpflichtiger im letzten Dienstvierteljahr.* — 3. D. gesehen, ganzes Wochenende versaut! (Redensart des Wehrpflichtigen am Wochenende). — 4. Ich schmeiße meinen D. weg! (Ausr. des Unwillens, der Überraschung)

Dienstgradabzeichen n, pl, [jmdm.] die D. klauen [jmdn.] *degradieren*

dienstgradmäßig adv, Das steht mir d. zu (Redewendung bei ungerechtfertigtem Vorteil). 1930 ff.

Diensthengst m *Vorgesetzter, der sich nur an Dienstlichem auskennt.* → Hengst

Dienstkleid n *Uniform*

Diesel m, n *alkoholfreies Getränk.* D. im Unterschied zum Benzin = Sprit

Dieseleule f, pl -n *Kraftfahrtruppe.* Eule nach engl. oil

Dieseljollie m, pl -s *Kraftfahrtruppe.* Engl. jolly ›lustig‹, weiterentw. zu ›tüchtiger Kerl‹

Dieselknecht m, pl -e *Kraftfahrtruppe*

Dieselöl n *Weinbrand mit Sprudel.* Wohl wegen Farbähnlichkeit u. der starken Wirkung

Dieselschuppen m *Kraftstofflager*

dieser pron, einen auf diesen [ergänze: Griff] machen *trinken.* Die Redensart wird von der Handbewegung des Glashebens begleitet

Ding n, vor allen D.en *auf keinen Fall.* Ausdr. des Zweifelns. Ironisch

Diskus m *Schnitte Dosenbrot.* Wegen Formähnlichkeit

Diskussionsklub m *Schule für Innere Führung*

Diszi f 1. *Disziplinarstrafe.* — 2. eine D. verteilen *eine Disziplinarstrafe verhängen*

Diszibruder m *mehrfach disziplinar. bestrafter Soldat.* → Diszi

diszigeil adj *strafwütig.* → geil 2

Diszihengst m *strenger Vorgesetzter.* → Diszi; → Hengst

Diszihirsch m *mit Arrest bestrafter Soldat.* → Diszi; → Hirsch

Diszijäger m *Soldat ohne Sinn für militär. Anordnungen. Der S.* erjagt Strafe auf Strafe. → Diszi

Diszijockei m *Vorgesetzter, der schnell Strafen- verhängt. Der V.e* »reitet« auf der Disziplin herum. → Diszi

Diszikönig m *meistbestrafter Soldat der Einheit.* → Diszi

Division f, D. Aeroklub *Heeresflieger.* → Aeroklub

Divisionskammerjäger m, pl *A BC-Abwehrtruppe*

Django PN, D. spielen *schikanös einexerzieren.* Nach Django als dem brutalen Helden einer Serie meist ital. Wildwestfilme (1966 ff.)

DLRG f *Luftrettungsstaffel.* Eigentl. Abk. für Deutsche Lebens-Rettungs-Gesellschaft

Doc m *Militärarzt.* Aus dem Engl. u. Amerikan. 1939 ff.

Docht m 1. *Zigarette.* Die Z. als Brennbares aufgefaßt. — 2. *Penis.* D. hier eigentl. ›Geschlechtsteil des Bullen‹ (WOSSIDLO 2, 195). — 3. D. durchziehen *das Geschützrohr reinigen.* — 4. Es geht mir auf den D. *ich bin sexuell erregt.* → Docht 2. — 5. Er hat einen unruhigen Docht *er ist sexuell stark.* → Docht 2

Dödel m 1. *Penis.* D. ›hölzerner Zapfen; Pflock‹ oder Nebenf. zu nordd. Diedel ›Deichsel‹. 1900 ff. — 2. *Gefreiter.* → Balken 2. — 3. pl *Mannschaften.* D. ›Dummer‹ (MÜLLER 1, 1539)

dödeln 1. intr *koitieren.* — 2. tr [jmdn.] *intim betasten.* → Dödel 1

Dogfight m [Ausspr. engl.] *Luftkampf*

Dogge f *Zeitsoldat.* Anspielung auf Kraft u. Bulligkeit der D.

Dok → Doc

Doktor m 1. Dr. Mensch *Menschenarzt.* — 2. Dr. Zahn *Zahnarzt*

Dolch m, fliegender D. *Starfighter.* Wegen der Bugspitze des S.s

Dompteur m *Rekrutenausbilder.*
1914 ff.

Donald Duck (N) m *Senkfüßiger.*
Nach der Enterichkarikatur von
WALT DISNEY (120 Filme seit
1937)

Don Camillo (PN) m *Militärgeistlicher.* Nach dem Priester-
helden der Guareschi-Filme
(GIOVANNINO GUARESCHI: »D. C.
u. Peppone«, deutsch 1950; » D.
C. u. seine Herde«, deutsch 1953)

Donnerbalken m (*Sitzstange der*)
Latrine. 1914 ff.

Donnergemüse n *Zwiebelgemüse.*
Z. verursacht Blähungen. 1914 ff.

Donnerhäuschen n *Latrine*

donnern intr 1. *koitieren.* Anspielung auf kraftvolles Vorgehen. —
2. Bei ihm hat's gedonnert *er ist
streng gerügt (bestraft) worden.*
Verdonnern ›verurteilen‹

Donnerstuhl m *Motorrad*

Donnersuppe f *Hülsenfrüchtesuppe.* → Donnergemüse

Donnervogel m *Düsenjäger.* Über-
tragung von engl. thunderbird

Doppelachser m *Obergefreiter.* Wegen der beiden parallelen Ärmellitzen

Doppeladler m *Obergefreiter.* Wegen der beiden als Adlerschwin-
gen gedeuteten Tressenwinkel auf
dem Ärmel. 1939 ff.

Doppeldecker m 1. *Oberfeldwebel.*
Wegen der beiden Schulterklap-
penwinkel. → Doppelwinkel. —
2. *Obergefreiter.* → Doppelachser.
— 3. *Latrine mit 2 Sitzen*

Doppelfeld m *Oberfeldwebel.* Wegen der beiden Winkel auf den
Schulterklappen

Doppelfotze f *Obermaat.* → Fotze 3

Doppelgefreite m *Obergefreiter.*
Wegen der beiden Litzen (1939 ff.
Winkel) auf dem Ärmel. 1939 ff.

Doppelglotzofon n *Scherenfern-
rohr.* → Glotzofon

Doppelkorn m *Oberleutnant.* Anspielung auf die beiden Schulterklappensterne

Doppellecker m *gegenüber Untergebenen und Höhergestellten
schmeichlerischer Vorgesetzter.* →
Lecker

Doppelleutnant m *Oberleutnant.*
Wegen der beiden Schulterklappensterne

Doppelpickel m *Oberleutnant.* →
Pickel 1; vgl. Pickel 2

Doppelstöcker m *Obergefreiter.* Wegen der beiden Ärmellitzen

Doppelverkeiler m *Bisexueller.*
Verkeilen ›verschließen‹

Doppelwinkel m *Oberfeldwebel.* →
Doppeldecker 1

Dorn m 1. *Penis.* 1920 ff. — 2. am
D. zupfen *onanieren*

Döschen n *Vagina.* 19. Jh.

Dose f 1. → Döschen. — 2. *Panzerkampfwagen.* Verkürzt aus →
Sardinendose

Doseninhalt m *Panzerbesatzung.*
→ Dose 2

Dosenöffner m 1. *Panzergrenadier.* → Dose 2. — 2. *Panzerbe-
kämpfungswaffe.* → Dose 2. —
3. *Seitengewehr.* 1914 ff. → Büchsenöffner 1. — 4. *süßes alkoholisches Getränk.* 1939 ff. → Dose 1.
— 5. *gefühlvolle Musik.* → Dose 1

down adj [Ausspr. engl.] *betrunken*

Dr. → Doktor

Dragoner m, blauer D. *Angehöriger des zivilen Wachpersonals.*
Wegen der bl. Dienstkleidung

Draht m 1. *Geld, Münze, Löhnung.*
Als »gesponnener Faden« analog
zu Zwirn. 19. Jh. Vgl. *WdU* 1,
135. — 2. eine Rolle D. im Kopf
haben *nicht recht bei Verstand sein.*

Wohl Anspielung auf »lange Leitung«. — 3. noch D. auf der Rolle haben *Geld haben.* → Draht 1. — 4. Da geht/kommt/springt einem der D. aus der Mütze! (Ausr. der Unerträglichkeit, der Überraschung). Analog »Da platzt einem der Kragen«, »Da geht einem das Messer in der Tasche auf«
Drahtamsel f *Angehöriger der Fernmeldetruppe.* Wegen der Beschäftigung mit Telefondrähten
Drahtesel m 1. *Fahrrad.* 1900 ff. (GRAFF 41; AHNERT 27); vgl. *WdU* 1, 135. — 2. pl *Fernmeldetruppe.* Draht ›Telefondraht‹
dran adv, d., drauf, drüber! (Schlachtruf der Panzergrenadiere)
Drang m, D. im Zapfen haben *Harndrang verspüren.* → Zapfen 1
Drauftrete f *Tretmine*
draußen adv, die d. *die Zivilisten.* D. ›außerhalb der Kaserne‹
Dreck m *Nebel; Wolkenschleier, -decke, -fetzen; tiefliegende Wolken.* Dreckig ›trüb, sichtbehindernd‹. 1930 ff.
Dreckkoffer m (Schimpfw.). → Koffer 5
Dreckschleuder f 1. *Maschinengewehr.* — 2. *Motorrad; Auto*
Dreckszivilist m *Zivilist* (sehr abf.)
Drehbuch n *Manöverablaufplan*
Dreherburg f, Haus D. *selbstgedrehte Zigarette.* Nach dem Markennamen (Tabakwaren) Haus Neuerburg. 1920 ff.
Drehgasartist m *Kradmelder*
Drehnussi f *selbstgedrehte Zigarette.* Nach dem Markennamen Senussi (Tabakwaren). 1930 ff.
Drehorgel f *Hubschrauber.* Nach der Kurbelbewegung
Drehschemelpilot m, pl -en

Schreibstubenpersonal der Luftwaffe
Drehwurm m *Hubschrauber*
Drehzahl f 1. *Dienstzeit.* Dr. aus der Mechanik genommen für die Anzahl der »Drehungen«, die der Wehrpflichtige noch vor sich hat. — 2. keine Meldung, nur D.! *Meldung ist überflüssig*
Dreiachser m *Hauptgefreiter.* Wegen der drei Ärmellitzen
Dreibalkenranger m [Grundw. engl. Ausspr.] *Hauptgefreiter.* Ranger (amerik.) ›Einzelkämpfer im Dschungel‹ u. ä. → Balken 2; → Dreiachser
Dreibalkenunteroffizier m *Hauptgefreiter.* → Balken 2; → Dreiachser
Dreidecker m *Hauptgefreiter.* → Doppeldecker 2; → Dreiachser
Dreieck n, im D. springen *unbeherrscht, sehr aufgeregt, zornig sein.* Vgl. → Karree
Dreieckstuch n *Halsbinde*
Dreieckswimpel m *Halsbinde, -tuch*
Dreikantfeile f, ein Kreuz haben wie eine D. *sehr hager sein*
Dreistern m *Hauptmann.* Wegen der drei Schulterklappensterne
Dreisterneflasche f *Hauptmann.* Wie → Dreistern; außerd. Einfl. der drei Sterne auf der Kognakflasche u. gelegentl. von → Flasche 1. Vgl. → Flasche 2
Dreisternegeneral m *Hauptmann.* Der H. hat drei silberne, der Generalleutnant drei goldene Schulterklappensterne
Dreisternekognak m *Hauptmann.* → Dreisterneflasche; → Kognak
Dreisterneleutnant m *Hauptmann.* → Dreistern
Dreistreifen m *Hauptgefreiter.* Wegen der drei Ärmellitzen

Dreistreifengeneral m *Hauptge-freiter.* → Dreistreifen

Dreitagesoldat m *Rekrut.* Nach 3 Tagen beginnt die Formalausbildung

Dreitagler m *Rekrut, Schütze.* → Dreitagesoldat

drei/Texas → ZDv 3/Texas

drei/wichtig → ZDv 3/wichtig

Dreizylinder m *Latrine mit 3 Sitzen.* → Zylinder 1

Dresseur m *Rekrutenausbilder.* 1900 ff., viell. älter. → Dressur

dressieren tr *Rekruten einexerzieren.* 1800 ff. → Dresseur

Dressur f *Formaldienst; militär. Ausbildung.* 1900 ff.

Dressurplatz m *Kasernenhof* u. ä.

Drexel n *Normgeschwindigkeit beim Spießbratendrehen.* Scherzhafte Meßzahl. Zusammenh. mit drehen

Drillboden m *Exerzierplatz*

Drillgarten m *Kasernenhof*

Drillgelände n *Truppenübungsplatz* u. ä.

Drillplatz m *Formalausbildungsplatz.* 19. Jh.

Drillteppich m *Kasernenhof*

dröhnen intr *trinken; sich betrinken.* Zu Dröhn ›dröhnendes Geräusch; Erschütterung, Schwindelgefühl, Rausch‹ (ZIESEMER 2, 111)

Drossel f, voll wie eine D. *betrunken.* Anspielung auf die Wacholderdrossel u. auf Schnapsdrossel ›Säufer‹. Vgl. franz. ivre comme une grive

Druck m 1. *große Anstrengung; schwerer Dienst.* Nach dem Druck im Dampfkessel. 1935 ff. — 2. *strenge Behandlung; Strafdienst; Rüge.* 1910 ff. — 3. D. u. Dosenbrot *Drill.* D. u. D. als Sinnbilder des Gleichbleibenden.

— 4. D. u. Eintopf *Drill.* Analog → Druck 3. — 5. D. u. EPa *Drill.* Analog → Druck 3; → EPa. — 6. D. abholen *sich beim Kompaniechef melden zur Entgegennahme einer Rüge.* — 7. D. ablassen *harnen.* 1939 ff. — 8. D. empfangen/fassen *mit Strafdienst bestraft werden.* — 9. Es gibt D. *eine Rüge ist zu erwarten.* — 10. D. im Arsch/auf dem Mastdarm/der Pfanne [P. = Gelenkgrube im Schenkelbein]/der Rosette [→ R.] haben *Stuhldrang verspüren.* — 11. D. auf der Blat(t)er [B. = Harnblase (FISCHER 1, 1162)]/ auf dem Boiler/der Flöte [→ F.]/ der Kanne [(Gieß-)K. = Penis]/ der Nille [→ N. 1]/der Pelle [P. = Vorhaut ›Penis‹]/der Pfeife [→ P. 2]/der Pinülle [P. zusammenges. aus pinkeln + → Nille 1]/der Pupille [angebl. Erkennen des Harndrangs aus dem Auge]/der Tüte [T. = Ausguß, Röhre] haben *Harndrang verspüren.* — 12. D. im Kanister/auf der Leitung haben *Harn-, Stuhldrang verspüren.* — 13. D. kriegen *schikaniert werden* (durch Zusatzdienst o. ä.) → Druck 2. — 14. D. verpassen *ein strenger Ausbilder sein.* → Druck 1, 2. — 15. D. verteilen a) *Rügen aussprechen.* → Druck 2. — b) *schikanös ausbilden.* → Druck 2

Druckausgabe f *Verurteilung, Urteilsverkündung.* → Druck 2

Drückeberger m 1. *jmd., der sich der Verantwortung, dem Dienst zu entziehen sucht; Arbeitsträger; Feigling.* Vom Phantasieort Drückeberg. 1850 ff. — 2. *Wehrdienstverweigerer.* — 3. *Wehrpflichtiger, der den Dienstantritt des Wehrdienstes hinauszuschie-*

ben versteht/versucht. — 4. D. mit Genehmigung anerkannter *Wehrdienstverweigerer*

Drückebergerei f *Versuch, sich dem Dienst, der Dienstpflicht zu entziehen; Wehrdienstverweigerung.* 1850 ff.

Druckempfänger m *Rekrut.* → Druck 1

drücken refl *unauffällig davongehen; sich dem Dienst, der Wehrpflicht zu entziehen suchen.* Ausgangsbed. ›sich schmal machen‹. 16. Jh. → Dienst 4

Drücker m *Zivilist, der sich dem Wehrdienst listig zu entziehen sucht.* 1900 ff. → drücken

Drückerei f *Versuch, Bestreben, keine Verantwortung, keinen beschwerlichen Dienst auf sich zu nehmen.* 1900 ff. → drücken

Druckerschwärze f, Abteilung D. *Presseoffizier*

Druckposten m 1. *Dienststellung mit wenig Pflichten u. ohne Lebensgefahr.* 1914 ff. Von Druckpunkt unter Einfl. von → drükken. — 2. *Bundeswehrfahrschule.* Die B. gilt als leichter Dienst

Druckverstärker m, pl *Hülsenfrüchte.* → Druck 10

Druckverteiler m *schikanöser Ausbilder.* → Druck 15 a

Druckverteilung f *Befehlsbekanntgabe* u. ä. → Druck 15 a

Druckwüste f *Truppenübungsplatz.* → Druck 1

Dschungel m *Einödstandort*

Ducht f *Bett.* Ausgangsbed. ›kleines Verdeck am Bootsvorderteil‹ (MENSING 1, 895). Marinespr.

duchten intr *schlafen.* → Ducht

Dudelkasten m, **-kiste** f *Rundfunk-, Transistorgerät, Plattenspieler* o. ä. Ausgangsbed. ›Drehorgel‹

dufte adj, adv *außerordentlich, tadellos; sympathisch; nett.* Zu jidd. tow ›gut‹; mit Einfl. von duftig. 1800 ff.

Duftpaket n *unreinlicher Soldat.* Ironisch

Duftpalast m *Latrine*

Duftzinken m *Knoblauch*

duhn adj *betrunken.* Zu dehnen u. (aufge)dunsen oder zu engl. down. 1500 ff.

Dukatenscheich m *Rechnungsführer.* → Scheich

dumm adj 1. d., aber stark/d. u. stark (Spottrede auf den Pionier). — 2. d., stark u. wasserdicht/wasserfest (Spottrede auf den Pionier). — 3. Er ist nicht nur d., er stinkt auch noch nach Masse *er ist überaus dumm.* — 4. er ist nicht nur d., er weiß bloß wenig *er ist sehr dumm.* — 5. Er ist noch d.er als JAN WOHLERS, der konnte wenigstens noch radfahren *er ist überaus dumm.* Anspielung auf einen Radrennfahrer. — 6. Noch größer, noch stärker, noch d.er → groß

dummgeil adj *leicht zugänglich* (Mädchen)

Dummheit f 1. D. frißt, Genie säuft (Redewendung zur Beschönigung des Rausches). — 2. Wenn D. Gas gäbe, müßte man bei ihm berghoch bremsen (Redewendung auf einen Dummen)

Dummie m *Präservativ.* Engl. dummy ›Schnuller‹. → Dummy

Dummstarke m, pl -n *Pionier.* → dumm 1

Dummy m → Dummie

Dunkelfick m *Nachturlaub.* → Fick 1

Dünnbrettbohrer m *Dummer, Arbeitsträger.* 1910 ff.

Dünnluftatmer m *Großwüchsiger*

Dünnpfiff m *Durchfall.* Euphemistisch für → Dünnschiß. 18 Jh.

Dünnpfiffartillerist m, pl -en *Heeresflugabwehrtruppe.* Wohl wegen der leichten Munition u. rascher Schußfolge

Dünnschiß m 1. *Durchfall.* 16. Jh. — 2. mit D. gegurgelt haben *schlecht singen.* — 3. geistigen D. labern *unüberlegt, sinnlos, auf gut Glück schwätzen; großsprecherisch sein.* → labern 1

Dünnschißartillerie f *Heeresflugabwehrtruppe.* → Dünnpfiffartillerist

Dünnschißkanone f *Maschinengewehr.* Wegen rascher Schußfolge. 1914 ff. (GRAFF 43)

Dunstglocke f 1. *Stahlhelm.* Unter dem S. entwickelt sich feuchte Wärme. — 2. pl -en *Socken, Strümpfe.* Wegen feuchter Wärme

Dunstkäppi n *Stahlhelm.* → Käppi

Dunstkiepe f *Stahlhelm.* Ausgangsbed. Kiepenhut. 1916 ff. → Dunstglocke

Duphilis f *Syphilis.* Wortwitz: Man siezt die S. nicht mehr, sondern steht mit ihr auf du u. du. 1939 ff.

durcharbeiten intr *schlafen.* Euphemist. Tarnw.

Durchblick m 1. *Gewitztheit; Erfahrungsschatz* u. ä. — 2. keinen/ null D. haben *dumm sein.* — 3. keinen D. schieben *verständnislos sein*

durchblicken intr 1. *gewitzt sein; wissen, wie man sich zu verhalten hat; sich dem (schweren) Dienst zu entziehen wissen.* — 2. voll d. *das Wichtige erkennen*

Durchblicker m 1. *Gewitzter.* — 2. *Wehrdienstverweigerer.* — 3. *Obergefreiter.* Ein O. gilt als besonders gewitzt. — 4. *Reservist*

Durchblickerlehrgang m 1. (in Redensarten scherzh. Bez. für einen angebl. Lehrgang, der Schlauheit vermittelt). → Weitblickerlehrgang. — 2. D. I u. II absolviert haben *sehr gewitzt, gegen Übertölpelung gewappnet sein.* — 3. keinen D. mitgemacht haben *ein Versager sein; sich in der BW nicht zu helfen wissen; jede Anordnung ernst nehmen.* — → durchblicken

durchdrehen intr *übertrieben Dienst tun.* Dienstl. Übereifer gilt als Anzeichen von Geistesstörung

Durchfallwasser n *Dünnbier.* Anspielung auf den wäßrigen Stuhl des Durchfallkranken

Durchgangsbahnhof m *Bordell.* → Bahnhof 2

durchkommen intr, einer kam durch *Starfighter.* Anspielung auf Abstürze. Nach dem dt. Titel des Films »The one that got away«

Durchlauferhitzer m *Gemüsesuppe.* Die G. angebl. rasch gekocht, Ungares enthaltend

Durchmarsch m *Durchfall.* 1870 ff.

Durchpfiff m *Durchfall.* Wortmischung aus → Durchmarsch + → Dünnpfiff

durchwachsen adj *vierzigjährig.* D. ›gemischt, mittelmäßig‹, hier ›in der Mitte (des Lebens)‹

durchziehen tr 1. einen d. a) *trinken.* Vom Leeren des Trinkgefäßes in einem Zug oder vom Durchhalten bis zum Ende der Zecherei. — b) *schlafen, ohne zwischendurch wach zu werden.* — c) *koitieren.* Vom Hin- u. Herziehen des Wergstreifens beim Gewehrlaufreinigen. 1870 ff. — 2. eine d. *eine Zigarette, Zigarre bis zu Ende rauchen.* 1930 ff.

Durst m, D. ist schlimmer als Heimweh (Redensart des erfahrenen Trinkers). Seit 1914(?)

Durstanzug m *Kampfanzug*. Wegen der Wärmeentwicklung. Vgl. → Asbestanzug

Dusche f *Kameradenjustiz mit Verprügeln*. Ausgeh. von kalte Dusche ›ernüchterndes Vorkommnis‹

Düse f 1. *After*. 1939 ff. — 2. (Schimpfw.; etwa ›Stinker‹, ›Arschloch‹)

Düsenjäger m *starker Wein*. Wegen der schnellen Wirkung. 1939 ff.

Düsenmann m *Ängstlicher*. → Düse 1

E 605 *Arznei*. Nach dem Insektenvertilgungsmittel

Echolist m, pl -en *Gebirgsartillerie*. Wortmischung aus Echo + Artillerist

Echomacher pl *Gebirgsartillerie*

Echte f *Zigarette ohne Filter*

Ede (VN) m *Wundsein zw. den Oberschenkeln, Hautwolf*. Nach dem Wolf E. in WALT DISNEYS Donald-Duck-Filmen; → Donald Duck

Edelbrötchen n *Frikadelle*. Wegen der reichl. Brötchenbeimengung

Edelprofi m *Berufssoldat*. Höhnisch. → Profi 1

Edelreservist m *Altgedienter*

Edelweißgeschwader n *Gebirgsjäger*. Wegen des Edelweißabzeichens

Edelweißkönig m *Gebirgsjäger*. Nach dem gleichnam. Roman von LUDWIG GANGHOFER (1886). → Edelweißgeschwader

Edelweißpflücker m, **-pirat** m *Gebirgsjäger*. → Edelweißgeschwader

Edi (VN) m, E. u. seine Spießgesellen *Kompaniefeldwebel mit seinen Leuten*. Nach einem Filmtitel

E-Fall m *Krieg*. Verkürzt aus »Ernstfall«

Ehestandsbewegung f, pl -en *Liegestützübungen*. 1930 ff.

E-Hiko m *evangel. Militärgeistlicher*. → Hiko

Ehrenamt n *Strafdienst*. Euphemistisch

Ehrendienst m *Straf-, Wachdienst*. Euphemistisch

Ehrenkleid n, E. der Nation *Uniform*; *Ausgehanzug*. 18. Jh.

Ehrenknast m *Festungshaft*; *nicht ehrenrührige Freiheitsstrafe*. 1900 ff. Offiziersspr. → Knast 1

Ehrenlaub n *unehrenhafte Entlassung aus der BW*. Ironisch für »ehrenvolle Beurlaubung«

Ehrenstrafdienst m *Wachdienst*. → Ehrendienst

Ehrentopf m *Stahlhelm*. → Topf 1

Ei n 1. *Eierhandgranate*. 1914 ff. — 2. *Fliegerbombe*. 1914 ff. (HAUPT 46). — 3. *Hode*. — 4. *Kothaufen*. — 5. *Seemine*. 1939 ff. — 6. sattes Ei *Volltreffer*. → satt 1. — 7. weiches Ei *Willen-, Energieloser*; *Mensch ohne eigene Meinung*. Weich ›willensschwach‹. 1939 ff. — 8. Mir fällt ein Ei aus dem Beutel! (Ausr. der Überraschung). → Ei 3; → Beutel. — 9. Mir fällt ein Ei aus der Hose! (Ausr. der Überraschung). → Ei 3. — 10. pl -er, [jmdm.] auf die E. gehen [jmdn.] *nervös machen*. → Ei 3 weiterentw. zu ›(Geschlechts-)Nerven‹. 1939 ff. — 11. ein Ei am Wandern haben *dumm sein*. — 12. pl -er, E. kegeln *die Hände in den Hosentaschen haben*. Vermeintl. Be-

tasten von → Ei 3 pl. — 13. Da
klopfe ich mir ein Ei drüber!
(Redensart der Unbekümmert-
heit). Wegen der zum Eischälen
notwend. inneren Ruhe. — 14. Da
pelle ich mir ein Ei drauf! Wie
→ Ei 13. — [15.—17. pl -er:]
15. E. ins Nest werfen *Bomben
abwerfen.* 1939 ff. → Ei 2. —
16. Das schlägt mir auf die E.!
(Ausr. des Unmuts). → Ei 10. —
17. [jmdm.] die E. schleifen
[*jmdn.*] *rücksichtslos drillen.* 19. Jh.
→ Ei 3; → schleifen 1
Eichel f, über die E. stülpen *koitieren.* E. ›vorderst. Teil des Penis‹
eichelartig adj *eigenartig.* Wortspiel mit → Eichel
Eichelbär m *Major.* Eichel ›Schul-
terklappenverzierung‹. → Bär
Eichhörnchen n 1. pl *Einöd-
soldaten.* Anspielung auf »Müh-
sam nährt sich das E.«. — 2. wie
ein frischgeficktes E. aussehen
schlecht rasiert, schlecht gekämmt
(o. ä.) *antreten.* Ausbilderjargon.
— 3. Ich glaube, mein E. bohnert! (Entgegnung auf eine unglaubw., unsinnige Äußerung, Behauptung)
Eichmann FN [Adolf E. (1906
bis 1962, hinger.) führte die 1941
beschlossene sog. Endlösung der
Judenfrage durch mit dem Trans-
port der Mehrz. der dt. Juden in
Massenvernichtungslager; dort
meist Vergasung der Opfer.]
1. *Gasmunition.* — 2. E.s Café
A BC-Übungsraum. → Café 1. —
3. E.s Gedächtnisshop *Gasübungsraum.* Vgl. → ABC-Shop. —
4. E.s Hobbybeutel *A BC-Schutzmaskenbehälter.* — 5. E.s Hobby-
haus, -keller *A BC-Übungsraum.*
— 6. E.s Hobbyraum *Gasübungsraum.* — 7. E.s Hobbyschule

A BC-Abwehrschule. — 8. E.s
Hobbyshop *A BC-Übungsraum.* →
Eichmann 3. — 9. E.s Hobby-
shop-Schule *A BC-Abwehrschule.*
→ Eichmann 8. — 10. E.s Küche
Gasübungsraum. — 11. E.s Nach-
kommen, Spürnasen *A BC-Ab-
wehrtruppe.* — 12. E.s Unterhal-
tungsraum, Villa *Gasübungsraum*
Eichmann-Gedächtnishalle f.
-kammer f. **-kapelle** f. **-raum** m
A BC-Übungsraum. → Adolf-E.-
Gedächtniskammer
Eichmann-Gedächtnisrennen n
Übung mit A BC-Schutzmasken
Eichmann-Gedächtnisschule f
A BC-Abwehrschule
Eichmann-Gedächtnisstätte f
A BC-Übungsraum. → Adolf-E.-
G.
Eichmannübung f *Übung mit
A BC-Schutzmasken*
Eichmann-Vergiftungswaffe f
Kampfgas
Eichmannzelle f *Übungsraum für
A BC-Schutzmasken*
Eierbecher m 1. *Abort.* Das →
Ei 4 wird hineingelegt. — 2. *Drei-
ecksbadehose.* 1939 ff. → Ei 3; vgl.
→ Bundeswehreierbecher. —
3. pl *lange Unterhose*
Eierberg m *Bordell.* → Ei 3; -berg
›Überangebot‹
Eierbrikett n, pl -s, Er sitzt im
Keller und stapelt E. (Antw. auf
die Frage nach jmds. Aufenthalt)
Eierdieb m *nicht draufgängerischer
Soldat.* Vom Stehlen geringwerti-
ger Dinge oder wegen der Leicht-
zerbrechlichkeit des Eis
Eierhandgranate f *Knödel.* Wegen
Formähnlichkeit
Eierhut m *Stahlhelm.* Wegen
Formähnlichkeit
Eierkohle f, pl -n, Er sitzt im
Keller u. lutscht E. rund (Antw.

auf die Frage nach jmds. Aufenthalt)

Eierkopf m 1. *Besserwisser*. Aus dem angloamerik. egghead ›weltfremder Intellektueller‹ (CARSTENSEN 120). — [2.—4. pl -köpfe:] 2. pl *Generalstab*. → Eierkopf 1. — 3. pl *Fernmeldetruppe*. Wegen der gelben Waffenfarbe. — 4. E. in der Heide *Raketenspezialisten der Flugabwehr*. - Eierkopf 1

Eierkopfpolieranstalt f *Schule für Innere Führung*. → Eierkopf 1

Eierleger m, pl *Minenwerfer*

Eiermann m 50-Pfennig-Stück. Mißverstanden für → Heiermann

Eierpflanzer m, pl *Minenwerfertruppe*

Eierschaukel f *Motorrad*. 1939 ff. → Ei 3

Eierschleifmaschine f *Motorrad*. → Ei 3

Eierwärmer m 1. *Stahlhelm*. → Eierhut. — 2. *Unterhose*. → Ei 3

Eigentumsübertragung f. **-verlagerung** f *Diebstahl*. Euphemistisch

Eighty-Fiver m [Ausspr. engl.] *Heeresangehöriger*. Engl. Übers. von → Fünfundachtziger

Eimer m 1. *Schiff*. — 2. *Stiefel*. Vom stiefelförm. Trinkgefäß oder S. = Kahn, K. = E. — 3. *Maßkrug, Pokal* u. ä. 1914 ff. (HAUPT 46). Wie → Faß 2. — 4. *Feldflasche*. — 5. *Stahlhelm*. Formähnl. dem E. genannten Topfhut. → Blecheimer. — 6. *Kübelwagen*. Der K. als → Eimer 1 zu Lande. — 7. Er ist zu dumm, einen E. Wasser anzuzünden *er ist überaus dumm*. — 8. Er ist zu dumm, einen leeren E. Wasser auszuschütten *er ist überaus dumm, nicht zu den einfachsten Dingen zu gebrauchen*. — 9. Er ist zu doof/dumm, einen

E. Wasser umzuwerfen. Wie → Eimer 8. — 10. im E. sein *dumm sein*. Im Eimer ›wertlos, unbrauchbar‹ ist angebl. der Verstand. — 11. ein Flugzeug in den E. fliegen *mit dem Flugzeug abstürzen*. Eimer ›Mülleimer‹

eimern intr *die Notdurft verrichten*. Eimer ›Aborteimer‹

Einauge n *Leutnant*. Wegen des einen Schulterklappensterns

Einbilder m *Rekrutenausbilder*. Wortspiel; der Ausbilder gilt als eingebildet. 1939 ff.

Ein-bis-unendlich-Zylinder m *Latrine*. → Einzylinder

einbuchten tr [*jmdn*.] *mit Arrest bestrafen*. 1870 ff. → buchten

Eindecker m 1. *Feldwebel*. Wegen des einen Schulterklappenwinkels. — 2. *Abort mit 1 Sitz*

einer pron, e. wird gewinnen *Starfighter*. Nach der gleichnam. Fernsehquizsendung (1964—1966, nach Wiederaufnahme bis 1969)

Einfall m *Befehl*. Der B. spöttisch als plötzl. Gedanke aufgefaßt

einfangen tr 1. einen [ergänze: Verweis oder → Druck oder → Bau] e. *bestraft werden*. — 2. sich einen [ergänze: Rausch oder Affen] e. *sich betrinken*

Einfeld m *Feldwebel*. → Eindecker 1

Eingleisige m *Soldat, der noch weniger als 10 Tage zu dienen hat*. Wegen der einstelligen Zahl. Vgl. → Zweigleisige

Einheit f *Essensportion*. Anspielung auf das Einheitsmaß

Einheitsfraß m, bundesdeutscher E. *Gemüsesuppe*. → Fraß

Einheitspille f 1. E. braun *Targophagin* (sandbraune Halstablette). — 2. E. gelb *Siogeno Geigy* (gelbes Halsdragée). — 3. E. rot

Novalgin-Chinin (rotes Grippe-dragée)
Einheitswurst f *Hartwurst*
einklinken intr *sich verlieben*
Einlauf m, heißer E. *Suppe.* Eigentl. ›Klistier‹
Einmannbagger m *Heeressoldat.* Anspielung auf das Schanzzeug. Marinespr. → Bagger 2
Einmannsauna f *Kampfanzug, Felduniform.* Vgl. → Asbestanzug; → Durstanzug
Einmarscherlaubnis f *Einberufungsbescheid.* Ironisch
einordnen tr *einen unkameradschaftl. Soldaten zur Rechenschaft ziehen, verprügeln*
einpacken tr *militär. Stücke empfangen*
einpassieren intr *in die Kaserne einrücken.* Ausgangsbed. ›eine Grenze überschreiten u. eintreten‹. 1914 ff. (HAUPT 48)
Einpickel m *Leutnant.* → Pickel 2
einrasten intr 1. *sich gekränkt fühlen; sein Gekränktsein zu erkennen geben.* Vom Einrasten des Gewehrschlosses. 1930 ff. (MECHOW 86). — 2. *das Boot festmachen.* Marinespr.
einrödeln refl *sich betrinken.* → rödeln 2
Eins f 1. *wie eine E. marschieren in tadelloser Haltung marschieren.* 1939 ff. — 2. *wie eine E. stehen unbeweglich stehen.* 1939 ff. — Nach der Gestalt der Ziffer
Einsackung f *Einkleidung.* → Sack 1
einschlagen intr, voll e. *sich zum Dienstantritt melden.* Der D. als Volltreffer aufgefaßt
einschleudern intr, tr *essen*
einsfünfzig num, e. mal einsfünfzig (Redewendung auf einen Kleinwüchsigen, Untersetzten, Dicken)

Einskommasiebenfuffziger m, wie ein E. gehen *unmännlich, unmilitär. gehen.* Anspielung auf § 175 StGB
Einstein (FN) n (Maßeinheit für die Intelligenz). Nach ALBERT E. (1879—1955), Begründer der Relativitätstheorie
Einsternemacker m *Major.* → Macker
Eintagsfliege f 1. *Flugzeug, das bei einem der ersten Flüge zu Bruch geht.* 1914 ff. (AHNERT 39; GRAFF 46). — 2. *Starfighter*
Eintänzer m, E. von der Fischbratküche (Schimpfw.)
Eintopfhalle f *Kantine*
einwandern intr *dem Einberufungsbescheid nachkommen*
Einwohner m, pl *Ungeziefer, Läuse.* Seit 1914(?)
Einzelzimmer n *Arrestzelle*
Einzugsschein m *Einberufungsschein*
Einzylinder m *Abort mit 1 Sitzplatz.* → Zylinder 1
Eis n, Er ist mit dem Fahrrad weg, E. holen (Antw. auf die Frage nach jmds. Aufenthalt)
Eisbeinfriedhof m *dicker Bauch.* 1930 ff.
Eisbeutel m *Barett.* Wegen Formähnlichkeit. Seit 1970
Eisen n 1. *Jagd-, Schützenpanzer.* — 2. *Mädchen* (abf.). Wegen Unnahbarkeit, Gefühlskälte, unerschütterl. Grundsätze. — 3. *altes E. kriegsgediente Offiziere.* Die O. gehören zum »alten Eisen«
Eisenbahnermütze f *Schirmmütze*
Eisenbahnunglück n *Gulasch* (abf.)
Eisenhowerjacke f *kurze Dienstjacke, Bluse.* General D. EISENHOWER wurde 1945 in Deutschland in einer solchen Jacke bekannt

Eisenhut m *Stahlhelm.* 1916 ff.

Eisenmütze f *Stahlhelm*

Eisensarg m *Panzerkampfwagen.*
1939 ff. → Sarg 1

Eisenschleuder f *Mörser, Granatwerfer*

Eisgeräucherte n *Gefrierfleisch*

Eisverkäufer m *Marineangehöriger.* Die weiße Ausgehuniform erinnert an die Kleidung des Eisverkäufers

Eiszeit f, bis zur nächsten E. aushalten *die Einsatzstellung bis zum Äußersten halten*

Eiterklops m, pl -e *Furunkulose.* Wegen Formähnlichkeit

Elbepirat m *Marineangehöriger.* Ein M. kommt angebl. nicht auf hohe See

Elbsegler m *Schirmmütze.* Der E. eigentl. eine elbabwärts von Hamburg getragene Mütze. Seit 1900(?)

Elefant m, pl -en *Stäubchen im Gewehrlauf.* Ausbilderjargon. Zu »aus einer Mücke einen E. machen«

Elefantenarsch m, E. in Dosen *Fleischkonserven*

Elefantenei n *Klops, Hackbraten, Knödel.* 1880 ff. → Ei 4

Elefantenfriedhof m *Bundeswehramt.* Spöttisch; die Bediensteten (Offiziere) des B.s könnten in Ruhe ihren Abgang nehmen

Elefantenhaut f *Winter-, Postenmantel*

Elefantenherde f, pl -n, E. marschieren aus dem Rohr *der Gewehrlauf ist nicht sauber genug.* Ausbilderjargon. → Elefant

Elefantenkötel m *Frikadelle, Hackbraten.* → Elefantenei

Elefantenpariser m *Kopfschützer.* → Pariser 4

Elefantenpopel m *Frikadelle*

Elefantenpräser m 1. *Gummimantel.* — 2. *Kopfschützer.* → Präser

Elefantenzahnpasta f *Tubenkäse*

Elfmeter m *militär. Strafmaßnahme.* Aus der Fußballerspr.

Elli (VN) f *Gewehr.* Entspr. → Anna

Embryo m 1. *Kleinwüchsiger.* — 2. pl *Ohrenschützer.* Wegen gewisser Formähnlichkeit. — 3. *militärischer E. Rekrut.* 1939 ff.

Emil (VN) m, flotter E. *Durchfall*

Eminenz f, graue E. *Oberstabsfeldwebel*

Emma (VN) f *Gewehr.* Entspr. → Anna

Emsperle f *Großfüßiger.* An der Ems hat man angebl. breite, plumpe Füße (Ostfriesenwitze)

Emswiesen-Feinschnitt m *übelriechender Tabak*

Emu m *Langbeiniger*

Ende n, das E. von Germany [G. Ausspr. engl.] *BW.* Das End-y von Germany entspr. dem Y im Kennzeichen der BW-Kraftfahrzeuge. → Y

Engel 1. E. der Luft *Hubschrauber* (Sikorsky H 34; Boeing Vertol H 21). Wegen der Hilfeleistungen bei Katastrophen, Seenot usw. — 2. grüner E. *Fallschirmjäger.* Wegen der grünen Kombination. → Engelein

Engelchen n, pl, E. im Einsatz *Mädchen, die bei der BW den sozialen Dienst ableisten.* Einfluß des Filmtitels »Engelchen oder die Jungfrau von Bamberg« (1968)

Engelein pl *Fallschirmjäger.* Die F. kommen vom Himmel

Engelmacher m *durch Abstürze berüchtigter Flugzeugtyp*

Engelnachschubgeschwader n *Flugzeugführerschule.* → Engelmacher

Engerling m, pl -e *Graupen*. Wegen Formähnlichkeit

entblättern tr [*jmdn.*] *degradieren*

Ente f 1. *Urinflasche für männl. Kranke*. Wegen des langen Halses der U. 1870 ff. — 2. *Senk-, Breitfüßiger*. → Donald Duck. — 3. voll wie eine E. *betrunken*. Anspielung auf das Watscheln, Torkeln oder die Trinkgier der E. Wohl älter. → Erpel

Enterhaken m *lange Nase*

Entlassung f E. auf Zeit *Berufsförderungsdienst*

Entlausungstrupp m *Minensuchkolonne*. 1939 ff.

Entlüftungsgemüse n *Knoblauch, Zwiebeln, Hülsenfrüchte*

Entrechtete m *Rekrut*

Entsaftungsanstalt f *Bordell*

entseuchen refl *sich waschen*

entsiffen 1. tr *den Gewehrlauf, das Geschützrohr reinigen*. — 2. refl *sich waschen*. — → Siff hier ›Unsauberkeit‹

Entspanne f *Bett*

entspannen intr, voll e. *schlafen*

entstofflicht adj *mittellos*. → Stoff 1

EPa n (Abk. für:) *Einsatzpaketbrot*

EPa-Bunker m, **-KZ** n, **-Schuppen** m *Lebensmittellager*

EPa-Tag m *Tag, an dem die Einsatzverpflegung aufgegessen wird, damit sie nicht verdirbt*

Erbse f *Geschoßkugel*. 1914 ff.

Erbsendose f *Magazintasche*. → Erbse

Erbsenflöte f *Gewehr*. → Erbse

Erbsenschleuder f 1. *Leichtgeschütz; Feldhaubitze 105 L*. 1939 ff. → Erbse. — 2. *Gewehr*

Erdachse f, Da wird die E. geschmiert (Redewendung auf eine entlegene Gegend. Wohl Anspielung auf Bohrtürme in abgelegenen Gegenden)

Erdbohrgerät n *Starfighter*. Wegen des Aufschlaglochs beim Asturz

Erde f, Setzen Sie sich auf die E. u. lassen Sie die Beine runterhängen! (Rat für einen Dummen)

Erdferkel n 1. *Grenadier*. — 2. *mausgraues E. Heeresangehöriger*

Erdfurchendackel m *Grenadier*. → Furchendackel

Erdhörnchen n, **-maus** f *Heeresangehöriger*

Erdmecki m 1. *Heeresangehöriger*. Nach dem Igel im Märchenfilm »Der Wettlauf des Hasen mit dem Swinegel«. — 2. pl -s *Territoriale Verteidigung*

Erdmuckel m *Heeresangehöriger*. I. S. v. ›Erdschwein‹

Erdmuffel m 1. *Panzergrenadier*. → Muffel 1. — 2. pl *Pioniere*

Erdnuckel m *Heeresangehöriger*. Nuckel ›Schwein‹

Erdwanze f *Heeresangehöriger*

Erdwurm m *Heeresangehöriger*. 1914 ff. (FRITZ 30; RIPPL 69)

Erhaltungsstufe f *Tauglichkeitsgrad*. Einteilung nach der Maßgabe, wie man sich am längsten am Leben erhält

Erhard m *Fesselballon*. Anspielung auf die Gestalt des Politikers LUDWIG ERHARD (1897—1977)

Erholung f 1. *Arrest; Freiheitsstrafe*. Euphemist. — 2. auf Mallorca *Arrest*. M. als beliebtes Ziel deutscher Urlauber

Erholungsheim n, E. für junge Männer *Kaserne*. Ironisch

Erholungsstätte f *Kantine*

Erholungsurlaub m *Arrest; Freiheitsstrafe*. 1870 ff. (HORN 120)

Ernte f, die E. einholen *Schnaps trinken*

Erpel m, prall wie ein E. *betrunken.* → Ente 3

Erpelkopf m, aussehen wie ein vertrockneter E. *sehr elend aussehen*

Ersatzpimmel m *Bockwurst.* → Pimmel 1

Ersatzrad n, Er ist mit dem E. weg (Antw. auf die Frage nach jmds. Aufenthalt)

Esak m *evangel. Militärgeistlicher.* Zusammensetzung aus E(vangelischer) + → Sak. 1914 ff. (GRAFF 47)

Esau m *evangel. Militärgeistlicher.* Initialwort aus evangel. Seelenaufkäufer

Esel m, stur wie ein E. *unzugänglich, unbeugsam, unbeirrbar.* → stur

Eselhuber m *Gebirgsjäger.* Scherzh. Verwendung des in Bayern häuf. FN Huber

Eselstreiber m *Gebirgsjäger.* 1914 ff. (RIPPL 75)

Eselswurst f *Hartwurst; Salamiwurst.* Angebl. auch mit Eselsfleisch hergestellt. 1939 ff.

Eseltreiber m → Eselstreiber

Eskimococktail m [Grundw. engl. Ausspr.] *Gefrierfleisch*

Eßbesteck n *Schanzzeug.* 1939 ff.

Eßbesteckgeschwader n *Heer.* Scherzh. Deutung der gekreuzten Klingen auf der Mütze u. wegen → Eßbesteck

Essen n, Da wurde erst letztes Jahr das E. mit Messer u. Gabel eingeführt (Redensart auf eine rückständige Gegend)

Essenfachbewohner m *kleinwüchsiger Soldat*

Essenmarke f 1. *Rechnungsführer.* Der R. gibt die Essenmarken aus. — 2. die E.n abgeben *den Soldatentod erleiden.* — 3. schwarze E.n abgeben/empfangen *im Krieg fallen*

Essensblock m, pl -blöcke, noch sechs E. *noch sechs Monate Wehrdienst.* → Essensblöckchen

Essensblöckchen n *Monat.* Das E. enthält die monatl. Essenmarken. → Glöckchen

Eßwerkzeug n *Eßbesteck*

Eule f 1. *Kopfschützer.* Wegen der Ähnlichkeit der Augenschlitze. — 2. fett/voll wie eine E./wie Erwin E. *betrunken.* E. aus Aule ›Steinkrug‹ entstellt. 1920 ff.

Eumel m 1. *Unsympathischer; Dummer* (Schimpfw.). 1880 ff. — 2. *Mann.* — 3. *Angehöriger des Mannschaftsstandes.* — 4. *Penis.* — Vgl. WdU 6, 110

Eunuch(e) m 1. *Begleitflugzeug einer Bomberstaffel.* Das B. trägt keine Bomben. — 2. *unbeliebter Vorgesetzter.* Der V. weiß alles besser, kann es aber nicht

Eunuchenslip m *Badehose*

Euterauswurf m *Milch*

Euterpulver n *Milchpulver*

Euterwasser n *Frischmilch*

EWG-Ferien pl *Ernteurlaub*

Ewige m *Altgedienter*

e. w. K. m. *Berufsoldat.* Abk. von »er will Karriere machen«

Exer m *Exerzierplatz.* 1939 ff.; wohl älter

Exerzitien pl *Arrest.* Euphemistisch

Exil n, in(s) E. gehen *heiraten.* Bei der Heirat vermeintl. Aufgabe angestammter Rechte

Exilregierung f *Platzkommando*

Explatz m *Exerzierplatz.* 1939 ff.; wohl älter

Fabrik f, F. der Offiziere *Offizierschule.* Wohl älter

Fachidiot m *Fachoffizier*
Fachkraft f *leicht zugängliches
Mädchen*. Das M. gilt als F. in
praktischer Sexualität
Fachschule f, F. der Nation *BW*.
Anspielung auf den Berufsförderungsdienst
fähig adj 1. *ausgezeichnet, unüber-
trefflich; beliebt*. — 2. Es schmeckt
f. *es ist sehr schmackhaft*
Fähnchen n *Fähnrich, Fahnenjunker*. 1919 ff. → Fähnlein
Fähnchenschwenker m *Fahnenjunker*
Fahne f 1. pl -n, zu den F. geeilt
werden *zum Wehrdienst einberu-
fen werden*. Das grammat. un-
erlaubte Passiv hebt die Unfrei-
willigkeit hervor. 1939 ff. — 2. von
der F. gehen *Fahnenflucht be-
gehen; sich der Dienstpflicht entziehen*. 1939 ff.
Fahnendödel m *Fahnenjunker*. →
Dödel 2
Fahnenjoki m *Fahnenjunker*. Zu
engl. joker ›Kerl, Bursche‹
Fahnenklunker m *Fahnenjunker*.
Klunker ›Baumelndes; Quaste‹
Fahnenschwenker m *Fahnenjun-
ker*. Wie → Flaggenschwenker
Fahnenuffz m *Fahnenjunker*. →
Uffz
Fahnenunke f *Fahnenjunker*.
Wortspiel
Fahnenwebel m *Fähnrich*. Der
Feldwebel als Offiziersanwärter
Fähnlein n *Fähnrich, Fahnen-
junker*. 1919 ff. → Fähnchen
fahren intr *fliegen*. Zusammenh.
mit Luftfahrt. 1935 ff.
Fahrgestell n *Unterkörper u. Beine
des Menschen*. Vom Unterbau des
Fahrzeugs. 1914 ff. (GRAFF 49)
Fahrkarte f 1. *Fehlschuß*. 1900 ff.
— 2. eine F. schießen *einen Fehl-
schuß tun*. 1900 ff. — Deutungen:

a) Der Schuß trifft beim Scheibenschießen zwar nicht die Ringe,
aber noch den Rand der Zielscheibe: Die Z. als gelochte F. gesehen. — b) Der Schuß verfehlt
die Z. ganz: Er »fährt dahin«. —
c) Die Anzeigetafel » Fehler «
(senkrecht weiß-rot geteilt) hatte
Ähnlichkeit mit der Militärfahr-
karte (weiß mit breitem rotem
Mittelstreifen)
Fahrkartenschalter m *Schießplatz*.
→ Fahrkarte
Fahrplan m *Speiseplan*. → Magenfahrplan
Fahrrad n 1. *Prostituierte*. Die P.
läßt sich von jedem Mann »be-
steigen«. — 2. Da fahren sie
abends mit dem F. um den/auf
dem Tisch, damit sie Licht haben
(Redensart auf eine rückständige
Gegend). Ostfriesenwitz? — 3. Er
ist mit dem F. weg u. kann nicht
absteigen (Antw. auf die Frage
nach jmds. Aufenthalt)
Fahrradabstellplatz m *Kompanie-
geschäftszimmer* o. ä. Anspielung
auf → Radfahrer 1
Fahrschein m *Toilettenpapier*. Das
T. als Begleitpapier der Exkremente. 1900 ff. Vgl. → Frachtbrief
Fahrschule f, F. der Nation *BW*.
Wegen der Ausbildung vieler Soldaten zu Kraftfahrern. Zusammenh. mit der Auseinandersetzung um die »Schule der Nation «;
→ Schule 5 ; → Berufsschule der N.
Fahrstuhl m 1. *Hubschrauber*.
Wegen des Senkrechtstarts des
H.s. — 2. *Mine*. Wer auf eine M.
tritt, geht hoch wie mit dem F.
Fahrtenschwimmer m *Leutnant
zur See*
Fallfighter m [Ausspr. engl.] *Star-
fighter*. Wegen vieler Abstürze
des S.s

Fallobst n 1. *Fallschirmjäger.* —
2. *Starfighter.* Wie → Fallfighter
Fallobstdivision f *Luftlandedivision.* → Fallobst
Fallsüchtige m *Flieger*
falsch adj, f. Programmierter →
Programmierter
Faltenfreie m *Stahlhelm*
Familienglück n *Penis*
Familienröhre f, -trenner m *Fernsehgerät* (zu Hause)
Fan m [Ausspr. engl.], pl -s, F.!
(Begrüßungsruf an Mannschaften)
Fangeisen n *Ehering.* Spätest.
1900
fangen tr, gefangen werden *gemustert werden*
Fangschuß m *Volltreffer*
Farbenspritze f *Leuchtpistole*
Fasan m *Rechnungsführer.* Wegen
der vom R. verwalteten »bunten«
Geldscheine
Faschingsgewand n, -kostüm n
Dienstanzug. Weiterführung von
»bunter Rock«
Faß n 1. *Toilette.* — 2. *Maßkrug,
Pokal.* Wohl älter. Wie → Eimer
3. — 3. *beliebter Vorgesetzter.*
F. = Kanone ›Könner, Fähiger‹
fassen tr 1. [etw.] erhalten, entgegennehmen, einnehmen. 19. Jh. —
2. einen f. *Alkohol trinken*
Fastnachtsgosche f *ABC-Schutzmaske.* Wegen Ähnlichkeit der A.
mit der Fastnachtsmaske
Fatzke m *Flieger* (abf.). Wegen
der Hochmütigkeit
Faultier n 1. *Berufssoldat.* Der B.
ist vermeintl. zu faul für eine
zivile Tätigkeit. — 2. F. mit
2 Buchstaben *Unteroffizieranwärter.* Anspielung auf die Abk. UA.
Fausto Coppi FN *Liebediener.* F. C.
(1916—1960) als einer der erfolgreichsten Radrennfahrer (Italien). → Radfahrer 1

Feder f, pl -n [jmdm.] die F. rupfen [jmdn.] degradieren. Der Angehörige der BW ist mit Dienstgradabz. wie mit F. geschmückt
Fehlanzeige f, (bei mir) F.! (Ausr.
der Verneinung). Vom Schützenanzeiger auf dem Schießstand.
1910 ff.
Fehlzünder m *Versager.* Vgl. →
Blindgänger 1
Feiertagsmelone f *Stahlhelm.* Der
S. wird wie eine Melone auch bei
feierl. Anlässen getragen
Feinbrot n, notgeschlachtetes F.
Frikadelle
Feindforum n *Schießplatz.* Wegen
des Zielens auf einen angenommenen Feind, auf Figuren
Feinkosthügel m *Bauch*
feist adj *hervorragend.* F. = fett
›gehaltvoll‹
Feld m 1. *Feldwebel.* Verkürzung.
1939 ff. Auch → Feldi. — 2. Feld
OA *Fähnrich.* → OA
Feldbiene f *leicht zugängliches
Mädchen.* Feld spielt an auf Liebe
im Grünen. → Biene 1
Feldbulle m, pl -n *Feldjäger.*
→ Bulle 2
Felderfick m *Fernmeldeschule.* Anspielung auf das elektromagn.
Feld. → Fick 2
Feldflegel m *Feldwebel.* Wortspiel.
1914 ff. (GRAFF 51)
Feldfrau f *Feldwebel.* -webel umgedeutet in -weib(el)
Feldhase m 1. *Feldwebel.* —
2. *Feldjäger*
Feldheini m *Feldjäger.* → Heini
Feldherrnhalle f → Bonner F.
Feldherrnhügel m *Hardthöhe bei
Bonn* (Sitz des BMVg). Auch →
Bonner F.
Feldi m *Feldwebel.* Koseform zu
→ Feld 1

Feldkabelaffe m, pl -n *Fernmelde-truppe*. Auch → Kabelaffen
Feldlappen m *Feldwebel*. -webel
zu weben gestellt u. abf. zu ›Lappen‹ umgedeutet
Feldluxusklo m *Stehabort*. Wohl
wegen der Trennung vom → Donnerbalken
Feldmaus f 1. *Heeresangehöriger*.
1914 ff. (GRAFF 51; IMME 25). —
2. *Feldjäger*. 1939 ff. — Wegen
der Uniformfarbe
Feldungeziefer n *Feldjäger*
Feld-, Wald- u. Wiesenartillerie f
Feldartillerie
Feld-, Wald- u. Wiesenbrühe f
Kräutertee
Feld-, Wald- u. Wiesen-FBI m
[Grundw. (Abk.) engl. Ausspr.]
Feldjäger
Feld-, Wald- u. Wiesenwebel m
Kompaniefeldwebel. Wegen der
vielseitigen Beanspruchung des
K.s. 1914 ff. (GRAFF 51; HOCH-
STETTER 29)
Feldwebel m 1. F. mit Begren-
zungsleuchten *Fähnrich*. Wegen
des Sterns auf dem Unterärmel. —
2. F. in Lauerstellung *Stabsunter-
offizier*. — 3. F. de Luxe *Fähn-
rich*. Nach dem Zusatz bei Mar-
kenbezeichnungen. — 4. F. mit
Sturmflutecken *Stabsbootsmann*.
Das Dienstgradabzeichen als Wel-
lenberg gedeutet
Feldwebelgeneral m *Hauptfeld-
webel*; *Oberstabsfeldwebel*. Umschreibung des höchst. Dienstgrads der mittl. Führung
Feldweibel m *Feldwebel*. Vgl.
TRANSFELDT 30
Feldzobel m *Feldwebel*. Wortspiel
Feme f *Kameradenjustiz mit Verprügeln*
Fenster n 1. *Fernsehbildschirm*. —
2. F. zur Straße *Postenhaus*. Ein-

fluß des Fernsehspiels »Das Fen-
ster zum Hof« (ARD 1960). —
3. drei Stunden aus dem Fenster
sehen u. sich nichts dabei denken
Hauptgefreiter sein. — 4. weg
vom F. a) *gestorben*. — b) *aus der
BW entlassen*. — c) *einer Sache
entronnen*. — Zu 4 siehe *Sprach-
dienst* 1975, 83 f.
Fensterkasten m, Tabak à la F.
Südseite *übelriechender Tabak*.
Dieser T. ist angebl. im Blumen-
kasten gezogen
Fensterkitt m *Kartoffelbrei*
Fensterleder n *Mehlpfannkuchen*.
Wegen der Zähigkeit
Fernmeldafing f *Fernmeldeschule*
Feldafing. Wortspiel
Fernmeldesaft m *Bier*. Anspie-
lung auf Harndrang
Fernmeldesanatorium n *Fernmel-
deschule*. Umdeutung der Abk. FmS
Fernsehen n, F. für Blinde *Rundfunk*
Fernsehtruppe f *Territoriale Ver-
teidigung*. TV als Abk. sowohl für
Territoriale Verteidigung als auch
für Television
Fertighaus n *Zelt*
fertigmachen intr 1. F. zum Gebet! *Fertigmachen zur Landung!*
Fliegerspr. — 2. F. zum Tanzen!
Fertigmachen zum Dienst! Anspielung auf »Formationstänze«
beim Formaldienst
fett adj 1. *betrunken*. 18. Jh. —
2. *satt*. — Ausgangsbed. ›dick,
aufgeschwemmt‹
Fett n *Strafdienst*. Zu der Redensart »sein F. (ab)bekommen, (ab)-
kriegen«
Fettbüchse f *ABC-Schutzmaskenbehälter*. Vgl. → Bierbox
Fettkeller m *Maschinenraum*. Wegen der Verwendung technischer
Fette u. Öle. Marinespr.

Fettpresse f *schiffstechn. Offizier.*
Marinespr. Entspr. → Fettkeller
Fetzen m 1. *Uniform* (abf.). Vgl.
→ Feudel 1; → Flicken 1. —
2. *Wehrpaß* (abf.)
Feudel m 1. *Uniform* (abf.). Vgl.
→ Fetzen 1; → Flicken 1. —
2. pl *Signalflagge; Seeflagge.* Marinespr. 1939 ff. — 3. First F.
Ausgehanzug. → Feudel 1. — F.
nordd. ›Putz-, Scheuerlappen‹
Feudelschwenker m *Signalgast.*
→ Feudel 2
Feudelschwinger m, pl *seemännisches Personal.* 1900 ff. → Feudel 2
Feudelgast m *Matrose.* 1900 ff. →
Feudel 2
Feuerpuster m *Flammenwerfer.*
Zu → pusten
Feuerrotzer m *Flammenwerfer.* Zu
→ rotzen 2
Feuerspender m *Flammenwerfer*
Feuerspritze f 1. *Flammenwerfer.*
1939 ff. — 2. *Maschinengewehr,
-pistole.* → Spritze
Feuerspucker m 1. *Flammenwerfer.* 1914 ff. (GRAFF 52). — 2. *Maschinenfeuerwaffe, -gewehr; Geschütz.* 1939 ff. → spucken
Feuerstuhl m *Starfighter.* Viell.
mit Anspielung auf den Schleudersitz
Feuerwagen m *Schützenpanzer*
Feuerwehr f 1. *Kameradenjustiz
mit Verprügeln.* Die K. soll den
»Brand« (die Unkameradschaftlichkeit) im Keim ersticken. —
2. *Schnellboot.* Wegen der hohen
Geschwindigkeit u. der Aufgaben
des S.s. — 3. *Artillerie.* Wegen der
roten Paspelierung der Uniform.
— 4. *Munition mit der größten
Anfangsgeschwindigkeit für den
Kampfpanzer Leopard*
Feuerwerk n *Leuchtspurmunition.*
1914 ff. (GRAFF 52)

Feuerzeug n 1. *Flammenwerfer.* —
2. *Handgranate*
Fick m 1. *Geschlechtsakt.* 1500 ff.
→ ficken 1. — 2. *Drill.* → ficken 2
Fickbeutel m, **-büdel** m *Präservativ.* 1920 ff. → ficken 1
ficken intr, tr 1. *koitieren.* 1500 ff.
— 2. *überstreng, schikanös ausbilden.* → Ficker. — *gefickt werden bestraft, zum Strafdienst befohlen werden.* — 3. Zeitsoldaten
sind wie Nutten: für mehr Geld
lassen sie sich länger f. (Spött.
Redewendung auf Zeitsoldaten).
→ ficken 1, 2. — Intensivum zu
fegen ›hin- u. herfahren; reiben‹
Ficker m *schikanöser Ausbilder;
polternder Vorgesetzter.* → ficken 2
Fickerei f *unerlaubt harter, rücksichtsloser Drill.* → ficken 2
Fickfack m 1. *rücksichtsloser Drill.*
— 2. F. mit der Dreikantfeile
harter Drill. -feile in der Bedeutung → schleifen 1. — Fickfacken
i. S. v. ›mit der Rute züchtigen‹
Fickmaschine f, **-schlitten** m
Prostituierte. → ficken 1
Ficksilo m *Bordell*
fiedeln intr *salutieren.* Wegen der
eckigen Armbewegung
Fight m [Ausspr. engl.] *Luftkampf, Gefecht*
filmen 1. tr. [*jmdn.*] *übertölpeln,
überlisten, täuschen.* Beim Filmen
wird mit Tricks gearbeitet. —
2. intr *überstreng einexerzieren.*
Beim Filmen werden vermeintl.
ebenfalls nur einexerzierte Bewegungen ausgeführt
Filmer m 1. *Besserwisser.* Der
Filmregisseur hat das letzte Wort.
— 2. *schikanöser Ausbilder.* → filmen 2
Filmpapier n *Toilettenpapier.* Das
T. wird von der → Filmrolle abgespult

Filmrolle f *Toilettenpapierrolle.* 1930 ff.

Filmstreifen m *Toilettenpapierrolle.* → Filmrolle

Filtertüte f *Präservativ*

Filzbiene f 1. *Prostituierte.* → filzen 2; → Biene 2. — 2. *Filzlaus.* Wegen Gemeinsamkeiten (massenh. Auftreten, Stechen) bei Laus u. Biene. 1870 ff.

Filze f 1. *Bett.* → filzen 2. — 2. *Durchsuchung.* → filzen 2.

filzen 1. tr. [*jmdn.*] *streng durchsuchen, kontrollieren.* Ausgangsbed. ›nach verbotenen Gegenständen durchsuchen‹ (Rotw.). 1939 ff. — 2. intr *(lange) schlafen.* Eigentl. ›sich mit einer Filzdecke zudecken‹ 1939 ff. (Loose 286)

Filzkiste f *Bett.* → filzen 2

Filzlaus f *(Winter-)Kampfanzug.* Wegen des Tuchs u. der Farbe

Filzlausvernichtungswaffe f *Pistole*

Filzmulde f *Bett.* → filzen 2; → Mulde

Filzstunde f *Bekleidungsappell.* → filzen 1

Finanzminister m *Rechnungsführer* (Zahlmeister). 1900 ff.

Finger m 1. Wenn man bei euch einem die Hand gibt, muß man hinterher die F. nachzählen (Redew. an eine vermeintl. diebische Gruppe). — 2. die F. strapazieren *schreiben*

Fingerhut m *Präservativ.* Der Penis als »11. Finger«

Fingerschutz m *Toilettenpapier*

Firma f 1. *Einheit, Waffengattung* u. ä. 1918 ff. — 2. F. Öle u. Fette *Technische Gruppe*

Firstlefti m [Ausspr. engl.] *Oberleutnant.* → Lefti

Fisch m 1. *Dienstgradabzeichen des Hauptfeldwebels.* Von der Seite gesehen, ist das D. als Plattfisch zu deuten. — 2. pl -e, fliegende F. *Marineflieger, -jagdbomber*

Fischauge n, pl -n *Graupen.* Wegen Ähnlichkeit der gequollenen G. mit F.

Fischcowboy m [Grundw. engl. Ausspr.] *Marineangehöriger*

Fischerstift m *Kautabak.* 1870 ff. → Stift

Fischkopf m *Norddeutscher.* Wegen des typ. Langschädels

Fischleiche f, pl -n, F. in Öl *Fischkonserven*

Fischrogen m *Graupen.* Wegen Formähnlichkeit

Fla f (Abk. für:) *Flugabwehr*

Flachbahn f *Exerzierplatz* u. ä. Aus der Sportspr. → Flachrennen. 1939 ff.

Flachbahnrennbahn m *Exerzierplatz.* → Flachbahn

flachbügeln tr *ein sichtbehinderndes Waldstück beseitigen durch Durchschießen der Stämme hart an der Wurzel*

Flachlandtiroler m *Gebirgsjäger (in Mittelgebirgen)*

Flachmann m *flache Taschenflasche.* 1930 ff.

Flachrennen n *militär. Bodenübungen; Nachexerzieren.* F. eigentl. ›Pferderennen auf Bahnen ohne Hindernisse‹. 1939 ff.

flachsen intr *flirten.* Ausgangsbed. ›veralbern; unernst sein, reden‹

Fladen m *Spinat.* F. ›Kuhfladen‹

Fladenschiß m *Durchfall.* → Fladen

Flagge f, F. Lucie/Luzi 1. (Ausdr. der Ablehnung). 1939 ff. — 2. *Appell mit raschem Uniformwechsel* (ablehn.). 1939 ff. — F. L. eigentl. die blau-weiße Signalflagge für den Buchstaben L (Anspielung auf »Leck mich am Arsch«)

Flaggenschwenker m *Fahnenjun-ker.* Wie → Fahnenschwenker

Flaggenträger m *Fahnenjunker*

Flakmuffel m, pl *Heeresflugab-wehrtruppe.* → Muffel

Flammenpuster m *Flammenwer-fer.* Zu → pusten

Flammenwerfer m 1. *Taschen-feuerzeug mit großer Flamme.* 1917 ff. — 2. *Leuchtpistole*

Flankenheinrich m *Umgehung des Gegners; Umfassen einer Flanke.* 1914 ff. (MAUSSER 45; HAUPT 59)

Flansch m 1. *Penis.* — 2. *Vagina*

Flap-Flap pl *Heeresflieger.* Das Hubschraubergeräusch nachah-mend oder aus engl. flap ›flat-ternde Bewegung‹

Fla-Sanatorium n *Flugabwehr-schule.* → Fla

Flasch f *Flugabwehrschule.* In-itialwort unter Verwendung von → Fla

Flasche f 1. *Versager, Nichtskön-ner.* Aus »leere (= wertlose) Fla-sche« oder statt Windflasche. 1900 ff. — 2. F. mit drei Sternen *Hauptmann.* → Dreisterneflasche

Flaschenöffner m 1. *Koppelschloß.* Das K. eignet sich zum Öffnen von Kronenverschlüssen. — 2. pl *Ordonnanzen*

Flaschenraum m *Offizierskasino*

Flaschenschwenker m *Ordonnanz*

Flaschenzug m *schlechter Truppen-teil.* 1939 ff. → Flasche 1

Flatter f 1. *leichtes Mädchen.* Das M. »flattert« wie ein Schmetter-ling von einem zum andern. — 2. Mach die F.! *geh weg!*

Flatterheini m 1. *Luftwaffenange-höriger.* Wegen der Schwinge auf dem Ärmelband, der weiten Ho-senbeine oder → flattern. — 2. *Feiger, Ängstlicher.* → Muffe 5. — → Heini

Flatterhose f *Berghose.* Ironische Verdrehung; Bundhose als B. üblich

Flatterjeans pl [Grundw. engl. Ausspr.] *Hose mit schlecht halten-der Bügelfalte; Tuch-, Arbeits-hose; weitgeschnittene Hose*

Flatterkombi m, f *Dienstanzug.* -kombi für Kombination

Flattermann m 1. *Brathähnchen, -hühnchen.* — 2. F. mit 10000 Flugstunden *zähes Geflügel.* → Flattermann 1; → Flugstunde. — 3. *Durchfall.* → Muffe 5. — 4. *Sport-, Arbeitsanzug.* — 5. pl -männer *Heeresflieger.* → flattern

flattern intr *mit dem Flugzeug fahren.* 1950 ff.

Flatterotto m *Durchfall.* → Muffe 5; → Otto

Flatterpenne f *Flugzeugführerschu-le.* → flattern

Flatterpfiff m *Durchfall.* → Dünn-pfiff; → Muffe 5

Flatterschiß m *Durchfall.* → Dünn-schiß 1; → Muffe 5

Flatterwesen n, F. mit tausend Flugstunden *zähes Brathähnchen, -hühnchen.* → Flugstunde

flattrig adj *ängstlich, feige.* → Muffe 5

Fla-Vatikan m *Flugabwehrschule.* Die F. gilt als oberste, unfehlbare Instanz in Flugabwehrfragen

Fleck m *Volltreffer.* Vom schwar-zen F. in der Mitte der Zielscheibe; Fleck auch ›Herz (des Hirsches)‹

Fledermaus f *Luftwaffenangehöri-ger.* Wegen der Schwinge auf dem Ärmelband

Fleisch n 1. F. vom Bäcker *Fri-kadelle.* 1920 ff. → Bäckerfleisch. — 2. F. in Dosen *Panzerbesatzung.* → Sardinendose

Fleischbeschau f *Gesundheitsbe-sichtigung bei der Musterung, im*

Lazarett. Nach der tierärztl. Praxis. 1914 ff. (AHNERT 67; COMMENDA 35)

Fleischbeschauung f *Musterung.* → Fleischbeschau

Fleischbrötchen n *Frikadelle.* → Brötchen 3

Fleischer m, pl *Sanitätstruppe* (abf.) 1914 ff. (IMME 132). Vgl. → Schlachter

Fleischerbrot n *Hackbraten.* → Fleisch 1

Fleischerbrötchen n *Frikadelle.* → Brötchen 3

Fleischpflanzl n *Frikadelle.* Ausgangsbed. ›Fleischgewächs‹. Bayr. 1914 ff. (KRETSCHMER 159)

Fleischschau f *Musterung.* → Fleischbeschauung

Flenne f, die F. haben *einer Sache überdrüssig sein.* Zu flennen ›das Gesicht verziehen; weinen‹

Fleppe f 1. *Wehrpaß.* F. rotw. ›Ausweispapier; Reisepaß‹ (*WdU* 5, 81). — 2. pl -en *Wehrsold.* Ausgangsbed. ›Geldscheine‹

Fletsche f *Gewehr.* → Flitsch

Fleuropdivision f, **-kompanie** f, **-männchen** n, **-soldat** m, pl -en, **-truppe** f *Gebirgsjägertruppe.* Nach der intern. Blumengeschenkvermittlung Fleurop; Anspielung auf das Edelweißabzeichen des Gebirgsjägers

Flicken m 1. *Uniform* (abf.). Entspr. → Fetzen 1; → Feudel 1. — 2. Ich glaube, mein F. brennt! (Erwiderung auf eine unglaubw., unsinnige Äußerung)

Flicker m 1. *Arzt.* 1500 ff. — 2. *Sanitätssoldat.* — Zu (zusammen)flicken ›(notdürftig) kurieren‹

Flickschuster m *Militärarzt.* 1939 ff. → Flicker

Flickstation f *Verbandplatz, Krankenhaus.* 1939 ff. → Flicker

Flickzeug n *ärztliche Instrumente.* → Flicker

Fliege f 1. pl *Luftlandedivision; Fallschirmjäger.* — 2. die/eine F. machen a) *weggehen; eiligst fliehen.* 1914 ff. — b) *sich der Dienstpflicht, der Befehlsausführung zu entziehen suchen.* → abfliegen

Fliegen n, F. ist die langsamste Gangart der Soldaten! (Redewendung zum Anfeuern eines zu langsam Marschierenden, Laufenden)

Fliegenlandeplatz m, pl -plätze *Schulterklappen*

Fliegentod m *Flammenwerfer.* Entspr. → Flitspritze

Fliegenvertilgungsmittel n *übelriechender Tabak; Krüllschnitt*

Flieger m, gehackter F. *Hackbraten*

Fliegerabwehrgeschoß n *Knödel.* Der Graphiker HELMUT WINTER versuchte im Februar 1967 in München aus Protest gegen zu geringe Flughöhen Flugzeuge mit K.n zu beschießen

Fliegerbenzin n *Malventee.* Wegen Farbähnlichkeit

Fliegerbier n *Dünnbier; Bier mit Sprudel.* 1935 ff.

Fliegerboß m *General der Luftwaffe.* → Boß 1

Fliegergrab n *Starfighter.* Wegen der vielen Abstürze des S.s

Fließbandobergefreiter m *Obergefreiter, der 1945 als Gefreiter abgegangen ist.* Die BW übernahm alle früheren Dienstgrade automatisch um eine Stufe höher

Fließbandsmoke f [Grundw. engl. Ausspr.] *Fabrikzigarette.* Engl. smoke ›Zigarette‹

Flight m [Ausspr. engl.] *Flug*

Flimmeraquarium n *Fernsehgerät.* Wegen Ähnlichkeit des Fe.s mit einem erhellten Zimmeraquarium

Fluppe 63

Flimmerdiesel m *Fernsehgerät.*
Diesel hier ›Apparat‹
Flimmerheini m *Leuchtpistolen-schütze.* Der L. erzielt eine Farb-filmwirkung. → Heini
Flimmerkasten m. **-kiste** f *Fern-sehgerät*
Flinte f *Gewehr, Karabiner.* 17.Jh.
Flintenkosmetik f *Gewehrreinigen*
Flippe f *Zigarette.* Nebenform von
- Fluppe 1
Flitsch(e),f *Gewehr.* Verkürzt aus Flitschbogen ›Bogen für leichte Pfeile‹. 1870 ff. (Horn 65; Fischer 2. 1574)
Flitspritze f *Maschinenpistole.* Ausgangsbed. ›Spritze für Insekten-vertilgungsmittel‹
Flitter m *Orden u. Ehrenzeichen*
Flitze f, eine F. bauen/machen *wegeilen.* Flitzen ›sich pfeilschnell bewegen‹
flitzengehen intr 1. *sich der Dienst-pflicht entziehen.* — 2. *Stadt-, Nachturlaub antreten; in Urlaub fahren.* — → Flitze. — 3. Mir geht einer flitzen! (Ausr. der Genugtuung). Anspielung auf Samenerguß
Flitzer m 1. *schnelles, geländegän-giges Auto.* 1939 ff. — 2. *Schnell-, Torpedoboot.* — 3. *Querschläger.* Vgl. → Flitze
Flitzkacke f *Durchfall.* → Flitze
Flitzzeit f *Nachturlaub.* → flitzen-gehen 2
Flocke f 1. *(leichtes) Mädchen.* Anspielung auf die Leichtigkeit der F. — 2. pl -n *Geld.* 1930 ff. Über Schneeflocke Anspielung auf Schnee ›Silbergeld‹; vgl. auch F. (Rotw.) ›Tuch, Leinwand‹, ana-log Lappen ›Geldscheine‹
Flockis pl *Mannschaften.* Engl. flock ›Herde‹

Flohkiste f *Bett.* 1890 ff. Gleich-bed. engl. flee-bag, franz. pucier
Flohmolle f *Bett.* → Molle
Flosse f *Hand.* 1870 ff. (Horn 74; Graff 29)
Flossengymnastik f *Salutieren.* → Flosse
Flossenwärmer m, pl *Handschuhe.* → Flosse
Flöte f *Penis.* Wegen Formähn-lichkeit, auch Anspielung auf Fellatio. 1900 ff.
flötengehen intr, Mir geht einer flöten! (Ausr. des Unmuts). An-spielung auf Samenerguß.
Flottenfurz m *Marinerekrut; klein-wüchsiger Marineangehöriger.* 1939 ff. (Loose 282). Furz ›Un-bedeutendes‹
Flottenkittelträger m *Flottenarzt*
Flotti m *Flottilenadmiral*
Flottmann m *Durchfall*
Fluchtbeutel m *Sturmgepäck*
Flüchtlingssekt m *Mineralwasser*
Flügelputzer m *Flieger*
Flügelsarg m *Starfighter.* Wegen der vielen Abstürze des S.s
Fluggerät n, ausgesondertes F. *(zähes) Brathähnchen* u. ä.
Flugmann m *Luftwaffenangehöri-ger, Flugzeugführer.* Seit 1939(?)
Flugstunde f, pl -n, (zehn)tausend F. *zähes Brathähnchen, -hühnchen.* →Flattermann 2; → Flatter-wesen
Flugstundenmillionär m *zähes Ge-flügel.* → Flugstunde
Flugunfallrest m, pl -e *Gulasch*
Flugzeug n, ledernes F. *zähes Ge-flügel*
Flupi m, pl -s *Flußpioniere.* Ge-kürzt aus Flußpionier oder → Flußpirat
Fluppe f 1. *Zigarette, Zigarre, Tabakspfeife.* Lautmalend für das

beim Rauchen entstehende Mund-
geräusch. 1910 ff. — 2. pl -n, F.
haben *bei Kasse sein*. Lautmalend
für das beim Zählen eines Geld-
scheinbündels oder beim schnel-
len Anfeuchten des Zeigefingers
entstehende Geräusch
Flupper m *Granatwerfer*. Lautma-
lend für Geräusch beim Abfeuern
Flurbegradiger m, **-bereiniger** m
Heeresangehöriger
Flurschadenbrett n, pl -er 1. *brei-
tes Schuhwerk*; *Stiefel*. 1914 ff.
(AHNERT 120). — 2. *plumpe,
breite Füße*. 1914 ff.
Flußpirat m *Pionier*. Nach dem
Roman »Die Flußpiraten des
Mississippi« von FRIEDRICH
GERSTÄCKER (1848)
Flüstertüte f 1. *ABC-Schutzmaske*.
Formähnlichkeit der A. mit F.
›Sprachrohr, Megaphon‹. —
2. *Stahlhelm*
Focking George f [Ausspr. engl.]
Schulschiff Gorch Fock. Scherzh.
Anglisierung
Folterkammer f 1. *Operations-
raum*; *medikomechanische Laza-
rettabteilung*. 1914 ff. (BUSCHAN;
FRITZ 34). — 2. *Krankenstube in
der Kaserne*. — 3. *ABC-Übungs-
raum*
Formblatt n, F. 15, rollbar *Toilet-
tenpapierrolle*. Spöttische Amts-
deutschnachahmung
Fotze f 1. *Vagina*. — 2. *Feldmütze*.
Wegen Formähnlichkeit mit →
Fotze 1. 1939 ff. — 3. *Maat*. We-
gen der Kopfbedeckung des M.s
(Schiffchen); → Fotze 2
Fotzenfäule f *Geschlechtskrank-
heit*. Nach Mundfäule mit Gleich-
setzung von bayr. Fotzen ›Mund‹
u. → Fotze 1
Fotzenklempner m *Zahnarzt*. Bayr.
Fotzen ›Mund‹. 1914 ff.

Fotzenschmiede f 1. *Soldaten-
kneipe mit Mädchenbetrieb*. —
2. *Bordell*. — → Fotze 1
Fotzenspengler m *Zahnarzt*. Bayr.
1914 ff. → Fotzenklempner
Fotzenträger m *Maat*. → Fotze 2
Frachtbrief m *Toilettenpapier*.
1890 ff. Wie → Fahrschein; vgl.
→ Frachtschein
Frachtschein m *Toilettenpapier*.
Seit 1914(?). Wie → Fahrschein;
vgl. → Frachtbrief
Frack m (*Ausgeh-*)*Uniform*.
1939 ff.
Frackpropeller m *Frackschleife*. →
Propeller
Frankenstein (FN) m 1. *Kälteschutzanzug*. Nach einem Fran-
kenstein-Gruselfilm, in dem jmd.
einen ähnl. Anzug trägt. — 2. F.s
Gesellenstück *häßliches Mädchen*
Franz (VN) m *Beobachter im Flug-
zeug*. Ein Flugzeugführer gab
beim Kaisermanöver 1912 den
Namen F. an, als Kaiser WIL-
HELM II. den Namen des B.s
wissen wollte. 1912 ff. (MAUSSER
32; AHNERT 36; HAUPT 64;
TRANSFELDT 300)
franzen 1. intr, refl *sich vom Flugzeug aus orientieren*. 1914 ff.
(GRAFF 56). — 2. tr *ein Flugzeug
einweisen*; [jmdm.] *den Weg zeigen*. 1914 ff. (HAUPT 64). — →
Franz
Franz-Josef-Gedächtniskugel f
Knödel. → Strauß
Franzosenhut m *Baskenmütze*
französisch adj → Roulette
Fräse f 1. *Maschinengewehr*. Das
M. »fräst« (dünnt) die Reihen
der Angreifer. — 2. *Voll-, See-
mannsbart*. 1900 ff.
Fraß m 1. *Essen* (derb, doch nicht
immer abf.). 19. Jh. — 2. →
scheiß 4

Fraßanzeiger m *Speiseplan*
Fraßplan m *Speiseplan*. → Magenfahrplan
Frau f 1. *Gewehr*. → Braut 1. —
2. wie alte F. unterm Arm schmekken *widerlich schmecken*
Frauenglück n 1. *Banane*. —
2. *Bockwurst*. — Anspielung auf Onanie
Frauenstolz m *Penis*
Frauentraum m *Bockwurst*. → Frauenglück
Freibrief m *Heiratsurkunde*
Freifahrkarte f *unehrenhafte Entlassung aus der BW*. Der Entlassene erhält eine F. zum Heimatort
Freifahrtschein m 1. *Verlöbnis*.-
2. *Wehrpaß*. Ironisch
Freifaller m *Starfighter*
Freiheit f, F. für Stunden *Stadturlaub*
Freiheitsentzug m *Dienstzeit bei der BW*
Freiheitsgenießer m *Zivilist*
Freiheitsstrafe f *Wehrdienstzeit*.
→ Bau 5
Freiluftgehe f *Kasernenhof* u. ä.
Freischein m 1. *Verlöbnis*. —
2. *Wehrpaß*. — → Freifahrtschein
Freischwimmer m 1. *Marineangehöriger*. — 2. *Fähnrich zur See*
Freischwimmerorden m *Gedenkmedaille für den Einsatz bei der Flutkatastrophe im Februar 1962* (Hamburg, Schleswig-Holstein, Niedersachsen)
Freizeitbeschäftigung f 1. *Dienstverrichtung*. Ironisch. — 2. *Nachexerzieren*
Freizeitschuppen m *technische Werkräume für priv. Basteln, priv. Fahrzeugpflege* u. ä.
Fremdenführer m *Marschkompaß*
Frequenzabstauber m, pl, **-affe** m, pl **-n** *Fernmeldetruppe*

Frequenzenputzer m, pl → Frequenzputzer
Frequenzenquäler m, pl → Frequenzquäler
Frequenzenteufel m, pl → Frequenzteufel
Frequenzhobel m *Funkfernschreiber 500 W*; *Funkgerät*
Frequenzjäger m, pl *Fernmeldetruppe*. 1939 ff.
Frequenzjodler m, pl *Fernmeldetruppe*
Frequenzmodulierte m, pl **-n** *Fernmeldetruppe*. Nach dem funktechnischen Fachbegriff der Frequenzmodulation (Fm)
Frequenzmolch m, pl **-e**, **-muffel** m, pl *Fernmeldetruppe*. Deutung der Abkürzung Fm; → Frequenzmodulierte
Frequenzpanscher m, pl *Fernmeldetruppe*
Frequenzputzer m, pl *Fernmeldetruppe*. Anspielung auf die Trennschärfe, das »Sauberhalten« der Frequenzen. 1939 ff. Auch → Frequenzenputzer
Frequenzquäler m, pl, **-reiter** m, pl, **-teufel** m, pl, **-verbieger** m, pl *Fernmeldetruppe*. Auch → Frequenzenquäler, -teufel
Fressalienbunker m, **-lager** n *Lebensmittellager*
Freßbehälter m *ABC-Schutzmaskenbehälter*. Entspr. → Bierbox
Freßbeutel m *Brotbeutel*. 1870 ff. (Horn 65; Imme 118)
Freßbude f *Kantine, Eßraum*
Freßdepot n *Lebensmittellager*
Fresse f *Kantine*
Freßeimer m *Eßgeschirr*. → Eimer 3
fressen tr → Friß oder Stirb
Freßferien pl *Ernteurlaub*
Freßgerät n *Eßbesteck*
Freßgeschirr n *Kochgeschirr*

Freßhammel m *Gefräßiger.* Der Hammel ist gefräßig u. futterneidisch

Freßkarte f, **-katalog** m *Speisekarte, -plan, -zettel*

Freßkübel m *Eß-, Kochgeschirr; Eßschüssel.* 1914 ff.

Freßnapf m *Eßschüssel, Kochgeschirr.* 1870 ff. (HORN 87)

Freßplan m *Speiseplan.* → Magenfahrplan

Freßpott m *Koch-, Eßgeschirr*

Freßsaal m *Kantine, Eßraum*

Freßsack m, **-säckel** n *Brotbeutel.* 1870 ff. (HORN 65)

Freßsalon m, **-station** f *Kantine, Eßraum*

Freßtiegel m, **-trog** m *Kochgeschirr, Eßschüssel*

Freßwerkzeug n *Eßbesteck*

Freudenfahne f 1. *Penis.* Anspielung auf (Fahnen-)Mast ›erigierter P.‹. — 2. Wenn der morgen nicht pünktlich ist, trete ich ihm die F. auf halb neun! (Drohrede)

Freudenstätte f *Kantine*

Freund-u.-Feindspiel n *Manöver*

Friedensengel m *Wehrdienstverweigerer*

Frikadellendompteur m *Koch*

Frikadellenfriedhof m *Magen.* 1900 ff.

Frikadellenpuff m, n *Kasernenküche*

Frikadellenschmied m *Kantinen-, Schiffskoch.* Seit 1939(?)

Frikadellenschmiede f *Kasernen-, Schiffsküche.* Seit 1939(?)

Frikadellenunteroffizier m *Küchenunteroffizier*

frisch adj, [jmdn.] f. machen [jmdn.] *streng einexerzieren.* Beim Exerzieren vergeht die Müdigkeit

Frische m *Rekrut*

Frischling m *Rekrut; junger Soldat/Offizier; Neuling.* 19. Jh.

Friseur m 1. toter F. *Magenbitter.* Der M. aufgefaßt als verdorbenes Parfüm aus dem Friseurgeschäft. — 2. Hast du keine 2 Mark mehr für den F.? (Frage an einen Schwätzer). Anspielung auf die Gesprächigkeit des Friseurs

Friseurtagung f *Musterung.* Anspielung auf die Überprüfung des Haarschnitts bei der M.

Friß oder Stirb n *Mittagessen.* Nach JOHANN NICOLAUS WEISLINGERS Schrift »Friß, Vogel, oder stirb!« (1722)

Fritten pl *Pommes frites*

Fritz-Walter-Gedächtnishose f *Turnhose.* Nach dem Fußballspieler F. W. (Kapitän der dt. Weltmeistermannschaft 1954)

Frohlocken n *geistliche Übungen.* Spöttisch

Frontschwein n *kriegsgedienter Offizier.* F. eigentl. derb für Frontsoldat

Frosch m 1. pl Frösche *Bundesgrenzschutz.* Wegen der grünen Uniform. — 2. *Meteorologe.* → Wetterfrosch. — 3. Ich glaube, mein F. kriegt Haare! (Erwiderung auf eine unglaubw. Behauptung)

Froschlaich m *Graupen.* Wegen Formähnlichkeit. 1900 ff.

Froschmaul n *ABC-Schutzmaske.*

Frosthorcher m, pl *Ohrenschützer.* Horcher ›Ohren‹

Frostschutz m *Rum.* R. schützt vermeintl. vor Erfrierungen

Fruchtwasser n *Hagebuttentee*

Frühfallerschuh m, pl -e, abessinische F. *Schnürschuhe.* S. geben weniger Halt als Stiefel

Frühmeßhusten m *Lungenkrankheit.* Teilnehmer am Frühgottesdienst husten viel, weil sie aus dem Warmen in die Morgenkühle kommen

Frühreife m, pl -n *Leutnants.* Nach dem Film »Die Frühreifen« (1957)

Frühschoppen m *Kirchgang.* Euphemist.

Frühsport m 1. *Exerzieren am frühen Morgen.* 1939 ff. — 2. *Bettenherrichten*

Frühstück n, zweites F. *Kirchgang.* Hauptgottesdienst u. das F. finden fast zur selben Stunde statt

Frühstücksbeutel m *Patronentasche.* Entspr. → Bierbox

Frühwarnsystem n, F. des Parlaments *Wehrbeauftragter des Deutschen Bundestags*

Fuchs m 1. *Halbwüchsiger.* Von F. ›(junger) Verbindungsstudent im 1. u. 2. Semester‹? — 2. *Rekrut.* 19. Jh. — 3. *Altgedienter; erfahrener Soldat.* »Alter F.« Der Fuchs als schlau u. listig. 1914 ff. — 4. pl Füchse *Schnellbootgeschwader.* Anspielung auf Wendigkeit. — 5. junger F. *Rekrut* u. ä. 1939 ff.

fuchs adj *gewitzt.* Bayr. Zu → fuchsig

Fuchsbau m *Ein-, Zweimannzelt*

Fuchser m *Ausbilder.* Fuchsen ›quälen, plagen, schinden‹. 1939 ff.

fuchsig adj *gewitzt.* 1920 ff. Vgl. → Fuchs 3

Führerhauptquartier n *BMVg*

Führung f, innere F. *schikanöse Ausbildung.* Verdrehung des Begriffs der i.n F.; dies eigentl. Bez. für zeitgemäße Menschenführung in der BW

Fuhrunternehmen n *Transportverband, -bataillon*

full house m [Ausspr. engl.] *Volltreffer.* F. h. als ›besetztes Haus‹ (Theaterspr.)

full power f [Ausspr. engl.] *Volltreffer.* F. p. ›volle Angriffskraft‹ (Fußballerspr.)

Fummel m *Stabsarzt.* Fummeln ›betasten; ärztl. untersuchen‹

fummeln intr *exerzieren.* F. ›reiben, polieren‹

Fünftonner m *Wachmantel.* Wegen der Schwere

Fünfundachtziger m *Heeresangehöriger.* Das III. Bataillon des Infanterie-Regiments 85 war zu Zeiten Kaiser WILHELMS II. in Kiel stationiert; F. dann auf das gesamte Heer bezogen (TRANSFELDT 295). 1890 ff. Vgl. → Eighty-Fiver

Fünfzehnender m *Altgedienter.* → Zwölfender

Fünfzylinder m *Latrine mit 5 Sitzen.* → Zylinder 1

Funkenpuster m 1. *Funker an Bord; Oberfunkgast.* — 2. pl *Fernmeldetruppe.* 1914 ff. (AHNERT 74; GRAFF 58). → Puster

Funkgeschwaddel n *Fernmeldetruppe.* Schwaddeln ›schwatzen‹ (vgl. MENSING 4, 977)

Funkjodler m, pl *Fernmeldetruppe*

Funkkoffer m *Fahrzeug der Nachrichtentruppe.* → Koffer 2

Funkkreis m, sich aus dem F. abmelden 1. *sich zurückziehen.* — 2. *sterben, umkommen*

Funkkübel m *Fahrzeug der Nachrichtentruppe.* → Kübel 2

Funktastenquäler m, pl *Fernmeldetruppe*

Funktioner m [Ausspr. engl.] 1. *Zivilangestellter der BW; Funktionär einer Dienststelle der BW.* Engl. functionary ›Amtsleiter, Beamter‹. — 2. pl *Geschützbedienung*

Furchendackel m *Panzergrenadier.* Der P. bewegt sich angebl. wie ein Dackel in der Ackerfurche. → Erdfurchendackel

Furchenkacker m, **-kriecher** m *Panzergrenadier*

Furchenmolli m *Panzergrenadier.* → Molli

Furchenschleicher m *Panzergrenadier, Heeresangehöriger*

Fürsorgemaßnahme f *übermäßig harter Drill.* Die F. iron. aufgefaßt als Vorsorge gegen Unbotmäßigkeit

Fürst m, schräger F. *Selbstsüchtiger, Unkameradschaftlicher, nicht Vertrauenswürdiger*

Furz m *geballte Ladung.* Anspielung auf das Detonationsgeräusch

Furzantreiber m, pl *Bohnen* u. ä.

Furzbrühe f *Hülsenfrüchtesuppe*

Furzfänger m *Unterhose*

Furzjolle f *Bett.* Wie → Kahn

Furzkiste f *Bett.* 1914ff. (FRITZ 36; AHNERT 136)

Furzklemmer m *feiger, ängstlicher Soldat*

Furzkuhle f *Bett*

Furzmolle f, **-mulde** f *Bett, Etagenbett.* 19. Jh. → Molle, → Mulde

Furzsuppe f *Hülsenfrüchtesuppe*

Fuß m, [1.—5. pl: Füße] 1. pl, abgekochte F. *wundgelaufene Füße.* Die Haut löst sich wie gekochtes Fleisch vom Knochen. — 2. pl, amphibische F. *Schweißfüße.* Die S. sind naßkalt wie Amphibienfüße. — 3. pl, runde F. *wundgelaufene Füße.* Man geht auf der Fußmitte wie auf einer Kugel. — 4. pl, von seinen F. einen zum Schwimmen, einen zum Klettern/Waldbrändeaustreten haben *ungeschickte, plumpe Füße haben.* — 5. pl, Er muß zum Tischler, sich die F. hobeln lassen *er torkelt betrunken.* — 6. den F. von der Bremse nehmen *sich schneller be-*

wegen (oft als Befehl). Aus der Kraftfahrerspr.

Fußbodenbeleidiger m, pl *Stiefel*

Fußkranke m, pl -n *Sanitätstruppe.* Anspielung auf die Motorisierung

Fußlappen m, pl *Weißkraut; Essen mit großen Kohlstücken; Krautwickel.* Wegen Formähnlichkeit. 1870ff. (HORN 91)

Fußlatscher m *Infanterist; Panzergrenadier.* 19. Jh.

Fußpersenning m *Schuh.* Marinespr. → Persenning

Fußpilzprofessor m *Stabsarzt*

Fußtöter m, pl *Schnürschuhe*

Fußvolk n 1. *Infanterie, Pioniere* u. ä. (im Gegensatz zu motorisierten Truppen). 1914ff. — 2. *Mannschaften*

Futschi m *Rekrut.* → Fuzzy. Wohl mit Anspielung auf futsch ›verloren‹

Futterbeutel m *ABC-Schutzmaskentasche.* Entspr. → Bierbox

Futterbude f *Kantine, Eßraum*

Futterhaus n *Kantine*

Futterkrippe f *Kantine, Kasernenküche* u. ä.

Futterlager n *Lebensmittellager*

Futternapf m *Eßgeschirr*

Futterplan m *Speiseplan, -zettel.* → Magenfahrplan

Futterplatz m *Kantine, Eßraum*

Futtersack m *Brotbeutel.* 1870ff. → Freßsack

Futterschuppen m *Kantine, Eßraum.* → Schuppen

Futterstand m *Eßraum; Theke der Kantine*

Futterstelle f *Eßraum*

Fuzzy m *Kleinwüchsiger.* Nach der Titelfigur zahlreicher amerikan. Wildwestfilme (dt. ab 1957/58)

G 5 *Kantine*. Witzige Vermehrung der Generalstabsabteilungen (G 1 bis G 4) um eine weitere. Vgl. → S 5

Gabelweihe f *langnasiger Mensch.* Nach dem Vogel G.

Gabiko m *klarer Schnaps.* Initialwort aus »ganz billiger Korn«

GAF f *Heeresflieger.* Abk. von German Air Force oder → Gammel-Air-Force

Gage f *Wehrsold.* 17. Jh.

Galasoldat m *Luftwaffenangehöriger.* Ein L. hat nach Meinung der Heeresangehörigen eine schmuckere Uniform

Galauniform f *Eigentumsuniform*

Galopp m, G. zum Friedhof *Virginiazigarre.* Die V. gilt als sehr gesundheitsschädl.

Gamaschenkos pl *Schnürschuhe mit Gamaschen.* Wortmischung aus Gamaschen + → Timoschenkos

Gamaschentreter pl *Schnürschuhe*

Gammel 1. f *Zigarette.* Nach der amerikan. Zigarettenmarke Camel (der Firma Reynolds). — 2. m *technischer Dienst.* → Gammeldienst 1

Gammel-Air-Force f [Grundw. engl. Ausspr.] *Luftwaffe; Heeresflieger.* → gammeln

Gammelarmee f *BW.* → Gammeldienst

Gammelbetrieb m *Zeitvergeudung durch Strecken der Arbeit.* → Gammeldienst

Gammeldienst m 1. *Grundwehrdienst; unverändert gleicher Dienst; Beschäftigungsdienst; technischer Dienst; Leerlauf.* 1939 ff. (MECHOW 89). — 2. *Bereitschaftsdienst.* → gammeln

Gammelei f 1. *nutzloses Beschäftigtwerden; eintönige Gewohnheit*

ohne erkennbaren Sinn; Kriegsdienst ohne Einsatzbefehl. 1939 ff. — 2. *bequemer Dienst; Gelegenheit zum Nichtstun.* → gammeln

Gammel-Fla f *Heeresflugabwehrtruppe.* → gammeln; → Fla

Gammelforce f [Grundw. engl. Ausspr.] *Luftwaffe.* → Gammel-Air-Force

Gammelhaufen m 1. *Einheit mit sehr leichtem Dienst; wenig beschäftigte Mannschaften.* 1939 ff: Einheit, die lange keinen Einsatzbefehl erhält (LOOSE 112). — 2. *Technische Truppe.* 1939 ff. — 3. *BW.* — 4. Schröders G. *BW.* Nach Dr. GERHARD SCHRÖDER, Bundesverteidigungsminister 1966—1969. — → gammeln

gammelig adj 1. *nachlässig.* → gammeln. — 2. *schmutzig, verwahrlost, ungepflegt*

Gammeljahr n, pl -e *Dienstzeit des Bundeswehrsoldaten.* → gammeln.

Gammellager n *Truppenübungsplatz.* Aus Sammellager entstellt unter Einfluß von → gammeln

gammeln intr 1. *bequemen Dienst haben; nachlässig Dienst tun; müßiggehen; Posten stehen.* — 2. *nutzlos beschäftigt werden; mit mehreren zu einer Arbeit befohlen werden, für die zwei Mann vollauf genügen.* 1939 ff. — Ausgangsbed. ›hüpfen, springen‹, gekreuzt mit ähnl. lautendem Wort in der Bed. ›Fröhlichkeit, Spaß, Leichtfertigkeit‹ (vgl. *WdU* 6, 126); viell. zu dän. gamle ›alt‹

Gammeln n 1. *technischer Dienst.* → gammeln. — 2. *das große G. Gleichgültigkeit; Unlustgefühl; unfreiwillige Zeitvergeudung.* — 3. technisches G. *technischer Dienst*

Gammelpäckchen n *unsauberer Marineangehöriger.* Marinespr.

1939 ff. → gammelig 2; → Päckchen
Gammelpaß m *Wehrpaß.* → gammeln
Gammelrock m *Waffenrock.* →
gammeln
Gammelstunde f *Putz- u. Flickstunde.* → gammeln
Gammel- u. Poofdienst m *Waffeninstandhaltung*; *Reinigen der
Räume*; *Putz- u. Flickstunde.* →
gammeln; → poofen
Gammelzeit f *Wehrdienstzeit.* →
gammeln
Gammler m 1. *Bundeswehrsoldat.*
Ausgangsbed. ›jugendl. Müßig-
gänger, Herumtreiber‹ (vgl. *WdU*
6, 127). — 2. pl, G. im Staatsdienst *Mannschaften*
Gang m 1. langer G. *Durchfall.*
Anspielung auf langes Verweilen
auf dem Abort. — 2. Da haben
sie erst vor vier Wochen den auf-
rechten G. eingeführt (Redewendung auf eine rückständige Gegend). Ostfriesenwitz
Gang f [Ausspr. engl.] 1. *Gruppe.*
— 2. schwarze G. *Panzerbesatzung.* Wegen der schwarzen Uniform. — Engl. gang ›Trupp, Abteilung, Bande, Rotte‹
gangbar adj *leicht zugänglich*;
nicht abweisend (Mädchen)
gängig adj *leicht zugänglich*; *beischlafwillig* (Mädchen)
Gänsedreck m *Spinat(ersatz).*
1914 ff.
Gänsefutter n *Spinat*
Gänsekacke f *Spinat.* 1914 ff.
Gänsescheiße f *Spinat.* Wohl älter
Garantieschein m *Wehrpaß.* G.
über mindest. 1 ¹/₂ Jahre Dienstzeit
Garbenspender m *Maschinengewehr.* Wegen der M.-Garben
Garde f, Alte G. *Reichswehr.* Ausgangsbed. ›Gardetruppe im Deut-

schen Heer‹ (bis 1918); die R.
setzte sich z. T. aus ehem. Leib-
garden, Kerntruppen u. ä. zu-
sammen
Garten m *Truppenübungsplatz.*
Ironisch
Gartenanzug m *Kampfanzug.* We-
gen der Farbe
Gartenlaube f *ABC-Übungsraum.*
Wegen der verandaähnl. Ver-
glasung
Gartenzwerg m 1. *Kleinwüchsiger*;
unbedeutender Mensch. 1930 ff. —
2. müder G. *kraftloser Soldat*
Gas n, G. haben *bezecht sein.* Gas
›Alkoholdunst‹. 1939 ff.
Gasarena f *Gasübungsraum*
Gasbrenner m *Gasfeuerzeug*
Gas-Elli f *ABC-Schutzmaske*
Gasfeuerzeug n *Flammenwerfer*
Gasheini m, pl -s *ABC-Abwehr-
truppe.* → Heini
gasig adj *betrunken.* → Gas
Gaskammer f *ABC-Übungsraum.*
Nach der Bez. für den Raum zur
Menschentötung durch Giftgas
im KZ
Gaskocher m *Gasfeuerzeug*
Gasmann m, pl -männer *ABC-
Abwehrtruppe*
Gasmarie f *ABC-Schutzmaske*;
ABC-Schutzmaskenbehälter; *Gas-
maske.* 1939 ff. → Marie; → ABC-
Marie
Gas-Mary f [Grundw. engl. Aus-
spr.] *ABC-Schutzmaske.* → Mary;
→ ABC-Mary
Gas-men pl [Grundw. engl. Aus-
spr.] *ABC-Abwehrtruppe*
Gasmuffel m, pl *ABC-Abwehr-
truppe.* → Muffel
Gasonkel m, pl -s, **-schnüffler** m,
pl *ABC-Abwehrtruppe*
Gassi f, G. machen, Er macht auf
der Toilette G. (Antw. auf die
Frage nach jmds. Aufenthalt)

Gastarbeiter m *unsauberer Soldat*
Gastspielreise f *Manöver*. Man ist beim M. außerh. des gewohnten »Theaters«
Gasuhr f, Er sitzt im Keller und fickt die G. (Antw. auf die Frage nach jmds. Aufenthalt)
Gaswerk n 1. *Schweißfüße*. — 2. *ABC-Übungsraum*
Gaul m 1. pl Gäule *Mannschaften*. Als »(Arbeits-)Gäule« leisten die M. die schwerere Arbeit. — 2. Ich glaube, mein G. schielt! (Erwiderung auf eine unglaubw. Behauptung)
Gaularsch m *Gulasch*. Der G. vermeintl. aus Pferdefleisch. Scherzh. Eindeutschung. 1920ff.
Gaulpopo m *Gulasch*. Weniger derb als → Gaularsch. 1920ff. Auch → Goul-, Gull-, Gulpopo
Gebetbuch n 1. *Dienstvorschrift*. 1900ff. — 2. *Bimsstein zum Oberdeckschrubben*. → Bibel 2
Gebetsabschußrampe f *Kirchengebäude*. Das K. aufgefaßt als Ort, von dem aus Gebete himmelwärts geschickt werden
Gebetsmühle f *Latrine*. Anspielung auf ständige Benutzung
Gebetsmühlendreher m *Militärgeistlicher*
Gebetsplanspiel n *Kirchgang; geistliche Übungen*
Gebetsschuppen m *Kirchengebäude*. Anspielung auf lagerhallenähnl. Bauten. 1933ff.
Gebetsstunde f *Dienstappell*. Beim D. geht es förmlich-feierlich zu; die Soldaten werden »ins Gebet genommen«
Gebimmel n *Orden u. Ehrenzeichen*
Gebirgsmarine f 1. *Marineangehörige im Wintersporturlaub*. — 2. G. zu Fuß *Gebirgsjäger*. —

3. bayerische/berittene/fliegende G. *Gebirgsjäger*
Gebirgswastl m *Gebirgsjäger*. Bayr. Wastl = Sebastian
Gebirgsziege f, pl -n *Gebirgsjäger*
Gebißklempner m *Zahnarzt*. Seit spät. 19. Jh.
Gebißmechaniker m *Zahnarzt*
gebongt part (präd) 1. *gut, zuverlässig, einwandfrei*. — 2. Das ist g. *einverstanden!* — Zu franz. Bon ›Registrierkassenbeleg‹
Geburtsstrick m *Langbinder*. → Strick; mit G. ist die Nabelschnur gemeint
Geburtsstunde f, **-tag** m *Entlassung aus der BW*. Die E. aufgefaßt als Beginn des ›eigentl. Lebens‹
Gebüschgruppe f, Dein Heimatort ist auf der Landkarte nur als G. eingetragen (Rede an jmdn., der aus einer angebl. rückständigen, unkultivierten Gegend kommt)
Gedächtnisacker m *Kasernenhof* u. ä. Der K. bleibt unvergeßlich
Gedächtnisgeschwür n *Kopf*
Gedächtnisschwindler m *Bundeswehrangehöriger mit Militärdienst schon vor 1945*. An Geschehnisse vor 1945 will er sich nicht mehr erinnern
Gedächtnisvitrine f *Kopf*
Gedächtniswärmer m *Kopfbedeckung*
Gedankenbremse f *Silbertresse an der Offiziersmütze*. Spött. 1939ff.
gefangen part (präd) → fangen
Gefangene m *Soldat*
Gefangenenlager n *Truppenübungsplatz*. Nach den G.n am Ende des 2. Weltkriegs
Gefängnis n *Kaserne*. Wohl älter
Gefängnishof m *Kasernenhof*. → Gefängnis

Gefängniskellner m *Gefreiter vom
Dienst.* Der Gefreite v. D. bringt
den Arrestanten das Essen
Gefechtsurlaub m *Hochzeitsurlaub.*
Im H. beginnt der »Ehekampf«
gefickt part (präd) → ficken 2
Geflügel n, inneres G. *innere Führung.* Verdrehung der Bez. i. F.;
→ Führung
Gefreite m 1. G. mit Sprungbal-
ken *Unteroffiziersanwärter.* Wegen der schrägen u. der waage-
rechten Tresse auf dem Oberärmel. − 2. silberner G.r *Leutnant.* Der Gefreite OA trägt zur
Litze einen Stern, der L. einen
silbernen Stern
Gefreitenbalken m *Dienstgradabzeichen des Gefreiten.* → Balken 2
Gefreitendienstweg m *Gerücht*
Gefreitensekt m *Bier*
Gefühls-WC n *Wehrbeauftragter
des Deutschen Bundestags.* Man
entledigt sich bei ihm seiner »Ge-
fühle« (Beanstandungen, Auffas-
sungen), ohne Nachteile befürch-
ten zu müssen. Äußerung des
Wehrbeauftragten (1961−1964)
H. HEYE im Nov. 1961
Gehaltsempfänger m *Offizier ab
Besoldungsgruppe A 11*
Geheimnis n, graues G. *Leber-
wurst.* Die L. mit grauer Farbe u.
unergründl. Inhalt. Wohl älter
Geheimsender m *Kameradende-
nunziant*
Gehfehler m, Frau mit G. *kinderlos
Verheiratete.* Die Frau hat einen
Fehler, durch den es mit der
Schwängerung nicht »geht«
Gehgeschirr n *Beine*
Gehilfe m, G. vom lieben Gott
Geistlicher
gehirnamputiert adj 1. *dumm.* −
2. *anmaßend*
Gehirnamputierte m, fressen wie

ein G.r *gefräßig sein.* Der Geistes-
kranke hat nicht selten starke
Eßlust
Gehirneimer m *Stahlhelm.* →
Eimer 5
Gehirnlose m *Obergefreiter.* →
ohne Gehirn
Gehirntrust m *Generalstab.* Aus
engl. brain trust (CARSTENSEN
104)
Gehirnwärmer m *Kopfschützer*
Gehirnwaschanstalt f *Schule für
Innere Führung.* G. fußt auf
Gehirnwäsche
Gehirnzelle f, pl -n, die G. ver-
nichten *sich betrinken*
Gehör-Gang f [Grundw. engl.
Ausspr.] *Fernmeldetruppe.* →
Gang f
Gehörnte m *Altgedienter.* →
Zwölfender
Gehwarze f, pl -n *Beine, Füße.*
1930 ff.
Geier m 1. *Luftwaffenangehöriger.*
Spött. nach der Ärmelband-
schwinge. − 2. *Brathähnchen* u. ä.
Scherzh. − 3. *Lang-, Höckerna-
siger; jmd. mit schmalem, knochi-
gem Gesicht*
geiern intr *vom Flugzeug aus auf
Angriffsobjekte spähen; in der
Luft kreisen*
Geierwally f *häßliches Mädchen.*
Nach dem Roman von WILHEL-
MINE VON HILLERN (1875) u. dem
Film (1940)
Geierzinken m *Höckernase.* →
Geier 3
Geige f 1. *Maschinenpistole.* Die
M. wird in Ruhestellung ähnlich
wie die G. gehalten. Vgl. →
Hawaiigitarre. − 2. erste G.
Ausgeh-, Eigentumsuniform. Nach
dem im Orchester führenden
Musikinstrument. Marinespr. −
3. → Pappel

geil adj 1. *draufgängerisch, mutig.* — 2. *übertrieben diensteifrig; dienstlich streng.* — 3. *anstrengend* (Dienst). — 4. *titelsüchtig; ordenslüstern.* — Ausgangsbed. ›kraftstrotzend; voller Tatendrang‹. Seit dem Mhd.

geilen intr *übertrieben Dienst tun; übermäßig diensteifrig sein.* → geil 2

Geilhuber m *sinnlich Veranlagter.* → Eselhuber

Geili f, n *sinnlich veranlagtes Mädchen*

Geisterflotte f *vorübergehend aus der Fahrt genommene Schiffseinheiten; Reserveflottille.* Wegen der Entstellung der Schiffe durch aufgespritzte Kunststoffschichten

Geisteskranke m, fressen wie ein G.r *gierig, viel essen.* → Gehirnamputierte

Geklemmte f *Filterzigarette.* Klemmen ›kastrieren‹ (Viehzucht). Entspr. → Kastrierte

Geklimper n *Orden u. Ehrenzeichen*

Gekurbelte f *selbstgedrehte Zigarette.* 1939 ff.

Gelände n 1. *Truppenübungsplatz.* — 2. G. für Grasbahnrennen *Truppenübungsplatz.* — 3. [jmdn.] durchs G. scheuchen *[jmdn.] über den Kasernenhof hetzen* o. ä. 1914 ff. → scheuchen 1

Geländegoggo m *Spähpanzer.* Nach dem Kleinauto Goggo(mobil), (Glas GmbH., 1955)

Geländehut m, knitterfreier G. *Stahlhelm.* 1930 ff.

Geländemoped n *Schützenpanzer.* Wegen der geringen Größe des S.s

Gelbe m 1. *Kompaniefeldwebel.* Wegen der gelben Fangschnur. — 2. pl -n *Fernmeldetruppe.* Wegen der gelben Kragenspiegel

Gelbfalter m, pl, **-mann** m, pl -männer *Fernmeldetruppe.* → Gelbe 2

Gelbschnur f *Kompaniefeldwebel.* → Gelbe 1

Geld n 1. Er läßt das G. in der Kanne liegen u. läßt anschreiben *er ist überaus dumm.* Bezug auf den Bierholer; als alter Witz geläufig. 1870 ff. — 2. Ich schmeiße mein G. weg! (Ausdr. des Erstaunens o. ä.). Wer sein G. wegwirft, ist nicht bei Sinnen

Geldesel m *Rechnungsführer.* Anlehnung an den Goldesel aus dem GRIMMschen Märchen »Tischlein-deck-dich«

Geldfresser m, pl *NATO-Truppen.* Anspielung auf die starke Belastung des Staatshaushalts durch die Verteidigungsausgaben

Geldgeber m *Rechnungsführer, Zahlmeister.* 1939 ff.

Geldknopf m, **-knopp** m *Rechnungsführer, Zahlmeister*

Geldsüchtige m *Längerdienender*

Geldwebel m *Rechnungsführer.* Wortspiel mit Feldwebel

Gelegenheitsarbeiter m *Zivildienstleistender*

geleiert part (präd) → leiern 2

Geleitmob m (n) *Geleitboot.* → Mob 1

Gelenkstange f *Arm*

gemacht part (präd) → machen 1

Gemischkutscher m *Fahrer eines 0,25-t-Lkw*

Gemsbocker pl *Gebirgsjäger; Bundesgrenzschutz im Gebirge*

Gemsengrenadier m, **-hirt** m, **-jäger** m *Gebirgsjäger*

Gemüse n 1. geheimes G. *NATO-Truppen* (stehende Verbände). Gemüse wegen der Zusammenstellung aus allen Waffengattungen u. Partnerstaaten; Näheres ist

der Öffentlichkeit unbek. —
2. grünes G. *Rekruten.* 1880 ff. —
3. hinterlistiges G. *Zwiebeln.* Anspielung auf Entweichen von
Darmwinden
Gemütsakrobat m *Militärgeist-
licher.* Wohl älter
Gene m *General*
General m 1. G. erster Klasse
Brigadegeneral. — 2. G. zweiter
Klasse *Generalmajor.* — 3. G. der
Mannschaften *Hauptgefreiter.* Der
H. bekleidet den obersten Mann-
schaftsrang. — 4. G. Schlamm
*sehr tiefer Schlamm als großes Hin-
dernis der kämpfenden Truppe u.
der Ausbildung auf dem Truppen-
übungsplatz.* 1941 ff. — 5. G. der
ersten Stunde *bei Gründung der
BW ernannter G.* — 6. G. der
Unteroffiziere *Oberstabsfeldwebel.*
Der O. bekleidet den obersten
Unteroffiziersrang. — 7. des
Teufels G. a) *Viersternegeneral.* —
b) *Oberstabsfeldwebel.* Wegen der
Machtbefugnisse des obersten Un-
teroffiziersdienstgrades. — Nach
CARL ZUCKMAYERS Drama (1946)
u. HELMUT KÄUTNERS Film (1955)
General m [Ausspr. engl.] *General*
Generalblech n *Oberstabsfeldwe-
bel.* → General 6; Blech spielt auf
das Dienstgradabzeichen an
Generalfleck m *Oberstabsfeldwebel.*
Fußt auf Putzfleck ›Bursche,
Ordonnanz‹, hier ›Mädchen für
alles u. alle‹
Generallefti m *Generalleutnant.* →
Lefti
Generalschauffeur m, pl -e *Heeres-
flieger.* Wegen gelegentl. Beför-
derung von Generalstabsangehö-
rigen
Generalssprudel m *Sekt*
Genie n, erkanntes G. *Länger-
dienender.* Spött.

Genosse m, G. von Sand, Steine(n)
u. Erden *Heeresangehöriger.* Nach
der Industriegewerkschaft Bau,
Steine, Erden
Gentlemenclub m [Ausspr. engl.]
Soldatenheim
Genußwurzel f *Penis.* 1930 ff. →
Wurzel
Genußwurzelinstandsetzer m *Sa-
nitätssoldat.* → Genußwurzel
Geographie f, praktische G. *Feld-
dienstübung*
Gepolte m, der falsch G. *Homo-
sexueller.* Aus der Elektrotechnik
Geranienduft m *Gasgefahr*
Gerät n *Penis.* — 2. *weibl. Person.*
Die w. P. als G. für den Ge-
schlechtsverkehr. — 3. heißes G.
leichtlebiges Mädchen. Heiß ›lei-
denschaftlich, sinnlich‹
Gericht n → jüngst
German Army f [Ausspr. engl.]
BW
Germanenmusik f *ernste Musik.*
Anspielung auf RICHARD WAG-
NERS Operntetralogie »Der Ring
des Nibelungen«
German Hair Force f [Ausspr.
engl.] *BW.* Nach German Air
Force mit Anspielung auf →
Haarnetzlandser (engl. hair
›Haar‹). Prägung 1971 durch den
Aachener Karnevalsverein (Rit-
ter wider den tierischen Ernst)
Germaniageschwür n *dicker
Bauch.* Anspielung auf die Ger-
mania-Brauerei in Münster/Westf.
Gerneral m *anmaßender, titel-
süchtiger Vorgesetzter.* Wortspiel.
Ein solcher V. wäre gern General
Gerödel n 1. *Koppeltraggestell;
Sturmgepäck; gesamtes Lederzeug;
Gesamtheit von Gegenständen.* Aus
der Pioniersprache: Der Belag
einer Brücke wird durch Rödeln
›Anschnüren‹   befestigt;   ver-

wandt mit Reitel ›Stock zum Zusammenschnüren von Ballen‹. Vgl. IMME 67. — 2. *Dienstgradabzeichen des Mannschaftsstandes.* → Balken 2

Gerstenkaltschale f *Glas Bier*

Gerstentee m *Bier*

Geruch m, ortsfremder G. *Gasgefahr*

Gerümpelwart m *Versorgungsunteroffizier.* Das techn. Material als Gerümpel aufgefaßt

Geschäftszimmerbulle m *Geschäftszimmerdienstgrad.* → Bulle 1, 3

Geschlechtsausbildung f *Gefechtsausbildung.* Wortspiel

Geschlechtskatze f *Prostituierte*

Geschlechtskontrolle f *Musterung*

Geschlechtsverkehr m, Das ist ein halber G. *das freut mich sehr, erleichtert mich sehr.* 1939 ff.

Geschlechtszimmer n *Geschäftszimmer.* Wortspiel

Geschlenker n *Arme*

Geschoß n *Kraftrad.* Das K. »schießt« über die Straße. 1935 ff.

Geschützknecht m, pl -e *Geschützbedienung*

Geschützkuli m, pl -s *Geschützbedienung.* → Kuli 4

Geschützmuli m, pl -s *Panzerbesatzung.* → Muli

Geschwür n *dicker Bauch*

Gesellschaft f, G. für Öle u. Fette *Technische Truppe*

Gesellschaftsspiel n 1. *Salutieren.* — 2. pl -e *Gruppensex*

Gesicht n, zweites G. *Gasmaske, ABC-Schutzmaske.* 1935 ff.

Gesichtsfotze f *ABC-Schutzmaske.* Fotze hier ›längliches Gesicht; Rüssel‹

Gesichtskontrolle f *Musterung.* Gesicht ›Sehvermögen‹

Gesichtspariser m *ABC-Schutzmaske.* → Pariser

Gesichtsschnorchel m *ABC-Schutzmaske.* → Schnorchel

Gesichtstripper m *unreine Gesichtshaut*

Gespenstertrupp m *ABC-Abwehrtrupp.* Anspielung auf das gespenstige Aussehen in den Schutzanzügen

Gespräch n, Willst du mir ein G. aufzwingen? (Frage an einen Schwätzer)

Gestankkanone f *Schweißfüßiger.* Er »schießt« Gestank ab oder ist eine Größe auf dem Gebiet der üblen Gerüche

gestopft part → stopfen

gesund adj *bemittelt; geldlich gesichert.* Seit spät. 19. Jh.

Gesundheitslatsche f, pl -n *Halbschuhe*

Gesundheitslotto n *Musterung.* → Ziehungsamt

Gesundheitsmagazin n *militär. Grundausbildung.* Nach der mit Leibesübungen verbundenen Sendereihe des ZDF

Getreideart f, pl -en *Geldsorten.* Anspielung auf Gerstchen (Gerstl) ›Geld‹, auch auf »sein Weizen blüht«

Getreidespeicher m *dicker Bauch.* Anspielung auf den Genuß von Bier, Kornbranntwein u. ä.

Getrieberührer m *Kraftfahranfänger.* Der K. ist unbeholfen beim Betätigen der Kupplung

Getriebeveredlung f *Fahrschule.* Ironisch

Getto n 1. *Kaserne(nbereich).* — 2. *Bundeswehrsiedlung.* — 3. *Soldatenheim*

Gewerkschaftsbrause f, **-limonade** f *Sekt.* Spött.

Gewindeputzer m, pl *Technische Truppe*

Gewissen n, das ruhige G. des Grenadiers *Maschinengewehr*. Auf das M. ist angebl. immer Verlaß

Gewissensängstler m *Wehrdienstverweigerer*

Gewürge n, inneres G. *Innere Führung*. Gefüge spött. zu Gewürge ›widrige Umstände, planloses Arbeiten‹ entstellt

Gewürzpanscher m *Koch*; pl *Küchenpersonal*

Gewürzprüfer m *Nase*

Gezähe n 1. *Eßbesteck*. 1939 ff. (MECHOW 93). — 2. *Schanzzeug*. 1939 ff. (MECHOW 93)

Gezupfte f *selbstgedrehte Zigarette*. Der Tabak wird aus dem Beutel gezupft

Ghetto n → Getto

GI m [Ausspr. engl.] *Soldat*. Engl. GI = Government Issue ›Landser‹

gichtig adj *dumm, unsympathisch*. Vgl. »Gicht im Gehirn haben« ›dumm sein‹

Gichtknochen m 1. *alter Mann*. → Knochen 1. — 2. *Finger*. Marinespr. → Knochen 1

Gichtkralle f, pl -n *Finger, Hände*

Gichtlatte f *Arm*

Gießkanne f 1. *Penis*. Seit spät. 19. Jh. — 2. *Maschinenpistole*. — 3. sich die G. verbiegen *geschlechtskrank werden*. 1900 ff. → Gießkanne 1

Giftküche f *ABC-Abwehrschule*

Giftmischer m 1. *Koch*; pl *Küchenpersonal*. 1914 ff. — 2. pl *ABC-Abwehrtruppe*. Eigentl. spött. auf den Chemiker. — 3. *Militärapotheker*. 19. Jh. Vgl. *WdU* 4, 100

Giftmischerschule f *ABC-Abwehrschule*. → Giftmischer 2

Giftmixer m *Apotheker*. → Giftmischer 3

Giftspritze f *Maschinenpistole*. → Spritze 2

Giftzwerg m *Sanitätssoldat*

Gigant m *Oberstabsfeldwebel*. Der O. bekleidet die höchste Rangstufe der Uffz. mit Portepee

Gilb m 1. *Haupt-, Kompaniefeldwebel*. Nach dem Wäschekobold in der Werbung für das Waschmittel Dash. Zugleich Abwandlung von → Gelbe 1. — 2. den G. in der Hose haben *Kotspuren in der Unterwäsche haben*. Der Wäschekobold G. (→ Gilb 1) bringt Gewebe zum Vergilben. — 3. Der G. kommt *die Kameraden üben Selbstjustiz*

Gina (VN) f *Fiat G 91*. Nach der ital. Filmschauspielerin G. LOLLOBRIGIDA

Giorgio (VN) m *Homosexueller*. Durch sanfte, sehnsüchtende Ausspr. von G. Nachahmung der weichen Sprechweise des H.n; wie → Detlev

Gipfelstürmer m, pl *Gebirgsjäger*

Gipser m *Sanitätssoldat*

Gipskugel f *Kopf*

Gitterblick m → Café 3

Gitterchen n, **Gitterkunde** f, **-lehrgang** m *Arrest*. Euphemistisch

Glanz m, Da kriegt man ja G. auf die Augen! (Ausr. der Überraschung)

Glashaus n *Übungsraum*. Entspr. → Gartenlaube

Glatze f *Schallplatte*. Wortspiel mit Platte ›Glatze‹ u. S.

Glatzenkonzert n *Schallplattenmusik*. → Glatze

Glatzenschoner m *Kopfschützer*

Glauben m, vom G. gefallen *betrunken*. Alter Theologenwitz: Der Betrunkene glaubt an diesem

Tag nicht mehr an die »Auferstehung«

Glaubensgemeinschaft f *die Offiziersanwärter*. Die O. glauben, daß sie Offiziere werden

Gleichschritt m, im G. tanzen *nach der Musik marschieren*

Gleiskörperverteidigung f *Bahnschutz*; *Territoriale Verteidigung*

Gleisvogel m, pl -vögel, **-wächter** m, pl *Bahnschutz*

Gleitkufe f, pl -n *Patronentaschen*. Beim Kriechen wirken die P. wie G.

Glimmbalken m *dicke Zigarre*. 1900 ff.

Glimmholz n *Tabakspfeife*

Glimmstamm m *Zigarre*

Glitsch FN, aussehen wie Jimmy G., der Mann, der nichts anhatte (Redewendung auf jmdn., dessen ratloser Blick Anlaß zum Lästern gibt). J. G. als Phantasiename

Glitsche f *Gelatinepudding*. Glitschen ›schlüpfrig sein‹

Glöckchen n, Es klingt wie ein G.: nur noch ein Essensblöckchen (Freudenausr. eines Soldaten, der nur noch einen Monat zu dienen hat). → Essensblöckchen

Glöckchengemse f *Ziege mit Glocke am Halsband*. Bayr.

Glocke f *Gesicht, Kopf*. G. über ›Uhr‹ u. ›Zifferblatt‹ zu ›Gesichtszüge‹

Glockenschuppen m *Kirchengebäude*. Anspielung auf modernen Baustil

Glöckner m *Krummer, Buckliger*. Nach dem Roman »Der Glöckner von Notre-Dame« von VICTOR HUGO (1831); Film 1956

Glotze f *Fernsehgerät*. → glotzen

glotzen intr *fernsehen*

Glotzkasten m, **-kiste** f, **-kommode** f, **-maschine** f *Fernsehgerät*

Glotzofon n 1. *Fernrohr*. → Doppelglotzofon. — 2. *Fernsehgerät*

glotzofonieren intr *fernsehen*. → Glotzofon 2

Glotzofonist m *leidenschaftl. Fernsehzuschauer*. → Glotzofon 2

Gluckerpfanne f *Feldflasche*

Glücksscheibe f *Marschkompaß*. G. angelehnt an Glücksrad

Gnadengesuch n *Heiratsantrag*

Gnom m *Kleinwüchsiger, Buckliger*

Gnu n (Schimpfw. auf einen Einfältigen, Einfallslosen). 1940 ff. Das G. gehört zur Fam. der Horntiere; vgl. Horn-, Rindvieh ›dummer Kerl‹

Goldammer m *General*. Wegen der Embleme auf dem roten Kragenspiegel

Goldesel m *Rechnungsführer*. → Geldesel

Goldfasan m *General*. Wegen der Goldstickerei auf Kragenspiegeln u. Schulterklappen

Goldfisch m 1. *General*. 1939 ff. Wie → Goldfasan. — 2. Ich glaube, mein G. hat die Tage/humpelt (Entgegnung auf eine unglaubw. Äußerung)

Goldfuchs m 1. *Brigadegeneral*. Wie → Goldfasan. — 2. *Generalapotheker*

Goldhamster m *General*. Wie → Goldfasan

Goldi m, **Goldjunge** m, **-mine** f *General*. Wie → Goldfasan

Goldsucher m, pl *Minensuchgeschwader*. Anspielung auf die Mühsal der Goldsucher u. -wäscher

Gold-Uffz m *Maat*. Gelbes Band auf blauem Tuch wirkt golden

Gong m *Bestrafung*. Nach dem Gongschlag, der den Boxkampf beendet; viell. auch ausgehend von Gong ›Schlaginstrument‹

Gonokokkenbremser m, **-jäger** m
Sanitätssoldat
Gonokokkenmutterschiff n *ge-*
schlechtskranke Prostituierte.
1935 ff. Anlehnung z. B. an Flug-
zeugmutterschiff
Gonokokkenschreck m *Stabsarzt*
Goofy m *einfältiger Soldat.* Nach
einer Walt-Disney-Trickfigur:
Hund mit langen Hängeohren u.
riesigen Pfoten als Sinnbild der
Ungeschicklichkeit
Gorilla m 1. *Breitschultriger; sehr*
Kräftiger. 1930 ff. — 2. pl -s
Feldjäger. → Bulle 2. — 3. pl -s
Arrestwache. Die A. iron. als
Leibwächter aufgefaßt
Goschenschlosser m, **-spengler** m
Zahnarzt. 1914 ff. Gosche schwäb.
›Mund‹. (FRITZ 39)
Gott m, der liebe G. *Viersterne-*
general. Der V. als der »Aller-
höchste«
Gottesbeamte m *Geistlicher.* →
Beamte
Goulpopo m → *Gaulpopo*
Grab n 1. G. der Jugend *Kaserne;*
Wehrdienstzeit. → Jugendgrab. —
2. eisernes G. *Kampfpanzer*
Grabbelmann m, pl -männer *die*
Finger
Grabenwilli m, pl -s *Erdkampf-*
verband
Grabschaufel f 1. *Schanzzeug.* —
2. pl -n *breite Hände*
Grabstein m *Berufssoldat.* →
Z-Grabstein
Granate f 1. *eindrucksvolles Mäd-*
chen. Das M. »schlägt ein «. —
2. *Pokal, Flasche.* Wegen gewis-
ser Formähnlichkeit. — 3. pl *Ge-*
schützbedienung
Granatenstemmer m, pl *Artillerie*
Granatensilo m *Munitionslager*
Granatenwurfstand m *Spind.* →
Handgranatenwurfstand

Grand Hotel → Hotel 6
Granitscheißer m *an Stuhlverhär-*
tung Leidender
Gras n *Salat*
Grasaffe m, pl -n, **-beißer** m, pl
Panzergrenadiere
Gräserkunde f, praktische G. *Ge-*
fechtsexerzieren
Grasfresser m *Grenadier*
Grashalmartist m, **-forscher** m,
-fresser m, **-monteur** m, **-spion** m,
-stratege m, **-taktiker** m, **-theore-**
tiker m, **-töter** m *Grenadier*
Grashopser m *Panzergrenadier*
Grashüpfer m 1. *Grenadier.* Grash.
›Infanterist‹ seit 1870 (HORN 32).
— 2. *Rekrut.* Anspielung auf grün
›unerfahren‹. — 3. pl *Heeres-*
flieger. Aus engl. grass-hopper
›Erkundungsflugzeug‹.   Anspie-
lung auf geringe Flughöhe
Grashüpferanzug m *Arbeitsanzug.*
Wegen der Farbe des A.s, die
dem Grün der Heuschrecke ähn-
lich ist
Grasnarbenkünstler m, **-verge-**
waltiger m *Grenadier*
Graspampe f *Spinat*
Grasstollenhopser m *Grenadier*
Graubuch n *Wehrpaß.* Wegen der
Einbandfarbe
Graue m *Heeresangehöriger.* We-
gen der Uniformfarbe
Graukittel m *Heeresangehöriger.* →
Graue; → Kittel
Graumann m *Arbeits-, Dienst-*
anzug
Graurock m *Heeresangehöriger.* →
Graue
grausam adj *unschmackhaft*
Grausocken m *Heeresangehöriger.*
Ein H. trägt graue Socken zur
grauen Uniform
Greenfinger m [Bestimmungsw.
engl. Ausspr.] *Rekrut.* Entstellt
aus engl. greenfinch ›Grünfink‹

oder Anspielung auf green ›unerfahren‹ u. Finger ›Penis‹

greifen tr 1. [jmdn.] g. [jmdn.] der Musterung unterziehen. Ausgangsbed. ›erhaschen; dingfest machen‹. 1914 ff. — 2. sich einen g. onanieren

Greifer m 1. Feldjäger, Polizeibeamter. 1939 ff. (18. Jh.: ›Rekrutenfänger‹). Zu greifen ›erhaschen; dingfest machen‹. Vgl. Häscher. — 2. pl Finger. 1939 ff.

Greiferpenne f Feldjägerschule. → Greifer 1

Greifzeug n Hände, Finger

Grenadier m, G. mit Rollschuhen Panzergrenadier. Anspielung auf die Raupenketten

Grenadiertitte f, pl -n Patronentaschen

Greni m, **Grenni** m 1. Grenadier. Koseform, Kurzw. — 2. Angehöriger des Bundesgrenzschutzes

Grenzer m Angehöriger des Bundesgrenzschutzes

Grenzgänger m Wehrdienstverweigerer. Anspielung auf Flucht ins Ausland

Grenzler m, pl, **Grenzsteinmarkierer** m, pl Bundesgrenzschutz

Grenzstreifenputzer m Angehöriger des Bundesgrenzschutzes

Greuelschuppen m Kantine. Anspielung auf greul. empfundenes Essen oder greul. Raumausstattung

Greyhund m [Bestimmungsw. engl. Ausspr.] Panzergrenadier. Wohl wegen der Uniformfarbe

Griff m 1. Es fehlt der G. zum Wegschmeißen (Redensart beim Feststellen von Fahrzeugmängeln). 1939 ff. — 2. pl -e, G. bimsen Gewehrgriffe üben. 1870 ff. → bimsen 1. — 3. pl -e, G. kloppen Gewehrübungen machen; mit dem Gewehr exerzieren; den Präsentiergriff ausführen. 1870 ff. (HORN 76)

Griffel m Finger. 1900 ff. Herk. Schülerspr.

Griffelschützer m, pl ›Handschuhe. → Griffel

Griffer m Gefreiter. Bezug auf den Gefreiten als Hilfsausbilder, der das Gewehrexerzieren leitet. → Griff 3

griffig adj leicht zugänglich (Mädchen)

Grill m Flammenwerfer

groß adj, Noch größer, noch stärker, noch dummer (Redewendung auf die Pioniere). → dumm 1, 2; → stark 1

großfotzig, -fotzet adj prahlerisch. Fotzen (bayr.) ›Mund‹

Großgeistige m, pl -n Offiziere. Spöttisch

Großkopfpenne f Pionierschule. Iron.; → dumm 1; Wortspiel mit Großkopfete?

großmotzig adj prahlerisch. → Motz

Grünarsch m Panzergrenadier. Wegen der Waffenfarbe

Grüne m 1. Panzergrenadier. → Grünarsch. — 2. f Arbeitshose. — 3. pl -n Bundesgrenzschutz. Wegen der Uniformfarbe

Grünfutter n Gemüse. 1900 ff.

Grünrock m Angehöriger des Bundesgrenzschutzes. → Grüne 3

grunzen intr schnarchen. Spätest. 1939

Grünzeug n Arbeitsanzug. → Grüne 2

Grunzkiste f Bett. → grunzen

Gruppenschleuder f Mannschaftsauto. → Schleuder 3

Gruppensex m Gesellschaftsspiele. Bedeutungsaustausch mit → Gesellschaftsspiel 2

Gruß m 1. G. aus Davos Asthma, Husten. 1920 ff. → davosverdäch-

tig. — 2. G. aus Solingen
a) *Dolch*. — b) *Messerstich* (beim
Menschen). — Anspielung auf die
Solinger Schneidwarenindustrie
Grützenschaukel f *Stahlhelm.*
Grütze ›Verstand‹
Gucki n *Fernrohr*
Guevaras pl *Pioniere*. Die P. auf-
gefaßt als »Untergrundarbeiter«;
Anspielung auf Ernesto (Che)
Guevara (1928—1967), Guerilla-
führer auf Kuba u. in Bolivien
Gulaschkanone f *fahrbare Feldküche*. 1914ff. (Graff 34; Haupt
78)
Gulaschterrine f *Kochgeschirr*
Gullpopo m → Gaulpopo
Gullytaucher m *Truppenhand-
werker*; *Pionier*
Gulpopo m → Gaulpopo
Gummi m 1. *Drill*. Anspielung
auf langgedehnte Grundausbildung. — 2. *Bestrafung*. Anspielung auf lange Dauer der Bestrafung. — 3. G. geben *streng drillen,
antreiben*. — 4. auf G. laufen
Blasen an den Füßen haben.
1914ff. (Imme 121). → Ballon 2
— 5. Es darf nur noch nach G.
stinken! (Redewendung zum An-
feuern eines zu Langsamen)
Gummiabsatz m *Klops*. Wegen
angebl. Härte des K.es
Gummiadler m *zähes Brathähn-
chen* o. ä.
Gummiball m, pl -bälle *Knödel,
Klopse* o. ä. 1900ff.
Gummiballon m, pl -s *wundgelau-
fene Füße*. → Ballon 2
Gummibereifung f *Blasen an den
Füßen*. → Ballon 2
Gummifotze f *ABC-Schutzmaske*.
Fotzen ›Mund, Gesicht‹
Gummifresse f *ABC-Schutzmaske*
Gummifutt f *ABC-Schutzmaske*.
Futt = Fotze; → Gummifotze

Gummigeier m *zähes Brathähn-
chen* o. ä. → Geier 2
Gummigesicht n *ABC-Schutzmas-
ke*
Gummikamerad m *Luftballon* (als
Schießziel). Nach → Pappkamerad
Gummiknüppel m *Blutwurst*. We-
gen Formähnlichkeit
Gummimantel m *Präservativ*
Gummipuffer m 1. *Frikadelle,
Klops*. Anspielung auf Zähigkeit.
— 2. *Präservativ*
Gummistiefel m *Präservativ*
Gummistrumpf m *Präservativ*. →
Strumpf 2
Gummitüte f *ABC-Schutzmaske*
Gummivogel m *zähes Brathähn-
chen* o. ä.
Gun f [Ausspr. engl.] 1. *Geschütz*.
— 2. *Pistole*. — Engl. gun ›Ge-
wehr, Kanone‹
Gurgelklemme f, **-wärmer** m
Krawatte
Gurke f, pl -n *ausgetretenes Schuh-
werk*; *Reitstiefel*. Wegen Form-
ähnlichkeit mit der halbierten u.
ausgenommenen Gurke oder be-
ruhend auf Korken ›Pantoffeln‹
(Wolf 1979). 19. Jh.
Gürtelkanone f *Pistole*. → Ka-
none 2
Gütezeichen n *Tauglichkeitsgrad*
GWS-Geschwader n *Truppen-
handwerker*. GWS: Gas, Wasser,
Scheiße

Haake-Beck-Geschwür n *dicker
Leib*. Anspielung auf die Bremer
Brauerei H.-B.
Haar n, pl -e, Das kannst du dir
in die H. schmieren (Ausr. beim
Angebot von Unwillkommenem,
bes. einer Speise)
Haarnetzlandser m *Bundeswehr-
soldat*. Wegen der Verpflichtung

zum Tragen eines Haarnetzes durch ministeriellen Erlaß (5. 2. 1971—13. 5. 1972); neuer Erlaß über die »Haar- u. Barttracht in der BW« 1972 (TRANSFELDT 292 f.)

Hacho m *Rekrut.* Zusammenh. mit hecheln oder zigeuner. hacho ›Bauer‹ (WOLF 1998)

Hacht m *Rekrut, Schütze.* Nebenform von → Hacho oder zusammengezogen aus »Hab acht« (u. übersieh beim Grüßen niemanden)

Hackbraten m *Prostituierte.* → hacken 1; viell. auch Anspielung auf »falsches Häschen«

Hacke f 1. *Rausch.* Wie Hau, Hieb ›Betrunkenheit‹; auch → Hacke 3. — 2. einen in der H. haben *betrunken sein.* 1950 ff. — 3. voll wie eine H. *volltrunken.* Gekürzt aus »voll wie eine Radehacke«; Anspielung auf die mit Erde, Unkraut, Wurzelwerk gefüllte Rade-/Rodehacke

hacken 1. intr, tr *koitieren.* — 2. intr, Ich glaube, es hackt/bei dir hackt es (Ausdr. des Zweifelns, Unwillens, Aufbegehrens). Ausweitung von »einen Vogel haben« (der im Kopf hackt). — 3. intr *Skat spielen*

Hackfunk m *Tastfunkgerät.* Vom Drücken auf die Morsetasten

hackig adj *beischlafwillig.* → hacken 1

Hackpartie f, eine H. beantragen *ein Mädchen um Geschlechtsverkehr ansprechen; einen Heiratsantrag machen.* → hacken 1

Hacktempel m *Bordell.* → hacken 1

Hafenarbeiter m, ein Kreuz haben wie ein H. — nicht so breit, aber so dreckig *einen schmutzigen Hals, Oberkörper haben*

Hafenmob m *Hafenschutzboot.* → Mob

Hafenurlaub m, H. zum Vertäuen *Hochzeitsurlaub.* Marinespr.

Haft f, in H. ziehen *dem Einberufungsbescheid nachkommen*

Haftbefehl m *Einberufungsbescheid.* → Haft

Haftentschädigung f *Wehrsold.* → Haft

Hagenuttentee m *Hagebuttentee.* Wortwitzelnd auf »Nutten« bezogen

Haggi m *Hauptgefreiter.* Nach der Abk. HG

Hahn m 1. H. mit tausend Flugstunden *zähes Brathähnchen.* → Flugstunde. — 2. Der H. hackt *eine Bestrafung ist zu erwarten.* Vom Hühnerhof

Hahnentritt m *Entlassung aus der BW am Dienstzeitende*

Hai m *kleines Unterseeboot.* 1939 ff.

Hair Force f [Ausspr. engl.] *BW.* → German Hair Force

Haken m *Feldwebel.* Wegen des Dienstgradabzeichens

haken intr, Ich glaube, es hakt (Ausdr. des Zweifels). Man bezweifelt die Durchführbarkeit einer Sache, weil sie wie ein Haken in der Öse klemmt

Hakenkreuzer m *Bundeswehrangehöriger mit Dienst in der ehem. Wehrmacht*

Halbmensch m, pl -en *Reservisten.* Nur der aktive Soldat wird als »ganzer« Mensch angesehen

Halbschuhranger m [Grundw. engl. Ausspr.] *Luftwaffenangehöriger.* Der L.e trägt Halbschuhe; Halb- auch pejorativ

Halbschuhsoldat m 1. *Luftwaffenangehöriger.* 1935 ff. → Halbschuhranger. — 2. *Soldat im Stab*

Halbschwergewicht n *Prostitu-*
ierte. Die P. ist kein »leichtes
Mädchen« mehr
Halbsoldat m 1. *nicht vollwertiger*
Soldat; zum Versagen neigender
Soldat. 1914 ff. (OCHS 2, 537). —
2. pl -en *Luftwaffe.* Schelte unter
Heeresangehörigen. 1939 ff. —
3. pl -en *Musikkorps*
Halbstarke m, pl -n *Bundesgrenz-*
schutz. Die Angeh. des B.es als
heranwachsende   Bundeswehr-
soldaten betrachtet
Halbtote m *Revierkranker.* 1914 ff.
(GRAFF 69)
Halfter m, n *Patronentaschen*
Hallelujabunker   m   *Kirchenge-*
bäude. Wegen   der   modernen
Zweckbauten
Hallelujapostille f *Wandzeitung*
»Bundeswehr aktuell«. Der W.
wird Kritiklosigkeit vorgeworfen
Hallelujaschuppen m *Kirchenge-*
bäude. → Betschuppen
Hallelujazapfen m *Militärgeist-*
licher. Zapfen als ›plumper, grober Bolzen‹, dann ›Vierschrötiger
mit mehr Muskel- als Geistes-
kraft‹
Halli m *Hauptmann.* Zum Kosew.
erweiterte Abk.; wie → Olli
Hals m, einen dicken H. haben
a) *Stuhldrang verspüren.* Der Kot
steht vermeintl. bis zum Hals. —
b) *angewidert sein*
Halsbeschwerer m *Erkennungs-*
marke
Halskrause f *Halstuch*
Halspariser m *Kopfschützer.* →
Pariser 4
Halsschlagader f, Wenn Sie nicht
gleich richtig marschieren, beiße
ich Ihnen die H. durch! (Drohrede)
Hammel m, alter H. *kriegsgedien-*
ter Offizier. Zu Leithammel ›Anführer‹

Hammelherde f 1. *Mannschaften.*
— 2. *BW*
Hammer m 1. *Penis.* Nach dem
Geschlechtssymbol Hammer u.
Amboß. —   2.   *Unüberbietbares;*
Zugkräftiges;   Eindrucksvollstes.
Nach 1945. Hammer ›Schlager,
Knüller‹. — 3. *schwere Bestra-*
fung. Die B. als wuchtiger Ham-
merschlag empfunden. — 4. H.
des Heeres *Artillerie.* — 5. großer
H. *Einsatz massierter Waffen.* —
6. einen H. haben *nicht ganz bei*
Verstand sein. Vermeintl. Gehirnerschütterung nach einem Ham-
merschlag. 1945 ff. — 7. Nimm
den H. aus dem Mund! (Aufforderung an einen Stotterer). Das
stoßweise Sprechen als Hämmern
empfunden
hämmern intr *koitieren.* 1900 ff.
→ Hammer 1
Hämmerstunde f *militär. Unter-*
richt. Von einhämmern ›gründlich
dem Gedächtnis 'einprägen; immer von neuem vortragen‹
Hämorrhoidenschaukel f 1. *Fahr-*
rad, Motorrad, Moped o. ä. 1914 ff.
(FRITZ 41; GRAFF 36). — 2. *Kü-*
belwagen, Jeep
Hämorrhoidenspäher m *Muste-*
rungsarzt
Hampelmann m, H. machen *salu-*
tieren. Nach den unselbständigen,
eckigen Bewegungen des H.s
hampeln intr *exerzieren.* → Hampelmann
Hamster m, Ich glaube, mein H.
bohnert! (Entgegnung auf eine
unglaubw., unsinnige Äußerung,
Behauptung)
Hamsterbeutel m *Brotbeutel*
Hand f, Da begrüßen sie sich noch
mit der linken H., weil sie in der
Rechten die Keule tragen (Redensart auf eine rückständige Ge-

gend). Beeinfl. von der Fernsehserie »Familie Feuerstein« (z. B. Bayerischer Rundfunk 1970/71 u. 1974)

Handbagger m 1. *Schanzzeug, Spaten.* — 2. pl *Pioniere.* — 3. H., einfach *Eßbesteck.* → baggern

Handgranate f *Bierflasche.* Wegen Formähnlichkeit (Stielhandgranate). 1939 ff.

Handgranatenwurfstand m, Ihr Spind sieht aus wie ein H. (Redensart des Ausbilders beim Stubenappell). → Granatenwurfstand

Handkußlehrgang m *Lehrgang für Fachoffiziere*

Handofen m *Flammenwerfer*

Hands pl [Ausspr. engl.] *Matrosen, Marinereservisten, Mannschaften.* Gleichbed. im Engl.

Handtuch n, Ich erschlage dich mit einem nassen H.! (Drohrede)

Handvoll f 1. aristokratische H. *schöngeformter Busen.* → AHV. — 2. für eine H. Dollar *Wachdienst.* Nach dem gleichnam. dt.-span.-ital. Wildwestfilm (1964)

Handwerker m, bewaffneter H. *Pionier*

Hänfling m *Schmächtiger; Schwächling.* Nach dem leichtgewichtigen Singvogel. 1939 ff., Marinespr.

Hängelin m, n → Hängolin

Hängematte f *nicht straff gezogenes Koppel*

Hängen n, Jetzt ist H. im Schacht *jetzt ist Schluß.* Bei Arbeitsruhe hängt das Förderseil ruhig im Bergwerksschacht

Hänger m 1. (Schimpfw. auf einen Energielosen). *Jmd., der sich hängenläßt.* — 2. *Sportanzug.* H. eigentl. ›gürtelloser Mantel‹

Hanghuhn n (harml. Schimpfw. auf einen Ungeschickten, Tölpelhaften). Ein Huhn am Hang sieht ungeschickt aus

Hängolin m, n 1. *Kaffee, Tee mit einem chem. Zusatz, der angebl. den Geschlechtstrieb vermindert.* 1935 ff. — 2. *Cola-Getränk.* — Nach dem Reinigungsmittel Henko mit Anspielen auf das Herabhängen des Penis

Hängolintee m *Kräutertee.* → Hängolin 1

Hängolinwasser n *Malzkaffee; Kräutertee.* → Hängolin 1

Hardthöhe f *BMVg.* Nach dem FlN

Harnröhrentechniker m *Sanitätssoldat*

Harte m, Ich kriege einen H.n! (Redensart der Zufriedenheit). Anspielung auf Gliedversteifung

Hartfaserplatte f *Hartbrotschnitte.* Wegen äußerl. Ähnlichkeit

Hasch 15 n *Heimatschutzkommando 15.* Initialw.

Hase m, gehackter H. *Hackbraten, Frikadelle.* Zusammengesetzt aus Hackbraten u. falscher H.

Hasenbremser m *Salz.* Kindern wird erzählt, man könne Hasen fangen, indem man ihnen Salz auf den Schwanz streut

Hasenfutter n 1. *Salat.* — 2. *Mohrrüben*

Häßliche m, großer H.r *Düsenjäger F-4 F » Phantom II «*

Haubitze f, voll wie eine H. *volltrunken.* Wie »voll wie eine Kanone«. 1914 ff. (IMME 98)

Haudegen m *kriegsgedienter Offizier*

Haufen m 1. *militär. Einheit; Gruppe; Kompanie* o. ä. H. eigentl. Einheit des Landsknechtsheeres, der Aufständischen im Bauernkrieg. 16. Jh. (HORN 25). — 2. alter H. *Wehrmacht des Dritten Reichs.* — 3. harter H. *Einheit mit strenger militär. Zucht; Einheit für schwere, gefährliche Aufgaben.* — 4. Was kannst du denn schon? Einen großen H. scheißen, dich dahinter verstecken u. huhu schreien! (Redewendung auf einen Versager)

Hauptbettes m *Gefreiter.* → Bettes

Hauptbomber m *Hauptgefreiter.* → Bomber 2

Hauptdödel m, **-düdel** m *Hauptgefreiter.* → Dödel 2

Hauptfeld m 1. *Hauptfeldwebel.* 1939ff. — 2. alter H. *zäher Braten.* Der → Hauptfeld 1 erreicht seinen Dienstgrad erst nach vielen Dienstjahren; so alt ist angebl. das Schlachttier gewesen. — 3. H. Silber *Oberfähnrich.* Anspielung auf den silbernen Stern am Ärmelaufschlag. → Hauptfeld 1. — 4. H. verchromt *Oberfähnrich.* → Hauptfeld 3

Hauptfeldflegel m *Hauptfeldwebel.* → Feldflegel

Hauptfeldwebel m 1. H. de Luxe *Oberfähnrich.* — 2. pensionierter H. *deutsches Beefsteak.* Wie → Hauptfeld 2

Hauptgestreifte m *Hauptgefreiter.* Wortspiel wegen der Ärmellitzen

Hauptinstandsetzung f *Urlaub.* Generalüberholung des Körpers

Hauptkeule f *Hauptgefreiter.* → Keule 3

Hauptlefti m *Hauptmann.* → Lefti

Häuptling m *Hauptmann, Vorgesetzter.* 1850/60ff. (HORN 57)

Hauptmann m. H. mit Schaschlik *Stabsarzt.* → Schaschlik

Hauptmeier m *Hauptmann*

Hauptpickel m *Hauptmann.* → Pickel 1

Hauptquartier n 1. *BMVg.* — 2. *Soldatenkneipe*

Hauptschnäpser m *Hauptgefreiter.* → Schnäpser

Hauptschnarcher m, pl *zivile Wachangestellte.* → Schnarcher 1

Hauptversorgungspunkt m → HVP

Hauptwedel m Hauptfeldwebel. → Wedel

Hauruckknolle f *Sellerie.* Anspielung auf angebl. Steigerung des Geschlechtstriebs durch S.

Haus n 1. H. der tausend Betten *Kaserne* o. ä. — 2. Da werden nachts die Häuser (durchs Fenster) reingeholt (Redensart auf eine unsichere, von Dieben heimgesuchte Gegend). — 3. voll wie ein H. *volltrunken*

Hausaltar m *Fernsehgerät*

Hausboot n, pl -e *große Stiefel*

Hausfrauenausbildung f *Putz- u. Flickstunde*

Häusle n, H. bauen *Schanzarbeit verrichten.* Schwäb.

Hausmacher f *selbstgedrehte Zigarette*

Hawaiigitarre f *Maschinenpistole.* Wie → Geige 1

Hawaiigulasch m *Obstsalat.* Wegen der reichen Obsternten auf Hawaii

Hawaiimotte f *Filzlaus*

HB-Männchen n 1. *leicht erregbarer Vorgesetzter.* — 2. in die Luft gehen wie das H. *schnell aufbrausen.* — 3. zum H. werden *in Zorn geraten.* — II. nach der Reklamegestalt für die Zigarettenmarke HB (von Haus Bergmann) vor allem im Werbefernsehen (»Warum denn gleich in die Luft gehen?«)

HDv/Lustig *Dienstvorschrift*

Heavy n [Ausspr. engl.] *schweres Maschinengewehr.* Engl. heavy ›schwer‹

Hebammenbier n *dunkles Bier.* → Ammenbier

Hebammenfinger m, pl *lange bewegliche Finger*

Hebel m *Wehrsold.* Anspielung auf das Vertrinken des W.s; Hebel ›Werkzeug zum Heben‹; einen heben ›Alkohol trinken‹

Heckenglück n *übelriechender Tabak.* Ironisch

Heckenspringer m *Tief-, Heeresflieger.* 1917ff. Gleichbed. engl. hedgehopper

Heckenstolz m *übelriechender Taback.* Ironisch

Heeresanklopfgerät n *kleinkalibriges Geschütz.* 1939ff. → Anklopfgerät

Heeresbeatles pl *Heeresmusikkorps.* Nach der engl. Musikgruppe The Beatles (Anfang der 60er Jahre)

Heeresbulle m *Heeresangehöriger.* → Bulle 1

Heeresflatscher m, pl *Heeresflieger.* Lautmalerisch oder Einfluß von engl. flat ›flach‹ in Anspielung auf die geringe Flughöhe

Heereslui m *Heeresangehöriger.* Zu Lui (Louis) s. *WdU* 4, 148f.

Heeresmalocher m *Heeresangehöriger.* → malochen

Heeresmuckel m *Heeresangehöriger.* → Erdmuckel

Heeresmuffel m *Heeresangehöriger.* → Muffel

Heerespatscher m, pl *Heeresflieger*

Heereszerwaltungbeamte m, pl -n *Heeresverwaltungsbeamte.* Wortspiel, spött.; → Zerwalter

Heerschar f, himmlische H. *Luftlandedivision*

Heftpflastermonteur m *Sanitätssoldat*

Heidehüpfer m, -**tiroler** m *Panzergrenadier.* Wegen der Standorte in/nahe der Lüneburger Heide

Heiermann m *Fünfmarkstück.* Entstellt u. weitergebildet aus Heuer ›Handgeld des Seemanns‹ (bis 1914: 5 Mark) oder fußend auf jidd. heh ›fünf‹ (WOLF 6437). 1870ff.; vorw. nordd. → Eiermann

Heilige m *Militärgeistlicher*

Heilige Geist m 1. *Kameradenjustiz mit Verprügeln.* Spät. 19.Jh. (HORN 77; OCHS 2, 343). — 2. Der H. G. erscheint *man wird nachdrücklich zur Rechenschaft gezogen, fällt der Kameradenjustiz anheim.* 1914ff. — 3. [jmdm.] als H.r G. erscheinen [*jmdn.*] *nächtlicherweile verprügeln.* → H. G.1. — 4. [jmdm.] den H.n G. erscheinen lassen/bringen/schicken [*jndn.*] *wegen Unkameradschaftlichkeit verprügeln.* 1890ff. → H. G. 1. — 5. Zu ihm/über ihn kommt der H. G. *er wird nachts verprügelt, nachdrücklich u. zwangsweise zu kameradschaftlichem Verhalten angehalten.* 1890ff. → H. G. 1

Heiligenschein m *Schirmmütze*

Heilsarmee f 1. *NATO-Truppen.* Den Bündnisstaaten sollen die N. Heil bringen. — 2. *die Ersatzdienstleistenden.* Anspielung auf Waffenlosigkeit u. häuf. Krankendienst der E.

Heimat f 1. zweite H. *Kaserne.* Ironisch. — 2. H. fassen *Familienurlaub erhalten.* → fassen 1

Heimatwurst f *Wurst voller Sehnen.* Wortspiel mit den Sehnen ›Muskelfasern‹ u. dem Sehnen ›Verlangen, Heimweh‹

Heimchen n 1. *Rekrut.* — 2. *Feiger.* — 3. (harml. Schimpfw.). — Anspielung auf starke Bindung ans Elternhaus, auch wegen Ungeschicklichkeit u. ä.

Heimchentröster m *Gutmütiger, Dümmlicher* (der Frauen tröstet, ohne mit ihnen sexuell zu verkehren). Marinespr.

Heimkehrermantel m *Postenmantel.* Wegen der von vielen Heimkehrern nach 1945 getragenen langen Uniformmäntel

Heimkino n 1. *Fernsehen; Fernsehgerät.* — 2. H. machen *schlafen.* Anspielung auf die Traumbilder

Heimsauna f *Kampfanzug.* Wegen der Wärmeentwicklung. → Einmannsauna

Heimzoo m *Ungezieferbefall*

Heini m *Mann; Einfältiger; Versager* (Schimpfw.). Nach dem mythol. Kobold, dem Spitznamen für den Schweizer (wegen dessen ungewandten Auftretens) oder der englisch-soldatensprachl. Sammelbezeichnung Heinie für den deutschen Landser. Auch Spottname für den Marinesoldaten. 1930/1935 ff.

Heinrich (VN) m, flotter H. *Durchfall.* 1900 ff.

Heinrich-Lübke-Gedächtnisrock m *Ausgehanzug, schlichter Zivilanzug* (wie ihn HEINRICH LÜBKE, Bundespräsident 1959 bis 1969, bevorzugte)

Heintje m *Oberleutnant.* Anspielung auf den holländ. Kinderstar H. SIMONS (Karriere in Dt. 1967 ff.) u. sein Lied »Zwei kleine Sterne«

Heißarsch m 1. *Rekrut.* — 2. *Liebediener.* Wegen übermäßiger Dienstbeflissenheit

Heißkiste f *Liebediener.* Kiste ›Gesäß‹

Heizer m *Marineangehöriger*

Heizöl n, Er sitzt im Keller u. stapelt H. (Antw. auf die Frage nach jmds. Aufenthalt)

Held m, pl -en, Auch H.en können weinen (Redensart bei Verhängung einer Disziplinarstrafe). Nach dem dt. Titel des Films »The proud and the profane« (1956)

Heldenelevator m *Personenaufzug in einem Hochhaus der BW*

Heldenfriedhof m *Luftwaffenamt.* Angebl. wirken im L. viele altgediente u. dekorierte Offiziere

Heldenkral m *Offiziersheim*

Heldensarg m *Unterseeboot.* 1939 ff. → Sarg 2, 3 b, 7, 8 a

Heldentodfrack m *Uniform*

Helmständer m *Kopf*

Hemd n 1. *Schwächling; unreifer Heranwachsender; Dummer.* Gek. aus Hemdenmatz oder Hemdling ›Kind im Hemd‹. 1920 ff. — 2. halbes H. *Schwächling; Langweiliger*

Hempel FN, Hier sieht's aus wie bei H.s (die Küche/unterm Sofa!) (Ausr. bei großer Unordnung). Ausbilderjargon

Hengst m *Kraftvoller.* 1900 ff.

Hengstparade f *Gesundheitsbesichtigung.* 1939 ff.

Henker m, pl *Kraftfahrtruppe.* Fußt auf der Redewendung »wie der Henker fahren« ›mit höchster Geschwindigkeit, rücksichtslos, lebensgefährlich fahren‹

Henry-Stutzen m *Gewehr.* Benannt nach dem Büchsenmacher HENRY aus Edinburgh u. verbreitet durch Romane KARL MAYS

Herbert (VN) m *Homosexueller.* Aussprache [he:rbe:rd]. → Detlev

Herdentrieb m *Kirchgang*
Hering m 1. *Marineangehöriger.*
1914 ff. Entspr. → Außenbordka-
merad 2. — 2. ein Kreuz haben
wie ein H. zwischen den Augen
sehr hager sein
Heringsbändiger m 1. *Marinean-*
gehöriger. — 2. *Ausbilder*
Heringsfänger m 1. *Marineange-*
höriger. — 2. pl *Minensuchge-*
schwader
Heringsflieger m *Heeresflieger.*
Wortspiel
Heringsputzer m *Maat*
Hermann-Löns-Gedächtnisanzug
m *Kampfanzug.* Anspielung auf
die Uniformfarbe u. das LÖNS-
Gedicht »Grün ist die Heide«
Hermann-Löns-Gedächtnistee m
Kräutertee. 1939 ff.
Herr m, pl -en, die H. der Luft-
waffe *die Luftwaffenangehörigen*
Herrenmensch m, pl -en *Offiziere*
Herz n, Ein H. kehrt heim (Rede-
wendung auf das Dienstende).
Nach dem gleichnam. dt. Film
(1956)
Herztropfen pl *Schnaps*
Hetzen n *Drill*
Heuaufguß m *Kräutertee*
Heuer f *Wehrsold*
Heulboje f *Schützenpanzer HS 30.*
Anspielung auf den Fahrlärm
Heule f, die größte H. *unüberbiet-*
bare Leistung. → Heuler 8
Heuler m 1. *Querschläger.* Wegen
des Heultons, mit dem ein
schweres Geschoß die Luft durch-
schneidet. — 2. *ABC-Munition.*
Die M. reizt die Augenschleim-
haut. — 3. *lautstarkes Rundfunk-*
gerät; Plattenspieler o. ä. —
4. *Schützenpanzer HS 30.* → Heul-
boje. — 5. *Düsenjäger; Star-*
fighter. — 6. *Wundsein der Haut*
(Oberschenkel), *Hautwolf.* Beruht

auf »mit den Wölfen heulen«. —
7. *Zivilist.* H. seit 1848 als polit.
Schlagwort. Schelte für den auf-
begehrenden Gegner (Reaktionär,
Konservativen u. ä.); vgl. LA-
DENDORF 123. — 8. der letzte H.
a) *das unüberbietbar Neueste.* Verstärkung von »der letzte Schrei«
›die letzte Modeneuheit‹. —
b) *äußerst schlechte Sache; Un-*
sympathischer u. ä. Ironisierung
von → Heuler 3 a
Heulstunde f *Übung mit der ABC-*
Schutzmaske. Wegen der Augen-
schleimhautreizung
Heuschoner m *unsympathisches*
Mädchen. Mit dem M. geht man
nicht (zum Geschlechtsverkehr)
ins Heu
Heuschrecke f *Hubschrauber.*
Entspr. → Grashüpfer 3
heute adv, H. alles wieder kaputt
Rakete des Typs Hawk. Deutung
der Buchstaben von Hawk
Heuwender m *Hubschrauber.* Der
H. wirbelt bei Start u. Landung
das Heu auf
Hibi m *Hilfsausbilder.* → Hiwi
High Life n [Ausspr. engl.]
Urlaub
High Society f [Ausspr. engl.]
Offiziere, Generalstab
Hiko m *Militärgeistlicher.* Ver-
kürzt aus → Himmelskomiker
Hilfsbremser m *Hilfsausbilder.*
Aus der Eisenbahnerspr.
Hilfsschichter m *Zivildienst-*
leistender. Der Z.e hat vielfach
Schichtdienst im Krankenhaus
Hilfsschule f *Berufsförderungs-*
dienst (abf.)
Hilfs-Vaterlandsverteidiger m, pl
NATO-Truppen
Himbeerbubi m, pl -s *Panzertrup-*
pe. Wegen der Farbe des Kragen-
spiegels

Himmel m, Vom H. hoch, da komm' ich her (Redensart auf den Fallschirmjäger). Nach dem Lied MARTIN LUTHERS. 1939 ff.

Himmelfahrt f *Tag der Entlassung aus der BW*. Wie am Himmelfahrtstag (»Vatertag«) feiern die Entlassenen mit Hüten, Klingelstöcken u. ä.

Himmelfahrtskahn m *Minensuchboot*. Himmelfahrt ›Tod‹. 1914 ff.

Himmelfahrtskommando n 1. *lebensgefährlicher militär. Auftrag*. 1914 ff. (GRAFF 74). — 2. *Minensucherabteilung*. 1914 ff. → Himmelfahrtskahn

Himmelfahrtsschule f *Flugabwehrschule*

Himmelsakrobat m *Militärgeistlicher*. Der M. als Wegbereiter zum Jenseits durch rhetorische Kunststücke. 1939 ff.

Himmelsbote m, pl -n *Jagdbomberverband*

Himmelsclown m, **-gaukler** m *Militärgeistlicher*. Entspr. → Himmelskomiker

Himmelsgeige f *Maschinengewehr*. Mit dem M. wird der Angreifer zum Himmel »heimgegeigt«

Himmelsgeist m *Militärgeistlicher*

Himmelsgerät n *durch Abstürze berüchtigter Flugzeugtyp*. Aufgefaßt als Gerät zum Himmeln ›Sterben‹

Himmelskammer f *Offiziersmesse*. Die O. als Abteilung des »Himmels«, zu der nur Würdige Einlaß haben

Himmelskasper m *Militärgeistlicher*. Entspr. → Himmelsakrobat

Himmelskavallerie f *Kampfhubschrauberstaffel*

Himmelskehrer m, pl *Flugabwehr*. Die F. »kehrt« feindl. Flugzeuge vom Himmel

Himmelskomiker m *Militärgeistlicher*. 1935 ff. → Himmelsakrobat

Himmelskosmetiker m *Militärgeistlicher*. Der M.e verschönt das Jenseits

Himmelskran m *Transporthubschrauber*

Himmelskratzer m *Rakete*. H. nach dem Vorbild von Wolkenkratzer

Himmelskunde f *geistliche Übungen; religiöse Unterweisung; Kirchgang*

Himmelskutscher m *Militärgeistlicher*. Der M.e kutschiert die Soldaten ins Jenseits. 1914 ff. (GRAFF 74)

Himmelslotse m *Feld-, Marinegeistlicher; Pastor der Seemannsmission in den Häfen*. 1900 ff. Wie → Himmelskutscher

Himmelspilot m *Militärgeistlicher*. Aus engl. sky-pilot

Himmelsschuppen m *Kirchengebäude*. → Schuppen

Himmelsschwarm m *Hubschrauberstaffel*

Himmelsspion m *Weltraumschiff; Erdsatellit*

Himmelsstürmer m 1. *Militärgeistlicher*. — 2. pl *Aufklärungsverband*

Himmelsverbindungsoffizier m *Militärgeistlicher*. 1939 ff.

Hindenburg-Gedächtnismantel m *Winter-, Postenmantel*. HINDENBURG wurde oft in wadenlangem Mantel abgebildet

Hinrichtung f 1. *Einberufung zum Wehrdienst*. — 2. *Heirat*

Hinterlader m *Homosexueller*. 1900 ff.

Hin-u.-her-Schlips m *Querbinder*

Hippi(e) m 1. *Hilfsausbilder*. Aus → Hibi oder → Hiwi umgebildet unter Anspielung auf die Hippie-

Bewegung. — 2. pl -ies *Gebirgsjäger*. Wegen des Edelweißabzeichens. Die Blume als Symbol der H. (Blumenkinder)

Hippiefest n *Manöver*

Hippietruppe f *Gebirgsjäger*. → Hippie

Hirnablieferung f *Befolgung des Einberufungsbescheids*

Hirnreiniger m, **-tee** m *Schnupftabak*

Hirnwärmer m *Haarnetz*

Hirsch m (*einfältiger*) *junger Mann*. Anspielung auf stark ausgeprägten Geschlechtstrieb. 1890 ff.; vorwiegend südd.

Hirschgeweih n *Dienstgradabzeichen mit Eichenlaub* (vom Major an aufwärts). Scherzh. Deutung

Hitlersäge f *Maschinengewehr MG 42*. 1939 ff. → Säge

Hiwi m *Hilfsausbilder*. H. eigentl. Abk. für Hilfswilliger

Hobbyshop m [Ausspr. engl.] *Handwerker-, Bastelraum für private Fahrzeugpflege* u. ä.

Hobbysoldat m *Offizier auf Zeit*

Hobel m 1. *Panzerkampfwagen*. Der P. hobelt = planiert das Gelände. — 2. *Haubitze, Flakgeschütz*. Anspielung auf das »Hobellied« aus dem »Verschwender« von FERDINAND RAIMUND (»Das Schicksal setzt den Hobel an und hobelt alles gleich«). — 3. *Starfighter*. → Hobel 2. — 4. *Fahrrad*; *Motorrad*; *Auto*. — 5. *Lastkraftwagen*. — 6. heißer H. *schweres Motorrad*

Ho-Chi-Minh-Kartoffel f, pl -n *Reis*. Nach dem vietnam. Politiker Ho CHI MINH (1890—1969)

hochkurbeln tr [jmdn.] *auf eine bestimmte Flughöhe bringen*. → kurbeln

Hochseeschnitzel n *Fischsteak*

Hochwasserhose f *Überfallhose*

Hochwassermeldung f *Harndrang*

Hochwasserorden m → Freischwimmerorden

Hodenhalter m *Leibbinde*

Hof m, vom H. fahren *Urlaub antreten*. Hof ›Kasernenhof‹

Hoffnungsbalken m *Ärmelstreifen des Unteroffiziersanwärters*; *Offiziersanwärterlitze an den Schulterklappen* u. ä. Der Anwärter hofft auf Beförderung. 1935 ff. → Balken 2

Hoffnungsbunker m *Kirchengebäude*. → Bunker

Hoffnungsklopfer m *Fähnrich*. Der Stern auf dem Ärmel als Türklopfer aufgefaßt

Höhle f *Kasernenstube*

Hohlgeld n *Wehrsold*. Wahrscheinl. ›Geld für den hohlen (Bauch)‹; vgl. Hungerlohn

Hohlkörper m *Kopf*

Hölle f, zur H. u. zurück *Spähtrupp*. Nach dem dt. Titel des Films »To hell and back« (1955)

Höllenei n *Eierhandgranate*. → Ei 1

Höllenheizer m *Geistlicher*. Der G.e macht den Gläubigen die Hölle heiß

Hollywoodspucknapf m *Abortrinne*. Spöttisch wegen der Hollywoodfilme, in denen alles märchenhaft größer u. vermeintl. vornehmer ist als üblich

Holstenbeule f, **-geschwulst** f, **-geschwür** n *dicker Bauch*. Anspielung auf die Hamburger Holsten-Brauerei

Holzauge n *Gewitzter*. Nach der Wendung »Holzauge, sei wachsam!«

Holzbein n, Ich glaube, mein H. brennt/kriegt Junge (Entgegnungen auf eine unglaubw. Äußerung)

Holzkocher m *Tabakspfeife*. →
Kocher

Holzschützer m *Stahlhelm*. Anspielung auf den zu schützenden
»Holzkopf«

Holzstoß m *Hauptgefreiter*. Wegen
der drei »Balken« auf dem Ärmel

Holzstoßgefreite m *Hauptgefreiter*, *Unteroffiziersanwärter*. →
Holzstoß

Holzstoßgeneral m *Hauptgefreiter*.
H. u. General haben jeweils den
höchsten Dienstgrad ihres Standes
(Mannschaften u. Offiziere)

Holzstoßträger m *Hauptgefreiter*.
→ Holzstoß

Homo m, pl -s, aufgehen wie die
H. *beim Marschieren zu dicht
aufschließen*

Homopopo m 1. *Homosexueller*.
— 2. pl -s, Gehen Sie nicht so auf
wie die H.s! (Aufforderung zum
Abstandhalten beim Marschieren). → Homo

**Homosexuellen-Gedächtnis-
marsch** m *Marsch, bei dem die
Soldaten zu dicht aufschließen*. →
Homo

Honig m, H. schleudern *die Latrine reinigen, ausräumen*. Wegen
Farbähnlichkeit des Kots mit H.
1939 ff.

Hopfensaft m *Bier*. Wie → Ger-
stensaft

Hopfentee m *Bier*. Bayr.

Hoppelplatz m *Exerzierplatz*. Die
Soldaten kommen sich vor wie
hoppelnde Hasen

Hoppelrente f *Trennungs-, Kin-
dergeld*. Hoppeln ›koitieren‹

Hoppelurlaub m *Familienurlaub*.
→ Hoppelrente

Hopser m 1. *Grenadier*. → Grashopser. — 2. *Fallschirmjäger*. —
3. *Hubschrauber*. → Heckenspringer

Hoptikopter m *Hubschrauber*.
Wortspiel mit Helikopter, bin-
nenreimend umgeformt durch
hopsen, hoppen

Horchauge n *Radarbild*. Formähnlich der Augenlinse

Horchdienst m *Schlafen*. 1939 ff.
→ Matratzenhorchdienst

horchen intr *schlafen*. → Matratze 5

Horchgerät n *Ohrenschützer*. Die
O. als Kopfhörer gedeutet

Horchposten m 1. *Bett*. 1939 ff.
→ horchen. — 2. *Fernmeldetruppe*. — 3. auf H. gehen *schlafen
gehen*. 1939 ff.

Horn n, pl Hörner, einen zwischen
die H. kriegen *bestraft werden*.
Vom Bolzenschuß bei der
Schlachttiertötung

Hornisse f *Hubschrauber*. Wegen
des Fluggeräuschs

Höschen n, Ist was oder klemmt
das H.? (Frage an einen Ver-
dutzten, Niedergeschlagenen)

Hose f 1. H. für 3 bis 4 Personen
weite u. lange Unterhose. —
2. Ihm kann man im Gehen die
H. flicken (Redensart auf einen
überaus Langsamen). — 3. aus
der H. gehen *koten*. — 4. pl -n,
H. hochziehen *einen Befehl ausführen*. Wer sich zum Handeln an-
schickt, zieht oft die H. am Bund
hoch. — 5. pl -n Die H. kneifen
unter dem Arm (Redensart bei
zu langem Unterhosenoberteil)

Hosenjodler m 1. *Zwiebel*. Wegen
der blähenden Wirkung. —
2. *Ängstlicher*. Ein Ä. »hat die
Hosen (gestrichen) voll«

Hosenlatz m, Das Bier steht
knapp vor dem H. (Redensart
beim Verspüren von Harndrang)

Hosenmunition f *Hülsenfrüchte*.
Wegen der blähenden Wirkung
der H.

Hosenträger m → Bonner H.
Hotel n 1. H. der tausend Betten
Kaserne. — 2. H. Eichmann
ABC-Übungsraum. → Eichmann.
— 3. H. zum karierten Sonnen-
schein *Arrestanstalt.* Wegen der
Gitterfenster. — 4. H. zu den
sieben Stäben/Stäbchen *Arrestanstalt.* Wegen der Gitterstäbe
vor dem Fenster. — 5. H. Viereck
Arrest. → Café 6. — 6. Grand H.
a) *Kantine.* — b) *Offiziersmesse.* —
c) *Feldküche*
Hotelkammer f *Kasernenstube.*
Entspr. → Hotel 1
Hot pants pl [Ausspr. engl.] *Bade-
hose.* Eigentl. die »heißen Hös-
chen«
Ho-Tschi-Minh-Kartoffel f → Ho-
Chi-Minh-Kartoffel
HS 30 m, H. der Luftwaffe *Star-
fighter.* Die Tauglichkeit des S.s
(→ Abschmiervogel) wird ange-
zweifelt wie die des Schützen-
panzers HS 30 (→ Affairenpan-
zer)
Hubi m *Hubschrauber.* Kosewort
wie → Hubsi
Hubistaffel f *Hubschrauberstaffel.*
→ Hubi
Hub-schrapp-schrapp m *Hub-
schrauber.* Klangmalerei
Hubschrauberlandeplatz m
Schirmmütze. Wegen des großen
Mützendeckels
Hubsi m *Hubschrauber.* → Hubi
Huckepackartillerie f *Feldartille-
rie*
Hucky m *Hauptgefreiter.* Deutung
der Abkürzung HG oder Anspie-
lung auf die drei Ärmelbalken
(hucken ›auf der Schulter tra-
gen‹; Hucker ›Bauhandlanger‹);
H. auch Name eines Hundes in
einer Fernsehserie (Titelfigur von
Comics). → Hugi

Huf m, pl -e, die H. schwingen
sich beeilen; sich schnell entfernen
Hufeisengefreite m 1. *Unteroffizier.* Wegen der Schulterklappe in
Form eines länglichen Hufeisens
mit Litze auf drei Seiten. —
2. H.r mit Alterserscheinung
Stabsunteroffizier. Zum S. wird
man erst nach 1 Jahr Unteroffi-
ziersdienstzeit befördert
Hufeisenträger m *Unteroffizier.*
→ Hufeisengefreite
Hugi m *Hauptgefreiter.* → Hucky
Hugo (VN) m, flotter H. *Durchfall*
Huhn n, Du kannst zwar ein
lungenkrankes H. den Abhang
runterstürzen, aber . . . (Redensart auf einen Prahler)
Hühnercrash m [Grundw. engl.
Ausspr.] *Hühnerfrikassee.* Engl.
crash ›Unfall‹
Hühnersprenger m *Motorrad.* Das
M. »sprengt« (scheucht) die Hüh-
ner auf der Dorfstraße auseinan-
der. 1939 ff.
Hully gully m [Ausspr. engl.] *sehr
strenger Drill.* Bezeichnung eines
amerikan. Modetanzes in geöffne-
ter Form
Hummel f 1. *Flugzeug; Transportflugzeug Transall.* Wegen des
Fluggeräuschs. 1914 ff. (RIPPL
103). — 2. *Hubschrauber.* —
3. pl -n *vorbeifliegende Geschosse;
Maschinengewehrgarbe; Quer-
schläger.* 1914 ff. (GRAFF 76;
AHNERT 104). — 4. dicke H.
Hubschrauber Sikorsky CH-53 D
Hummelreiter m, pl *Hubschrauberstaffel.* → Hummel 2
Hund m 1. falscher H. *deutsches
Beefsteak.* Angelehnt an »falscher
Hase«. — 2. fliegender H. *Fall-
schirmjäger.* — 3. gehackter H.
Hackbraten; deutsches Beefsteak

u. ä. 1914 ff. (BRUMMKÜSEL 2,
24). — 4. geiler H. a) *strenger Ausbilder.* → geil 2. — b) *Unabkömmlicher.* — 5. toter H. *Frikadelle*;
Hackbraten u. ä. 1935 ff. —
6. toter H. mit Soße *Gulasch.* —
7. wilder H. *Draufgänger.* —
8. wie H. aussehen *in schlechtem
Zustand sein.* — 9. wie H. schmekken *widerlich schmecken*
Hundedecke f *Winter-*, *Postenmantel.* Wegen des groben Man-
telstoffs
Hundeführer m *Feldjäger*
Hundegeschirr n *Koppeltraggestell.* Wegen Ähnlichkeit mit dem
Riemenzeug des Zughunds
Hundehütte f 1. *Ein-*, *Zweimannzelt.* 1939 ff. — 2. Seine Brust
sieht aus wie eine H. — in jeder
Ecke ein Knochen (Redewendung auf einen Mageren, bei dem
man die Rippen zählen kann)
Hundekuchen m *Dosen-*, *Einsatz-
knäckebrot*; 　　*Trockenhartbrot.*
1914 ff.
Hundelohn m *Wehrsold.* H. als
›niedriger Arbeitslohn‹. Seit
1850 ff.
Hundemarke f *Erkennungsmarke.*
Die E. um den Hals getragen wie
die Hundesteuermarke. 1914 ff.
(MAUSSER 30; GRAFF 77)
Hundertprozentiger m *mustergültiger, überzeugter, diensteifriger
Soldat.* 100% zeigen Gold u.
Alkohol höchste Reinheit an.
hundertzehn num *gut, vortrefflich*
(noch besser als ein → Hundert-
prozentiger)
Hungergeld n, **-groschen** m, pl
Wehrsold
Hungergurt m *Leibriemen*
Hungerhaken m *Hagerer.* Wegen
des vorstehenden Hakenkinns
Hungerlappen m *Speiseplan*

Hungerleiderlohn m, **Hungerlohn**
m, **-sold** m *Wehrsold*
Hungerstrick m *Koppel*
Hupfer, m, **Hüpfer** m, junger H.
unerfahrener, vorwitziger Junge;
Rekrut. 1939 ff.
Hupfsoldat m *Fallschirmjäger.* →
Hopser 2
Hurratüte f 1. *Stahlhelm.* H.
urspr. Mütze der friderizianischen
Grenadiere, dann Helm mit Spit-
ze (»Tüte«); Hurra nach den
Beifallrufen bei Paraden. 1916 ff.
Entspr. → Juchhetüte. — 2. *ABC-
Schutzmaske.* Ironisch
Husar m, pl -en, H. zur See
Schnellbootfahrer. Die S. »reiten«
auf den Wellen. 1914 ff.
Huste f *Pistole.* → husten
husten intr *schießen* (mit der
Feuerwaffe). 1914 ff. (GRAFF 77)
Hut m 1. *Stahlhelm.* 1916 ff. (H.
für Helm schon 1870 ff.; HORN
67). — 2. *Zielscheibenfigur* (Kopf).
— 3. bügelfreier H. *Stahlhelm.*
→ Bügelfreie. — 4. eiserner H.
Stahlhelm. → Eisenhut. — 5. har-
ter H. *Stahlhelm.* 1939 ff. —
6. knitterfreier H. *Stahlhelm.*
1939 ff. → Knitterfreie. — 7. stei-
fer H. *Stahlhelm*
Hutständer m *Kopf*
Hütte f *Kaserne*; *Kasernenstube.*
1935 ff.
HVP m *Wirtshaus.* Abk. für →
Hauptversorgungspunkt
Hydrauliköl n *Kräutertee*

Ia m 1. *Gebirgsjäger.* Nach iah,
dem Kinderwort für den Esel,
hier für den Maulesel. — 2. *Sala-
mi.* Die S. urspr. aus Eselsfleisch
hergestellt
Idiotenfibel f *Dienstvorschrift*

Idiotenlaterne f *Fernsehgerät*. Das F. erleuchtet den Dummen

Idiotenlizenz f *Wehrpaß*

Idiotenröhre f *Fernsehgerät*

Idiotenschein m *Wehrpaß*

Idiotentest m *Eignungstest*

Idiotenwiese f *Truppenübungsplatz, Kasernenhof* u. ä. 1939ff. I. als ›Übungswiese für Skianfänger‹ 1920ff.

IG 1. IG Bau, Steine, Erden *Heer*. — 2. IG Bau, Steine, Erden, Luft *die Heeresflieger*

Igel m *Widerspenstiger*

Illusionskasten m *Fernsehgerät*

Illusionsraum m *Lesezimmer im Soldatenheim*. Der Lesestoff vermittelt nur Illusionen, keine Belehrung

Iltis m, einen I. rauslassen *koten*. Anspielung auf den Gestank des Tieres u. die Farbe des Pelzes

Imbel → Impel

immer adv, I. dabei *ABC-Schutzmaske*. Nach dem Werbespruch der Kölner Parfümfabrik

Impel m, f *Filterzigarette*. Durch Lautvertauschung aus Pimmel oder nach der engl. Abk. Imp. für Imperial

Impotentencocktail m [Grundw. engl. Ausspr.] *Cola-Getränk*

Impotentenkaffee m *Malzkaffee*

Impotenz f, konzentrierte I. *Cola-Getränk*

Impotenzwasser n *alkoholfreies Getränk; Cola-Getränk*

Indianerdorf n *Manöverlager, Biwak*

Indianerkrankheit f *geheuchelte Krankheit*. In Romanen sind die Indianer Meister im Täuschen

Indianerspiel n *Manöver, Felddienstübung* u. ä. 1914ff.

Infanteriefett n *Margarine*

Infanteriegeschlechtsausbildung f *Gefechtsausbildung*. → Geschlechtsausbildung

Infantilgeschlechtsausbildung f *Gefechtsausbildung; Schießlehre, Gefechtsanschläge* u. ä. Wortspiel mit Infanterie; → Geschlechtsausbildung

Infü f, Sankt I. *innere Führung*. Scherzh.

Inlandspaß m *Wehrpaß*. Der W. darf bei außerdienstl. Verlassen der BRD nicht mitgenommen werden

innen adv, sich von i./inwendig besehen/begucken u. ä. *schlafen*. 1900ff.

Innendienstranger [Grundw. engl. Ausspr.] *Geschäftszimmerpersonal; Truppenverwaltungsbeamte*

inner adj → Führung; → Geflügel; → Gewürge

Innung f, I. der Öle u. Fette *Technische Truppe*

Innungsraum m *Handwerker-, Bastelraum*

Insektenbrille f *ABC-Schutzbrille*

Inspektion f *Musterung; Gesundheitsbesichtigung*. → TÜV 1

Instandsetzungsforschung f *technischer Dienst*

Institut n, I. für angewandte Ornithologie *Bordell*. O. = Vogelkunde; → vögeln

Instler m, pl *Technische Truppe*. Aus Instandsetzer gekürzt

Instrumentenquäler m, pl *Musikkorps*

Intelligenzbestie f *Pionier*. I. eigentl. spöttisch auf den Angeh. der Intelligenz. → dumm 1

Intelligenzknoten m *Kopf*. Im K. verknoten sich die Fäden des Denkvermögens

Intelligenzsilo m 1. *Offizierschule; Stabsgebäude*. — 2. *Kampftruppenschule*

Intelligenztruppe f *Artillerie.* Bez. zwischen Spott u. Anerkennung

Interview n [Ausspr. engl.] *Sprechstunde des Militärgeistlichen*

Invalidendom m *Oberstabsfeldwebel.* Der O. bekleidet nach 15 Dienstjahren den höchsten Unteroffiziersdienstgrad

inwendig adv → innen

irr(e) adj *unübertrefflich; unvorstellbar groß.* Aus ›geistesgestört‹ über ›das Wahrnehmungsvermögen übersteigend‹

Isetta f, I. am Stiel *Leichthubschrauber.* Nach dem Kabinenroller I. (BMW, 1957)

Itakerblut n *Rotwein.* Itaker verächtl. für Italiener

Italienofraß m *Nudeln, Spaghetti* (1914: Italienerfraß)

Jabonier pl *Jagdbomberverband.* Zur Abk. Jabo für Jagdbomber

Jagdschein m 1. *Wehrpaß.* Der Wehrpaßinhaber kann angebl. wie ein Entmündigter »gejagt« werden. — 2. *Heiratsurkunde.* Die H. als Berechtigungsschein zur »Jagd im eigenen Revier«

Jäger m 1. die J. aus dem Silberwald *Panzerjäger.* Nach dem österr. Film »Der Förster vom Silberwald« (1954). — 2. absturzfreudigster J. *Starfighter*

Jägermeister m, pl *Bundesgrenzschutz.* Wegen der grünen Uniform; nach der Likörmarke J.

Jahreschinder m, **-schlucker** m *Zeitsoldat*

James Bond (PN) m, J. B. der grünen Grenze *Angehöriger des Bundesgrenzschutzes.* Nach dem Geheimagenten J. B. (Nr. 007) in den Romanen von JAN FLEMING u. in nachfolg. Verfilmungen der 60er Jahre

Jammerstunde f *Sprechstunde des Militärgeistlichen*

Janmaat m, **Jan Maat** m *Matrose, Seemann.* Niederländ. maat ›Schiffsmann‹. 19. Jh.

Jäps FN, Hier sieht's aus wie bei J.! (Ausr. bei großer Unordnung)

Jasminhose f *Militärhose.* Jasmin hat immergrüne Blätter u. stark duftende Blüten

Jauchehammer m *Tabakspfeife.* Anspielung auf Form der T. u. Tabakssaft

Jauchesehepper m, **-schöpfer** m *Tabakspfeife.* 1914 ff. (IMME 100)

Jawohlstube f *Kompaniegeschäftszimmer*

Jawollsager m *kritikloser Befehlsempfänger*

Jennerwein m *Schütze.* Fußt auf dem bei Tegernsee u. Schliersee lokalisierten Jennerweinlied: »Es war ein Schütz in seinen schönsten Jahren . . .«. Bayr.

Jenseitskomiker m *Militärgeistlicher.* → Himmelskomiker

Jenseitsmechaniker m 1. *Stabsarzt.* 1939 ff. — 2. *Sanitätssoldat.* 1939 ff.

Jenseitsschlosser m *Stabsarzt.* Wohl älter

Jenseitssoldat m *Sanitätssoldat*

Jesus N, Bin ich J., schreibe ich dicke Bücher?/wächst mir ein Kornfeld in der Hand? [nach FRIEDRICH SCHILLER, »Jungfrau von Orleans«, I, 3]/wächst mir Gras aus der Tasche?/weiß ich alles? (Redensarten auf die Frage nach jmds. Aufenthalt)

Jesusschuppen m *Kirchengebäude.* → Betschuppen

Jetpilot m *Brathähnchen* u. ä.

Job m 1. *Dienst.* — 2. guter J. *bequemer Dienst.* — 3. harter J.

schwerer Dienst. — 4. ruhiger J.
angenehmer Dienst. — 5. →
scheiß 5
Jodheini m *Stabsarzt.* 1939 ff. →
Heini
Jodhengst m *Sanitätssoldat* (in der
Revierstube). 1939 ff. → Hengst
Jodler m *Gebirgsjäger.* 1939 ff.
Jodschütze m *Sanitätssoldat.*
1939 ff.
Johann (VN) m, flotter J. *Durchfall*
Jopper m *Hubschrauber.* → Chopper
Jubiläumsbomber m *Starfighter.*
Wohl beim 100. Absturz aufgekommen
Juchhetüte f *Stahlhelm.* Entspr.
→ Hurratüte 1
Jugendgrab n, das J. schaufeln
dem Einberufungsbescheid folgen.
→ Grab 1
Jumbo m *Transportflugzeug.* J.
(Kurzwort für Jumbo-Jet) eigentl.
›Großraumflugzeug‹; nach dem
Namen eines Elefanten des Zirkus Barum
Jumper m *Fallschirmjäger.* Jumpen ›springen‹
Jungdachs m *Rekrut*
Junge m 1. blauer J. *Matrose;*
Marineangehöriger. pl, blaue Jungs
Matrosen; Marineangehörige. Wegen der blauen Uniform. Übersetzung von engl. blue boy.
1870 ff. (HORN 25). — 2. grüner J.
Angehöriger des Bundesgrenzschutzes. pl, grüne Jungs *Angehörige des Bundesgrenzschutzes.* Wegen der grünen Uniform
Jungferntraum m 1. *Bockwurst.*
→ Frauentraum. — 2. *Banane.* →
Frauenglück
Jungfrauenbelustigungswasser n
Mineralwasser, Limonade u. ä.
Jungfrauenbrust f *Birne.* Wegen
der Form

Jungfrauentraum m 1. *Bockwurst.*
→ Jungferntraum. — 2. *Gurke*
Jungfuchs m *Rekrut.* → Fuchs 2
Junghacht m *Rekrut.* → Hacht
Jungpiss (er) m *Rekrut.* Dem
R.en dient der Penis angebl. nur
zum Harnen
Jungspritzer m *Rekrut.* → Spritzer
jüngst adj, 1. Jüngstes Gericht.
Verhandlung in engstem Kreis wegen unkameradschaftl. Verhaltens.
— 2. Jüngster Tag m a) *Kameradenjustiz mit Verprügeln.* —
b) *Entlassung am Dienstzeitende.*
1914 ff.
Jungtaps m *Rekrut.* Taps ›Unbeholfener‹
Jungtitte f *Rekrut.* → Titte
Jungwurm m *Rekrut.* Wurm
›Kleinwüchsiger, Bedauernswerter‹
Junker m *Fahnenjunker.* 1914 ff.
Junkersilo m *Offizierschule*
Junki m *Fahnenjunker.* Kosewort

Kaba m, n *Frühstück.* Nach einem
Frühstücks-, Kindergetränk
Kabelaffe m, pl -n *Fernmeldetruppe; Bautrupps der Fernsprecher.*
Auch → Feldkabelaffe
Kabelaffenschule f *Fernmeldeschule*
Kabelflicker m, pl, **-hirsch** m, pl
-e *Fernmeldetruppe*
Kabelhirschschule f *Fernmeldeschule*
Kabelhopser m, pl, **-leger** m, pl
Fernmeldetruppe
Kabelmuffel m, pl *Fernmeldetruppe.* → Muffel
Kabelmuli m, pl -s *Fernmeldetruppe.* Entspr. → Muli 1
Kabelschlepper m, pl *Fernmeldetruppe*

Kachel f *Knäckebrot-, Dosenbrotschnitte.* Wegen der Form
Kachelbrot n *Dosenbrot.* → Kachel
kacke adj (präd) *schlecht, minderwertig, unerwünscht*
Kacke f 1. K. hoch drei (Kacke³) *sehr große Unannehmlichkeit.* — 2. auf die K. hauen *prahlerisch schwätzen.* Nach »auf die Pauke/ den Putz h.«
Kackgestell n 1. *Latrinensitzstange.* — 2. *die Beine*
Kackreiz m 1. *Stuhldrang.* — 2. Ich habe einen K. (Redensart bei Überdruß)
Kackschmus m *würdelose Schmeichelei*
Kackständer m, pl (*sehr lange*) *Beine.* 1900 ff.
Kackstelze f, pl -n (*sehr lange*) *Beine.* 1870 ff. (HORN 74)
kackstelzig adj *langbeinig*
Kadaverschlosser m *Sanitätssoldat*
Kadettenkreuzer m *Schulschiff*
Kaffee m 1. kalter K. *Cola-Getränk mit Limonade u. ä.* Wegen der Farbe. — 2. K., bei dem die Bohnen mit Überschall durchs Wasser geschossen sind *dünner Kaffee.* — 3. Für heute hebe ich den K. auf! (Ausr. des Unwillens). — 4. zu K. u. Kuchen eingeladen sein *Arrest verbüßen.* → Café 3 ff.
Kaffeeholer m *Rekrut*
Kaffeeholerlehrgang m *geistliche Übungen; Rüstzeit*
Kaffeemühle f *Hubschrauber.* Wegen der Horizontalbewegung der Drehflügel. 1938 ff.
Kaffeemühlengeschwader n *Hubschrauberstaffel.* → Kaffeemühle
Kaffeestube f *Kompaniegeschäftszimmer.* Anspielung auf die weitverbreitete Sitte des Kaffeetrinkens
Käfig m *Arrestzelle; Haft.* 16. Jh.

Kaftan m 1. *langer Mantel.* 1914 ff. (GRAFF 82). — 2. *Uniform*
Ka-Hiko m *katholischer Militärgeistlicher.* → Hiko
kahl adj *mittellos.* Entspr. älterem abgebrannt
Kahn m 1. *Bett.* 1870 ff. (HORN 100; KREBS 2, 210). — 2. einen im K. haben *betrunken sein.* Anspielung auf das Schwanken des Kahns, das dem Torkeln des Betrunkenen entspricht
Kaiser-Wilhelm-Bart m *an den Enden aufgezwirbelter Schnurrbart.* 1900 ff. Nach der Barttracht Kaiser WILHELMS II.
Kaiser-Wilhelm-Gedächtniskittel m *Waffenrock.* 1939 ff. → Kittel 1
Kaiser-Wilhelm-Gedächtnisspiel n, pl -e *Nachexerzieren.* 1939 ff.
Kaiser-Wilhelm-Gedächtniswurst f *Blutwurst, Jagdwurst.* Diese Wurst wurde zuerst hergestellt von einem Mann namens KAISER; sie wurde geschätzt von Kaiser WILHELM II. 1920 ff.
Kaiser-Wilhelm-Schnäuzer m → Kaiser-Wilhelm-Bart
Kakerlak m 1. *Seekadett; Fähnrich zur See.* Anspielung auf Schnellfüßigkeit. 1914 ff. (GRAFF 83; AHNERT 74). — 2. *Offizier.* Der O. als Schmarotzer gesehen
Kakerlakenschule f *Offizierschule.* → Kakerlak 2
Kälberzahn m, pl -zähne *Gerstengraupen.* Wegen Formähnlichkeit. 1870 ff. (HORN 90)
Kaleu m *Kapitänleutnant; Unterseebootkommandant.* Neutrale Abk. 1939 ff. (LOOSE 282)
Kalfaktor m 1. *Unteroffiziersanwärter.* K. hier ›Schmeichler, Prahler‹. — 2. *Hauptmann.* K. über ›Aufseher‹ hier ›Herrischer, Rechthaber‹

Kalkriese m *Altgedienter.* Anspielung auf Verkalkung

Kalkriesler m *Altgedienter; alter Mann.* → Kalkriese

Kalkstreuerschule f *ABC-Abwehrschule.* Wegen der Verwendung weißl. Pulvers beim ABC-Schutz

Kalorienbunker m 1. *Lebensmittellager.* — 2. *Kasernenküche*

Kalorienschlepper m *Essenholer*

Kaloriensilo m 1. *Beleibter.* — 2. *Lebensmittellager*

Kalorientempel m *Kantine, Eßraum*

Kalte m *Liegestütz.* Vermeintl. → Ehestandsbewegung ohne die Wärme wirkl. Liebe. Wohl älter

Kaltmacher m *Pistole*

Kamel n 1. *Rekrut.* 1914ff. — 2. sympathisches K. *Einfältiger, Gutmütiger.* — 3. pl -e, mauscheln wie die jungen K. *sich albern, töricht benehmen.* → Schildkröte 2

Kameltreiber m 1. *Rekrutenausbilder.* 1914ff. → Kamel 1. — 2. *Gebirgsjäger.* Das K. spieler. anstelle des Maultiers; → Muli

Kamerad m 1. K. *Dienstkeil Unterführer mit herausforderndem Auftreten.* → Keil 2. Wortspiel mit → dienstgeil? — 2. K. *Ede* → Ede. — 3. K. am Mast *Filzlaus.* Mast ›Penis‹. — 4. K. im schwarzen Rock *Militärgeistlicher.* — 5. K. Wauwau *Wachhund der BW*

Kameradensau f 1. *unkameradschaftl. Soldat.* 1945ff. — 2. *Feldjäger.* Der Dienst des F.s als Unkameradschaftlichkeit ausgelegt

Kameradenschinder m *überstrenger Ausbilder.* 1914ff. → Schinder 1

Kameradenschwein n 1. *unkameradschaftl. Soldat.* 1945ff. → Kameradensau 1. — 2. *Feldjäger.* → Kameradensau 2

Kamikazeflieger m *Starfighter; Starfighterpilot.* Nach den japan. Opferfliegern im 2. Weltkrieg

Kamillenkarl m *Militärarzt.* Anspielung auf Kamillentee als gängiges Heilmittel

Kaminfeger m *Pfeifenreiniger.* Wohl älter

Kammerbulle m *Bekleidungskammerverwalter.* 1870ff. → Bulle 1

Kammerjäger m, pl *ABC-Abwehrtruppe*

Kammhubers Trachtengruppe f *Luftwaffe*

Kammhuberpropeller m *Schleifenkrawatte des Luftwaffen- u. Marinesoldaten.* Nach General JOSEF KAMMHUBER, Inspekteur der Luftwaffe 1956—1962. → Propeller

Kampfanzug m 1. K., Nacht, einfach, gestreift *Schlafanzug.* Spöttisch im Stil des Sachverzeichnisses. — 2. K. (san.) *Trainingsanzug.* Für Krankmeldungen im (Sanitäts-)Revier ist der T. vorgeschrieben. — 3. K. blau *Sportanzug.* — 4. K. Kratz *Kampfanzug.* Anspielung auf rauhen Stoff. — 5. K. schwarz *Sportanzug*

Kampfbrötchen n *Frikadelle.* Fleisch u. Weißbrot angebl. im Kampf um die Vorherrschaft

kämpfen intr *Dienst tun*

Kämpfer m 1. *Kampfanzug.* — 2. alter K. *Altgedienter.* Urspr. ›Altmitglied der NSDAP‹

Kampfgefreite m *Altgedienter.* Der A.e ist erst als Gefreiter in die BW eingetreten

Kampfgespräch n *Flirt.* Kämpfen gehen ›zum Mädchen gehen‹ (1939)

Kampfsack m 1. *Kampfanzug.* → Sack 2. — 2. *Sturmbeutel*

Kampfsalz n *Ei.* Kampf- bezieht sich auf Geschlechtsverkehr

Kampfschwein n *altgedienter Offizier*

Kanaken-Elli f *Karabiner.* Modell Canadian rifle. Canadian spieler. entstellt. → Elli

Kanalarbeiterfrachtbrief m *Toilettenpapier.* → Frachtbrief

Kanalarbeitermütze f *Arbeitsmütze*

Kanalpenner m *Kochfisch.* Kanal = Ärmelkanal

Kanalschwimmer m *Fisch.* → Kanalpenner

Kanalstaker m *Matrose.* Der M. spött. als (venezian.) Gondelführer gesehen

Kanari m *Angehöriger der Fernmeldetruppe.* Wegen der kanariengelben Kragenspiegel

Kanarienvogel m 1. *Gelbsüchtiger.* Wegen der Hautfärbung. — 2. pl -vögel *Fernmeldetruppe.* 1939ff. → Kanari

Känguruhshausen n *Wohnsiedlung für Angehörige der BW.* Anspielung auf »leeren (Geld-)Beutel« u. »große Sprünge«

Känguruhshügel m *Offizierswohnviertel auf einer Anhöhe.* → Känguruhshausen

Känguruhsiedlung f → Känguruhshausen

Kaninchenfutter n 1. *Möhren; Kohl.* 1914ff. — 2. *Salat.* — 3. *Kommißbrot; EPa-Knäckebrot* (→ EPa). Wegen der Härte

Kanisterviertel n *Barackenwohngegend*

Kanne f 1. *Frauenbrust.* Die F. als Milchbehälter aufgefaßt. — 2. einen Schlag in der K. haben *die Beherrschung verlieren.* → Gießkanne 1; Anspielung auf Schmerz u. Zornesausbruch bei Tritt in die Genitalien. — 3. sich die K. verbiegen → Gießkanne 3. — → Wasser 5

Kannenmieze f *vollbusiges Mädchen.* → Kanne 1

Kanone f 1. *Gewehr.* 1870ff. (HORN 65). — 2. *Revolver; Pistole.* 1914ff. — 3. *erigierter Penis.* Anspielung auf → Schuß 1

Kanonendocht m *Artillerist.* Der A. zündet die Geschoßtreibmasse

Kanonenfutter n *Grenadiere; Mannschaften.* Nach SHAKESPEARES »Heinrich IV.«: »food for powder«. 1870ff. (HORN 32)

Kanonenkugel f, pl -n *Knödel, Klopse.* Wegen Formähnlichkeit. → Fliegerabwehrgeschoß

Kante f 1. *Penis.* K. verkürzt aus Wasserkante. — 2. Laber mir keinen auf die K.! (Erwiderung auf obszöne Reden). → labern 1; → Kante 1

Kanteng f *Kantine.* Auch → Känti; → Kateng; → Kenti. Aus engl. canteen

Kantholzspezi m, **-träger** m *Pionier*

Känti f → Kanteng

Kantinengeneral m *Hauptgefreiter UA.* Wegen herrischen Auftretens

Kanzelakrobat m *Geistlicher.* → Himmelsakrobat

Kap-Horn-Kreuzer m *Fisch*

Kapital n, totes K. *Wehrdienstzeit.* Die W. als für den Beruf verlorene Zeit aufgefaßt

Kapitalanzug m *Eigentumsuniform.* Die E. ist mit eigenem Kapital angeschafft

Kapo m 1. *Unteroffizier; Gefreiter UA.* 17. Jh. — 2. *Vorgesetzter, Ausbilder.* — 3. K. de Luxe *Stabsunteroffizier.* — Von ital. capo ›Kopf, Haupt, Führer‹. → Altkapo

Käppi n *Feldmütze.* 1850ff. (FISCHER 7, 2265). Aus franz. cépi

Käpten m, **Käpt'n** m *Hauptmann*. 1939ff. → Captain

kaputt adj *dumm, schlecht, langweilig, reizlos*

Kaputtpflegen n, K. von Kraftfahrzeugen *technischer Dienst*. Beim → Gammeldienst werden mangels anderer Aufträge schon einwandfreie Fahrzeuge wiederholter Pflege unterzogen

kaputtschreiben tr [*jmdn.*] *für wehrdienstuntauglich erklären*. 1939ff.

Kapuziner m, Das haut den stärksten K. aus dem Beichtstuhl! (Ausr. bei Unerträglichem)

Karamelschmiere f *Marmelade*

karawienern intr, tr (*das Gewehr*) *instandhalten*. Wortmischung aus Karabiner + wienern

Karbid n, Er hat K. gefressen u. Wasser getrunken (Antw. auf die Frage nach jmds. Aufenthalt)

Karbolhauptmann m *Stabsarzt*

Karbolhengst m *Sanitätssoldat*. 1914ff. (FRITZ 49). → Hengst

Karbol-Uni f *Sanitätsschule*

Karl-May-Festspiel n, pl -e *Manöver*. Nach den Veranstaltungen in Bad Segeberg (seit 1951)

Karnickelfutter n *Gemüse*. → Kaninchenfutter

Karo n, nur K. spielen *Schach spielen*

Karre f 1. *Auto, Fahrrad*. 19. Jh. — 2. *Kampfpanzer*. 1939ff. — 3. *Flugzeug*. 1939ff.

Karree n, im K. springen *wütend sein; schreiend hin- und herlaufen*. K. ›Soldatenaufstellung im Viereck‹. Vgl. → Dreieck

karren intr 1. *fliegen*. 1939ff. — 2. *zu Schiff fahren*. 1939ff.

Karren m → Karre

Kartenhai m 1. *Navigationsgast*.

Marinespr. — 2. pl -e *Topographietruppe*

Kartenkleckser m, pl *Topographietruppe*

Kartenmuffel m, pl -s *Topographietruppe*. → Muffel

Kartenreparaturkompanie f *Topographietruppe*

Kartoffel f 1. kaputte K. *häßliches Mädchen*. Viell. Bezug auf »Kartoffelnase«; → kaputt. — 2. aussehen wie eine ausgequetschte K. *hager im Gesicht sein; faltig, wie ausgedörrt aussehen*. — 3. pl -n, . . . wo man die K. mit dem Lasso fängt (Redensart auf eine Gegend, in der angebl. nur Dumme wohnen). — 4. pl -n, Da werden die K. in der Toilette (o. ä.) gewaschen (Redensart auf eine ärmliche Gegend). Ostfriesenwitz?

Kartoffelfriedhof m *dicker Bauch*. 1945ff.

Kartoffelgrube f *dicker Bauch*

Kartoffelhauptmann m *Rechnungsführer im Verpflegungslager* u. ä.

Kartoffelkiste f *Schützenpanzer*. Wegen Formähnlichkeit: Abschrägung vorn

Kartoffelkraut n, **-laub** n *übelriechender Tabak*

Kartoffelsack m *Uniform, Sportanzug*. → Sack 2

Kartoffelschleuder f *Haubitze* (105 mm)

Kartoffelschmeißmaschine f *Geschütz*

Karton m, antiker K. *alte Frau*. Euphemistisch für »alte Schachtel«

Kartuschenlümmel m, pl -s 1. *Artillerie*. — 2. *Panzertruppe*

Kartuschenreiter m, pl, **-schwenker** m, pl *Artillerie*

Kartuschenstemmer m, pl *Geschützbedienung*

Kartuschenwichser m, pl *Artillerie*

Kasak m *katholischer Militärgeistlicher.* Ka(tholisch) + → Sak. 1914 ff.

Ka-Sau m *katholischer Militärgeistlicher.* Initialwort aus »katholischer → Seelenaufkäufer«

Kaschube m *Zivilist.* Der K. (eigentl. Angehöriger eines westslaw. Stammes) gesehen als Bewohner einer abgelegenen Gegend, dann als unkultivierter, bäuerischer Mensch (19. Jh.)

Käse m 1. Hast du K. auf der Stulle, kannst du vögeln wie ein Bulle! (Redensart angesichts von Käse). → vögeln. — 2. K. riechen *Putz- u. Flickstunde haben.* Wegen des Schweißgeruchs

Käsebinde f, pl -n *Fußlappen.* 1939 ff.

Käsebolzen m, pl 1. *große Stiefel.* — 2. *Schweißfüße*

Käseetui n, pl -s *Strümpfe, Socken*

Käsefabrik f *Schweißfüße.* 1939 ff.

Käsefuß m, pl -füße *unsaubere, übelriechende Füße.* 1939 ff.

käsefüßig adj *schweißfüßig.* 1939 ff.

Käseglocke f, pl -n *Schweißsocken.* → Dunstglocke 2

Käsekübel m, pl *Stiefel*

Käselappen m, pl *Strümpfe*

Käselatsche f, pl -n *Schweißfüße*

käselatschig adj *schweißfüßig*

Kasemattenbär m *Altgedienter.* Eigentlich ältlicher Bewacher von Kriegsgerät in früheren Festungswerken

Käsemauke f, pl -n 1. (*Schweiß-*) *Füße.* 1900 ff. → Mauke 1. — 2. *Socken.* → Mauke 2

Kaserer m *Schweißfüßiger.* Bayr.

Kasernatorium n *Kaserne.* Wortmischung aus Kaserne + Sanatorium. Ironisch

Kasernengeist m *nächtl. Kameradenjustiz mit Verprügeln.* 1939 ff. → Heiliger Geist

Kasernenhof m, den K. umpflügen *am Geschütz exerzieren.* Anspielung auf die beim Bewegen des Geschützes entstehenden Furchen. 1939 ff.

Kasernenmatratze f *Soldatenhure.* → Matratze 1

Kasernenrasen m *Spinat*

Käseschachtel f, pl -n *flache runde Blechschachteln für Sprengladungen.* Wegen Formähnlichkeit

Käseschneider m *Hubschrauber.* Der H. taugt angebl. als Ventilator bei stinkiger Luft

Käsetüte f *Strumpf, Socken*

käsig adj *schweißfüßig*

Kasimir (VN) m *Schweißfüßiger.* Wortspiel mit Käse

Kasinowanze f *Ordonnanz.* Zu wanzen ›hin- u. herlaufen‹

Kasperlespiel n *Turnen*

Kasperlesschnaps m *Mineralwasser u. ä.* Wegen der von den Kindern im Kasperletheater getrunkenen Brauselimonade

Kasten m *Panzerkampfwagen.* 1939 ff.

Kastenarsch m *sehr Dicker*

Kastrierte f *Filterzigarette.* 1945 ff. Wie → Geklemmte

Katastrophenkrähe f *Pessimist.* Die Krähe als Unglücksvogel

Kateng f → Kanteng

Katholikenkotelett n, **-schnitzel** n *Fischsteak.* Anspielung auf die Speise an Fasttagen

Katze f, schwarze K. *Kameradenjustiz, vollzogen an einem unkameradschaftl. Stubengenossen.* Die schwarze Katze als Unheilkünderin

Katzenjammer m *Standkonzert*
Kaugummi m, K. mit Rollkragen
Präservativ
Kausaal m *Kantine, Eßraum*
Kavalierskrankheit f *Geschlechts-*
krankheit. 1914 ff. (GRAFF 87;
BUSCHAN)
Kavaliersmotte f *Filzlaus*
Kavaliersschirm m *Präservativ*
Kavaliersschnupfen m *Tripper*
u. ä. 1914 ff. → Schnupfen
Kavallerie f, fliegende K. *Hub-*
schrauberstaffel. → Himmelska-
vallerie
Keeper m [Ausspr. engl.] *Ordon-*
nanz. Amerikan. keeper ›Bar-
kellner, Büffetier‹
Kehlkopf-BH m *Krawatte*
Keil m 1. *Penis.* 1900 ff. —
2. *Mann*
Keiler m *Berufs-, Zeitsoldat.* Nach
dem ausgewachsenen, mehr als
2 Jahre alten Wildeber
Keilriemen m 1. *erigierter Penis.*
→ Keil 1; → Riemen 1. — 2. *Leib-*
riemen
Keks m *Offiziersstern*
Keksdose f *ABC-Schutzmasken-*
tasche, Bereitschaftsbüchse. 1939 ff.
Wie → Bierbox
Keksrand m *Silberstickerei an der*
Offiziersschirmmütze. Die S. äh-
nelt dem Rand des Leibniz-
Kekses
Kelle f, mit der großen K. nach-
fassen *sich weiterverpflichten.* →
nachfassen
Kellenhund m *Feldjäger.* Anspie-
lung auf die Winkerkelle
Keller m 1. *Maschinenraum.*
Marinespr. 1914 ff. — 2. *Tauch-*
station. Marinespr. 1914 ff. (AH-
NERT 80)
Kellerassel f, pl -n *Versorgungs-*
einheit; Truppenhandwerker; In-
nendienst

Kellerkind n, pl -er *Maschinen-*
personal. Marinespr.
Kellerratte f *Angehöriger einer*
Versorgungseinheit
Kellnerjäckchen n *Uniformjacke*
im Blusenschnitt
Kellnerrock m *Sommerrock*
Kenti f → Kanteng
Kerl m, pl -s, lange K. *Wach-*
bataillon beim BMVg. Eigentl.
die von FRIEDRICH WILHELM I.
von Preußen geschaffene Leib-
garde aus bes. großen Soldaten
kernig adj *vorzüglich, gründlich,*
forsch
Kerze f *Leuchtpistole*
Kesselhut m *Stahlhelm*
Kette f, sich aus der K. abmelden
den Soldatentod erleiden. Kette
›Postenkette‹. 1939 ff.
Kettenbrunzer m, pl *Panzertrup-*
pe. Angebl. pflegen die Panzer-
soldaten gegen die Raupenkette
zu harnen
Kettenfahrzeug n, K. für Mannschaften *Fahrrad*
Kettenhund m 1. *Feldjäger.* Wegen des Ringkragens u. der Strenge des Auftrags. 1914 ff. (AHNERT
50; HAUPT 102). — 2. *Hilfsaus-*
bilder. Anspielung auf Unnach-
sichtigkeit
Kettenhundeschule f *Feldjäger-*
schule. → Kettenhund 1
Kettenraßler m *Panzerkampfwa-*
gen. Wegen des Fahrgeräuschs.
Seit 1939(?)
Kettensarg m *Schützenpanzer.*
1939 ff. → Sarg 4
Kettenvertrag m *Eheschließung.*
Bei der E. wird der Mann »an die
Kette gelegt«
Keule f 1. *Stielhandgranate.* —
2. *Tabakspfeife.* — 3. *Mann.* Wegen Keule ›erigierter Penis‹. —
4. *Gefreiter.* Entspr. → Knochen 2.

— 5. *nettes Mädchen.* — 6. tofte K.
kameradschaftlicher Soldat. →
toft 2. — 7. Du kannst mir mal
die K. küssen! (Ausr. der Abweisung). Keule ›Oberschenkel‹. Anlehnung an das Götz-Zitat
keulen intr *körperlich schwer arbeiten.* Man muß die Keulen
›Oberschenkel‹ kräftig bewegen
Keulenempfang m *Bestrafung,
Rüge.* Übertragen vom kräftigen
Schlag mit der Keule
Keuschheitsgürtel m *Koppel, Leib-
binde*
Kfz-Fortbewegungskünstler m
Kraftfahrer
Kfz-Gammel m *technischer Dienst.*
→ Gammel m
kickengehen intr *im Fernsehen
ein Fußballspiel ansehen.* Engl. to
kick ›mit dem Fuß stoßen‹
kickern intr *am Fußballautomaten
spielen*
Kiekröhre f *Schnorchel*
Kieler Knabenanzug m *Marine-
uniform*
Kielschwein n *Marineangehöriger.*
K. eigentl. Längsbalken, der zur
Verstärkung dem Kiel aufliegt
Kieme f, pl -n 1. [etw.] hinter die
K. schießen [*etw.*] *essen.* — 2. eine
zwischen die K. stecken *eine
Zigarette rauchen*
Kies m *Geld.* 18. Jh.
Kiki m *unsinniger Befehl.* K. un-
ter Halbwüchsigen ›Unsinn‹.
Fußt auf franz. chichi ›betrügeri-
sche Schmeichelei; Übertölpelung‹
Killer m 1. *mutiger Soldat.* — 2.
Längerdienender. — Unter dem
Einfluß von Kriminalromanen u.
-filmen. Engl. to kill ›töten‹
Killerglashaus n *ABC-Übungs-
raum.* → Glashaus
Kilometerfresser m 1. *Geflügel.* →
Flugstunden. — 2. pl *große Stiefel*

Kilroy FN, K. besuchen *die Toilette aufsuchen.* K. ist literarisch
der unbekannte Amerikaner aus
dem Volk, Besatzungssoldat, Tou-
rist, Reporter u. a. Film »Kilroy
was here« mit JACKIE COOGAN
(1947)
Kilroylatte f *Latrinensitzstange.*
→ Kilroy
kimbeln intr *Fahnenflucht begehen.*
→ Kimble
Kimble FN 1. Dr. K./Richard K.
*Fahnenflüchtiger; Wehrdienstver-
weigerer.* — 2. Richard K. auf
Achse *Fahnenflüchtiger.* — 3. Aktion Richard K. *Fahnenflucht.* —
Nach der amerikan. Fernsehserie
»Dr. Richard Kimble auf der
Flucht« (dt. 1965/66)
Kimme f *Gesäßkerbe.* K. eigentl.
Einschnitt am Visier der Hand-
feuerwaffe. 1870ff. (HORN 104)
Kimmengurt m, -serviette f *Toi-
lettenpapier.* → Kimme
Kind n 1. K. mit Unterputzanla-
ge *Mädchen. Die Harnröhre endet
beim M.* »unter Putz«. — 2. pl
-er, Ich mache mit einem Schlag
zwei schulpflichtige K. aus dir!
(Drohrede)
Kindergarten m 1. *NATO.* Die N.
»erzieht« die unmündigen Part-
nerstaaten. — 2. *BW*
Kinderkaffee m *Kakao*
Kinder-Kapo m *Gefreiter UA.* →
Kapo 1
Kindermädchen n *Zivildienstleistender*
Kinderpuff m *Diskothek*
Kindersarg m 1. *großer Fuß*;
großer Schuh. 1800ff. — 2. *Spähpanzer. Der S. ist klein u. sarg-
förmig*
Kindersekt m *Mineralwasser.*
1920ff.

Kinderspiel n *Truppenübung, Manöver*

Kinderstube f 1. die K. wohl mit Mach 2 durchflogen haben *sehr schlechtes Benehmen haben.* Mach 2 = doppelte Schallgeschwindigkeit. — 2. mit dem Düsenjäger durch die K. gerast sein *sehr schlechtes Benehmen haben*

Kinderstunde f *militär. Unterricht*

King m 1. *Viersternegeneral; Oberbefehlshaber.* Engl. king ›König‹. — 2. pl -s *Offiziere.* Engl. king ›Magnat, Matador, Obermotz‹ (WILDHAGEN 13, 463). — 3. der K. sein *bei Kasse sein*

Kippeneimer m, **-sarg** m *Aschenbecher*

Kirsche f 1. *Kopf.* 1920 ff. — 2. einen an der K. haben *betrunken sein*

Kissen n, auf K. laufen *bei Kasse sein*

Kiste f 1. *Fahrzeug.* Nach dem kastenförmigen Aufbau beim Auto u. dem kistenförmigen Beobachtersitz in den ersten Flugzeugen. 1914 ff. (GRAFF 88; MAUSSER 32). — 2. *Gefängnis, Arrest; Haftzelle.* Wegen der Enge u. des Abschließens. 15. Jh. — 3. *dicker Bauch.* — 4. in die K. springen *sterben.* K. ›Sarg‹. — 5. die K. vollhaben *betrunken sein.* → Kiste 3. — 6. sich die K. vollhauen *sich betrinken.* → Kiste 3

Kistel-Kastel-Armee f *Technische Truppe.* Anspielung auf das in Kisten u. Kästen befindliche Handwerksgerät

Kistenkosmetiker m, pl *Luftwaffenbodenpersonal.* → Kiste 1

Kistensprung m *(Soldaten-)Tod.* → Kiste 4

Kitekat n *Fleischkonserve.* Nach dem Namen eines Katzenfutters

Kitt m, den K. von den Fenstern fressen *sich kärglich ernähren.* 1920 ff.

Kittel m 1. *Uniformrock.* 1939 ff. — 2. Ich glaube, mir brennt der K.! (Ausr. des Unwillens; Erwiderung auf eine unglaubw. Behauptung)

Klabautermann m 1. *Bootsmann.* Seit 1914(?). — 2. *Kameradenjustiz an einem unkameradschaftlichen Stubengenossen.* 1939 ff. — Eigentl. der Schiffskobold

Klabusterbeerenbeschau f *Gesundheitsbesichtigung.* Klabusterbeeren ›Kotteilchen am After‹

Kläffer m, flinker K. *Panzerjäger.* Nach dem Bellen der Waffen

Klagemauer f, K. (der BW/der Soldaten) *Wehrbeauftragter des Deutschen Bundestags*

Klammeraffe m *Sturmgepäck.* → Affe 1

Klammeraffenzeit f *Turnstunde*

Klamotten pl 1. *Uniform.* — 2. *Wäsche, Unterzeug u. ä.* — Aus rotw. klabot ›Kleidung‹ (WOLF 2657). 1914 ff. (FRITZ 51; HAUPT 103)

Klamottenappell m *Bekleidungs-, Sachenappell.* 1914 ff. → Klamotten 1

Klamottenasyl n, **-bude** f *Bekleidungskammer*

Klamottenempfang m *Einkleidung*

Klamottenfilze f *Bekleidungsappell.* → Filze 2

Klamottenhändler m, pl *Bekleidungsämter*

Klamottenhaus n *Bekleidungskammer*

Klamottenheini m, pl -s *Bekleidungsämter.* → Heini

Klamottenhof m, **-kammer** f *Bekleidungskammer*

Klamottenkiste f *Spind*

Klamottenladen m *Bekleidungs-kammer*

Klamottenparade f *Bekleidungs-appell*

Klamottenpflege f *Putz- u. Flick-stunde*

Klamottenpuff m *Bekleidungs-kammer*

Klamottenschau f *Bekleidungs-appell*

Klamottenscheune f *Bekleidungs-kammer*

Klamottentest m *Bekleidungsap-pell*

Klappaltar m, geländegängiger K. (*Altar für den*) *Feldgottesdienst*

Klappbüchse f, **Klappe** f *Blink-gerät.* Durch eine Klappe wird der Austritt des Lichtstrahls geregelt

Klapperaffe m *Fernschreiber.* Klappern ›ticken‹

Klapperarsch m *Feigling, Ängst-licher.* Angebl. klappern vor Angst die Gesäßbacken

Klapperstorch m, Erzähl mir kei-nen [ergänze: Witz] vom K.! (Ruf an einen Schwätzer)

Klappspatengeschwader n *Flugab-wehrverband.* Der Klappspaten ge-hört zur Ausrüstung

Klappstuhl m *Ängstlicher.* Ein Ä. klappt schnell zusammen

Klapsmühle f *Kaserne*

Klarinettenfurzbrühe f *Kaffee.* »Klarinette« spielt auf die Fär-bung an

klasse adj *hervorragend, unüber-trefflich.* 1920 ff.

Klasse f, erster/zweiter/dritter K. *mit einem/zwei/drei Sternen auf den Schulterklappen.* Seit 1939(?)

Klassejob m *angenehmer Dienst.* → Job 1

Klassekerl m *beliebter Vorgesetzter*

Klasseneinteilung f *Tauglichkeits-grade.* Nach den Ordens- oder Güteklassen

klatschen tr, (sich) einen k. *sich betrinken*

Kleckerartillerie f *Feldartillerie.* Anspielung auf langsames Voran-kommen

kleckern intr, nicht k., sondern klotzen *endlich streng vorgehen; sofort die ganze Kraft einsetzen.* Alter Artilleristenausdr. → klot-zen

Kleckse f *Kompaniegeschäftszim-mer*

Kleiderschrank m *Breitschultri-ger.* 1914 ff.

Klein-Auschwitz n *ABC-Übungs-raum.* → Auschwitz

Kleister m 1. *Kartoffelbrei.* 1920 ff. — 2. *Kunsthonig*

Klempner m 1. *Stabsarzt.* 1920 ff. → Knochenklempner 1. — 2. *Zahnarzt.* 1920 ff. → Zahn-klempner

Klempnerladen m *Orden u. Ehren-zeichen; große Ordensschnalle.* 1914 ff. (HAUPT 104). Entspr. → Blechladen

klempnern intr *technischen Dienst tun*

Klettermax(e) m, pl -en *Gebirgs-jäger.* K. eigentl. ›Fassadenklet-terer, Einstiegdieb; gewandter Kletterer, Alpinist‹

Klettersoldat m *Gebirgsjäger*

Klimmzug m, pl -züge 1. K. machen *ein Mädchen umwerben, freien; flirten.* — 2. K. mit den Augendeckeln machen *verliebte Blicke werfen*

Klinge f, über die K. springen *im Wehrdienst sterben.* Aus [jmdn.] über die K. springen lassen ›[jmdn.] töten, vernichten‹

Klingler m *gegen Untergebene strenger, gegen Höherstehende er-*

gebener Vorgesetzter. Entspr. →
Radfahrer
Klinke f, Schwätz mir keine K. an
den Sack! (Ausr. beim Verneh-
men von obszönen Reden). K.
›erigierter Penis‹
Klitsche f *Bordküche.* Ausgangs-
bed. ›kleiner Handwerksbetrieb;
unbedeutender Laden‹. Mari-
nespr. Wohl älter
Klofilm m *Toilettenpapierrolle.*
→ Filmrolle
klopfen tr, einen k./kloppen *ona-
nieren*
Klopfer m, Das ist ein K./Klop-
per! (Ausr. angesichts einer groß-
artigen Sache oder bei großer
Unannehmlichkeit). Entspr. →
Hammer 2
kloppen tr → klopfen
Klopper m → Klopfer
Klopswerfer m *Mörser.* Klops
›Werfergranate‹
Kloputzer m *Zivildienstleistender*
Klosettbuch n *Wehrpaß.* Die
W.-blätter verdienen es angebl.,
als Toilettenpapier benutzt zu
werden
Klosettdeckel m, pl, Hände wie K.
große, plumpe Hände. 1900 ff.
Entspr. → Abortdeckel
Klosettreiniger m *Pfeifenreini-
ger.* Anspielung auf den strengen
Geruch des Tabakssafts
Kloster n *Kaserne; Kasernenstube.*
Wegen der Männergemeinschaft
Klosterordnung f *Stubenordnung.*
→ Kloster
Klosterruf m *Zapfenstreich.* →
Kloster
Klotte f, pl -n 1. *Gegenstände.* —
2. *Halbschuhe.* Ausgangsbed.
›Holzschuhe‹ (MENSING 3, 175).
— Verkürzt aus → Klamotte
Klötzchen n, pl, K. packen *die
Musterung durchführen.* K. ›Hode‹

Klötzchenlehrgang m *Lehrgang
beim Berufsförderungsdienst.* Anspielung auf Baukastenspielen im
Unterricht
Klötzchenschule f *Berufsförderungsdienst.* → Klötzchenlehrgang
Klotze f *schwerer Dienst.* → klotzen
klotzen intr *hart einexerziert werden; schweren Dienst tun.* Ausgangsbed. ›in schweren Arbeits-
schuhen tätig sein‹. 1920 ff. →
kleckern
Klub m 1. *Truppeneinheit, Grup-
pe.* 1914 ff. — 2. *Krankenstube in
der Kaserne.* — Aus dem Engl.
Kluft f *Uniform.* Fußt auf jidd.
keliphas ›Schale‹ (WOLF 2736).
17. Jh.
Klunker f, pl -n *Geld.* K. eigentl.
›Tuchfetzen‹; entspr. → Lappen
Klunkerfraß m *Graupensuppe.*
Klunker ›Klümpchen‹
Klunte f *Mädchen.* Beruht auf
Klunze ›Spalt‹. 1939 ff.
Klüse f, pl -n *Augen.* K. eigentl.
›Loch in der Schiffswand für
Ketten u. Taue‹. 1870 ff. Marinespr.
Knabenanzug m → Kieler K.
Knackarsch m *jmd. mit großem
Schlafbedürfnis.* → knacken 1
knackbar adj *leicht zugänglich*
(weibl. Person). Knacken ›aufbrechen = deflorieren‹
Knacke f *Bett.* → knacken 1
knacken intr 1. *schlafen.* Anspielung auf Knacken des Betts.
Gaunerspr. Knacker machen ›auf
der Bank, dem Fußboden schlafen‹ (WOLF 2751). → ausknacken
— 2. *schnarchen.* Vom Schnarchgeräusch. — 3. k. lassen *sich
beeilen; Eifer zeigen; einen Befehl
ausführen.* Anspielung auf Knak-
ken steif gewordener Gelenke

Knackie m *Soldat mit großem Schlafbedürfnis.* → knacken 1
knackig adj *ansehlich, liebreizend, jung, schwungvoll.* Wie knusprig
Knackkommando n *Panzerartillerie.* → Panzer 3
Knackplatz m *Schlafplatz, Bett.* → knacken 1
Knacksack m *Stroh-, Schlafsack.* → knacken 1
Knackstunde f *Kirchgang.* → knacken 1
Knacktime f [Grundw. engl. Ausspr.] *Kirchgang.* → knacken 1
Knackwurstkocher m *Auto.* Knackwurst spielt an auf den Kühlergrill; Kocher verkürzt aus Benzinkocher
Knacky m → Knackie
Knallarsch m, pl -ärsche *Mannschaften*
Knallbonbon n 1. *Handgranate; Sprengkörper* (*DM 12*). Wegen des Explosionsknalls. 1914 ff. (MAUSSER 26; GRAFF 91). — 2. *kleinwüchsiger, aber strammer Soldat.* Wegen des Zusammenknallens der Hacken. — 3. *Zwiebel.* Wegen der blähenden Wirkung
knallen 1. intr *koitieren.* Zu Knall → Schuß. 18. Jh. — 2. tr, (sich) einen k. *sich betrinken.* 1920 ff.
Knaller m, pl *Artillerie*
Knallerbse f, pl -n *Patronen; Munition für leichtes Maschinengewehr; Handgranaten; Fliegerbomben* u. ä. 1914 ff. (IMME 159; GRAFF 91)
Knallfrosch m 1. *Mine.* — 2. pl -frösche *Feldartillerie*
Knallkopf m, -kopp m *Artillerist.* Entspr. → Bumskopp 1
Knallkörper m *Mörser, Mine*

Knallkörperversenker m, pl *Minenlegergeschwader.* → Knallkörper
Knallsuppe f *Hülsenfrüchtesuppe.* Wegen blähender Wirkung
Knarre f *Gewehr, Flinte, Pistole.* Früher hatte das G. eine Sperrklinke; bei jedem Radzacken ertönte ein knarrendes Geräusch. 1850 ff.
Knast m 1. *Gefängnis, Arrestlokal; Freiheitsstrafe, Arrest.* 1800 ff. — 2. Ein Soldat ohne K. ist wie ein Schiff ohne Mast (Redensart auf einen Bestraften, bei einer Bestrafung). — K. fußt auf jidd. knas ›Geldstrafe‹, Einfl. von knastern ›brummend tadeln‹; entspr. brummen ›im Gefängnis sitzen‹
Knasthund m *Arrestwache.* → Knast
Knastologe m *Strafgefangener, Arrestinsasse.* Scherzhaft erhoben zum Rang eines Wissenschaftlers. 1900 ff. → Knast
Knastologenschuppen m *Arrestlokal.* → Knastologe; → Schuppen
Knastrologe m → Knastologe
Knastronaut m *mit Arrest bestrafter Soldat.* Wortmischung aus → Knast oder → Knastrologe + Astronaut
Knastwache f *Arrestwache.* → Knast
Knatsche f *Bett.* Knatschen ›drücken, wühlen‹
Knatterbüchse f 1. *Gewehr.* — 2. *Maschinengewehr*
Knatterknüppel m *Maschinenpistole*
Knatterlatte f *Latrinensitzstange*
Knattermann m *Nörgler, Mißmutiger.* Knattern ›sich mißvergnügt äußern‹

Knattermannshausen n *Arrestlokal.* → Knattermann

Knecht m 1. *Soldat, Rekrut.* — 2. pl *Mannschaften*

kneifen intr *sich der Wehrdienstpflicht entziehen*

Kneifer m *Wehrdienstverweigerer.* → kneifen

Kneifzange f *Dienstgradabzeichen des Hauptfeldwebels.* Wegen Formähnlichkeit

Kneippkur f *Körperwaschung*

Knick m 1. K. im Rücken *Buckel.* — 2. einen K. in der Optik haben *kurzsichtig sein.* — 3. einen K. in der Pupille haben *schlecht schießen.* — 4. Du hast wohl einen K. in der Pupille? *Du bist wohl nicht bei Sinnen?*

Kniebremser m, pl *Unterhose.* Die U. bremst beim Fallen den Aufprall

Kniescheibe f, pl -n, die K. weichstehen *Posten stehen*

Knirpspirat m *Fallschirmjäger.* Nach dem Regenschirm Marke Knirps

Knispel m 1. *Rekrut; Angehöriger des Mannschaftsstandes.* Ausgangsbed. ›kleinwüchsiger, unruhiger, verkehrter Knabe‹ (MÜLLER 4, 960). — 2. *Gutmütiger, Dümmlicher.* — 3. *untauglicher Soldat*

knistern intr, Ich glaube, es knistert! (Ausr. des Erstaunens; Erwiderung auf eine unglaubw. Äußerung). Entspr. → Kittel 2

Knistersack m *Strohsack*

knitterfrei adj → Abendanzug; → Ausgehhut

Knitterfreie m *Stahlhelm.* 1939 ff. → Ausgehhut

Knobelbecher m, pl 1. *Kampfstiefel.* 1900 ff. — 2. gekürzte K. *Halbschuhe*

Knochen m 1. pl *Gliedmaßen* (abf.). 17. Jh. — 2. alter K. *Altgedienter; Soldat im 2. Dienstjahr.* 1870 ff. — 3. pl Eure K. gehören mir, eure Seele dem lieben Gott (Redensart von Ausbildern). — 4. pl, die K. zusammennehmen *militär. Haltung annehmen.* 1900 ff.

Knochenacker m *Truppenübungsplatz*

Knochenappell m *Gesundheitsbesichtigung*

Knochenbrecher m *Sturmgepäck.* Wegen des Gewichts

Knochenflicker m 1. *Arzt; Stabsarzt; Chirurg.* 1880 ff. — 2. *Sanitätssoldat.* → Flicker

Knochenklempner m 1. *Arzt, Orthopäde.* 1880 ff. — 2. *Sanitätssoldat*

Knochenknacker m *Sanitätssoldat*

Knochenknick m *Knochenbruch*

Knochenmühle f 1. *Sportschule.* 1860 ff. — 2. *Lazarett* (vor allem medikomechan. Abt.). 1914 ff. (GRAFF 91; BUSCHAN). — 3. *Sanitätskraftwagen.*

Knochenputzer m *Ausbilder.* Entspr. → bimsen 1

Knochensack m 1. *Fallschirmjäger-, Fliegerkombination.* 1936 ff. — 2. *Arbeits-, Kampfanzug.* — → Sack 1

Knochensäge f *Maschinengewehr 42.* 1939 ff. → Säge

Knochensäger m 1. *Chirurg, Arzt.* 1939 ff. — 2. *Sanitätssoldat*

Knochensammelverein m *Sanitätstruppe*

Knochensammler m, pl *Sanitätstruppe.* 1914 ff. (GRAFF 91; BUSCHAN)

Knochenspengler m *Arzt.* 1914 ff. Südd.

Knochenwalzer m *Marschmusik*

Knödel m *Geschoß*. 1914 ff. (IMME 115); vgl. → Fliegerabwehrgeschoß. Bayr.

Knödelfriedhof m *dicker Bauch*. Bayr.

Knödelkotzer m, **-schleuder** f *Granatwerfer*. → Knödel

Knödelwerfer m, pl *Gebirgsartillerie*. → Knödel

knöpern tr, intr [*mit jmdm.*] *koitieren*. Nebenform zu knuppern, knabbern ›naschen, vernaschen‹

Knopf m, pl Knöpfe, K. ordnen *sich zum Dienst fertigmachen*

Knopflochmaschine f *Gewehr*

Knorpelhalter m *Krawatte*. Knorpel ›Adamsapfel‹

Knorpelspülung f *Trinken; Zecherei*. Knorpel ›Adamsapfel‹

Knöselkopf m, **-kopp** m *unsympathischer Vorgesetzter*. Knösel ›Tabak‹ kann auf → Zigarre 1, 2 anspielen; viell. auch zu knuseln, knüseln ›sich mit unnützen Dingen abgeben‹ (MÜLLER 4, 1074)

knucksen intr *am* → Knucksen *teilnehmen*

Knucksen n *Spiel, bei dem in einer Runde die Gesamtzahl der in der Hand behaltenen Streichhölzer (je Teilnehmer höchstens 3) zu erraten ist*. Zu Knuckel, Knückel ›Knöchel‹; Zusammenh. mit knobeln

Knüppel m 1. *Rekrut*. → Kommißknüppel. — 2. *Offizier*. — Der R., O. als derb, roh gesehen

Knüppelaffe m *Feldjäger*. Knüppel ›Stab mit Winkerscheibe‹

Knüppelgarde f *Spielleute*. Knüppel ›Trommelstock‹

knüpplig adj *betrunken*. Über Stock = Knüppel analog zu stockbetrunken

Knutsch- u. Fickstunde f *Putz- u. Flickstunde*. Wortspiel

Kocher m *Tabakspfeife*

Kochpott m, **-topf** m *Stahlhelm*. Wegen Formähnlichkeit. 1939 ff.

Koffer m 1. *Spind*. Wegen der Fächereinteilung wie in einem Schrankkoffer. — 2. *Kübelwagen, Jeep*. Gekürzt aus Kofferwagen. — 3. *geballte Ladung; Bombe, Granate, Geschoß*. Als schweres Gepäckstück gesehen. 1900 ff. — 4. *Kopf*. Gekürzt aus Gedankenkoffer. 1930 ff. — 5. *Rekrut*. 1939 ff. → Kofferträger. — 6. *Breitschultriger*. Ausgehend von Schrank, über Schrankkoffer. — 7. einen K. in die Ecke stellen *koten*

Kofferträger m *Rekrut*. Der R. rückt mit einem Koffer in die Kaserne ein. 1939 ff.

Kognak m 1. *Hauptmann*. → Dreisternekognak. — 2. *Generalleutnant*. Der G. hat wie → Kognak 1 drei Schulterklappensterne

Kognakbüchse f *ABC-Schutzmaskentasche*. Entspr. → Bierbox

Kognakflasche f *Urinflasche*. Wegen der Farbähnlichkeit beider Inhalte

Kognakgeneral m *Viersternegeneral*. → Kognak 2

Kognakoffizier m *Hauptmann*. → Kognak 1

Kognakschwenker m *Uringlas*. Entspr. → Kognakflasche

Kognakvertreter m *Generalleutnant*. Entspr. → Kognak 2

Kohldampf m, K. schieben *Hunger leiden*. Vgl. *WdU* 1, 296

Kohle f, pl -n 1. pl *Geld, Wehrsold*. Zusammenh. mit der Redewendung »Der Schornstein muß rauchen« i. S. v. »Ohne Geld kann man nicht leben«. 1840 ff — 2. pl *Krüllschnitt*. — 3. pl, ein paar K. auflegen *sich noch mehr anstrengen*;

das Tempo beschleunigen. Übertragen von der Dampfmaschine,
-lokomotive. 1935 ff. — 4. pl,
keine K. mehr im Futter haben
mittellos sein. Futter = Kleider-
futter; → Kohle 1. — 5. pl, K.
schippen *Wehrsold empfangen.* →
Kohle 1. — 6. gut bei K. sein
Geld haben
Kohlenchef m, **-händler** m *Rechnungsführer, Zahlmeister.* → Kohle 1
koksen intr *schlafen.* Nach dem
Schnarchgeräusch. 1914 ff. (IMME
92; GRAFF 93; HAUPT 108)
Kolben m 1. *Flasche.* — 2. *Urinflasche für männl. Bettlägrige.* —
3. *plumpe Tabakspfeife.* 1914 ff.
Kolbenring m, pl -e *Ärmelstreifen
des Marineoffiziers.* 1900 ff. Marinespr.
Kolbenringträger m *Kapitän zur
See; Fregattenkapitän.* → Kolben-
ringe
Kollebomber m *Aufklärungsflugzeug.* → Oswalt-Kolle-Batterie
Kolleklub m *Aufklärungsverband.*
→ Oswalt-Kolle-Batterie
Kollektivschiß m *gemeinsames
schnelles Austreten während der
Marschpause.* 1939 ff.
Kolleverband m *Aufklärungsver-
band.* → Oswalt-Kolle-Batterie
Kolonne f, blaue K. *zivile Wach-
angestellte.* Wegen der Beklei-
dungsfarbe
Kolumbusgruß m *militär. Gruß
des Soldaten ohne Kopfbedeckung.*
Die Handhaltung beim G. ist
ähnlich der des Matrosen im Aus-
guck. Ausruf ›Land in Sicht!‹
Kombü f *Küche.* Verkürzt aus
Kombüse ›Bordküche‹
Kombüse f *Kasernenküche*
Komiker m 1. *Soldat mit beson-
derer Funktion.* Der S. u. seine

Tätigkeit werden nicht ernst genommen. 1939 ff. — 2. pl *ABC-
Abwehrtruppe.* → Komiker 1;
viell. Einfluß von Chemiker
kommen intr, Kommt, wir erfassen alles *Kreiswehrersatzamt.* Deutung der Abk. KWEA
Kommiß m *Reichswehr; Wehrmacht des Dritten Reiches*
Kommißbulle m 1. *engstirniger
Soldat von kräftigem Körperbau.*
1939 ff. → Bulle 1. — 2. *Kriegsgedienter*
Kommißdienst m *Wehrdienst*
Kommißgurke f, pl -n *Stiefel.* →
Gurken
Kommißheini m *engstirniger, völlig im Dienst aufgehender Soldat.*
1939 ff. → Heini
Kommißhengst m *militär. Vorgesetzter mit übertrieben strenger
Dienstauffassung.* 1870 ff. (HORN
51). → Hengst
kommissig adj *auf den Wehrdienst
bezüglich; militär. straff, engstir-
nig, genau.* 1870 ff. (HORN 51)
Kommissigkeit f *strenge militär.
Dienstauffassung; militär. Straff-
heit.* 1870 ff.
Kommißjesus m *frommer Soldat.*
1950 ff.
Kommißklamotte f, pl -n *Uni-
form.* → Klamotten 1
Kommißknast m *Arrest.* → Knast
1
Kommißkneifer m *Soldat, der dem
Wehrdienst zu entgehen sucht.* →
Kneifer
Kommißknochen m *engstirniger,
übereifriger Soldat.* 1914 ff.
(HAUPT 109)
Kommißknüppel m *Berufssoldat
mit mehrjähriger Dienstzeit.*
1870 ff. (HORN 51). → Knüppel 1
Kommißkopf m, **-kopp** m *kriegs-
gedienter, überzeugter Soldat; bar-*

scher Unteroffizier; *vorschriften-genauer Vorgesetzter*. Seit dem ausgehenden 19. Jh.

Kommißmensch m *jmd., der völlig im Wehrdienst aufgeht*

Kommt, wir erfassen alles → kommen

Kompaniedepp m *einfältiger Soldat*. 1914ff. (IMME 69)

Kompaniegefechtsstand m *Soldatenkneipe*

Kompaniehäuptling m *Hauptmann*. 1914ff. → Häuptling

Kompaniematratze f *Soldatenhure*. 1914ff. (GRAFF 247). → Matratze 1

Kompanietreiber m *Hauptfeldwebel*. → Treiber

Kompanietrottel m 1. *einfältiger Soldat*. 1914ff. (IMME 71). — 2. pl *Mannschaften*

Kompaniezebra n *Hauptgefreiter*. → Zebra

Kompottschüssel f *Stahlhelm*

Kondensstreifen m, Wenn ich marsch, marsch sage, möchte ich nur noch einen K. sehen! (Redewendung an einen zu langsam Marschierenden)

Kondition f, keine K. haben *nicht bei Kasse sein*. K. ›Leistungsvermögen‹ (Sportlerspr.)

Konditionskugel f *Ei*. Wegen angebl. Steigerung der Sexualkraft durch Eier

Konditionspille f *Spiegelei*. → Konditionskugel

Kondom m *Gummimantel*. Der G. als → Überzieher 1

Kondor m, aussehen wie ein K. von unten *bleich aussehen*. Wegen des weißen Felds auf der Flügelunterseite

Konfirmandenpimmel m *Kalbswürstchen*. → Pimmel 1

Kongo (LN) m *Einödstandort*.

Aufgekommen 1964 durch Berichte über die Kongokrise. → Kongosöldner

Kongobatterie f *Wachbatterie*

Kongoratte f *Filzlaus*

Kongosöldner m *Einödsoldat*. Mit Hilfe weißer Söldner warf Ministerpräsident TSHOMBÉ 1964 einen Aufstand im Osten des Kongo nieder. → Kongo

Konrad (VN) m, pl -s, grüne K. *Unterhose*. Wegen der olivgrünen Farbe mit Anspielung auf Bundeskanzler KONRAD ADENAUER als Befürworter der Wiederbewaffnung

Konservendose f 1. *Rundfunkgerät*. Das R. als Spieldose aufgefaßt, die Konservenmusik abspielt. — 2. *Unterseeboot*. Wegen der Enge im U. — 3. *Spind*. Wegen der Enge des S.s

Konservenfahrer m *Angehöriger eines Unterseebootgeschwaders*. → Konservendose 2

konterrevolutionär adj *widerspenstig, aufsässig*

Koordinatenlehrgang m Arrest. Anspielung auf die Fenstergitter

Koordinatenpflanzer m, pl *Topographietruppe*

Kopeke f, pl -n *Geld, Sold*

Kopekenede m, **-heini** m *Rechnungsführer, Zahlmeister*. → Kopeke; → Heini

Kopekenscheich m *Zahlmeister*. 1935ff. → Kopeken; → Scheich

Kopf m 1. Das hältst du im K. nicht aus (Ausr. der Unerträglichkeit, des Erstaunens). Zurückgeh. auf Kopfschmerzen bei Lärm. — 2. sich einen in den K. ballern *sich betrinken*. → ballern 2. — 3. sich an den Kopf greifen *militär. grüßen*. — 4. den K. nur zum Haareschneiden haben *dumm*

sein. 1939ff. — 5. Er hat seinen K. nur, damit es zum Hals nicht reinregnet *er ist überaus dumm.* — 6. Er hat seinen K. nur, damit er das Stroh nicht unter dem Arm zu tragen braucht *er ist dumm.* Ausspruch HEINZ EHRHARDTS in dem Film »Die Herren mit der weißen Weste« (1969); Anspielung auf die Redewendung »Stroh im Kopf haben«. — 7. einen in den (hohlen) K. hauen/knallen/ leeren *sich betrinken; Alkohol zu sich nehmen.* → reinhauen 2. — 8. [etw.] in den K. stecken [*etw.*] *essen.* — 9. sich den hohlen K. vollhauen *sich betrinken.* → Kopf 7. — 10. Ich haue dir den K. zwischen den Ohren weg! (Drohrede)

Kopfdichtung f *Präservativ*

Kopfgeld n *Wehrsold*

Kopfgeldjäger m *Zeitsoldat.* Anspielung auf die Verpflichtungsprämie

kopfgesteuert adj *nach Weisung handelnd.* Der Hubschrauberpilot steuert nach über Kopfhörer aufgenommenen Anweisungen u. ist so in einer passiven Rolle

Kopfgesteuerte m, pl -n 1. *Hubschrauberstaffel.* → kopfgesteuert. — 2. *Offiziere.* — 3. *Abiturienten.* Anspielung auf besseres Denkvermögen

Kopfgesteuertenausbildungsinstitut n *Offizierschule.* → Kopfgesteuerte 2

Kopfhörer m, pl *Ohrenschützer.* Wegen Formähnlichkeit. 1939ff.

Kopfpariser m, **-präser** m *Kopfschützer.* → Pariser 4

Kopfschlachter m *Friseur*

Kopfstütze f *Kragen*

Korbflechter m *für Strafen, Ablehnen von Anträgen u. a. bekann-*

ter *Vorgesetzter.* Korb ›Ablehnung, Zurückweisung‹

Kordelkasper m *Haupt-, Kompaniefeldwebel.* Wegen der Fangschnur

Korea (LN) n *Mischgetränk.* Anspielung auf die Teilung des Landes K. nach dem Krieg 1950 bis 1953

Koreaflüchtling m *zähes Brathähnchen u. ä.* Anspielung auf das als ledern empfundene Gesicht des Koreaners oder auf die → Flugstunden, die bei der vermeintl. Reise aus Korea benötigt wurden

Koreakugel f *Frikadelle*

Korken m, einen K. im Arsch haben *Stuhlverhärtung haben*

Korn n, K. einfahren *Schnaps trinken*

Körperkosmetikum n, pl -ka *Arzneien*

Körperzusammenhalteriemen m *Koppel*

Korruptionspanzer m *Schützenpanzer HS 30.* → Affairenpanzer

Korsett n *Leibbinde; Koppel.* 1914ff.

Körung f *Musterung.* Aus der Viehzucht übertragen

Kosmetikhaube f *ABC-Schutzmaske*

Kosmetikkoffer m *ABC-Schutzmaskenbehälter*

Kosmetikstunde f *technischer Dienst*

Kostüm n *Uniform.* 1900ff. (GRAFF 246)

kostümieren tr (*den Soldaten*) *einkleiden.* 1900ff.

Kostümverleih m *Bekleidungskammer*

Kotbombe f, eine K. ausklinken *koten.* → ausklinken

Kotelett n, katholisches K. *Fischsteak.* → Katholikenkotelett

Kotelettfriedhof m *Beleibtheit*; *Magen*. 1914 ff. (AHNERT 187)
Kotelettklopfer m, **-schmied** m *Koch*
Kotelettschmiede f *Kasernenküche*
Kotzbalken m *minderwertige Zigarre*. 1870 ff. (HORN 96)
Kotzbremse f, **-filter** m, **-rüssel** m, **-schale** f *A BC-Schutzmaske*
Kotztrichter m *A BC-Schutzmaske*. Wohl älter
Kotztüte f *A BC-Schutzmaske*
Krachhut m *Sturzhelm*
Krachlatte f *Gewehr*
Kraftei n 1. *Hubschrauber*. Wegen der Form. (1939: Messerschmidt Me 163, Komet.) — 2. *Eierhandgranate*. 1939 ff. → Ei 1
Kraftfutter n 1. *Fleischbrühe*. — 2. *Sellerie*. Wegen angebl. Hebung der Sexualkraft durch S.
Kraftgammler m, pl *Kraftfahrtruppe*. → Gammler 1
Kraftnahrung f *Marmelade*. 1914 ff.
Kraftpülverchen n *Treibladung*
Krafttablette f, pl -n *Sellerie*. Wie → Kraftfutter 2
Krähe f 1. *Bundesadler*. — 2. K. mit dreitausend Flugstunden *zähes Brathähnchen* u. ä. → Flugstunde. — 3. müde K. *langsam fliegendes Flugzeug*. 1939 ff. Fliegerspr.
Krähenfeder f *Dienstgradabzeichen des Feld-, Oberfeldwebels*
Krahizu m *katholischer Militärgeistlicher*. Initialwort aus »Kragen hinten zu« in Anspielung auf die Kragentracht. → Kravozu
Krampfaderngeschwader n *weibl. Küchenpersonal*. 1939 ff.
Krampfpanzer m *Kampfpanzerwagen*. Wortspiel, wegen der Enge des Innenraums

Krampfsack m *Badehose*. Anspielung auf Einzwängen der Geschlechtsteile
Kranführerstaffel f *Lasthubschrauberstaffel*
Krankheit f, chinesische K. *Gelbsucht*. → Chinapest
Krattler m, pl *Gebirgstruppen*. Ausgangsbed. ›mit Karren umherziehender Händler‹ (SCHMELLER 1, 1385). 1939 ff.
Krattlerverein m *Gebirgsjäger*
kratzen intr 1. *liebedienern*; *übermäßig diensteifrig tun*. 1900 ff. Zu Kratzfuß und »sich [bei jmdm.] einkratzen«. — 2. Nicht k. — Stelle merken und waschen! (Redensart auf jmdn., der sich kratzt)
Kratzer m *Liebediener*. 1900 ff. → kratzen 1
Kratzlöffel m *Schanzzeug, Spaten*
Kravozu m *evangelischer Militärgeistlicher*. Initialwort aus »Kragen vorn zu«. → Krahizu
Krawallo m, pl -s *üppiger Busen*. Romanisierung von Krawalleuter. Auch → Cravallo
Krawattenmuffel m *Luftwaffenangehöriger*. Wegen der gleichbleibenden Uniformkrawatte, mit Anspielung auf eine Negativfigur der Krawattenwerbung (seit 1964). → Muffel
Krax(e)lhuber m *Gebirgsjäger*. 1939 ff. → Eselhuber
Kreischer m *für sein Schreien bekannter Vorgesetzter*
Kreissäge f *Schirmmütze*. Übernahme der Bez. für den Strohhut
Kreiswehrzersatzamt n *Kreiswehrersatzamt*. Wortspiel
Krempel m *Gesamtheit der Orden u. Ehrenzeichen* (abf.). Eigentl. ›wertloses Zeug‹, ›billiger Schmuck‹. 1939 ff.

krempelgeil adj *ordenslüstern.* →
Krempel; → geil 4
Kreuz n 1. das K. ausschnauben
koten. — 2. einen aus dem K.
drücken *koten*
Kreuzspinne f *Sanitätssoldat.* Wegen der Armbinde mit dem roten
Kreuz. 1914ff. (GRAFF 97)
Krieg m 1. K. spielen a) *Soldat
sein.* 1920ff. — b) *am Manöver
teilnehmen.* — 2. → scheiß 6
Krieger m, müder K. *müder Soldat; (vor allem montags) nur widerwillig aufstehender Soldat*
Kriegerbildungsbladl n, **-blättchen**
n *Bild-Zeitung*
Kriegsspiel n *Manöver.* Seit
1900(?). → Krieg 1 b
Kriegsspielerei f *Manöver, Felddienstübung.* Seit 1900(?)
Kriminalmuseum n *Munitionslager.* Nach dem Titel einer Fernsehserie (1963—1968; Wiederh.
1972/73) mit Vorführung von
Waffen u. and. bei Verbrechen
benutzten Gegenständen
Krücke f 1. *Versager; Energieloser.* Nach der Gehstütze. Viell.
Einfluß von K. ›altes, abgearbei-
tetes Pferd‹. 1900ff. — 2. *Mann
in krummer Haltung.* — 3. lahme
K. *energieloser Soldat; Nichtskön-
ner.* 1939ff.
Krummfinger m 1. *Schütze.* Vom
Krümmen des Fingers beim Ab-
zug. 1939ff. — 2. *Rekrut.* Wegen
der Grundausbildung im Schießen (→ Krummfinger 1) oder
Anspielung auf → Kofferträger.
— 3. pl *Mannschaften*
Krummi m *Rekrut.* → Krummfinger 2
Krummstiefel m *Rekrut.* Krumm
›unmilitärisch‹
Krüppellieferant m *Kreiswehrersatzamt*

Krüppeltransporter m *Sanitäts-
kraftwagen*
Krupphut m *Stahlhelm.* Anspie-
lung auf Kruppstahl. Wohl älter
K-Typ m *kameradschaftl. Soldat.*
K = Kamerad(en)
Kübel m 1. *Helm, Stahlhelm.* We-
gen Formähnlichkeit. 1870ff.
(HORN 67). — 2. *Kübelwagen.*
Verkürzung. 1939ff. — 3. *Pokal,
Maßkrug.* 1900ff. — 4. *Nacht-
topf; Toilette.* Aus Abortkübel.
1900ff.
Küche f, K. ausgefegt *Gemüsesuppe*
Küchenassel f *Küchenbediensteter*
Kuchenblech n *Schirmmütze.* We-
gen der großen Kopffläche. (Zi-
vil: breitrandiger Hut)
Küchenbolzen m, pl *Küchenper-
sonal.* Anspielung auf dralle Fi-
guren
Küchenbulle m 1. *Koch.* —
2. pl -n *Küchenpersonal.* Seit
ausgeh. 19. Jh. — → Bulle
Küchenbullenwundertüte f
Fleischkonserve. Zur Redensart
»Wundertüte, an jeder Ecke eine
Überraschung«; die Überraschung
hier: wenig Fleisch u. viel Gallert
Küchenschabe f *Koch.* 1939ff.
Küchenwanze f, pl -n *Küchen-
personal*
Kugel f. eine ruhige K. schieben
*bequemen Dienst haben; sich beim
Dienst nicht anstrengen.* Anspie-
lung auf die langsam rollende
Kegelkugel. 1939ff.
Kugelblitz m *sehr dicker Kleiner.*
1939ff.
Kugelbolzen m *Dicker*
Kugelbrühe f *Hülsenfrüchtesuppe.*
Kugeln ›Erbsen, Bohnen‹
Kugelfuß m, pl -füße *wundgelau-
fene Füße.* Wegen der Blasen
Kugelkoffer m *Gurtkasten des
Maschinengewehrs*

Kugellager n 1. *Erbsen*. 1914 ff. —
2. *wundgelaufene Füße*. → Kugelfuß
Kugelschleuder f *Gewehr*
Kugelsichere m *Winter-, Postenmantel*. Wegen der dicken Fütte-
rung
Kugelspritze f *Maschinengewehr,
Gewehr; Maschinenpistole, Pistole.*
1867 Verdeutschung von franz.
mitrailleuse. → Spritze
Kugelstock m *Gewehr*. Aufgefaßt
als Spazierstock, mit dem man
auch schießen kann
Kugeltunnel m *Rohr des Maschinengewehrs*
Kugelwurfgerät n *Gewehr*. Nach
dem Tontaubenwurfgerät
Kuh f 1. flüssige K. *Milch*. —
2. Er ist mit der K. los u. holt
Gras (Antw. auf die Frage nach
jmds. Aufenthalt)
Kuhbier n *Frischmilch*
Kuhfladen m 1. *Tellermine*. Wegen der Form. — 2. *Spinat*. Wegen der Farbe
Kuhkacke f, **-scheiße** f, **-schiß** m
Spinat. Wohl älter. → Kuhfladen
2
Kujambel m, n 1. *mit Wasser
verdünnter Fruchtsaft; Mineralwasser mit Geschmack.* Marinespr.
1939 ff. — 2. *Geld*. 1939 ff. Bez. für
sämtl. Auslandswährungen, üblich bei Transportflugzeugbesat-
zungen, die ständig verschiedenes
Geld in der Tasche haben. —
Herkunft unbek.
Kujambelwasser n 1. *Malzkaffee*.
— 2. *Mischgetränk*. → Kujambel 1
Kujampel m, n → Kujambel
Kuli m 1. *Heizer auf Kriegsschif-
fen; Marinesoldat.* 1900 ff. (KLU-
GE 498). — 2. *Rekrut*. 1939 ff.;
wohl älter. — 3. pl -s *Mann-

schaften*. 1939 ff. — 4. pl -s *Ge-
schützbedienung.* 1939 ff.
Kulideckel m *Arbeitsmütze*
Kulificker m *überstrenger Aus-
bilder*. → Ficker
Kulitreiber m *Ausbilder*. → Trei-
ber
Kulturbindfaden m *schmale Kra-
watte*. K. = Binder; dazu spieler.
Bindfaden. Das Tragen der K.
als Zeichen von Kultiviertheit
genommen. 1935 ff.
Kulturbremser m, pl *Truppenver-
waltungsbeamte*
Kulturfaden m *schmale Krawatte.*
1935 ff. → Kulturbindfaden
Kulturfilm m *Toilettenpapierrolle.*
→ Filmrolle
Kultursenkel m *schmale Krawatte.*
→ Bundeswehrkultursenkel; →
Kulturbindfaden
Kulturstrick m *Krawatte.* 1920 ff.
→ Kulturbindfaden; → Strick
Kulturstrippe f *Krawatte.* Wohl
älter. → Kulturbindfaden
Kummeronkel m *Wehrbeauftragter des Deutschen Bundestages*
Kumpel m 1. *kameradschaftl. Sol-
dat*. — 2. *beliebter Vorgesetzter*. —
3. dufter K. *sehr umgänglicher,
anstelliger, hilfsbereiter Mensch.*
→ dufte. — 4. schwer K. sein
*als Vorgesetzter oder Kamerad
sehr beliebt sein*
kumpelig adj *kameradschaftlich.*
→ Kumpel 1
Kündigungsfrist f *Wehrdienst-
dauer*
Kunst f, moderne K. *Rohrkrepierer*. Anspielung auf die Schrott-
montage in der modernen Kunst
Kupferbolzen m 1. *Durchfall; Kot.*
1939 ff. (HÄNEL 93). — 2. Einen
K. stehen haben *Stuhldrang verspüren*. — 3. einen K. ausklinken
koten. → ausklinken. — 4. K.

fabrizieren *koten*. — 5. auf einem
K. sitzen *Stuhldrang verspüren*
Kupfernagel m, einen K. produ-
zieren *koten*. → Kupferbolzen 1
Kupplungsscheibe f 1. *Dosenbrot-*
schnitte. — 2. *Hartwurstscheibe*. —
Wegen Formähnlichkeit
Kuraufenthalt m *Wehrdienstzeit*.
1936: achtwöchige Übung
Kurbelei f *Luftkampf*; *Rundflug*.
1914 ff. → kurbeln
kurbeln intr *sich im horizontalen*
Luftkampf befinden; *rundfliegen*.
1914 ff.
Kürbis m *Waffen- u. Feuerleit-*
anlage auf Schnellbooten. Wegen
der Kugelform
Kürsprung m *Ehebruch*
Kurve f 1. die K. kratzen *sich der*
Dienstpflicht entziehen. — 2. pl
-n, K. kratzen *mit dem Fahrzeug*
exerzieren
Kurzfick m *Stadturlaub*. Wegen
→ Fick 1
küssen tr, Sie küßten u. sie schlugen sich *Stabskompanie*. Entstellt
aus dem dt. Titel »Sie küßten u.
sie schlugen ihn« des franz. Films
»Les 400 coups« (1958)
Kutscher m 1. *Flugzeugführer*.
1939 ff. — 2. pl *Kraftfahrtruppe*
Kutscherschule f *Flugzeugführer-*
schule. → Kutscher 1
Kutte f 1. *Uniform*. — 2. *Mantel*.
— 3. Ich glaube, mir brennt die
K.! (Ausr. der Verwunderung,
des Unwillens; Entgegnung auf
eine unsinnige Behauptung)
Kuttenträger m *Bundeswehrange-*
höriger. → Kutte 1
K. V. (Ausr., wenn beim Schießen
die Scheibenfigur verfehlt wird).
Scherzh. Abk. von »keine Figur«
mit spött. Bezug auf kv. ›kriegs-
verwendungsfähig‹
Kv.-Bäckerei f *Kreiswehrersatz-*

amt. Zu kv. ›kriegsverwendungs-
fähig‹
KvD m *Soldat, der durch kräftiges*
Bedienen der Feldtelefonkurbel
dem Kameraden genügend Strom
für den Elektrorasierer liefert. Abk.
für »Kurbler vom Dienst«
Kv.-Fabrik f *Kreiswehrersatzamt*.
Wie → Kv.-Bäckerei
Kyffhäuser m *kriegsgedienter Offi-*
zier. Anspielung auf den K. als
Aufenthaltsort des Kaisers Bar-
barossa u. auf Mitgliedschaft im
Kyffhäuserbund (Soldatenver-
band)
KZ n 1. *Kaserne, Kasernenbereich*.
— 2. *ABC-Übungsraum*. Anspielung auf Vergasen von Menschen
in Konzentrationslagern; → Eichmann

Laberarsch m *Großsprecher,*
Schwätzer; *leutseliger Vorgesetzter*.
1920 ff. → labern 1
Laberbeutel m *Großsprecher*.
Männl. Gegenstück zur Maul-
tasche. → labern 1
Laberer m 1. *Schwätzer*. 19. Jh.
→ labern 1. — 2. *Nörgler*. →
labern 2
Laberheini m 1. *Dummschwätzer*.
→ labern 1; → Heini. — 2. *Pres-*
se-, Jugendoffizier. → labern 1
Laberkasten m *Rundfunkgerät*. →
labern 1
Laberkerl m *Schwätzer, Leut-*
seliger
Laberkopf m, **-kopp** m, **-mann** m
Großsprecher, Dummschwätzer,
Prahler
labern intr 1. *dumm schwätzen*;
Unsinn äußern. 19. Jh. — 2. *nör-*
geln. — Zu nord- u. mitteld. Lab-
be ›Lippe, Mund‹, Einfluß von
palavern

Labersack m *Prahler, Viel-,
Dummschwätzer.* Entspr. → Laberbeutel
Laberschnauze f *freundlich sprechender Vorgesetzter.* → labern 1
Laberstunde f 1. *Dienstappell;
militär. Unterricht.* — 2. *Sprechstunde des Militärgeistlichen.* —
→ labern 1
Labersülze f *haltloses Gerede.* Sülze
als Symbol der Gehaltlosigkeit. →
labern 1
Labertag m *Sprechtag des Militärpfarrers.* → labern 1
Labertime f [Grundw. engl. Ausspr.] *Sprechstunde des Militärgeistlichen*
Laberwasser n 1. *Dünnbier; Bier.*
Zu labberig ›dünn, fade, geschmacklos‹. — 2. *Mineralwasser.* — 3. *Cola-Getränk.* — 4. Du
hast wohl L. getrunken? (Frage
an einen Redseligen). 1920 ff. →
labern 1
lachen intr 1. Lachen Sie nicht!
Wenn hier einer lacht, dann bin
ich das, und wenn ich lache, lacht
der Teufel! (Anruf an einen zur
Unzeit Lachenden, Spottrede auf
eine unbedachte Äußerung eines
Ausbilders). — 2. Ich haue dich,
bis du lachst! (Drohrede)
lächerlich adj, Es wird mir so l.
am Hintern (Redensart bei Stuhldrang). L. i. S. v. komisch = sonderbar
Lachfibel f *Dienstvorschrift*
Lachpille f *Marschkompaß.* Der
einfache Peilkompaß gilt Seeleuten u. Fliegern als lächerlich klein
Lach- u. Schießgesellschaft f *ziviler Wachschutz militär. Objekte.*
Wortspiel zu Wach- u. Schließgesellschaft nach dem Vorbild
des Kabaretts »Münchner Lachu. Schießgesellschaft« (1955)

Lack m *Geld, Sold.* Zu »Das ist
L.« ›das ist Betrug, Irreführung‹;
der Soldat ist ein mit dem (geringen) Sold Lackierter ›Hereingefallener‹
Ladehemmung f *Verstopfung,
Darmträgheit.* 1935 ff.
Ladelümmel m, pl -s *Geschützbedienung*
Lademarke f, die L. überschritten
haben *betrunken sein.* Zu Lademarke ›Linie, bis zu der das
beladene Schiff eintauchen darf‹
Lademufti m, pl -s *Geschützbedienung.* → Mufti
Lademuli m *Ladeschütze im
Kampfpanzer.* → Muli 1
laden intr *essen.* Anspielung auf l.
›auf Gabel oder Löffel häufen‹.
1914 ff. (GRAFF 244).
Laden m 1. *militär. Einheit; Gruppe; Dienstbetrieb.* 1890 ff. —
2. *Kantine.* — 3. → scheiß 7. —
4. schlapper L. *disziplinlose militär. Einheit.* 1914 ff. — 5. Der L.
stinkt/Es stinkt im L. (Redensarten in einer heiklen, mißlichen
Lage). 1935 ff.
Laderampe f *Wirtshaus.* → laden
Ladung f 1. *Essensportion.* 1914 ff.
→ laden. — [2. *Samenerguß.* 1900 ff.
Lafette f, pl -n *Füße, Waden.*
Nach dem Untergestell des Geschützes. 1920 ff.
Lage f 1. *Dienstzeit in der BW.*
Ausgangsbed. ›Stammtischrunde; Gruppe Gleichgesinnter;
Schicht‹. — 2. Wie ist die L.?
*Wieviel Tage Wehrdienst hast du
noch abzuleisten?* → Lage 1
Lahmarsch m *Energieloser, Unentschlossener, Fauler, Feiger.*
19. Jh. → lahmarschig
lahmarschig adj *energie-, schwunglos, langsam.* 19. Jh. → Lahmarsch

Lahme m, den L.n machen *sich der Dienstpflicht zu entziehen suchen*
Lalawasser n *Mineralwasser ohne Geschmack.* Lala ›mittelmäßig, fade‹
Lamakötel m *Frikadelle*
Lametta n 1. *sichtbar auf der Uniform getragene Orden u. Ehrenzeichen; Silber-, Goldlitzen, -tressen* usw. *Nach dem Weihnachtsbaumschmuck.* 1935 ff. — 2. [jmdm.] L. abnehmen, -pflücken [*jmdn.*] *degradieren.* → Lametta 1
Lamettaboy m [Grundw. engl. Ausspr.] *Offizier.* → Lametta 1
Lamettafritze m *Offizier.* → Lametta 1
lamettageil adj *ordenslüstern.* → Lametta 1; → geil 4
Lamettageilheit f *Ordenslüsternheit.* → lamettageil
Lamettaheini m *ordenslüsterner Bundeswehrangehöriger.* → Lametta 1; → Heini
Lamettahengst m *Offizier vom Major an.* 1939 ff. → Lametta 1; → Hengst
Lamettajäger m *Offiziersanwärter*
Lamettaking m [Grundw. engl. Ausspr.] *Major u. and. Angeh. der Besoldungsgruppe A 13 u. höher.* Auch → Lamettakönig; → Lametta 1
Lamettakönig m → Lamettaking
Lamettaschlepper m *Offizier.* → Lametta 1
Lamettaträger m *reichdekorierter Offizier; Unteroffizier* u. a. 1939 ff. → Lametta 1
Lametta-Uni f *Offizierschule.* → Lametta 1
Lampionträger m, pl *Scheinwerferbedienung*
Land n 1. L. des Lächelns *Kompaniegeschäftszimmer. Nach der Operette von* FRANZ LEHÁR

(1929). — 2. an L. gehen *Stadturlaub antreten.* Urspr. nur Marinespr. 1880 ff. — 3. [etw.] an L. ziehen *sich* [*etw.*] *diebisch aneignen.* 1900 ff.
Landarzt m *Stabsveterinär*
Landebahnschrubber m, pl *Luftwaffenbodenpersonal*
Landgang m *Stadturlaub.* 1880 ff. → Land 2
Landing n [Ausspr. engl.] *Flugzeuglandung.* Anglisierung von Landung
Landklau m *Enteignung von Land zugunsten des Staates.* 1945 ff.
Landser m *Soldat.* Kurzform von Landsknecht. Spät. 19. Jh.
Landserbraut f *Gewehr.* → Braut
Landserbulle m, pl -n *Feldjäger.* → Bulle 2
Landserdoping n *Marmelade.* Spöttisch
Landserhotel n *Kaserne.* → Hotel 1
Landserschuppen m *Soldatenkneipe.* → Schuppen 4
Landserstube f *Soldatenkneipe*
Landstraßenpilot m, pl -en *Kraftfahrtruppe*
Landung f, ungesteuerte L. *Flugzeugabsturz*
Landungsmob m *Landungsboote.* → Mob
Langarsch m *Hagerer*
Langgang m *Durchfall.* Der D. zwingt zu langdauernder Toilettenbenutzung
Langoliv n (f) *lange Unterhose*
längsseits adv, l. gehen *das Wirtshaus besuchen.* Eigentl. ›ein Wasserfahrz. neben ein and. legen‹. Marinespr.
Langstreckler m *Geflügel.* Anspielung auf Zähigkeit. → Flugstunden
Langstrick m *lange Krawatte.* → Strick

La Paloma f, n 1. *Brathähnchen*; *Geflügel*. — 2. Keine Zähne im Maul, aber L. P. pfeifen! (Redewendung auf einen Wortkargen, aber ständig Schlagermelodien Pfeifenden). — Aus dem Spanischen. Nach dem Lied im Film »Große Freiheit Nr. 7« mit HANS ALBERS (1944)

Lappen m 1. pl *Geldscheine, Papiergeld* (abf.). 19. Jh. — 2. pl *Uniform* (abf.) 1939 ff., aber wohl älter. — 3. grauer L. *Wehrpaß.* Wegen der Umschlagsfarbe

Lärmkiste f *Hubschrauber*

Lärmorgel f *Rundfunkgerät*

Larrie m, **Larry** m 1. *Leutnant.* Im Engl. Koseform von Lawrence. Viell. anglisierende Verkürzung aus Larifari ›Wichtigtuerei‹. — 2. *Unfug, dummes Geschwätz.* Zu Larifari ›Geschwätz, Unsinn‹. — 3. den großen L. raushängen lassen *besonders energisch tun*

Lascharsch m → Lahmarsch

Lasso n 1. das große L. schwingen *nachlässig Dienst tun.* → abseilen 5. — 2. L. werfen *sich dem Dienst zu entziehen suchen.* → abseilen 5

Lastenausgleich m, L. tragen *bucklig sein*

Lastensegler m, pl *große Stiefel*

Lastesel m *Transportflugzeug*

Laternenamsel f *Straßenprostituierte*

Laternengazelle f *schlanke Straßenprostituierte*

Laternenmädchen n *Straßenprostituierte*

Laternenpfahl m, Es schmeckt wie L. ganz unten *es schmeckt widerlich.* Anspielung auf Beharnen des L.s durch Hunde

Latrinenparole f *Gerücht.* Die Latrine als ein gegen das Mithören durch Vorgesetzte geschützter Ort der Unterhaltung. 1914 ff. (GRAFF 102; MAUSSER 52)

Latschen-Nurmi m *Heeresbergführer.* Latschen ›langsam gehen‹. PAOVO NURMI, finnischer Langstreckenläufer (9mal Sieger bei den Olympischen Spielen 1920 bis 1928)

Latscher m *Grenadier.* → Fußlatscher

Latte f 1. *Gewehr.* Wegen gewisser Formähnlichkeit. 1870 ff. (HORN 65); vorwiegend südd. — 2. *erigierter Penis.* 1870 ff. — 3. Mach mir keine L.! (Ausr. beim Anhören obszöner Reden). → Latte 2

Laubfrosch m 1. *Rekrut.* Anspielung auf die Farbe des L.s; dabei grün ›unerfahren‹. 1914 ff. — 2. pl -frösche *Bundesgrenzschutz.* Wegen der Uniformfarbe

Laubruder m *Schmarotzer.* Lau (rotw.) ›unentgeltlich‹

Lauermief m *Gasgefahr.* Auf diesen Gestank lauert man

Lauerstellung f *Verlöbnis*

Läufer m, L. vom Dienst *Ordonnanz.* Auch → LvD

Laufpaß m *Wehrpaß*

Laufstall m *Kasernenhof*

Läusekappe f → Lauskappe

Lause- n, **Läusewasser** n → Lauswasser

Lauskappe f *Mütze, Kopfbedeckung.* 1939 ff.; wohl älter. Auch → Läusekappe

Lauswasser n *Mineralwasser.* Anspielung auf das Prickeln. Auch → Lause-, Läusewasser

Lazarettsportanzug m *Pyjama.* Wegen des ähnlichen Schnitts

Leben n, L. verspüren *Stuhldrang verspüren*

Lebenskundler m *Militärgeist-licher*

Lebenslange m, **-längliche** m *Berufssoldat*

Lebenswurst f *Leberwurst.* Wortspiel

Leber f, sich die L. befeuchten *trinken, sich betrinken*

Lebertran m *Cola-Getränk.* Wegen Farbähnlichkeit

Leckauge n, pl -n *Augenentzündung*

Leckbier n *Dünn-, Tröpfelbier.* Durch ein Leck ist angebl. Wasser ins Faß eingedrungen. 19. Jh.

Lecker m *Liebediener.* Verkürzt aus Speichel- oder Arschlecker. 1935 ff.

Lecksegel n *Taschentuch.* L. eigentl. ›starkes Segeltuch zum Abdichten eines Lecks‹; Marinespr.

Leck- u. Fickstunde f *Putz- u. Flickstunde.* Wortspiel

Leder n, deutsches L. *deutsches Beefsteak*

Lederapfel m *Altgedienter*

Lederflugzeug n *zähes Geflügel*

Lederhose f *zähes Bratenstück*

Ledernacken m 1. *zähes Brathähnchen.* — 2. pl *Luftlandedivision.* Nach engl. leather-necks (US-Marinetruppen der 6. Flotte)

Lederpäckchen n *Lederzeug, -anzug.* Marinespr. 1900 ff. → Päckchen

Leerlauf m *Dienstzeit in der BW*

Lefti m 1. *Leutnant.* Nach der Aussprache von engl. lieutenant, verkürzt. — 2. L. naß *Leutnant zur See.* → Lefti 1

Leftuti m *Leutnant.* Wortmischung aus → Lefti + luti (amerikan. Verkürzung von lieutenant)

Lehm m 1. Der L. drückt (Re-

densart bei Stuhldrang). — 2. eine Stange L. aus dem Kreuz drükken/schieben *koten*

Lehmkuhle f, die L. ausschütten *koten*

Lehrgang m, auf L. sein *sich im Arrest befinden.* Tarnausdruck

Lehrhauer m *Rekrut*

Leibeigene m *Berufssoldat*

Leichenträger m, pl *Sanitätstruppe.* Wohl älter

Leierkasten m 1. *Rundfunkgerät* u. ä. 1930 ff. — 2. *Fernsprechgerät mit Kurbel*

leiern tr 1. [jmdn.] *rund um den Kasernenhof jagen.* — 2. geleiert werden *zum Strafdienst befohlen werden*

Leihhaus n *Bekleidungskammer*

Leim m *Graupensuppe.* Wegen der Farbe u. der Dickflüssigkeit

leimig adj *liebedienerisch.* Entspr. klebrig

Leisetreter m, pl *Kampfstiefel.* Ironisch

Leistungsschein m, den L. machen *Hochzeitsurlaub haben*

Leistungsstufe f *Tauglichkeitsgrad*

Leitungswasserkuli m *Matrose.* → Kuli 1

Lenker m, sich den goldenen L. verdienen *sich einschmeicheln.* Der g. L. als die erdachte Siegestrophäe für den → Radfahrer 1. 1930 ff.

Lenz m 1. *angenehmer, bequemer Dienst; Arbeitsruhe; Faulheit.* Gekürzt aus »fauler Lenz« (= fauler Lorenz); wohl Anspielung auf faulenzen. 1870 ff. — 2. *fauler, ruhiger L. angenehmer, bequemer Dienst.* → Lenz 1. — 3. einen gescheiten/faulen/lauen/ruhigen/schlauen L. schieben *angenehmen, bequemen Dienst haben; sich mit der Arbeit nicht beeilen.* 1870 ff.

Leo m 1. *Kampfpanzer Leopard.* – 2. *Rekrut.* → Poldi. – 3. pl Leos *Mannschaften.* – 4. aussehen wie der L. *erschöpft, bleich aussehen;* so aussehen, daß die *Kameraden Grund zu lästern haben.* – 5. aussehen wie der L. von der Lümmelwiese *unsauber, bleich aussehen.* Lümmelw. als Beischlaflager. – 6. Ich bin doch nicht dein L.! *ich bin doch nicht dein Laufjunge!*

Leuchter m, pl *Scheinwerferbedienung*

Leukoplast n. Bist/hast du schon mal Reklame für L. gelaufen? (Drohfrage)

Leukoplastarmee f *Sanitätstruppe*

Leukoplast-Uni f *Sanitätsschule*

Leutnant m 1. L. hoch 3 *Hauptmann.* – 2. L. i. L./in Lauerstellung *Fähnrich.* – 3. L. zur Schau *Leutnant zur See.* Wortspiel mit See u. sehen = schauen. – 4. abgeschirmter L. *Major.* Das silberne Eichenlaub des Majors schirmt den Stern des Leutnants ab

Leutnantslehrling m *Fahnenjunker*

lFG m *leicht zugängliches Mädchen.* Abk. von »leicht fickbarer Gegenstand« in Anlehnung an → lMG. 1935 ff. → sFG

Libelle f 1. *Hubschrauber.* Anspielung auf Starrflügligkeit der L. – 2. die L. machen *davongehen* (u. *sich irgendwo ruhig niederlassen*)

Libellengeschwader n *Hubschrauberstaffel.* → Libelle 1

Licht n 1. Abteilung L., Wasser u. Gas *ABC-Abwehrtruppe.* Licht spielt an auf Elektrizitätswerk, Wasser auf Wasserwerk und Gas auf Gaswerk. – 2. Da wird das L. mit dem Hammer ausgemacht (Redensart auf eine ärmliche, rückständige Gegend). Ostfriesenwitz

Lichtersetzer m *Leuchtpistole*

Lichtjahr n, pl -e 1. *Dienstzeit in der BW.* Die D. als unvorstellbar lang aufgefaßt. – 2. *Stabsoffiziere.* Die S. werden erst nach (angebl. unvorstellbar) langer Dienstzeit befördert

Lichtjahrprofi m *Berufssoldat.* → Lichtjahr 1; → Profi

Lichtorgel f *Blinkgerät*

Liebe f. Erzähl mir lieber von L., da habe ich mehr Ahnung von! (Redensart beim Hören langweiliger Reden)

Liebesbrief m *Einberufungsbescheid.* Ironisch. Wohl älter

Liebesfahrplan m *Speisezettel.* Anspielung auf das Sprichwort »Die Liebe geht durch den Magen«

Liebesfront f, Sie lagen wohl Stunden in hartem Einsatz an der L.? (Frage an einen Erschöpften)

Liebesgruß m, pl -grüße, L. aus Solingen *Dolch; Dolchstiche.* → Gruß 2

Liebesknochen m *Penis.* 1900 ff.

Liebesthermometer n *Penis*

Liebestöter m, pl *lange Männerunterhose; wollene Unterkleidung.* 1940 ff.

Lieblingsei n, Ich reiße dir gleich dein L. aus, das lange u. widerlich ovale! (Drohrede)

Lied n, Wir singen bald ein L. zusammen, ich auf der Pfeife, Sie aus dem letzten Loch! (Drohrede des Ausbilders)

Liegen - Ruhen - Bräunen n *Luftraumbeobachtungsdienst.* Scherzh. Deutung der Abkürzung LRB

Limes m *Bundesgrenzschutz*

Limopanzer m *Kantinenbus*

Lina (VN) f *Gewehr*
Lindenadler m *Divisionsabzeichen der (westfäl.) 7. Panzergrenadierdivision.* Das Abzeichen (Westfalenroß) ist auch das Markenzeichen der Linden-Adler-Brauerei in Unna
Linientruppe f *Bundesgrenzschutz.* Die L. eigentl. das aktive Friedensheer
Linkseinstellstute f *Linksintellektueller; Abiturient mit Brille.* Linksintellektueller entstellt unter Einfluß von »links Eingestellter«
Linksummacher m *Heeresangehöriger.* Nach dem Befolgen des militär. Kommandos »links um!«
Linse f, in die L. gucken/peilen *fernsehen*
Linser m *Fernrohr*
Lizenz f 1. große L. *Heirat.* – 2. halbe/kleine/vorläufige L. *Verlöbnis.* – 3. L. erwerben *heiraten*
lMG n *leicht zugängliches Mädchen.* Die Abk. für leichtes Maschinengewehr als »leicht mausbarer Gegenstand« gedeutet. 1935 ff. → mausbar; sMG
Loch n 1. *Kasernenstube.* Die K. als armselige Wohnung gesehen. – 2. L. im Karton *Verwundung.* K. ›Haut‹. Wohl älter. – [3. bis 5. ˙pl Löcher:] 3. pl, L. mit Käse *Schweizer Käse.* – 4. pl, L. im Rohr *Geschlechtskrankheit.* Anspielung auf das Tröpfeln beim Tripper. – 5. pl, käseumwobene L. *Schweizer Käse.* Nach »sagenumwobene Burg«
Löcherschnitzel n *Emmentaler Käse*
Lochgarderobe f *Toilette.* Teil der Kleiderablage
Loch Ness ON *Truppenübungsplatz.* Nach dem See in Schott-

land, bekannt durch sagenhafte Berichte über Meeresungeheuer; hier Anspielung auf Vertiefungen im Gelände
Lochplatte f *eine Scheibe Schweizer Käse*
Lockenbändiger m *Haarnetz*
locker adj 1. L. vom Bock/Hocker! (Redensart, mit der man etw. als unbedeutend, als leicht zu meistern abtut.) B. ›Kutschersitz‹. 1939 oder älter. – 2. einen l. machen *koten*
Lohn m, L. der Angst 1. *Wehrsold.* – 2. *Entlassung aus der BW.* – 3. *Fallschirmspringerzulage; Fliegerzulage.* – Nach dem dt. Titel von H.-G. CLOUZOTS Film »Le salaire de la peur« (1953)
Lohntütenball m *Soldauszahlungstag.* Aus der Sprache der Arbeitnehmer. 1930 ff.
Lokusdeckel m *breite, plumpe Hand.* 1910 ff. → Abortdeckel
Lokusparole f *Gerücht.* Wohl älter. → Latrinenparole
Lolli m 1. *Leutnant.* Gekürzt aus engl. lollipop ›Süßigkeit am Stiel; Zuckerwerk‹; hier Anspielung auf den Schulterklappenstern (»Bonbon«) oder als Entspr. zu Süßer (Kosewort). – 2. *Präservativ.* Der Penis als Stiel(bonbon); → Lolli 1
Lollipop m *Leutnant.* → Lolli 1
Lolliwasser n *Mineralwasser mit Geschmack.* → Lolli 1
long greens pl [Ausspr. engl.] *Unterhose.* → Langoliv
long-life-oliv f [Ausspr. engl.] *lange olivgrüne Unterhose.* Wegen großer Haltbarkeit. → NATO-Oliv 2
Longliner f [Ausspr. engl.] *lange Unterhose.* Liner zu engl. linen ›leinen‹; Anspielung auf Waschbarkeit

Lord m *Marineangehöriger, Seemann.* Verkürzt aus → Seelord. 1910 ff.

Lorelei VN, FlN (Erwiderung der angetretenen Mannschaften auf den vom Vorgesetzten gebotenen Gruß). Statt eines ohnehin unverständlichen, weil im Chor geäußerten Gegengrußes wird das Wort L. genommen i. S. v. ›ich weiß nicht, was soll es bedeuten‹

losballern intr *den Beschuß beginnen; einen Feuerüberfall machen.* 1870 ff. → ballern 1

Lostfrosch m, pl -frösche, **-kocher** m, pl, **-schnüffler** m, pl, **-truppe** f *ABC-Abwehrtruppe.* Nach dem Hautgift Lost

Lotse m *Zivildienstleistender.* Beruht auf Wortspiel mit Schiffe pl = Wasserfahrzeuge u. Schiffe f = Harn

Löwe m *General.* Der G. mit dem König der Tiere verglichen

Löwenkötel m *Hackbraten, Frikadelle*

LSD-Kammer f *ABC-Abwehrschule.* LSD (Abk. für): Lysergsäurediäthylamid (ein Rauschgift)

Lücke f, L. im Dienstplan *Putz- u. Flickstunde.* Die P. als Verlegenheitseinrichtung gesehen

Luft f, gesiebte L. atmen/schnappen *im Arrest sein.* Fenstergitter als Sieb aufgefaßt. 1920 ff.

Luftakademie f *Flugzeugführerschule*

Luftakrobat m *(Sturzkampf-)Flieger.* 1914 ff.

Luftballon m *Präservativ.* 1939 ff.

luftbereift adj *wundgelaufen* (Füße). → Ballon 2

Luftbereifung f *Blasen an den Füßen.* → Ballon 2

Luftbremser m *Fallschirmjäger*

Luftbüffel m, pl *Heeresflieger.* Anspielung auf Schwerfälligkeit u. Leistungsstärke

lüften tr [*jmdn.*] *wecken*

luftgepolstert adj *wundgelaufen* (Füße). → Ballon 2

Luftgetrocknete m *Hagerer, Dürrer*

Luftgoofy m [Grundw. engl. Ausspr.] *Luftwaffenangehöriger*; *Marineflieger.* → Goofy

Lufthansacocktail m [Grundw. engl. Ausspr.] *Brandflasche.* In Anlehnung an → Molotowcocktail, seit Flugzeugentführungen unter Bedrohung mit Brandflaschen

Luftheini m *Flieger.* 1935 ff. → Heini

Luftheuler m *Luftwaffenangehöriger.* Anspielung auf den Heulton des Flugzeugs

Lufthüpfer m *Fallschirmjäger*

Luftkavallerie f *Luftlandedivision*

Luftkissen n *Mine.* Wer auf die M. tritt, fliegt in die Luft

Luftkissengeläuf n *Blasen an den Füßen*

Luftknolle f *Zwiebel.* Wegen der blähenden Wirkung

Luftkutscher m 1. *Pilot.* 1910 ff. — 2. *Luftwaffenangehöriger*

Luftlandeplatz m *Schirmmütze.* Wegen der großen Kopffläche

Luftmacher m, pl *Hülsenfrüchte, Zwiebeln* u. a. → Luftknolle

Luftmühle f *Hubschrauber.* 1940 ff.

Luftomnibus m *Transportflugzeug*

Luftquirl m *Hubschrauber*

Luftquirler m, pl *Heeresflieger*

Luftschiffer m *Luftwaffenangehöriger*

Luftspecht m *Flieger.* Anspielung auf das hackende Schießgeräusch der Bordwaffen

Lufttümmler m *Flieger.* Wegen der großen Beweglichkeit

luft- u. wasserbereift adj *wundgelaufen* (Füße). → luftbereift
Luftwaffenpanzer m *Kübelwagen, Jeep.* Die Luftwaffe hat keine Panzerwagen
Luftwebel m *Feldwebel der Luftwaffe*
Luftzirkus m *Rund-, Sturzfliegen; Luftmanöver.* 1935 ff. → Zirkus 3
lügen intr 1. Ja, lüge ich denn?! (Drohfrage). — 2. Ich glaube, ich lüge! (Erwiderung auf eine unglaubwürdige Behauptung)
Lügenpalast m *Kirchengebäude*
Lügenzettel m *Speisezettel.* Die Angaben auf dem S. werden von vornherein angezweifelt
Luis Trenker PN 1. L. T.s Rucksack *Spind.* — 2. Hier sieht's aus wie in L. T.s Rucksack! (Ausr. bei großer Unordnung). — In einer Fernsehsendung holte der Bergsteiger, Schauspieler u. Schriftsteller L. T. die unterschiedlichsten Gegenstände aus seinem Rucksack, was den Eindruck großen Durcheinanders hervorrief
Luke f, sich die L. vollhauen *gierig essen.* (Futter-)Luke ›Mund‹
Lukenhopser m *Fallschirmspringer*
Lulle f *Zigarette.* Ausgangsbed. L. ›Schnuller, Lutscher‹. 1945 ff.
Lulli m 1. *Leutnant.* → Lolli 1. — 2. *angenehmer Dienst.* Der D. aufgefaßt als Bonbon = Annehmlichkeit
Lümmel m *Penis.* Zu lumm ›schlaff, locker‹ oder zu L. ›Nichtsnutz‹. 1920 ff.
Lümmelmütze f *Präservativ.* → Lümmel
lümmeln intr *koitieren.* → Lümmel
Lümmeltüte f 1. *Präservativ.* 1939 ff. → Lümmel. — 2. *Unter-*

hose. → Lümmel. — 3. *Gummimantel.* Wegen des Materials; → Lümmeltüte 1
Lumpen m, pl *Uniform.* 1870 ff.
Lumpenarsenal n *Bekleidungskammer.* → Lumpen
Lumpenball m *Bekleidungsappell.* 1939 ff. → Lumpen
Lumpenhändler m, pl *Bekleidungsämter.* → Lumpen
Lumpensammler m, pl *Feldjäger.* Lump ›Gesetzesbrecher‹
Lumpenschapp m *Bekleidungskammer.* Niederd. Schapp ›Schrank‹. → Lumpen
Lumpenschuppen m *Spind*
Lumpi m, spitz/scharf wie Nachbars L. *sinnlich veranlagt.* L. als Hundename. 1939 ff.
Lumumbabrühe f *Kakao.* Nach dem kongolesischen Ministerpräsidenten LUMUMBA (ermordet 1961)
Lungenabwehrrakete f *schwarze Zigarre*
Lungenbrötchen n *Zigarette.* Die Z. vermag über den Hunger hinwegzutäuschen. 1935 ff.
Lungenflügel m, einen durch die L. stecken *eine Zigarette rauchen*
Lungenkratzer m *dunkle Zigarette*
Lungenspargel m *Zigarette.* Wie → Nikotinspargel
Lungenstengel m *Zigarette.* → Stengel
Lungensturm m *Zigarette.* Das Rauchen als Sturmangriff auf die Lunge gesehen
Lungentorpedo m *starke Zigarette/Zigarre.* 1914 ff.
Lungenvernichter m, **-verstopfer** m *Zigarette*
Lunte f *Zigarette*
Lust f, keine L. haben *kein Geld haben.* Ausrede z. B. bei einer Aufforderung zum Mitzechen

Lustbiene f *leichtes Mädchen*; *Prostituierte*. 1939 ff. → Biene 2

Lustbrücke f *Prostituierte*

Lustknochen m *Penis*

Lustmatratze f *Prostituierte*. Wohl älter. → Matratze

Lustwiese f *Truppenübungsplatz*

Lutschmiege f *minderwertiges Bier*. Miege ›Harn‹

Lütü f *Präservativ*. Verkürzt aus → Lümmeltüte

Luxussoldat m *Gefreiter*. Beruht auf der Meinung, der untere Mannschaftsgrad genüge

Luxus-W-Achtzehner m *Soldat auf zwei Jahre*. Sechs Monate länger Dienst zu tun erscheint den anderen Soldaten als Luxus. → W-Achtzehner

LvD m *Ordonnanz*. Abk. von Läufer vom Dienst; → Läufer

Lysolfähnrich m *Sanitätsunteroffizier*. Lysol: ein Desinfektionsmittel. 1914 ff. (GRAFF 107)

Maat m → Seligmacher

Mabuse FN, Doktor M. *Militärarzt*. Nach dem Helden von Vampirromanen u. -filmen (z. B. »Dr. M.«, der Spieler«, 1922, FRITZ LANG)

Mach-2-Kaffee m *dünner Kaffee*. Mach 2: doppelte Schallgeschwindigkeit. → Kaffee 2

machen tr 1. einen [ergänze: Tadel, Anpfiff u. ä.] gemacht kriegen *bestraft werden*. — 2. Da wollen wir keinen [ergänze: Gebrauch] von m. (Redensart der Gleichgültigkeit)

Macker m 1. *Mitarbeiter*; *Mann*; *intimer Freund eines Mädchens*. — 2. schräger M. *unzuverlässiger Kamerad*. → schräg. — M. fußt auf niederl. makker ›Geselle, Genosse, Kamerad‹. 18. Jh.

Mädchen n, M. für alles *Wehrbeauftragter des Deutschen Bundestages*

Mädchenaufreißer m *Mädchenheld*. → aufreißen 1

Magenbetrüger m, pl *Küchenpersonal*

Magenfahrplan m *Speisezettel, -karte*; *Küchenzettel*. Spätest. 1900. Auch → Fahrplan

Magenkleister m *Kartoffelbrei*. → Kleister

Magenverdrehungsanstalt f *Kasernenküche*

Maggi m *Viersternegeneral*. Aus engl. magi ›Weiser; Magier‹, Einfluß von Macker ›Anführer‹

Mainschiffer m *Marineangehöriger*

Mainzelmännchengefreite m *Gefreiter*. Anspielung auf das Haarnetz (→ Haarnetzlandser), das an die Kopfbedeckung der Mainzelmännchen (Zeichentrickfiguren des ZDF) erinnert

Major m [Ausspr. engl.] 1. *Major*. — 2. M. in Gold *Brigadegeneral*

Major m, Schulden haben wie ein M. *tiefverschuldet sein*. Früher konnte ein unbemittelter Offizier seinen Lebensunterhalt bis zur Beförderung zum Major angebl. nur durch Schuldenmachen bestreiten; vgl. TRANSFELDT 294 f. 1840 ff.

Mak(k)er m → Macker

Makrelencowboy m [Grundw. engl. Ausspr.] *Marineangehöriger*

Maling n *Zeichnung, Markierung*. Zu Mal ›sichtbares Zeichen einer Begrenzung‹. Marinespr. 1935 ff.

Malle f *Dienstunlust, Heimweh*. Zu mall ›geistesgestört, wunderlich, unlustig‹

Maloche f 1. *schwere Arbeit; sehr anstrengender Dienst.* — 2. *fiese* M. *unangenehmer Dienst.* — 3. *harte* M. *schwerer Dienst.* — 4. → scheiß 8. — M. beruht auf jidd. melocho ›Arbeit‹ (WOLF 3522). Früh. 19. Jh.

malochen intr *körperliche Arbeit verrichten; schweren Dienst haben.* 1750 ff. → Maloche

Malocher m, pl *Mannschaften.* → Maloche

Malocherdreß m *Arbeitsanzug.* → Maloche

Malocherhut m *Arbeitsmütze.* → Maloche

Mampfbesteck n *Eßbesteck.* → mampfen

Mampfe f 1. *das Essen.* — 2. scheiß 8. — → mampfen

mampfen intr *essen; mit vollen Backen kauen; unappetitlich essen.* Nebenform von mumpfeln, mümpfeln; schallnachahmend. 19. Jh.

Mampfer m *(gieriger) Esser; Vielesser.* 1920 ff. → mampfen

Mampfgeschirr n *Eßgeschirr.* → mampfen

Mampfkübel m *Kochgeschirr.* → mampfen

Mampfladen m *Kantine, Eßraum.* → mampfen

Mampframpe f *Kantinentheke* u. ä. → mampfen

Mampfraum m, **-saal** m *Kantine, Eßraum.* → mampfen

Mampfschleuse f *Mund.* → mampfen

Mampfstube f *Eßraum.* → mampfen

Mampftopf m *Kochgeschirr*

Mampfwerkzeug n *Eßbesteck.* → mampfen

Mandelschoner m *Halstuch*

Mandelspülung f *Zecherei*

Manege f *Exerzierplatz*

Mann m 1. M. mit breitem Daumen *Liebediener.* Der D. ist breit vom Betätigen der Fahrradklingel; → Radfahrer. — 2. M. mit dem Eßbesteck an der Mütze *Grenadier.* Wegen der gekreuzten Klingen als Mützenemblem. — 3. M. ohne G 3 *Sanitätssoldat.* G 3: Cetme-Gewehr. — 4. M. mit der Klingel *Liebediener.* → Mann 1. — 5. M. mit dem Koffer *Fahnenflüchtiger.* Nach der Fernsehserie gleichen Namens (1969; Wiederholung 1971). — 6. M. mit dem goldenen Lenker *Liebediener.* 1930 ff. → Lenker. — 7. M. mit den goldenen Pedalen *Liebediener.* 1930 ff. → Pedal. — 8. M. mit Schein *Draufgänger.* Anspielung auf § 51 StGB u. Jagdschein. — 9. M. des Spatens *Grenadier.* — 10. M. mit Zuschlag *Zeitsoldat.* Zuschlag = Abfindungssumme. — 11. der M., den keiner kannte *idealer Soldat.* Nach dem dt. Titel des Films »Pickup alley« (1957). — 12. dritter M. *Wehrbeauftragter des Deutschen Bundestages.* Nach dem dt. Titel »Der dritte Mann« des engl. Films »The third man« (1949, Drehbuch von GRAHAM GREENE). Die Soldaten sehen im W.n den großen Unbekannten. — 13. schwarzer M. *Kameradenjustiz.* — 14. Der letzte M. hängt waagerecht in der Luft! (Redensart des Ausbilders auf einen zu langsam Marschierenden, Laufenden). — 15. einem nackten M. die Hand schütteln *harnen.* — 16. den scharfen M. spielen *energisch durchgreifen.* — 17. dem kleinen M. die große Welt zeigen *im Freien harnen.* 1930 ff. — 18. pl Männer, M. der Marine *Marine-*

angehörige. → Herr. — 19. pl Männer, M. mit den schwarzen Spiegeln *Pioniere*. Wegen der Kragenspiegel
Männchen n 1. dreifach silbrig gesterntes M. *Hauptmann.* — 2. (sein) M. bauen/M. machen *soldatische Ehrenbezeugung machen; salutieren.* Nach dem Männchenmachen des Hasen, Hundes. 1870 ff.
Männerpuff m 1. asiatischer/ siamesischer M. *Kaserne.* — 2. Hier stinkt es wie in einem asiatischen M. (Redensart bei schlechtem Geruch). — 3. Hier stinkt es wie in einem siebenstöckigen siamesischen M. (Redensart bei schlechtem Geruch)
Mannschaft f, pl -en, M. einfach *Malzkaffee*
Mannschaftsadmiral m *Hauptgefreiter.* Der Matrosen- oder Hauptgefreite hat 3 gelbe Litzen im Winkel auf dem linken Oberärmel, der Admiral 3 gelbe Streifen auf dem Unterärmel. Marinespr. 1939 ff.
Mannschaftsgeneral m *Haupt-, Obergefreiter.* Der Hauptgefreite ist der höchste Dienstgrad der Mannschaften, der General der höchste Dienstgrad der Offiziere. 1935 ff.
Mannschaftskapitän m *Hauptgefreiter.* Nach der Bezeichnung für den Mannschaftsführer im Sport
Mannschaftsking m *Hauptgefreiter.* Er hat unter den Mannschaften den höchsten Dienstgrad
Mannschaftssarg m *Kampfpanzer.* → Sarg
Mao-Look m [Grundw. engl. Ausspr.] *Arbeitsanzug.* Nach der nach MAO TSE-TUNG benannten chines. Einheitskleidung

Märchenbuch n *Dienstvorschrift* (ZDv 3/11). Aufgefaßt als Lesestoff für schlicht-kindliche Gemüter. Vgl. → Bundeswehrmärchenbuch
Märchenstunde f 1. *Befehlsbekanntgabe.* — 2. *militär. Unterricht.* Man erfährt im U. vermeintl. nicht, wie es ist, sondern wie es sein sollte. — 3. *Nachrichtensendung im Fernsehen*
Maria (VN) f 1. *Gewehr.* — 2. M. Hilf *Zahltag; Löhnungsappell; Geld.* 1914 ff. (FRITZ 61). — 3. Mariä Empfängnis *Zahltag, Löhnungsappell.* Nach dem kathol. Feiertag mit Anspielung auf Marie ›Geld‹; Empfängnis = Erhalt 1870 ff. (HORN 97)
Marie (VN) f 1. *Gewehr.* — 2. *ABC-Schutzmaske.* 1939 ff.: Gasmaske
Marinegirlande f *Kordel auf dem Schirm der Marinemütze*
Marinepinkel m *(stutzerhafter) Angehöriger der Bundesmarine.* Pinkel ›Geck, Stutzer‹. Wohl älter
Mariner m [Ausspr. auch engl.] *Marineangehöriger.* 1914 ff.
Marinerundschlag m, M. machen *gierig essen.* → Rundschlag
Marinierte m *Marineangehöriger.* Der M. ist vermeintlich mit Seewasser getauft. 1920 ff.
Marinist m *Marineangehöriger.* Zu Marinismus ›Streben nach Herrschaft auf den Weltmeeren durch Aufbau einer starken Flotte‹; vgl. SCHULZ 2, 73. Spätes 19. Jh.
Marionettenbühne f *Exerzierplatz*
Marionettentheater n, Spießens M. *Kompaniegeschäftszimmer.* Die Schreibstubendienstgrade sind für den → Spieß nur Marionetten

Mark f, Er fällt hin u. verbiegt die M. (Redensart auf einen sehr Dummen)

Markt m, eine auf den M. schmeißen *eine Zigarette spenden*

Marschierer m 1. alter M. *altgedienter, erfahrener Soldat*. 1914 ff. (GRAFF 110). — 2. junger M. *junger Mann*; *Rekrut*. 1914 ff.

Martell m *Generalleutnant*. Nach dem franz. Kognak mit dem Drei-Sterne-Gütezeichen

Mary (VN) f [Ausspr. engl.] 1. *Gewehr*. — 2. *ABC-Schutzmaske*

Maryfick m [Bestimmungsw. engl. Ausspr.] *Übung mit der ABC-Schutzmaske*. → Mary 2; → Fick 2

Marytasche f [Bestimmungsw. engl. Ausspr.] *ABC-Schutzmaskentasche*. → Mary 2

Maschinenraum m *Leistengegend*; *Schoß*

Maske f, M. in Blau *die Marineangehörigen*. Nach der Operette von FRED RAYMOND (1937) mit Anspielung auf die blaue Uniform

Maskenball m *mehrmaliger Uniformwechsel in kürzester Zeit*. 1935 ff.

Maskenbrecher m *übelriechender Tabak*. Der T. macht vermeintl. sogar die ABC-Schutzmaske wirkungslos

Maskendrill m *Übung mit der ABC-Schutzmaske*. Wohl älter

Maskenmann m, pl -männer *ABC-Abwehrtruppe*

Maskerade f 1. *mehrmaliger Uniformwechsel in kürzester Zeit*. Wohl älter. → Maskenball. — 2. *Übung mit der ABC-Schutzmaske*

Massage f *geistliche Übungen*; *Rüstzeit* u. ä. Verkürzt aus → Seelenmassage

Maßanzug m *Dienstanzug*

Maßband n → Meßband

Mastdarmschau f *Musterung*

Mastdarmschoner m *Unterhose*

Mastdarmtourist m 1. *Homosexueller*. 1920 ff. — 2. *würdeloser Schmeichler*. 1920 ff.

Mastdarmvergolder m *Homosexueller*. 1920 ff.

Mastdarmversilberer m *Mann, der sich prostituiert, ohne homosexuell zu sein*

Match m, n [Ausspr. engl.] *Geschlechtsverkehr*. Engl. match ›Wettkampf, -spiel‹

Materialerhaltung f *Sport*. Anspielung auf »Menschenmaterial«

Matjeshering m *junger Matrose*. 1914 ff. → Hering 1

Matratze f 1. *Prostituierte*; *Konkubine*. 1900 ff. — 2. *Radar*; *Funkmeßgerät*. Formähnlichkeit mit der Sprungfedermatratze. 1939 ff. — 3. *minderwertiger Tabak*. Der T. enthält angeblich Matratzenfüllmaterial. 1914 ff. — 4. Omas alte M. *übelriechender Tabak*. — 5. an der M. horchen/ die M. abhorchen *schlafen*. Frühes 20. Jh.

Matratzenabhorchdienst m *Militär*. *Abschirmdienst*. Deutung der Abk. MAD mit Anspielung auf Belauschen von Intimitäten

Matratzenfütterung f *übelriechender Tabak*. Wohl älter. → Matratze 3

Matratzenhorchdienst m *Schlafen*. 1910 ff. → Matratze 5

Matratzenhorchstation f, **-stelle** f, **-prüfstelle** f *Bett*. → Matratze 5

Matrose m, pl -n, M. am Mast ‹ *Filzläuse*. Mast ›erigierter Penis‹. 1930 ff.

Matschauge n *Radar*. Beruht auf magisches Auge (engl. magic eye)

Matschbacke f *Unselbständiger, Ratloser.* Backe weniger derb für Arsch

Matte f 1. *Langhaartracht.* Engl. mat ›wirres Haar‹. — 2. *Bett.* — 3. Da kriegst du eine M. *da mußt du lange warten.* → Matte 1

Mattscheibe f *Bildschirm; Fernsehgerät*

Mauke f, pl -n 1. *Schweißfüße.* 1870 ff. — 2. *gebrauchte, übelriechende Strümpfe, Socken.* 1870 ff. — M. eigentl. Hautentzündung an den Fesseln des Pferdes

Maulheld m, pl -en *Fernmeldetruppe.* Die Angehörigen der F. als gewandte Sprecher gesehen

Maulofen m *Tabakspfeife*

Maulwurf m 1. *Pionier.* 1870 ff. (HORN 32). — 2. *Soldat, der ein Deckungsloch aushebt; Panzergrenadier.* 1914 ff. — 3. M. spielen *Schanzarbeit verrichten*

Maulwurfgeschwader n Erdkampfverband

Maulwurfpauli m *Grenadier.* → Pauli

Maulwurfverband m *Erdkampfverband.* → Maulwurf 2

maunzen intr *aufbegehren.* Nach dem Klagen von Katzen u. Kindern, lautmalend

Maurer m, bewaffneter M. *Pionier*

Maurerakademie f *Pionierschule*

Maus f, pl Mäuse 1. *Geld, Geldmünzen.* Nebenform zu → Moos oder gebildet zu »Mäuse haben« ›kräftige Armmuskeln haben; sehr stark sein‹; hier ›finanziell stark sein‹. 1920 ff. — 2. graue M. *Heeresangehörige.* → Mausgraue. — 3. weiße M. *Feldpolizei; Verkehrspolizisten.* Wegen weißer Dienstmütze, weißen Handschuhen u. weißem Gürtel. Mausen ›beschleichen,

fangen‹. 1925 ff. — 4. Da kommen die M. mit Tränen in den Augen aus dem Kühlschrank/Da laufen sich die M. Blutblasen im Kühlschrank (Redensart auf ärmliche Verhältnisse)

mausbar adj *leicht zugänglich; dem Flirt u. Geschlechtsverkehr nicht abgeneigt.* 1935 ff. → mausen

Mäusefänger m *Wehrbeauftragter des Deutschen Bundestages.* Nach einer Äußerung des Wehrbeauftragten W. BERKHAN: »Ich werde die Mäuse dort fangen, wo sie über Gebühr in Bereiche eindringen, wo sie nichts zu suchen haben« (April 1975)

mausen intr *koitieren.* Grundbed. ›schleichend tasten; still greifen‹. 1870 ff. (HORN 132); vorwiegend südd.

Mausgraue m 1. *Heeresangehöriger.* Wegen der grauen Uniform. — 2. pl -n *Feldjäger.* Wegen der im Dienst getragenen grauen Ausgehuniform

Max (VN) m 1. schwarzer M. *Monteuranzug.* — 2. den strammen M. machen *Ehrenbezeugungen straff ausführen*

Maxikleid n *langes Olivhemd*

M-Bock m *Minenboot, Minensuchboot.* Bock über ›Dienstpferd‹ als Fortbewegungsmittel des Marineangehörigen. 1935 ff.

mealen intr, tr [Ausspr. engl.] *essen*

meckern intr. Beim Kommiß m. u. zu Hause den Kitt aus dem Fenster fressen! (Rügerede an einen Unzufriedenen). 1920 ff. → Kitt

Medizinmann m *Sanitätssoldat*

Meeres-Stuffz m *Obermaat.* → Stuffz

Meerschwein n *Matrose.* 1870 ff.

Mehl n, Er sitzt im Keller u. hackt M. (Antw. auf die Frage nach jmds. Aufenthalt)

Mehlkloß m *Klops*. Der K. enthält angebl. mehr Mehl als Fleisch

Mehlspeis f, M. zum Umhängen *Spaghetti*

Mehlwurm m, pl -würmer *Nudeln*

Mehrschwein n *Zeitsoldat*. Wegen des höheren Entlassungsgeldes

Mehrzweckfett n *Margarine, Schmalz*. Wegen der Verwendbarkeit als Speisefett, Brotaufstrich, Lederfett u. a.

Meimel n, m *Harn*. Nebenform zu jidd. majim ›Wasser‹ (WOLF 3368)

Meinung f, keine M. haben *nicht bei Kasse sein*. Ausrede z. B. beim Planen einer gemeinsamen Unternehmung

Mekka (ON) n, M. der Grenadiere *Kampftruppenschule*

Meldereiter m *Kradfahrer*

Melone f *Kopf, Glatzkopf*. Wegen der Formähnlichkeit. 1914 ff. (HAUPT 128)

memmisch adj *feige*. Zu Memme ›Feigling‹

Mensch m 1. M. ohne Verstand *Längerdienender*. — 2. M. ohne Zeitgefühl *Altgedienter*. — 3. Kein M., kein Tier — ein (Panzer-)-Grenadier (Spottausdr. auf die Grenadiere). Vorbild: »Halb Mensch, halb Vieh — aufs Pferd gesetzte Infanterie«, Neckvers auf das ehem. 1. bayr. Schwere Reiter-Regiment Prinz Karl von Bayern in München. — 4. Kein M., kein Tier — ein Pionier (Spottausdr. auf die Pioniere). → Mensch 3. — 5. der letzte M. *untauglicher Soldat*

Menschenfresser m *Unteroffizier* (u. höherer Dienstgrad)

Menschenschinder m *Ausbilder*. → Schinder 1

Menschenwurfmaschine f *Motorrad*. Wegen der großen Sturzgefahr

Meßband(1) n 1. *Gesamtlänge/das letzte Drittel der Dienstzeit in der BW*. Für jeden Tag wird angebl. 1 cm abgeschnitten. — 2. Er kann mit seinem M. noch den Sportplatz/die Kaserne ausmessen/noch das Zimmer tapezieren *er hat noch lange zu dienen*

Meßbandschoner m *Zeitsoldat*. Der Z. kürzt das → Meßband nicht

Messerakrobat m *Chirurg*. Wohl älter

Metallregen m *abstürzendes Flugzeug*

Metallsargkutscher m *Panzerfahrer*. (Die Bezeichnung löste im April 1959 eine Schlägerei aus). → Sarg

Meter n 1. laufendes M. *Kurzbeiniger*. Die Kleinsten, am Ende der Kolonne marschierend, können oft nicht Schritt halten u. müssen dann laufen. — 2. ein paar M. fünfzig (Redensart zur ungenauen Angabe einer Größe)

Metzger m 1. *Stabsarzt; grober Arzt*. 1870 ff. — 2. *Sanitätssoldat*. — 3. akademischer M. *Stabsarzt*

Metzgerbrot n *Frikadelle, Hackbraten*. Entspr. → Fleischerbrot

Meuchelpuffer m *Pistole*. Puffer ›Pistole‹, lautmalend. 1800 ff.

Mexikaner m *Cola-Getränk*. Wegen der Farbe; Anspielung auf die dunkelhäutigen Bewohner Mexikos

MG n *leicht zugängliches Mädchen*. Abk. für »mausbares Gerät«; → mausbar; → Gerät 2

MHD m *Schlafen*. Abk. für → Matratzenhorchdienst

Miefquirl m 1. *Ventilator.* Im ausgeh. 19. Jh. bei der Marine aufgekommen. — 2. *Hubschrauber.* → Quirl

Miete f, Da wird die M. mit der Pistole kassiert (Redensart auf ein sehr armes, geiziges oder gefährliches Dorf). 1930 ff.

Mig m *Major im Generalstab.* Initialwort

Migränestock m *Gummiknüppel.* 1939 ff.

Migränestöckchenschwinger m *Feldjäger.* 1939 ff. → Migränestock

Milch f 1. M. mit Schaum *Bier.* — 2. gelbe M. *Bier.* — 3. Ich schlage dich (in die Fresse), bis du M. gibst (Drohrede). — 4. Er sitzt im Keller u. sägt dicke M. (Antw. auf die Frage nach jmds. Aufenthalt). — 5. Du kannst zwar kleinen Kindern die M. wegnehmen, aber . . . (Redewendung an einen Prahler)

Milchbartakademie f *Offizierschule*

Milchbubi m 1. *Unselbständiger.* — 2. *Fahnenjunker.* — Anspielung auf Jugend u. geringe Erfahrung

Milchholen n, Er ist zu dumm zum M.: er geht mit einem Drahtkorb los (Redensart auf einen sehr Dummen, Unpraktischen)

Milchsuppe f *diesiges Wetter; von Nebelgranaten verursachter Nebel.* 1930 ff.

Militär n, uraltes M. *Altgedienter*

Militärbulle m, pl -n *Feldjäger.* 1939 ff. → Bulle 2

Militärgetto n *Bundeswehrsiedlung.* → Getto

Militarist m *Längerdienender*

Militärpope m *Militärgeistlicher.* → Pope

Militärrat m *Verwaltungsoberamtmann u. a.; hochgestellter Militärbeamter*

Milpf m *Militärpfarrer.* Amtl. Abk. MilPf

Miltratä m *Ausbilder.* Initialwort aus »militär. → Traumtänzer«

mimen intr, Das mimt (sich) *das ist vorzüglich.* Zu → Mimiker; daraus m. ›funktionieren‹

Mimik f *technischer Kleinkram.* Fußt auf Mechanik u. rummimen ›scheinbar ohne Ernst tätig sein‹. Marinespr. 1914 ff.

Mimiker m *Mechaniker bei der Marine.* 1914 ff. (IMME 41; HOCHSTETTER 63). → Mimik

Mine f, pl -n, M. legen/verlegen *im Freien koten.* → Spatengang

Minenschlepper m, pl *Pioniere*

mini adj *kleinwüchsig*

Mini-Air-Force f [Ausspr. engl.] *Heeresflieger*

Mini-Astronaut m *Heeresflieger*

Minihai m *Hering*

Minilefti m *Fähnrich.* → Lefti

Minipanzer m *Spähpanzer; Panzer* (üb.)

Mini-Raub m *rücksichtsloser Ausbilder.* → Raub

Minirock m *Hemd*

Minitank m *Panzer* (üb.); *Spähpanzer*

Miniwalfisch m *Hering*

Minustyp m *Unkameradschaftlicher*

Missileskuli m, pl -s *Flugabwehrraketenverband.* Engl. missile ›Ferngeschoß, Flugkörper‹

Missionar m, Da haben sie vorige Woche den letzten M. verspeist (Redensart auf eine rückständige Gegend)

Missionsschuppen m *Kirchengebäude, Gemeindesaal.* → Schuppen

mist adj (unbeugbar) *schlecht, minderwertig.* Nach (Zusammensetzungen mit) Mist

Mistkarre f *Schützenpanzer; kleiner Panzerkampfwagen.* 1939ff. → Karre 2

Mitesser m, pl, M. aus dem Kranz/Kreuz drücken *koten.* Anspielung auf Darmbakterien

Mitleidsanzug m *Felduniform, Kampfanzug.* Vermeintl. erregt der Träger der F., des K.s wegen seines Aussehens Mitleid

Mixer m *Mechaniker, Techniker.* Das Dienstgradabzeichen des Torpedomechanikers ähnelt dem Schüttelbecher des Barmixers. 1939ff.

Mob m 1. *Mannschaften.* — 2. gemeiner M. *Mannschaften.* Gemein ›ohne Rang‹. — Engl. mob ›Pöbel, Gesindel; Haufen, Einheit‹

Mobführer m *Offizier.* → Mob

Moby Dick m *sehr Beleibter.* Nach dem Wal M. D. in H. MELVILLES gleichnamigem Roman (1851), verfilmt 1956

Modemuffel pl *Bekleidungsamt.* Eigentl. ›jmd., der keinen Wert auf modische Kleidung legt‹; → Muffel

Modenhaus n *Bekleidungskammer*

Modenschau f 1. *Einkleidung.* — 2. *Dienstappell mit Uniformwechsel.* 1939ff. — 3. Schröders M. *Dienstappell mit Uniformwechsel.* → Gammelhaufen

Molle f *Bett.* Nebenform von → Mulde. Spätes 19. Jh.

Mollenerker m *Bauch.* Molle ›großes Glas Bier‹

Mollenfriedhof m, -grab n *Magen, dicker Leib; Beleibter.* 1910ff. → Mollenerker

Molli (Molly) m 1. *Dicker.* Nach dem Hundenamen (bes. für Mop-

se). — 2. *Arbeitsanzug.* Verkürzt aus Moleskin (ein festes Baumwollgewebe). — 3. gehackter M. *Frikadelle; Hackbraten* u. ä. 1910ff. → Molli 1

Molly m, f *Brandflasche.* Verkürzt aus → Molotowcocktail

Molotowcocktail m [Grundw. engl. Ausspr.] *Brandflasche.* Nach dem sowjet. Politiker W. M. MOLOTOW. 1942. → Cocktail; → Molly

Monatsbinde f 1. *Leibbinde.* — 2. *Verbandpäckchen*

Monatsbindentee m *Hagebuttentee*

Monatssoße f *Tomatensuppe, Fleisch-, Bratentunke* u. ä.

Monatstee m *Hagebuttentee.* → Monatsbindentee

Mond m 1. saurer M. *unwilliger, unsoldatischer Rekrut.* Nach dem mißmutigen Gesichtsausdruck des R.n. — 2. Da wird der M. mit der Stange weitergeschoben (Redensart auf eine abgelegene unzivilisierte Gegend). Ostfriesenwitz?

Mondauto n *geländegängiger Kleintransporter mit unabhängig voneinander beweglichen Rädern.* Nach dem zuerst beim Raumflug Apollo 15 (1971) für Exkursionen auf dem Mond verwendeten Fahrzeug

Mondscheinartillerie f *Beobachtungsbataillon der Artillerie; aufklärende Artillerie*

Mondscheinbatterie f *Einheit mit viel Strafdienst*

Mondscheinkommando n *nächtliches Postenstehen*

Mondscheinkompanie f *Kompanie mit vielen Nachtmärschen, nächtlichen Übungsalarmen*

Mondwanderung f *nächtlicher Strafdienst*

Monogramm-Emma f *Maschinen-gewehr.* »Monogramm schießen« ›auf jmdn. feuern‹. → Emma

Montag m, blauer M. *Montag, an dem der Soldat eigenmächtig dem Dienst fernbleibt*

Monteur m [Ausspr. franz.], M. de Fresse *Zahnarzt.* 1930 ff.

Moortreter m, pl *Senkfüße.* Mit S.n kann vermeintl. ohne Gefahr das Moor betreten werden

Moorwasser n 1. *Kaffee.* — 2. *Cola-Getränk.* — Wegen Farbähnlichkeit

Moos n *Geld.* Zu jidd. moo ›Pfennig‹; moos ›Geld‹ (WOLF 3677, 3481). 1750 ff.

Moosbuckel m *Altgedienter.* Nach dem moosbewachsenen Rücken des Karpfens

Moosgraue m *Altgedienter.* → Mooshaupt

Mooshaupt n *Altgedienter.* Aus »bemoostes Haupt« ›alter Mann‹; Student mit hoher Semesterzahl‹

Moped n *Spähpanzer.* Spöttisch

Mopf m *Militär-Oberpfarrer.* Amtl. Abk. MOpf

Möpse pl *Geld.* Zu rotw. meps ›klein‹, Möps(e) ›Geld(er)‹ (WOLF 3537, 3680). 1750 ff.

Mopsverwalter m *Rechnungsführer, Zahlmeister.* → Möpse

Mordsmolli m, **-molly** m *draufgängerischer, guter Soldat; bei den Soldaten beliebter Vorgesetzter.* → Molli 1

Mordsschaffe f *Manöver.* Schaffe ›Ereignis, Vorgang‹

Morgenandacht f *Befehlsausgabe am Morgen.* 1939 ff.

Morgenzirkus m *Befehlsausgabe am Morgen*

Morseanalphabet m, pl -en *Fernmeldetruppe.* Spöttisch aus Morsealphabet

Möse f 1. *Vagina.* 18. Jh. — 2. Mörser

Moserer m, **Moserkopf** m *Nörgler.* → mosern

mosern intr *sich mißmutig, halb beleidigt, halb streitlustig äußern;* nörgeln, aufbegehren. Zu jidd. mosser ›Schwätzer‹ (WOLF 3695); nach 1920 auch zum Namen des Schauspielers HANS MOSER wegen dessen nuschelnder Sprechweise

Mottenarsenal n, **-bude** f, **-bunker** m *Bekleidungskammer*

Mottenburg f 1. *Pelzmantel; pelzgefütterter Mantel.* Frühes 19. Jh. — 2. *Bekleidungskammer*

Mottendepot n *Bekleidungsamt*

Mottenjagd f *Putz- u. Flickstunde*

Mottenkammer f *Bekleidungskammer*

Mottenkasten m *Spind*

Mottenkiste f *Bekleidungskammer*

Mottenlager n *Bekleidungsamt, -kammer*

Mottenparadies n *Bekleidungskammer*

Mottenranch f [Grundw. engl. Ausspr.] *Bekleidungskammer*

Mottenschau f *Bekleidungsappell.* Aus Modenschau

Mottenstube f *Bekleidungskammer*

Motz m *Angeber, Prahler.* Ausgangsbed. ›Hammel‹; weiterentwickelt i. S. v. ›Leitender; Angeber‹. 1900 ff.

motzen intr *verdrießlich sein; nörgeln; schmollen; sich beschweren; schimpfend tadeln.* 18. Jh. Herkunft unsicher; s. Sprachdienst 1973, 17 ff.

Motzer m *schreiender Vorgesetzter; Nörgler; Tadelsüchtiger.* 1900 ff. → motzen

Motzerei f *Nörgelei; Beanstandung u. ä.* 1900 ff. → motzen

motzig adj *verdrießlich, nörgle-risch.* 18. Jh. → motzen

Möwenjäger m, pl *Bundesgrenz-schutz an der Küste*

MP f *Feldjäger.* Eigentl. Abk. von Military Police (amerikan. Mili-tärpolizei)

Muck f, m *Gefäß, Kanne, Tasse.* Aus engl. mug ›Kanne, Krug, Becher‹. Marinespr. 1910 ff.

Mücke f 1. *Dienstgradabzeichen des Feldwebels.* — 2. *Flieger; Flugzeug.* 1914 ff. — 3. *Leichthub-schrauber.* — 4. M. machen *davon-gehen, flüchten; sich einer Aufgabe entziehen.* 1914 ff. → Fliege 2. — 5. M. tief links machen *volle Deckung nehmen.* Zu M. (Muck) ›Kimme‹ (Teil der Visierein-richtung). 1939 ff.

Muckefucktank m *Feldflasche*

Mückenschwarm m *Marineflieger-geschwader.* → Mücke 2

Mückensucher m, pl *Heeresflug-abwehrtruppe.* → Mücke 2

Mückentod m *ABC-Munition*

Mückentöter m, pl *ABC-Abwehr-truppe*

Mückenträger m *Feldwebel.* → Mücke 1

Mückenvernichtungstruppe f *ABC-Abwehrtruppe*

mucker adj *sinnlich veranlagt.* Zu »Muck« als Lockruf von Tieren; muckern ›nach dem Bett ver-langen‹

Muckerrente f *Trennungsent-schädigung.* → mucker

muff adj (nur präd. u. adv.) 1. *betrunken.* — 2. sich m. machen *sich betrinken.* — Viell. i. S. v. stinkbetrunken zu muffe(l)n ›übel riechen‹

Muffe f 1. *Mädchen.* Anspielung auf die Vagina. — 2. *After.* 1850 ff. — 3. *Ängstlicher.* →

Muffe 5. — 4. *Feigheit.* → Muffe 5. — 5. Ihm flattert/geht die M. er hat große Angst. 1914 ff. → Muffe 2. — 6. Ihm geht die M. eins zu tausend/zehntausend/hunderttausend *er hat sehr große Angst.* 1914 ff. — 1 : 100000 = *Maßstab der Generalstabskarten.* → Muffe 2, 5. — 7. M. haben *ängst-lich sein; Nachteile befürchten; Vorgesetzte fürchten.* → Muffe 5

Muffel m 1. *Grenadier.* — 2. *un-kameradschaftl. Soldat.* — 3. pl *BW.* — 4. *größenwahnsinniger M. Heeresflieger.* Der H. gehört einer Erdkampftruppe an u. ist dennoch Flieger. — M. eigentl. ›Mürri-scher, Nörgler; jmd., der einer Sache abgeneigt ist‹

Muffelbataillon n *Erdkampfver-band.* → Muffel 1

Muffelbude f *Kasernenstube.* Die K. gesehen als Aufenthaltsort für → Muffel; auch Anspielung auf muffeln ›stinken‹

muffelig adj *ängstlich, feige.* → Muffe 5

Muffelkiste f *Bett.* → muffeln

muffeln intr *schlafen.* Lautma-lend für blasendes Atemgeräusch oder Anspielung auf muffeln ›stinken‹

Muffelpilot m *Heeresflieger.* → Muffel 4

Muffenbär m *Ängstlicher, Feiger.* → Muffe 5; → Bär 1

Muffenbomber m *Transportflug-zeug.* Die Ladeöffnung des Flug-zeugs als → Muffe 2 gesehen

Muffengage f *Fallschirmspringer-zulage.* → Muffe 5

Muffengang m, M. haben *ängstlich feige sein.* 1939 ff. → Muffe 5, 6

Muffengänger m *ängstlicher, fei-ger Soldat.* 1939 ff. → Muffe 5, 6

Muffengefühl n *Angst.* → Muffe 5

Muffenhengst m *Ängstlicher, Feiger.* → Muffe 5; → Hengst
Muffenkönig m *sehr Ängstlicher.* → Muffe 6
Muffenkopf m *Ängstlicher.* → Muffe 6
Muffenkutte f *Hose.* → Muffe 2; → Kutte 1
Muffenrente f *Flieger-, Fallschirmspringerzulage.* → Muffe 5
Muffenrentner m *Fallschirmspringer.* → Muffe 5
Muffensausen n *Angstgefühl.* 1939 ff. → Muffe 5
Muffensauser m *Ängstlicher*
Muffenziege f *Transportflugzeug.* → Muffenbomber
muffig adj *feige.* → Muffe 4
Muffpotta N, aussehen wie M., schnellste Kuh aus Texas (Redewendung auf jmdm., dessen Aussehen Anlaß zum Lästern gibt)
Muffti m *feiger Soldat.* Zu → Muffe 4, angelehnt an Mufti ›mohammedan. Rechtskundiger‹
Mufti m 1. *Heeresangehöriger.* Anspielung auf → Muffel 1. — 2. *Major.* Zu M. ›mohammedan. Rechtskundiger‹
Mug(g) → Muck
Mühle f 1. *Flugzeug, Düsenflugzeug* (nicht abf.). Wegen des Propellers. 1914 ff. — 2. *Motorfahrzeug.* 1920 ff. — 3. *Hubschrauber.* Wegen der Drehflügel
Mulde f Bett. 1870 ff. (HORN 100)
mulden intr *schlafen.* → Mulde
Muli m 1. *Gebirgsjäger.* Anspielung auf den M. (Maulesel) als Lasttier. (Vor 1914: M. = Tiroler Kaiserjäger.) → Bergmulis. — 2. *Packwagen.* Entspr. → Muli 1. — 3. abgestürzter M. *zähes Fleisch.* — 4. Ich glaube, mein/dein M. priemt! *du bist wohl nicht recht bei Verstand?!*

Mulidecke f *Wintermantel, Umhang*
Mulidoktor m *Stabsveterinär*
Muligeschirr n *Koppeltraggestell*
Muliinspekteur m *Stabsveterinär*
Mulitreiber m 1. *Gebirgsjäger.* — 2. *Ausbilder*
Mulitreiberschiffchen n *Bergmütze.* → Schiffchen
Müll m 1. *Sold, Geld.* — 2. *widerliches Essen*
Mummelducker m *Matrose auf einem Minenleger.* Mummel, Murmel hier ›Kugelmine‹; ducken, tucken ›tauchen‹
Muna f *Munitionslager, -anstalt.* Abk. 1939 ff.
Munatüte f *Stahlhelm.* → Muna
Munbunker m *Munitionslager*
Münchhausen (FN) m 1. *Presseoffizier.* — 2. M.s Märchenstunde *Nachrichtensendung im Fernsehen*
Mündungsbremse f, **-feuerdämpfer** m *Präservativ*
Mündungsschoner m 1. *kleinwüchsiger Soldat.* Der M. dient zum Schutz des Korns am Gewehr; der Kleinwüchsige muß auf Stengel u. Knopf steigen, damit er den M. abmachen kann (FRITZ 65). 1910 ff. — 2. *Präservativ.* 1910 ff.
Munibunker m *Munitionslager*
Munilager n *Munitionslager.* 1939 ff.
Muniranch f [Grundw. engl. Ausspr.] *Munitionslager*
Munitionsverbrauchsübung f *Schießübung.* Spöttisch
Munklipper m *Soldat im Munitionstrupp.* Die Geschosse werden auf Clips zu 4 Stück gesteckt
Munlager n, **-ranch** f [Grundw. engl. Ausspr.] *Munitionslager*
Murmelschuppen m *Kirchengebäude.* Nach dem Murmeln beim Beten

Musch f *Vagina*. Wegen Ähnlichkeit mit der Seemuschel. 19. Jh.

Muschelsucher m, pl *Küstenwachgeschwader*

Muschi m *Angehöriger des Mannschaftsstandes; Rekrut*. Kosewort, verkürzt aus → Muschkote

Muschik m *Angehöriger des Mannschaftsstandes; Rekrut*. Eigentl. der russ. Bauer; hier Nebenform zu → Muschi

Muschitreiber m *Ausbilder*. → Muschi; → Treiber

Muschki m, pl -s *Mannschaften*. Zu → Muschi u. → Muschik

Muschkote m *Soldat ohne Rang; Rekrut*. 1870ff. → Muskote

Muschkotenhut m *Arbeitsmütze*. → Muschkote

Muschkotentreiber m *Ausbilder*. → Muschkote; → Treiber

Musik f 1. türkische M./Blechmusik *Geschlechtskrankheit*. 1840ff. — 2. türkische M. mit Kapellmeister (und Taktstock) *Geschlechtskrankheit schwerster Art*. — Wegen der Pauke als wichtigstem Instrument der türk. Militärmusik; P. auch für Beule (syphilitisches Geschwür)

Musiker m, pl, schmutzige M. *Heeresflieger*. Wegen des Graus der Uniform gegenüber dem Weiß bei den Heeresmusikern

Musikrolle f *Harzer/Mainzer Käse*. Anspielung auf Blähungen

Musik- u. Skatschule f *Marineunteroffizierschule*. Deutung der Abk. MUS

Muskote m 1. *Infanterist, Grenadier*. Zu Musketier mit Einfluß von Knote(n) ›rauher Kerl‹ u. Kot. Spätestens 1870. — 2. *Rekrut*. → Muschkote

Mussolini-Gedächtnispaste f *Fischpaste*

Mussspritze f 1. *Geschütz, Gebirgshaubitze*. Nach der zum Garnieren von Torten u. Füllen von Berliner Pfannkuchen dienenden M. 1914ff. (HAUPT 132). — 2. *Gewehr*. Nach M. ›zusammengerollter Regenschirm‹, von den Veteranen bei Aufmärschen geschultert. 1914ff. — 3. *Maschinengewehr*. 1939ff. → Mussspritze 2. — 4. *Maschinenpistole* (früher: Revolver). → Mussspritze 2

Muß-Urlaub m *Hochzeitsurlaub*. Durch die Hochzeit muß der Nachwuchs legitimiert werden

Musterungshölle f *Kreiswehrersatzamt*. Die Schreiber u. Ärzte des K.s gelten als Teufel

Mutter f, M. der Kompanie (*Haupt-)Feldwebel*. 1700ff.

Muttergenesungsbier n *dunkles Bier*. → Ammenbier

Mutterglück n, -milch f *dunkles Bier*. → Ammenbier

Mutti f 1. *Kompaniefeldwebel*. → Mutter. — 2. pl -s *weibl. Küchenpersonal*

Mütze f 1. knitterfreie M. *Stahlhelm*. — 2. einen an die M. legen *militär. grüßen*. — 3. eine M. Schlaf nehmen *einen kurzen Schlaf halten*. Man deckt die Mütze über das Gesicht oder zieht sie ins Gesicht. 1914ff.

MvD m *nörglerischer Soldat*. Abk. von »Meckerer vom Dienst«

Nachbrenner m *Nachdurst*

nachfassen intr *sich während der Dienstzeit weiterverpflichten*. Eigentl. ›eine zweite Essensportion entgegennehmen‹; → fassen 1

nachgeben intr *einen Befehl ausführen*. Ironisch

Nachhilfe f *Nachexerzieren*

nachpacken intr *sich weiterver-pflichten.* → nachfassen

Nachschlag m 1. *Nachexerzieren.* Eigentl. die zusätzliche Essensportion. — 2. N. holen *sich weiterverpflichten.* → nachfassen

Nachschub m *Herbeitragen von Verpflegung, weiteren alkohol. Getränken u. ä.* 1939 ff.

nachschwenken intr *nachexerzieren.* 1939 ff. → schwenken

nachsitzen intr *nachexerzieren.* 1939 ff.

Nächstenliebe f, zur N. abkommandiert sein *Zivildienst leisten.* Spöttisch

Nächstenliebling m *Zivildienstleistender*

Nachtleuchter m, pl *Scheinwerferbedienung*

Nachtmusik f, kleine N. *Schnarchen in der Nacht.* Scherzh. nach MOZARTS Serenade »Eine kleine N.« (1787)

Nachtschicht f 1. *Nachexerzieren.* — 2. *Nachturlaub*

Nachttopf m 1. *Stahlhelm.* Wegen Formähnlichkeit. 1916 ff. (AHNERT 116; GRAFF 116). — 2. N. mit Henkeln *feistes, ausdrucksloses Gesicht*

Nachttopfleerer m *Zivildienstleistender*

Nachttopfschwenker m 1. *Sanitätssoldat, Krankenpfleger u. ä.* 1870 ff. (HORN 126). — 2. *Zivildienstleistender*

Nachwuchsurlaub m *Hochzeitsurlaub*

Nackengymnastik f, N. treiben *zechen*

Nackenstück n, N. vom Wellensittich *kleines Kotelett*

Nacktänzer (geistiger) m *Einfältiger, Dummer*

Nadelstecher m *Sanitätssoldat*

Nagel m *Zigarette.* Verkürzt aus Sargnagel. 1920 ff.

nageln 1. intr, tr *koitieren.* Zu Nagel ›Penis‹. 19. Jh. — 2. tr [jmdn.] *bestrafen.* Zu »jmdn. auf eine Aussage, ein Geständnis festnageln (u. zur Verantwortung ziehen)«. Vernageln ›zu einer Freiheitsstrafe verurteilen‹

Nagib Schnorratti f *erbettelte Zigarette.* Nagib = Na, gib!; zu schnorren ›(er)betteln‹ in Anlehnung an die ehem. Zigarettenmarke Muratti

Nagold (ON) *unerlaubter Drill.* → Raub

Nagold-Methode f *schikanöser Drill.* → Raub

Nagold-Sau f *schikanöser Ausbilder.* → Raub

Nagold-Schleifer m *schikanöser Ausbilder.* → Raub; → Schleifer 1

nähen tr, intr *(Soldaten) schikanös ausbilden.* Wegen der Ähnlichkeit der Handbewegung beim Nähen u. beim Prügeln

Näher m *schikanöser Ausbilder.* → nähen

Nahkampf m 1. *Flirt; Austausch von Zärtlichkeiten; Geschlechtsverkehr.* 1914 ff. (HAUPT 134). — 2. *Tanz mit engem Anschmiegen.* 1939 ff. — 3. N. ohne Damen *militär. Nahkampf*

Nahkampfanzug m *Schlafanzug.* → Nahkampf 1

Nahkampfbunker m *Soldatenkneipe mit Mädchenbetrieb.* → Nahkampf 1

Nahkampfdiele f *Tanzdiele; Tanzfläche.* 1930 ff. → Nahkampf 2

Nahkampfhose f *Bade-, Turn-, Unterhose*

Nahkampfschuppen m *Tanzlokal.* → Nahkampf 2; → Schuppen

Nahkampfshorts pl [Grundw. engl. Aussp̱r.] *Badehose*

Nahkampfsocke f, pl -n *Präservativ*. 1925 ff.

Nahkampfstrumpf m *Präservativ*. → Strumpf

Nahtlose m *Stahlhelm*

Nanz f, pl -is *Ordonnanz*. Durch Endbetonung begünstigte Verkürzung

Napf m *Trinkgefäß, Glas*

Napoleon FN, Kennen Sie auch noch N.? (Redewendung auf einen Oberstabsfeldwebel). Anspielung auf die strenge Körperhaltung NAPOLEONS mit der rechten Hand im Brustteil des Mantels

Napp FN, aussehen wie Karl N., der blinde Busfahrer (Redewendung auf jmdn., dessen Gesichtsausdruck Anlaß zu Spott gibt)

Narkosekompanie f *Sanitätskompanie*

Narrenzopf m *Vorgesetzter* (abf.). Der V.e macht sich durch sein Festhalten an alten Zöpfen lächerlich

Nase f, Ich schlage dir die N. nach innen! (Drohrede)

Nasenbär m 1. *Lang-, Höckernasiger*. — 2. *Dummer* (Schimpfwort). 1939 ff.

Nasentripper m *Schnupfen*. Wegen des Tröpfelns. 1914 ff. (BUSCHAN)

Nasse-Füße-Orden m → Freischwimmerorden

Nässer m *Rekrut*. Verkürzt aus Bettnässer oder zu »noch naß hinter den Ohren sein«

Nässerschild n *Namensschild an den vom Soldaten gefaßten Stücken*. → Nässer

NATO f, N. breit, flattrig *lange Uniformhose*

NATO-Adler m *Geflügel*. → Bundesadler

NATO-Anschlag m *Geschlechtsverkehr*. → Anschlagarten

NATO-Anthrazit m *Langbinder*. Wegen der Farbe

NATO-Arsch m 1. *Gesäß*. — 2. *Gefreiter*. → Schütze 1. — 3. Demnächst kommt der N. u. scheißt hier alles zu (Redensart angesichts hoffnungsloser Zustände)

NATO-Bagger m *Spaten, Schanzzeug*. → Bagger 2

NATO-Ballon m *Präservativ*. → Luftballon

NATO-Bär m *großwüchsiger, kräftiger Soldat*. → Bär 1

NATO-Becher m *Fertiggericht; Kunststoffbecher für Salat* u. ä.

NATO-Beton m *zäher Kartoffelbrei*

NATO-Beule f *Stahlhelm*

NATO-BH m 1. *Koppeltraggestell*. → BH. — 2. *Staub- u. Sonnenschutzbrille*

NATO-Bibel f *Dienstvorschrift*. → Bibel 1

NATO-Bock m *3,5-t-Lastwagen*. → Bock 3

NATO-Bottich m *Schirmmütze*. Die S. wird als übergroß u. unschön empfunden

NATO-Bratz m *widerliches Essen*. Bratz ›Abfall‹

NATO-Brei m *sämige Suppe*

NATO-Bremse f 1. *Schließfeder des Maschinengewehrs*. — 2. *Truppenverwaltung*. → Kulturbremser

NATO-Brot n *Dosenbrot; Grau-, Kommißbrot*

NATO-Brötchen n, getarntes N. *Frikadelle*. → Brötchen 4

NATO-Brühe f *Malzkaffee, Kräutertee*

NATO-Büchse f *Fleischkonserve*

NATO-Bulle m *beleibter, kräftiger Soldat.* → Bulle

NATO-Butter f 1. *Margarine.* — 2. *Marmelade*

NATO-Dödel dreifach m *Hauptgefreiter.* → Dödel 2

NATO-Eierbecher m *Badehose.* → Eierbecher 2

NATO-Einheitsbunker m *Bundeswehrwohnsiedlung*

NATO-Einheitsfraß m *unschmackhaftes Essen*

NATO-Eintopf m *Reissuppe mit Gulasch*

NATO-Elli f 1. *leicht zugängliches, sich gern mit Soldaten abgebendes Mädchen.* — 2. *Unterhose zum Kampfanzug.* Elli aus ll (Abk. für longliner) umgebildet

NATO-Embryo m *kleinwüchsiger Soldat.* → Embryo 1

NATO-Erotikdämpfer m *Unter-, Badehose.* Entspr. → Liebestöter

NATO-Esel m 1. *Zeitsoldat.* Der Z. gilt als dumm. — 2. *Obergefreiter; Unteroffizieranwärter.* — 3. *Kraftrad; Fahrrad.* Vgl. → Drahtesel. — 4. pl *NATO-Truppen*

NATO-Evangelium n *Dienstvorschrift.* Entspr. → Bibel 1

NATO-Expander m *Hosenträger*

NATO-Fett n *Butter; Margarine; Marmelade aus der Tube*

NATO-Fischer m *Marineangehöriger*

NATO-Flagge f *Taschentuch*

NATO-Ford m *Mannschaftstransportwagen*

NATO-Förster m, pl *Bundesgrenzschutz.* Wegen der grünen Uniform

NATO-Fraß m *unschmackhaftes Essen; Truppenverpflegung*

NATO-Gärtner m *Grenadier.* Wegen der grünen Kragenspiegel

NATO-Geier m 1. *Bundesadler auf der Dienstflagge.* → Pleitegeier 1. — 2. *Brathähnchen* u. ä. → Geier 2

NATO-Geiß f *5-t-Ford-Lkw.* Wie NATO-Ziege

NATO-Geist m *nächtliches Verprügeln eines unkameradschaftl. Stubengenossen.* → Heiliger Geist

NATO-General m *Hauptgefreiter.* → General 3

NATO-Gerümpel n *militärische Einrichtungsgegenstände*

NATO-Gnom m *kleinwüchsiger Soldat*

NATO-Gold n *Rost im Gewehrlauf*

NATO-Gully m, n *Schwimmbecken*

NATO-Hammer m 1. *Artillerierakete Sergeant.* — 2. *Bestrafung; Kameradenjustiz.* → Hammer 3. — 3. Gleich kreist der große N.! (Ausdr. des Unmuts; Warnrede)

NATO-Handbagger m, N. einfach *Schanzzeug, Spaten* u. ä. → Handbagger

NATO-Hemd n *Olivhemd*

NATO-Hose f, kratzfeste N. *Badehose*

NATO-Hosenträger m *Koppeltraggestell*

NATO-Hotel n 1. *Kaserne.* → Hotel 1. — 2. *Arrestanstalt.* → Hotel 3 bis 5

NATO-Hut m, knitterfreier N. *Stahlhelm.* → Knitterfreie

NATO-Isetta f *Spähpanzer.* → Isetta

NATO-Jeans pl [Grundw. engl. Ausspr.] *Arbeitsanzug*

NATO-Kanone f *Gesäß*

NATO-Kartoffel f, pl -n *Pommes frites*

NATO-Keks m *Dosenbrotschnitte*

NATO-Kelle f, sich noch Tage reinhauen mit der N. *sich wäh-*

*rend der Dienstzeit weiterver-
pflichten.* → Kelle
NATO-Keule f (Schimpfwort)
NATO-Kitt m *Kartoffelbrei; Knö-
del; Quark*
NATO-Kleister m *Kartoffelbrei;
Reis; Pudding*
NATO-Klempner m *Militärzahn-
arzt.* → Klempner 2
NATO-Knäcke n *Dosen-, Kom-
mißbrot*
NATO-Knecht m *Berufssoldat.* →
Knecht 1
NATO-Kneißl pl *Schier.* Nach der
Schimarke Kneißl
NATO-Knitterfreie m *Stahlhelm.*
→ Knitterfreie
NATO-Knochen m *Batteriehaupt-
schalterschlüssel; Autoschlüssel*
NATO-Knäcker pl *Knäckebrot;
Kommißbrot* u. ä. Knäcker (engl.
cracker) eigentl. ein Kleingebäck
NATO-Krieger m *Soldat*
NATO-Krüppel m *feiger Soldat.*
Der S. gilt als charakterlich ver-
stümmelt
NATO-Kübel m *Stahlhelm.* →
Kübel 1
NATO lang f *lange Dienst-, Uni-
formhose*
NATO-Langoliv f *lange Unter-
hose*
NATO-Lappen m 1. *Wehrpaß.* →
Lappen 3. — 2. pl *Uniform.* →
Lappen 2
NATO-Lauge m *schwarzer Tee*
NATO-Longliner m, f *lange Un-
terhose.* → Longliner
NATO-Matratze f *leichtlebiges, bei-
schlafwilliges Mädchen; Soldaten-
hure*
NATO-Nachthemd n *langes Oliv-
hemd*
NATO-Naßwurst f *Fleischwurst.*
Anspielung auf hohen Wasser-
gehalt

NATO-Nerz m *Winter-, Posten-
mantel.* Wegen der Pelzfütterung
NATO-Oliv 1. m *Arbeits-, Kampf-
anzug.* — 2. f *lange grüne Unter-
wäsche.* — 3. n *Konzentratbrot.*
Der Ausdr. hier i. S. v. ›Übliches,
Gewöhnliches‹ wegen der Alltäg-
lichkeit von → NATO-Oliv 1. u.
2. — 4. f *Hülsenfrüchtesuppe.* →
NATO-Oliv 3. — 5. f, N. lang
lange Unterhose. — 6. f, N. long-
long *langes Nachthemd*
NATO-Olivanzug m *Arbeitsanzug*
NATO-Olivwurst f *Wurst* (jeder
Sorte). → NATO-Oliv 3
NATO-Oma f 1. *Kopfschützer.* →
Oma 1. — 2. *ältliche Soldatenhure*
NATO-Pariser m 1. *Kopf-, Ohren-
schützer.* → Pariser 4. — 2. *Gum-
mimantel.* → Pariser 5
NATO-Pattex m, n *Kartoffelbrei.*
→ Pattex
NATO-Pause f *Dienstunterbre-
chung zum Verschnaufen; Früh-
stückspause* (in Instandsetzungs-
u. a. Einheiten)
NATO-Pelle f *Uniform.* → Pelle
NATO-Pimpf m *kleinwüchsiger
Soldat, Rekrut.* → Pimpf
NATO-Pinte f *Soldatenkneipe.* →
Pinte
NATO-Pisse f *schwarzer Tee*
NATO-Platte f *Dosenbrotschnitte;
Knäckebrotscheibe.* → Panzerplat-
te 3
NATO-Pneu m, pl -s *wundgelaufe-
ne Füße.* → Ballon 2
NATO-Präser m *Kopfschützer.* →
Präser
NATO-Pritsche f *Soldatenhure.* →
Pritsche 2
NATO-Puppe f *Soldatenliebchen*
NATO-Puschen pl *Kampf-,
Schnürstiefel.* Puschen ›Pantof-
feln‹

NATO-Rallye f [Grundw. engl. Ausspr.] *Wochenendbeginn.* Streben die Autofahrer einer Rallye (Sternfahrt) aus verschiedenen Richtungen zu einem Ziel, so fahren die Angehörigen der BW beim W. in alle Richtungen davon
NATO-Ratte f (Schimpfwort)
NATO-Reizwäsche f *lange Unterhose.* Ironisch
NATO-Rennsack m *Ausgehuniform.* Die A. wird mit dem Anzug des Rennwagenmonteurs verglichen
NATO-Rest m, pl -e *Hackbraten*
NATO-Riese m *großwüchsiger Soldat*
NATO-Roller m *Maico-Kraftrad*
NATO-Rundschlag m *gierig essender Soldat; gierige Eßweise.* → Rundschlag
NATO-Saft m *Malzkaffee*
NATO-Säge f *Maschinengewehr.* → Säge
NATO-Sandbrot n *Kommißbrot.* Angebl. Knirschen zwischen den Zähnen
NATO-Sarg m *Schützenpanzer.* → Sarg 1
NATO-Sau f *Unteroffizier.* → Sau 2
NATO-Schaufel f, N. einfach *Hand.* → Schaufel 1
NATO-Scheibe f *Dosenbrotschnitte.* → Kupplungsscheibe 1
NATO-Scherge m, pl -n *NATO-Truppen*
NATO-Schiffer m *Matrose.* → Schiffer
NATO-Schleicher m, pl *große Stiefel.* Ironisch
NATO-Schleifer m *schikanöser Ausbilder.* → Schleifer 1
NATO-Schlüpfer m 1. *Unter-, Badehose.* — 2. *Kopfschützer*
NATO-Schmiere f *Marmelade; Margarine u. ä.* → Schmiere 1

NATO-Schreck m *Furcht vor dem Musterungsergebnis; Einstufung als eingeschränkt Tauglicher*
NATO-Schuppen m *Soldatenkneipe.* → Schuppen
NATO-Schwalbe f, pl -n *Geflügel*
NATO-Schwein n, pl -e *Mannschaften.* → Schwein 1 a
NATO-Seil n, das N. suchen *sich dem Dienst zu entziehen suchen.* → abseilen 5; → Seil 2, 3
NATO-Sense f *Maschinengewehr.* Das M. mäht die Angreifer nieder
NATO-Sirene f *Schützenpanzer HS 30.* Wegen des Geräusches oder der alarmierenden Umstände der Beschaffung; → Affairenpanzer
NATO-Sitzung f *langes Verweilen auf Toilette oder Latrine*
NATO-Slip (exquisit oliv) m *Unterhose*
NATO-Sloggi f *Badehose.* → Sloggi
NATO-Spelunke f *anrüchige Soldatenkneipe*
NATO-Sprit m *Kräutertee.* Der K. ironisch als Kraftstoff aufgefaßt
NATO-Spritze f 1. *Leichtgeschütz.* → Spritze. — 2. *Gewehr, Maschinengewehr.* → Spritze 1, 2
NATO-Stein m *Bonbon*
NATO-Suppe f *gewöhnl. Suppe.* → NATO-Oliv 4
NATO-Tiger m *Obergefreiter.* Wegen der Streifen auf dem Oberärmel
NATO-Tüte f *Stahlhelm.* → Tüte 1
NATO-Urlaub m *Ernteurlaub*
NATO-Verfolgungsmantel m *Übermantel*
NATO-Verfolgungsschlafanzug m *Einheitsschlafanzug in der BW*
NATO-Verfolgungsunterwäsche f *Einheitsunterwäsche in der BW*
NATO-Verfolgungswurst f *Hartwurst u. ä.* → Verfolgungswurst

NATO-Vogel m 1. *Luftwaffenangehöriger.* Wegen der Schwinge auf dem Ärmelband. — 2. *Brathähnchen* u. ä.

NATO-Wanderpokal m *Prostituierte*

NATO-Wasser n *Malzkaffee*

NATO-Welle f, pl -n *Nudeln*

NATO-Wurst f *Hart-, Mett-, Bratwurst*

NATO-Zahnpasta f *Leberwurst aus der Tube*

NATO-Zebra n *Hauptgefreiter UA.* Wegen der Ärmelstreifen

NATO-Zement m *Kartoffelbrei aus Kartoffelflocken*

NATO-Ziege f 1. *Anhänger mit fest aufgebautem Aggregat.* — 2. *3,5-t-Ford-Lkw.* Wie → NATO-Geiß

NATO-Zirkus m *Ausstellung »Unser Heer«* u. ä.

NATO-Zubringerhebel m *Hand.* Nach der Zubringerfeder im Magazin der Pistole 38

NATO-Zwerg m 1. *kleinwüchsiger Soldat.* — 2. *Soldat der BW* (abf.). — 3. pl -e *NATO-Truppen*

NATO-Zwieback m *Brot aus dem Einsatzpaket.* Das Brot ist sehr trocken gepreßt u. krümelt

NATO-Zwille f *leicht zugängliches Mädchen.* → Zwille

NATO-Zwirn m *Uniform.* → Zwirn 1

NATO-Zylinder m *Stahlhelm.* → Zylinder 2

Naturfreund m, pl -e *Bundesgrenzschutz*

Naturschärfe f, gesunde N. *leichte Zugänglichkeit in sexueller Hinsicht.* → scharf

Navschlampe f *Navigationsgast*

Navy-Kamerad m [Bestimmungsw. engl. Ausspr.] *Marineangehöriger*

Nebelfeger m, pl *Luftwaffenboden-*

personal. Scherzh.; das L. beseitigt angebl. den Nebel auf Start- u. Landebahn

Nebelkrähe f *Brathähnchen* u. ä. → Krähe 2

Nebeltopf m *übelriechender Tabak*

Neckermann (FN) m 1. *Soldat ohne Rang; Rekrut.* Anspielung auf den Werbespruch »Neckermann macht's möglich« (seit 1960); die BW macht es möglich, daß aus dem Unfähigsten ein Soldat wird. — 2. *(mit diesem Dienstgrad eingestellter) Obergefreiter.* — 3. *Leutnant.* — 4. *Reserveoffiziersanwärter; Reserveoffizier mit kurzen Beförderungszeiten.* — 5. *Panzerattrappe.* Die P. scherzh. als Spielzeug aus dem Kaufhaus N. aufgefaßt. — 6. N. in Lauerstellung *Reserveoffiziersanwärter*

Neckermannlefti m *Leutnant.* → Lefti

Neckermannlolli m *Leutnant der Reserve.* → Lolli 1

Neckermannoffizier m 1. *Leutnant.* → Neckermann 3. — 2. *Reserveoffiziersanwärter.* → Neckermann 4

Neckermannpanzer m *Panzerattrappe; Spähpanzer.* → Neckermann 5

Neckermannsoldat m *Offiziersanwärter*

Neckermannspargel m *Schwarzwurzel*

Neger m 1. *Cola-Getränk.* Wegen Farbähnlichkeit. — 2. *konservierter N. Fleischkonserve.* Anspielung auf dunkle Farbe des Fleisches. — 3. einen N. abseilen *koten.* → abseilen 2. — 4. Das zieht einem nackten N. die Hose aus! (Ausr. der Unerträglichkeit)

Negerbeutel m *Blut-, Schwarzwurst*

Negerbrühe f *Kaffee, Kakao.* Wegen Farbähnlichkeit. 1920 ff.

Negerdarm m, karierter N. *Blutwurst.* Wegen der Farbe u. der Speckwürfel. 1939 ff.

Negerfinger m *Schwarzwurzel*

Negermilch f *Kakao*

Negerpimmel m 1. *Blutwurst.* 1914 ff. (GRAFF 117). → Pimmel 1, 3. — 2. *Schwarzwurzel.* Wegen Formähnlichkeit. → Pimmel 1. — 3. *schwarze Zigarre.* Wegen Formähnlichkeit. → Pimmel 1

Negerpisse f 1. *Kakao.* — 2. *Cola-Getränk.* → Neger 1

Negerscheiße f *Schokolade*

Negerschweiß m 1. *Kakao ohne Milch.* 1900 ff. — 2. *Cola-Getränk.* 1930 ff. — 3. *dunkles Bier*

Negersekt m *Cola-Getränk*

Nervendurchlauf m *Fahnenflucht.* Die F. aufgefaßt als Ergebnis von Nervenversagen beim Soldaten, der »durchgeht« wie ein scheuendes Pferd

Nervensäge f 1. *Maschinengewehr.* Wegen des Geräusches u. → Säge. — 2. *Zahnarzt*

Nesfleisch n *Fleischkonserven.* Nach dem Vorbild von Nescafé

Neumann FN 1. *Sanitätssoldat.* — 2. *Familie N. Sanitätstruppe.* — Nach den Geschichten u. Liedern vom Sanitätsgefreiten Neumann

Neunzigmillimeterbrot n *Dosenbrot.* Nach dem Vorbild der Kaliberangaben

Never-minds-Gast m [Bestimmungsw. engl. Ausspr.] *Matrose.* Engl. never mind ›mach dir nichts draus‹; Anspielung auf Gleichgültigkeit gegenüber Anherrschen, Strafe. Marinespr. 1914 ff. (HOCHSTETTER 65)

New Zappenstrike Forces pl [Aus-

spr. engl.] *Schauorchester der BW.* Scherzh. Anglisierung

Nichtschwimmer m *Matrose.* Angebl. ist es typisch für den M., daß er N. ist; Schwimmunterricht wurde bei der Marine nicht erteilt. 1900 ff.

nieten tr, intr *koitieren*

Nightclub m [Ausspr. engl.] *Offizierskasino*

Nikolausmantel m *Postenmantel*

Nikotinspargel m *Zigarre, Zigarette.* Wegen der Form. 1900 ff.

Nille f 1. *Penis.* — 2. *verbogene N. von Geschlechtskrankheit befallener Penis; Geschlechtskrankheit.* 1900 ff. — 3. *sich die N. verbiegen/verbrannt haben sich eine Geschlechtskrankheit zuziehen/zugezogen haben.* 1900 ff. — 4. *wie N. aussehen erschöpft aussehen.* Nach dem Eindruck des schlaffen Penis. — Herk. unsicher

Nillenbrenner m *Geschlechtskrankheit.* Seit 1939(?). → Nille

Nillendruck m *Harndrang.* → Nille; → Druck 18

Nillenflicker m *Militärarzt; Sanitätssoldat.* 1900 ff. → Nille

Nillensocke f *Präservativ.* → Nille; → Socken

Nillentruppe f *Sanitätstruppe.* → Nille

Nobelparkett n *Offizierskasino* u. ä.

Nockenwelle f, obenliegende N. *Abiturient*

Nonnenfett n *Margarine.* Anspielung auf die Askese der Nonne

Nonnenfürzchen n *Frikadelle, Klops.* N. eigentl. ein kleines Schmalzgebäck aus Pfannkuchenteig

Nonnenmeimel m *dünner Kaffee.* → Meimel

Nonnenpisse f *dünner Kaffee.* 1900 ff.

Nora f *Transportflugzeug Noratlas.*
Verkürzung
Nordseetrachtengruppe f *Bundes-
marine.* → Trachtengruppe 2
Noris m 1. *Hauptmann.* Wie →
Kognak 1; hier nach dem Wein-
brand N. — 2. *Generalleutnant.*
Wie → Kognak 2; hier nach dem
Weinbrand N.
Notentanz m *Marsch nach Musik*
Notstandsbeseitigung f *Hochzeits-
urlaub*
Nougatschleuder f *Kasernen-, Ar-
restzellentoilette.* Wegen der Farb-
ähnlichkeit des Kots mit Nougat
Nullachtfünfzehn m *unnachsichti-
ger, unsinniger Befehl; übliche
Handlungsweise.* Vgl. *WdU* 1, 364
Nullachtfünfzehn-Ton m *Sprech-
weise des Ausbilders*
Nullachtfünfzehn-Welt f *Wehrdienst*
Null-Durchblick m *unselbständi-
ger, ratloser Soldat.* → Durchblick
2
Nülle f → Nille
Nullnullsiebener m *draufgängerischer Soldat.* → James Bond
Nummer f, eine N. machen/schie-
ben *koitieren.* Nach der Num-
mernausgabe im Bordell. 1850ff.
Nummernschild n *Erkennungsmarke.* Nach dem Kfz-Kennzeichen
Nußknacker m 1. *Panzerfaust.*
1939ff. — 2. pl *Panzerjäger.* —
Zu »eine (harte) Nuß knacken«;
es wird die schwierige Aufgabe
gelöst, Panzer unschädlich zu
machen. → Knackkommando
Nuttenaquarium n *Bordell; Lokal
mit Prostituierten.* Im B., L. können Mädchen »geangelt« werden.
1930ff.
Nuttenbouillon f *Schaumwein.* S.
ist für Prostituierte ein gewöhnl.
Getränk

Nuttendiesel m, n *Dünnbier.* →
Diesel
Nuttengepäck n *kleines Sturm-
gepäck.* Das S. als Kulturbeutel
aufgefaßt
Nuttenjagd f *Nachturlaub*
Nuttenkoffer m *Sturmgepäck.* →
Nuttengepäck
Nuttenschreck m *Unterhose.* →
Liebestöter
Nuttensilo m *Hochhaus für Prosti-
tuierte; Bordell*
Nuttenstall m *Bordell; Lokal mit
Prostituierten*
Nutz- u. Nickstunde f *Putz- u.
Flickstunde.* Wortspiel

OA m 1. *ohne Ahnung.* 1939ff. —
2. *ohne Arbeit.* — Deutungen der
Abk. für Offiziersanwärter
Oberammergauner m *Militär-
geistlicher.* Wortmischung aus
Oberammergau (wegen der Pas-
sionsspiele) + Gauner (→ Him-
melsakrobat)
Oberbomber m *Obergefreiter (der
Artillerie).* 1939ff. → Bomber 1
Oberbootsknüppel m *Oberboots-
mann.* 1914ff. → Bootsknüppel
Oberbremser m *Obergefreiter.*
1914ff. Zu → bremsen
Oberbrezelmann m *Oberstabsfeld-
webel.* → Brezelmann
Oberdecksantilope f *seemännischer
Gast*
Oberdoc m *Oberstabsarzt.* → Doc
Oberdödel m *Obergefreiter.* → Dö-
del 2
Obereichelbär m *Oberstleutnant.* →
Eichelbär
Oberfeld m 1. *Oberfeldwebel.*
1939ff. → Feld 1. — 2. *alter O.
zähes Fleisch*
Oberfeldflasche f *Oberfeldarzt.*
→ Flasche 1

Oberfeldflegel m *Oberfeldwebel.* → Feldflegel

Oberfeldi m *Oberfeldwebel.* → Feldi

Oberfilzer m *Obergefreiter.* → filzen 2

Oberflegel m *Oberfeldwebel.* → Oberfeldflegel

Oberfußarzt m *Oberfeldarzt*

Obergefreitendienstweg m 1. *durch vorteilhafte Beziehungen eröffneter Weg zur (reibungsloseren, schnelleren) Erledigung einer Angelegenheit abseits des üblichen Dienstwegs.* — 2. *Gerücht; Weg, den ein Gerücht nimmt*

Obergefreitenparole f, **-rundsprechverfahren** n *Gerücht*

Obergefreitenschnellweg m → Obergefreitendienstweg

Obergefreite m, *O. in der Sackgasse Stabsunteroffizier. Der S. ist der höchste Dienstgrad für Unteroffiziere ohne Portepee*

Obergestreifte m *Obergefreiter.* Wortspiel, wegen der beiden Tressenstreifen

Oberkante f 1. *Ihm steht's bis O. Unterlippe er ist einer Sache überdrüssig. Anspielung auf Brechreiz.* 1939 ff. — 2. *voll bis O. Unterlippe volltrunken*

Oberkeule f *Obergefreiter.* → Keule 4

Oberlefti m *Oberleutnant.* — 2. *O. naß Oberleutnant zur See.* — → Lefti

Oberlolli m *Oberleutnant.* → Lolli 1

Oberlulli m *Oberleutnant.* → Lulli 1

Obermaat m, *alter/toter O. Blutwurst*

Obermajor m *Oberstleutnant*

Obernillenflicker m *Oberstabsarzt.* → Nillenflicker

Oberpenner m *sehr langsam Tätiger.* → Penner 1

Oberpickel m *Oberleutnant.* → Pickel 2

Oberpillendreher m *Oberstabsapotheker.* → Pillendreher 1

Oberschenkelantilope f *Filzlaus*

Oberschenkelschieber m *Tango.* → Schenkelschieber

Oberschlachter m, **-schlächter** m *Oberstabsarzt.* → Schlachter

Oberschnapser m, **-schnäpser** m *Obergefreiter.* 1920 ff. → Schnapser, Schnäpser

Oberschnarcher m 1. *Obergefreiter.* → Oberbremser. — 2. *ziviler Wachangestellter.* → Schnarcher 1

Oberseewebel m *Oberbootsmann.* → Seewebel

Oberselbstfahrlafette f *Oberstabsfeldwebel, Oberstabsbootsmann.* → Selbstfahrlafette

Obersoldat m *Viersternegeneral; Generalinspekteur*

Oberstaber m *Oberstabsfeldwebel.* → Staber 1

Oberstabo m 1. *Oberstabsarzt.* → Stabo 1. — 2. *Oberstabsbootsmann.* → Stabo 2

Oberstabsfeld m *Oberstabsfeldwebel.* → Stabsfeld

Oberstgiftmischer m *Oberstabsapotheker.* → Giftmischer 3

Oberstlefti m *Oberstleutnant.* → Lefti

Oberstleutnant m, *O. de Luxe Oberstleutnant der Besoldungsgruppe A 15*

Oberverdachtschöpfer m *Wehrbeauftragter des Deutschen Bundestages.* Früher: Kriegsgerichtsrat

Oberverteidiger m *Bundesminister der Verteidigung*

Oberviehtreiber m *Oberstabsveterinär.* → Viehtreiber

Oberwebel m *Oberfeldwebel*

Oberwinkelträger m *Oberfeldwebel.*
Wegen der Winkel auf den
Schulterklappen
Obi m *Obergefreiter*
Obstschale f *Stahlhelm.* Der S. als
Behälter für die »Birne« (Kopf)
Ochsenbüchse f *Panzerfaust*
Ochsen-Karl N, rangehen wie
O.-K. sein Sohn *draufgängerisch
sein.* Phantasiename auf der
Grundlage von Ochse ›unbändig
Kraftvoller‹
Öfchen n *Tabakspfeife*
Ofen m 1. *Auto.* — 2. *Feuerzeug.*
— 3. *Motorrad.* — 4. *Starfighter.*
Der S. heizt dem Piloten wegen
der Absturzgefährdung ein
(macht ihm zu schaffen, bedroht
ihn). — 5. *Tabakspfeife.*
Ofenholz n *übelriechender Tabak*
Ofenrohr n 1. *Einmann-Raketen-
waffe zur Panzerbekämpfung.*
1939ff. — 2. *Kopfschützer.* Der K.
umschließt wie ein Rohr den
Kopf. — 3. fliegendes O. *Hubschrauber mit zwei Propellern.*
Wegen Formähnlichkeit
Offenbarungseid m, einen O. ab-
legen *einen Heiratsantrag machen.*
Wohl älter
Öffentlichkeitswerbung f *Ernteurlaub.* Die Soldaten heben als
Erntehelfer das Ansehen der BW
Offizier m 1. O. i. G. G. *Militär-
geistlicher.* Abk. i. G. G. für »im
Geiste Gottes«. — 2. O. in Lauerstellung *Fähnrich; Offiziersan-
wärter.* — 3. selbstgestrickter O.
*Offizier, der seinen Rang erst in
der BW erhalten hat.* → *Selbst-
gestrickte(r)*
Offiziersbrause f *Sekt*
Offiziersdackel m *Ordonnanz.* An-
spielung auf hündischen Eifer u.
Gehorsam

Offiziersfabrik f *Offizierschule.*
1914ff. (GRAFF 120). → Fabrik
Offiziersgehilfe m *Unteroffizier*
Offizierskrause f *Querbinder*
Offizierslehrbub m, **-lehrling** m
Offiziersanwärter. 1914ff. (GRAFF
120)
Offiziersmühle f *Offizierschule.*
Auf der O. werden die künft.
Offiziere »durch die Mühle ge-
dreht«
Offiziersstift m *Fahnenjunker.*
Stift ›Lehrling‹
Offz m, pl -e *Offizier.* Als Wort
gesprochene Abk.
Offz-Silo m *Offiziersheim.* → Offz
OG 1. adj (nur präd) *hirnlos,
dumm.* — Deutung der Abk. OG
(→ OG 3) als »ohne Gehirn«. —
2. m *Hirnloser, Dummer.* → OG 1.
— 3. m, OG auf Zeit *Oberfähnrich.*
OG Abk. für Obergefreiter
O-Heim n *Offiziersheim*
ohne präp 1. O. Ahnung *Offiziersanwärter.* Deutung der Abk. OA.
1939ff. — 2. O. Arbeit *Offiziersanwärter.* Deutung der Abk. OA.
— 3. O. Gehirn *Obergefreiter.*
Deutung der Abk. OG; → OG 2.
— 4. O. Sorge Leutnant werden
Offizierschule der Luftwaffe. Deutung der Abk. OSLw
Ohr n 1. das O. am Soldaten *Wehrbeauftragter des Deutschen Bundestages.* — 2. ein optimales O. fahren *aufmerksam zuhören.* Marinespr. — 3. pl -en, Gleich fehlt
dir ein Satz O.! (Drohrede). —
4. Sie haben sich so in die Kurve
zu legen, daß Sie mit dem O. einen
Kontrollstrich ziehen! (Redensart
des Ausbilders zum Anfeuern
eines zu langsam Marschierenden,
Laufenden)
Ohrenhalter m, pl, **-muff** m
Ohrenschützer

Ohrenpariser m, pl *Ohrenschützer.*
→ Pariser 4

Ohrentripper m, einen O. kriegen *durch langes Beschwatztwerden müde werden*

Okasa n, O. des kleinen Mannes *Sellerie.* O. eigentl. Handelsname eines Aphrodisiakums

Öl n, pl -e, Öle u. Fette *Technische Truppe*; *Instandsetzungs-, Nachschubtruppe*

Ölauge n, pl -n *Maschinisten. Marinespr.*

Oldtimer m [Ausspr. engl.] *Kriegsgedienter*

ölen intr *zechen.* Zu »die Kehle ölen«. 1900 ff.

Ölferkel n, pl, **-fuß** m, pl -füße *Kraftfahrtruppe*

Oliv n, f 1. *Kampfanzug.* — 2. O. einfach *Unterhose.* — Wegen der Farbe der Kleidungsstücke

Olivmensch m *Heeresangehöriger.* → Oliv 1

Olivtruppe f *NATO-Truppen.* → Oliv 1

Olivwäsche f *Kampfanzug.* → Oliv 1

Olivzeug n *Arbeits-, Kampfanzug.* → Oliv 1

• **Ölkannenschmierer** m *Stabsingenieur*

Olli m *Oberleutnant.* Zum Kosew. erweiterte Abk.; wie → Halli

Ölnase f *alterfahrener Motorradfahrer*

Ölpäckchen n *Arbeitsanzug, Ölzeug.* → Päckchen

Ölsardine f 1. *übermäßig eingeöltes Gewehr.* — 2. *Unterseebootfahrer.* 1939 ff. → Ölsardinenbüchse 1. — 3. pl -n *Panzerbesatzung.* Wohl älter. → Ölsardinenbüchse 2

Ölsardinenbüchse f 1. *Unterseeboot.* 1939 ff. — 2. *Späh-, Kampf-,*

Jagd-, Schützenpanzer. 1939 ff. — Wegen der Enge der Innenräume

Olt m *Oberleutnant.* Als Wort gesprochene Abk.

Öl-u.-Fettgeschwader n *Technische Truppe*

Ölwechsel m 1. *Menstruation.* 1935 ff. — 2. *Blutprobe*

Oma m *Obermaat.* Abk. (nicht amtl.)

Oma f 1. *Ohren-, Kopfschützer.* Das Aussehen des Trägers erinnert an das einer alten Frau. — 2. *Munition mit sehr geringer Anfangsgeschwindigkeit für den Kampfpanzer Leopard* (HESH). — 3. Ich glaube, meine O. geht mit Elvis Presley/priemt Stacheldraht auf Lunge (Entgegnungen auf eine unglaubw. Äußerung)

Omabinde f *Leibbinde*

ömmeln intr 1. *dumm schwätzen*; *aufbegehren*; *etwas nicht Dienstliches tun.* — 2. Ich glaube, du ömmelst! (Ausdr. der Verwunderung, des Mißfallens, des Zweifelns). — Zu eumeln (*WdU* 6, 110); vgl. → Eumel 1

Opa m 1. Ich glaube, mein O. fährt Panzer! (Entgegnung auf eine unglaubw. Behauptung). — 2. Du kannst zwar einem O. die Rente versaufen, aber . . . (Entgegnung auf eine Prahlerei)

Opa-Armee f *Kaiserliche Armee*; *Reichswehr*; *Wehrmacht des Dritten Reiches*

Opernglas n *Zielfernrohr*

Optik f *Abort.* Wie → Brille 1

Optimist m *Längerdienender.* Ein L. ist zuversichtlich, daß die Freiwilligenmeldung Vorteile bringt

Optimistenheule f *Starfighter.* → Heule; → Heuler 5

ordensgeil adj *ordenslüstern*. →
geil 4
Ordensgeilheit f *Ordenslüsternheit*.
→ ordensgeil
Ordenswand f *Männerbrust*. An
die M. können Orden gehängt
werden wie Bilder an die Wand
organisieren tr [*etw.*] *beschaffen,
stehlen*. 1914 ff.
Orgasmus m, Ich kriege einen O.!
(Ausdr. des Unmuts, der Unerträglichkeit, der höchsten Ge-
reiztheit)
Orgel f *Geschütz, Granatwerfer*
u. ä. Verkürzt aus Stalinorgel (im
2. Weltkrieg von den sowjet.
Truppen angewandte Vorrich-
tung zum gleichzeitigen Abfeuern
mehrerer Raketen)
Orgelmeister m, pl *Geschützbedienung*. → Orgel
orgeln intr *schnarchen*. Wegen
Klangähnlichkeit
Orgelpfeifer m, pl *Artillerie*. Anspielung auf das orgelnde Gra-
natengeräusch; auch → Orgel
Orientierungsmarsch m *Runde
durch mehrere Lokale*
original adj, Aber o.! (Ausdr. der
Bekräftigung). O. hier wie echt
i. S. v. ›tatsächlich, wirklich‹
Ossi m *Großfüßiger*. Anspielung
auf den angebl. großfüßigen Ost-
friesen
Osta m *Oberstabsarzt*. Als Wort
gesprochene amtl. Abkürzung
O-Stabsfeld m *Oberstabsfeldwebel*.
→ Stabsfeld
Osterei n, O. auf Abruf *Treibmine*
Ostereisucher m *Minensuchboot*.
→ Osterei
Osterhase m, pl -n *Minenlegerge-
schwader*. → Osterei
Oswalt-Kolle-Batterie f *Aufklä-
rungs-, Beobachtungsartillerie*.
Nach Oswalt Kolle, seit den

60er Jahren Verfasser von Schrif-
ten u. Drehbüchern zur Sexual-
aufklärung
Oswalt-Kolle-Gemüse n *Sellerie*.
→ Oswalt-Kolle-Batterie
Oswalt-Kolle-Geschwader n, **-Staf-
fel** f, **-Verband** m *Aufklärungsverband*. → Oswalt-Kolle-Batterie
Otto (VN) m, flotter O. *Durchfall*.
1925 ff. → Flatterotto

Paarbüchse f *Prostituierte*. Wortspiel mit Sparbüchse unter Einfluß von paaren u. Büchse ›Vagina‹
Päckchen n *Garnitur Uniform-
stücke; Uniform; vollständiger Anzug*. Marinespr. 1900 ff.
packen intr, Da pack' ich mich
für (Redensart bei Ergriffenheit)
Padde f *Brieftasche; Geld*. Ausgangsbed. P. ›Kröte‹; Kröten
›Geld‹. 1830 ff.
Paddel n *breite Hand; breiter Fuß;
Bein*. 1900 ff.
Paddelbootheizer m, **Paddelschlä-
ger** m *Marineangehöriger*
Palastwache f *Wachdienst*
Palme f, sich einen von der P.
holen / klopfen / schütteln / wedeln
onanieren. 1900 ff.
Pantoffelzimmer n *Fernsehraum*
Pantry-Gast m [Bestimmungsw.
engl. Ausspr.] *Ordonnanz*. Engl.
pantry ›Speisekammer auf Schif-
fen; Anrichte‹
Panzer m 1. 30% P. u. 70%
Schrott *Schützenpanzer HS 30*. —
2. Ich glaube, mein P. hat einen
Knutschfleck / humpelt / kriegt
einen Hitzepickel/kriegt Junge
(Entgegnungen auf eine unglaubw. Behauptung). — 3. pl, P.
knacken *Panzerkampfwagen
kampfunfähig machen*. 1939 ff.

Panzeranklopfgerät n, **-kanone** f
Panzerabwehrkanone. 1939 ff. →
Anklopfgerät
Panzerapostel m *Militärgeistlicher.*
Ein M. ist unbeirrbar (»stur wie
ein Panzer«) in der Verkündigung
von Gottes Wort
Panzerbaby n, pl -s *Panzerbesatzung*
Panzerbremswurst f *Hartwurst.*
Scherzh.; mit der H. können
angebl. sogar Panzer aufgehalten
werden
Panzerbüchse f *Panzerkampfwagen.* → Ölsardinenbüchse 2
Panzerbulle m, pl -n *Panzertruppe.*
→ Bulle 1
Panzerechse f, pl -n *Fischkonserven.* Scherzh.; das Dosenblech als
Panzer
Panzerfahrergruß m *Gruß mit zu
niedriger Ellenbogenhaltung.* Beim
Stehen im Turm hat der Panzerfahrer die Arme in halber Körperhöhe auf dem Einfassungsring
liegen
Panzerfaust f 1. *dunkle, starke Zigarette.* Wie → Lungentorpedo. —
2. *motorisierte P. Feldraketenwerfer Honest John*
Panzerfett n *Margarine.* Die M.
als Schmierfett gedeutet
Panzerfisch m *Fischkonserve.* →
Panzerechse
Panzergreni m *Panzergrenadier.*
→ Greni 1
Panzerkitt m *Kartoffelbrei.* Der K.
ist vermeintl. fest wie von einem
Panzer zusammengedrückt
Panzerklotz m *Frikadelle, Hackbraten.* Wegen Formähnlichkeit
und/oder Härte
Panzerknacker m 1. *Panzerabwehrkanone.* — 2. *Panzerjäger.*
1939 ff. — 3. pl, *P. GmbH/AG
Panzergrenadiere.* → Panzer 3

Panzerknüppel m *Panzergrenadier.* → Knüppel 1
Panzerkuh f *Dosenmilch*
Panzerlehrgang m, auf P. sein *im
Arrest sein.* Tarnausdruck
Panzermuffel m, pl *Panzertruppe.*
→ Muffel 1
Panzerplatte f 1. *Frikadelle, Hackbraten.* — 2. *Hartwurstscheibe.* —
3. *Knäckebrotscheibe.* 1939 ff. —
4. *Dosenbrotschnitte; Waffel* u. ä.
Panzerratte f, pl -n *Panzertruppe*
Panzerrolle f *Hartwurst*
Panzersau f, pl -säue *Panzertruppe.* Eigenbezeichnung
Panzerschnauze f *Großsprecher.*
Mit seinem Geschwätz dringt der
G. überall durch
Panzerschwein n, pl -e *Panzertruppe.* Eigenbezeichnung
Panzersprit m 1. *Malwentee* u. ä.
— 2. *dünner Malzkaffee.* — 3. *Mineralwasser ohne Geschmack.* —
Wegen Farbähnlichkeit mit dem
Treibstoff
Panzerwurst f *Hartwurst*
Papageiengeplapper n *Erwiderung
der Truppe auf den vom Vorgesetzten gebotenen Gruß*
Papierkrieger m *Zivilist im Dienst
der BW*
Papiersoldat m *Schreibstubendienstgrad; Bürokrat.* 1914 ff.
(GRAFF 123; IMME 43; AHNERT
55)
Papiertiger m 1. *jmd., der viel verspricht* u. *nichts hält; Prahler, der
in der Praxis versagt.* — 2. *furchterregende Waffe ohne große militär.
Bedeutung.* — 3. *Schreibstubendienstgrad.* — *P. ›jmd., der nur
scheinbar stark ist‹,* von MAO
TSE-TUNG nach 1945 auf die
USA bezogen; vgl. *Sprachdienst*
1970, 48

Pappel f, Ich mache dich lang wie eine P. u. rund wie eine Geige! (Drohrede)

Pappkamerad m *Schießscheibenfigur.* 1870 ff.

Papst m 1. *Aschenbecher.* Wohl zu Papststuhl ›Abort‹. → Aschenpapst. — 2. Ich glaube, der P. boxt wieder! (Redewendung zum Abweisen eines Dummschwätzers)

Para m *Fallschirmjäger.* Gleichbed. franz. para (Kurzform für parachutiste)

Paradekluft f *Ausgehuniform.* 1914 ff. (IMME 112). → Kluft

Paradekostüm n *Ausgehanzug.* → Kostüm

Paradesoldat m 1. *mustergültiger Soldat.* — 2. pl -en *Wachbataillon beim BMVg*

Parasit m 1. *Zivilangestellter der BW.* → Bundeswehrparasit

Pariser m 1. *Präservativ.* Verkürzt aus Pariser Gummiware. 1920 ff. — 2. *Filter der Zigarette.* — 3. *Mündungsschoner; Mündungsfeuerdämpfer (Schutzkappe) beim G 3.* — 4. *Kopfschützer.* Gleich einem → Pariser 1 wird der K. übergezogen. — 5. *Gummi-, Übermantel*

Parkettkosmetik f *Bodenpflege, Revierreinigung*

Parteihut m *Schirm-, Feldmütze.* Nach der Schirmmütze der ehem. Amtsträger der NSDAP. 1939 ff.

Partyanzug m *Sportanzug*

Paspelierung f, Da fliegt einem die P. von den Socken! (Ausr. der Unerträglichkeit). Anspielung auf das Anschwellen der Adern bei Zorn

Paßgänger m, pl *Bundesgrenzschutz*

Passiersieb n *elektronischer Sensor* *auf einem Zerstörer.* Wegen Formähnlichkeit

Passionsbeginn m *Musterung*

Passionsspieler m *langhaariger Bundeswehrsoldat.* Nach den männl. Mitwirkenden beim Oberammergauer Passionsspiel; Äußerung von Bundesminister JOSEF ERTL bei der Verleihung des »Ordens wider den tierischen Ernst« 1972; → Haarnetzlandser

Patrönchensuppe f *Hülsenfrüchtesuppe.* Wegen der blähenden Wirkung

Patronentaschenbewohner m *kleinwüchsiger Soldat*

Patronenwüste f *Schießplatz*

Patte → Padde

Pattex m, n *Kartoffelbrei aus Kartoffelflocken.* Nach dem Klebstoff P.

Pauli (VN) m 1. *Panzergrenadier.* — 2. *leutseliger Vorgesetzter.* — P. ist eine Figur aus der Bilderheftgeschichte »Fix u. Foxi«; er hat einen Spaten u. ist einem Maulwurf ähnlich

Paulipenne f *Pionierschule.* → Spatenpauli

Pedal n, pl -e, die goldenen P. kriegen *sich erfolgreich einschmeicheln.* 1939 ff. Wie → Lenker

peesen → pesen

Peitsche f 1. *Penis.* — 2. *Zigarette.* Die Z. als »chemische P.« zum Aufmuntern aufgefaßt

Peitschenknaller m *klarer Schnaps.* Entspr. Kutscherschnaps

Pelle f *Uniform.* → Schale

Peng-Ei n *Eierhandgranate.* → Ei 1

Penis m 1. P. Lumumba *Schwarzwurzel.* → Lumumbabrühe. — 2. P. mit Schlampe *Bockwurst mit Mayonnaise*

Penisbombe f *Stielhandgranate*

Pennemännchen n, P. machen *schlafen.* → pennen
pennen intr *schlafen, schläfrig sein.* Vgl. *WdU* 1, 377
Penner m 1. *Schläfriger, Geistesabwesender, Begriffsstutziger.* 1910 ff. → pennen. — 2. *unsauberer, ungepflegter Soldat.* Zu Penne ›Obdachlosenunterkunft‹; Penner ›Obdachloser‹. — 3. pl *Truppenverwaltungsbeamte.* → Penner 1
Pennerdienst m *bequemer Dienst.* → pennen
Pennerhöhle f *Geschäftszimmer.* → Penner 1
Pennersüppchen n *Wassersuppe.* Die W. als den Obdachlosen gereichte typ. Nahrung
Pennhaus n *BMVg.* Anspielung auf angebl. träges Arbeiten; → pennen
Pennposten m *militär. Ruhestellung; bequemer Dienst.* → pennen
Pennstube f *Geschäftszimmer.* → Penner 1
Pennstunde f 1. *Putz- u. Flickstunde.* — 2. *militär. Unterricht.* — 3. pl -n *geistliche Übungen.* → pennen
Penntüte f *Stroh-, Schlafsack.* → pennen
Pentabonn, Penta-Bonn n *Gebäude des BMVg.* Wortspiel mit → Pentagon + Bonn
Pentagon n *BMVg.* Übernahme der Bezeichnung des Verteidigungsministeriums der USA in Washington
People n [Ausspr. engl.] *Mannschaften.* Engl. people ›Volk, Fußvolk‹
Periodensaft m *Hagebuttentee*
Periodensalat m *Marmelade*
Periodensoße f *rote Bete*; *Tomatentunke*; *Hagebuttentee*

Periodenwurst f *Blutwurst*
Persenning f, First [Ausspr. engl.] P. *beste Uniform.* P. ›geteertes Segeltuch‹. Marinespr.
persilgepflegt adj *in weißer Uniform*
Perze f *Zigarette.* Nebenform von → Barze
pesen intr *eilen, rennen, rasen.* Zu engl. to pace ›gehen; Schrittmacher sein‹. 1870 ff.
Pest f, Schwätz mir nicht die P. an den Mastdarm! *Verschone mich mit deinem Geschwätz!*
Pestbeule f 1. *Kopf.* — 2. (Schimpfwort). 1925 ff. — 3. Du P. am Arsch des internationalen Monopolkommunismus! (Schimpfwort)
Pfadfinder m, pl *Bundesgrenzschutz*
Pfanne f 1. *weibl. Person; intime Freundin.* Ausgangsbed. ›Vagina‹. 1900 ff. — 2. *Kopf.* Der K. viell. mit Bezug auf die Zündpfanne am Steinschloßgewehr als ›Ort zündender Gedanken‹ gesehen. Die Kopfhaare auch Dachpfannen genannt. — 3. *Bestrafung, Strafdienst.* Zu »[jmdn.] in die P. hauen« ›[jmdn.] ausschalten, erledigen, besiegen‹. — 4. es an/auf der P. haben *dumm sein.* → Pfanne 2
Pfannenjunker m *Fahnenjunker.* Wortspiel
Pfannenklopfer m *Vorgesetzter, der rasch bestraft.* → Pfanne 3
Pfannenschieber m *Sanitätssoldat.* Pfanne: Bettpfanne
Pfannenschüttler m *Zivildienstleistender.* → Pfannenschieber
Pfannenschwenker m 1. *Sanitätssoldat, Krankenpfleger.* → Pfannenschieber. — 2. *Zivildienstleistender.* — 3. *Fahnenjunker.*

Wortspiel. — 4. pl *Küchenpersonal*

Pfannenträger m *Zivildienstleistender*. → Pfannenschieber

Pfannkuchen m 1. *Mütze des
Panzerjägers*. 1939 ff. — 2. *Mütze
(Barett) des Fallschirmspringers*.
1970 ff. — Wegen Formähnlichkeit

Pfau m *Offizier*. Anspielung auf
buntes Nebeneinander von Sternen, Litzen, Bändern u. auf Eitelkeit. 1914 ff.

Pfeffer m, P. geben *streng einexerzieren*. P. ›Schießpulver; An-
feuerung(smittel), Prügel‹

pfefferblütig adj *draufgängerisch*

Pfeife f 1. *Versager*. Zu (unzuver-
lässige, unbrauchbare) »alte P.«
oder zu Orgelpfeife (Windpfeife;
der V. »macht Wind«); 1900 ff. —
2. *Penis*. Ausgangsbed. ›Kannen-
ausguß; Wasserröhre‹; viell. auch
Anspielung auf Fellatio. 1500 ff.
— 3. laufende P. *Tripper*. →
Pfeife 2. — 4. verbogene P. *mit
Geschlechtskrankheit infizierter Penis; Geschlechtskrankheit*. → Pfeife 2. — 5. zerbrochene P. *mit
Geschlechtskrankheit infizierter Penis; Geschlechtskrankheit*. 1910 ff.
— 6. die P. ausklopfen a) *harnen*.
19. Jh. → Pfeife 2. — b) *koitieren;
onanieren*. 1900 ff. → Pfeife 2. —
7. sich die P. verbrennen *sich eine
Geschlechtskrankheit   zuziehen*.
1900 ff. → Pfeife 2

Pferd n 1. P. in Dose *Fleischkonserve*. — 2. gefülltes P. mit
Nudeln *sehr reichhaltige Mahlzeit*.
— 3. [jmdm.] einen [ergänze:
Witz] vom P. erzählen [jmdn.]
veralbern. — 4. Erzähl mir keinen
vom P.! *verschone mich mit deinem Geschwätz!* (Ausr. der Überraschung). — 5. Ich glaube, auf

meinem Sofa liegt ein P./mein P.
schielt (Entgegnung auf eine
unglaubw. Behauptung). — 6. (Ich
glaube) mich tritt ein P.! (Ausr.
unangenehmer Überraschung)

Pferdeapfel m *Frikadelle*. Wegen
Formähnlichkeit

Pferdearsch m *Gulasch*. Wohl
älter. Entspr. → Gaularsch

Pferdedecke f 1. *Winter-, Wollman-
tel*. — 2. kugelsichere P. *Winter-,
Postenmantel*

Pferdedoktor m *Stabsarzt*. Wegen
vermeintl. rauher Behandlung,
Verordnung von »Pferdekuren«.
1910 ff.

Pferdeeimer m *Maßkrug*

Pferdegeschirr n *Koppeltraggestell*

Pferdekopf m, einen P. machen
an der Theke schlafen. Der auf die
Arme gelegte Kopf wirkt größer
als üblich

Pferdemetzger m *Oberstabsarzt*.
Wohl älter

Pferdepopo m *Gulasch*. → Pferdearsch

Pferdeschlachter   m   *Stabsarzt*.
Wohl älter. → Pferdemetzger

Pflaume f 1. *Vagina*. Wegen
Formähnlichkeit.   1800 ff.   —   2.
blödeste P. (Schimpfwort). Entspr.
»weiche Birne«

Pflichthopser m *Familienurlaub*.
Hopser: Geschlechtsakt

Pflichtübung f 1. *ehelicher Geschlechtsverkehr*. — 2. *Kirchgang*

Pflichturlaub m *Arreststrafe*. Tarnausdruck

Pfotenheizung f *Handschuhe*

Pfütze f *Maßkrug*. Scherzh. Un-
tertreibung

Pickel m 1. *Offiziersstern auf den
Schulterklappen*. Der O. als kleine
Hautschwellung, spitzes Hautge-
schwür aufgefaßt. 1935 ff. (ME-
CHOW 89). — 2. *Leutnant*. Wegen

des → P.s 1. — 3. *Bestrafung.* Die
B. als kleiner, unerheblicher
Schönheitsfehler gesehen. — 4. P.
mit Eichenlaub *Major.* → Pickel
1. — 5. P. am/auf dem Hals/
zwischen den Schulterblättern
Kopf. 1935 ff. — 6. John P. u.
seine Mitesser *Mann mit unreiner
Haut.* — 7. sich einen in den P.
hauen *sich betrinken.* → Pickel 5.
— 8. P. schmeißen *Anker werfen.*
Der A. ähnelt einer Spitzhacke.
Wohl älter
Pickelakademie f *Offizierschule.*
→ Pickel 1
Pickelaspirant m *Offiziersanwär-
ter.* → Pickel 1
Pickelbubi m *Leutnant.* → Pickel 2
Pickelfritze m, **-häuptling** m *Offi-
zier.* → Pickel 1
Pickelheini m 1. *Offizier, Leut-
nant.* → Pickel 2; → Heini. —
2. *Mann mit unreiner Haut*
Pickelhuber m *Leutnant.* Bayr.→
Pickel 2; → Eselhuber
Pickeljoe m 1. *Offizier.* → Pickel 1.
— 2. *Mann mit unreiner Haut*
Pickeljunge m, pl -s *Offiziere.* →
Pickel 1
Pickelkneipe f *Offizierskasino.* →
Pickel 1
Pickelmann m *Offizier.* → Pickel 1
Pickelpack n *Offiziere.* → Pickel 1
Pickelträger m *Leutnant; Offizier.*
→ Pickel 1
Pickelzentrum n *Offizierskasino*
Picklige m *Offizier.* → Pickel 1
Piepen pl *Geld, Groschen, Mark-
stücke.* Zu Piepmatz, dem Adler
auf Münzen. 18. Jh.
Piepengeber m *Zahlmeister, Rech-
nungsführer.* → Piepen
Piepmatz m 1. *Luftwaffenangehö-
riger.* Anspielung auf die Vogel-
schwinge auf dem Ärmelband. —
2. pl -e, -mätze *Fernmeldetruppe.*

Wegen der kanariengelben Kra-
genspiegel u. der Pieptöne im
Empfangsgerät
Piepsakademie f *Fernmeldeschule.*
→ Piepmatz 2
Piepser m, pl *Fernmeldetruppe.* →
Piepmatz 2
Piese f *kleines Wirtshaus.* → Pie-
sel
Piesel m *Kneipe.* Ausgangsbed.
›(auch für größere Festlichkeiten
benutzte) Prachtstube im Bau-
ernhaus‹. 1900 ff., nordd. Auch
Pesel
Pi-Knochen m, pl *Pioniere.* Pi:
Pionier. → Knochen 2
Piko m *Panzergrenadier.* Der P.
dient »von der Pike auf«
Pi-Leute pl → Pi-Mann
Pillefuß m, pl -füße *große Füße.*
Pille ›junge Gans‹; junge Ente‹
Pillendreher m 1. *Stabsapotheker.*
Berufsschelte seit 18. Jh. — 2. *Sa-
nitätssoldat.* 1914 ff. (HAUPT 144)
Pillenjoe m *Militärapotheker*
Pillenträger m *Sanitätssoldat*
Pillepopp FN, aussehen wie Mike
P., schnellster Gaul aus Arizona
(Redewendung auf jmdn., dessen
Aussehen Anlaß zum Lästern
gibt)
Pilsfriedhof m *dicker Leib*
Pilsgeschwür n *Bierbauch*
Pilz m 1. *Kopf.* Wegen Form-
ähnlichkeit (Knollenpilz); viell.
auch zu Pilzkopf(frisur). —
2. Gleich haue ich dir den P. ab!
(Drohrede). → Pilz 1
Pi-Mann m, pl -Leute *Pionier.* →
Pi-Knochen
Pimmel m 1. *Penis.* Nebenform
von Bimmel ›Glocke‹, Einfluß
von bammeln ›baumeln‹ u. wohl
auch von Pümpel ›Stößel (im
Mörser)‹ (S. u. M. symbolisch für
Penis u. Vagina). 1870 ff. —

2. *Mann.* 1930ff. → Pimmel 1. —
3. *Blutwurst; Frankfurter Würst-chen.* Formähnl. dem → Pimmel 1.
1900ff. (GRAFF 244)
Pimmeltüte f *Präservativ.* → Pimmel 1
pimpern tr, intr [jmdn.] *koitieren.*
Zu niederd. pümpeln ⟩stoßen⟨,
Pümpel ⟩Stößel⟨; vgl. → Pimmel 1. 1850ff.
Pimperurlaub m *Hochzeitsurlaub.*
→ pimpern
Pimpf m 1. *Rekrut.* 1935ff. —
2. *Fahnenjunker, Fähnrich.* — P.
eigentl. ⟩laut abgehende Blähung⟨
(lautmalend), dann ⟩unerzogener
Junge, der einen P. entweichen
läßt⟨
Pinkelbecher m *Harnglas*
Pinkelbrühe f *dünner Kaffee*
Pinkelbüchse f, **-buddel** f *Harn-flasche*
Pinkelglas n, **-konserve** f *Harnglas*
Pinkelpulle f *Harnflasche*
Pinsel m 1. *Penis.* Von der Be-zeichnung der Brunftrute des
Wildes; auch sprachl. Verwandt-schaft von Penis u. Pinsel. 1840ff.
— 2. *Rekrut.* Verkürzt aus Ein-faltspinsel. 1910ff.
Pinte f *kleine Gaststätte; Lokal
zweifelhaften Rufs.* Ausgehend von
mittellat. pincta ⟩Gemaltes (Eich-zeichen)⟨. 19. Jh.
Pionese m *Pionier.* Sprachspiel;
zu Chinese, Irokese u. ä. Seit
1914(?) (MECHOW 88)
Pionierlatsche f, pl -n *Senkfüße*
Pionierschwein n, pl -e *Pioniere*
Pipelineleo m, pl -s [Bestim-mungsw. engl. Ausspr.] *Pipeline-Pionierbataillon*
pipi adj (unbeugbar), **Pipi** m, Das
ist p./P. *das ist wertlos, Unsinn*
Pirat m *Marineangehöriger.*
Scherzh.

Pirelli FN, aussehen wie Edgar
P., der nackte Papst (Redewen-dung auf jmdn., dessen bleiches,
hageres Aussehen Anlaß zum
Spott gibt)
Piß m *Unsinn, Wertloses.* 1930ff.
Pißbecken n *Maßkrug*
Pißbombe f *Harnflasche, -glas.*
Wegen Formähnlichkeit. 1914ff.
(IMME 132)
Pißbuddel f *Harnflasche*
Pißente f *Harnflasche für männl.
Kranke.* → Ente 1
Pißflasche f *Harnflasche*
Pißknüppel m *Penis.* 1900ff.
Pißpott m 1. *Stahlhelm.* Wegen
Formähnlichkeit mit dem Nacht-topf. Wohl älter. — 2. pl -pötte,
P. schwenken. a) *Sanitätssoldat
sein.* 1870ff. — b) *Zivildienst
leisten*
Pißpottschlepper m *Zivildienst-leistender.* → Pißpott 2 b
Pißpottschwenken n 1. *Lazarett-dienst.* 1870ff. → Pißpott 2 a. —
2. *Zivildienst.* → Pißpott 2 b
Pißpottschwenker m 1. *Sanitäts-soldat im Lazarett.* 1870ff. (HORN
126). → Pißpott 2 a. — 2. *Zivil-dienstleistender.* → Pißpott 2 b
Pißpulle f *Harnflasche*
Pistenfeger m, pl, **-schrubber** m,
pl *Bodenpersonal der Luftwaffe.*
Wohl älter
Pistolver m *Pistole.* Wortmischung
aus Pistole + Revolver
Pittjes pl 1. *Drill.* — 2. Gleich
gibt es P.! (Drohrede). — Nach
dem Markennamen P. (Knabber-gebäck u. Erdnüsse); Anspielung
auf gesalzen ⟩unnachsichtig⟨
Plakette f *Erkennungsmarke*
Plane f *Kopf.* Der K. als »Dach«;
P.: Wagenschutzdach. 1939ff.
Planschbeckenmatrose m *Marine-angehöriger*

Planscher m, pl *Beine, Füße*
Planschkopf m, pl -köpfe, **-kopp** m, pl -köppe *Küchenpersonal.* Planschen ›mit Wasser hantieren; verwässern‹
Planstellenbewacher m *Hauptgefreiter.* Ein H. hat die Endstufe der Mannschaftsdienstgrade erreicht
Planstelleninhaber m, P. auf Lebenszeit *Berufssoldat*
Planstellenjäger m *Bundeswehrangehöriger, der eine Planstelle anstrebt; liebedienerischer Vorgesetzter*
Planstellenräuber m *titelsüchtiger Karrieremacher*
Plantagenvernichter m, pl *große Stiefel*
plantagenvernichtungsfähig adj *großfüßig*
Platte f *Bauch.* Der B. scherzh. gesehen als Tischplattenersatz beim Kartenspielen oder als Gipfel eines Tafelbergs
Plattenkoffer m *Schirmmütze.* Im großen Kopfteil der S. können angebl. Schallplatten aufbewahrt werden
Plattenputzer m *Gesäß.* Beim Sitzen auf dem Tisch reinigt das G. die Tischplatte
Plattenschmuggler m, **-spieler** m, **-teller** m *Schirmmütze.* → Plattenkoffer
Plattfuß m, P. haben *kein Geld haben.* Von P. ›Reifenpanne‹
Plattfußindianer m 1. *jmd. mit Senkfüßen.* 1900 ff. — 2. *Infanterist; Panzergrenadier.* 1900 ff. — Anlehnung an Schwarzfußindianer
Platz m, P. von Schweiß u. Blut *Exerzierplatz* u. ä.
Platzek (FN) m *schikanöser Ausbilder.* Nach einer Figur in HANS

HELLMUT KIRSTS Trilogie »Nullacht-fünfzehn« (1954/55)
Platzpatronenkrieg m *Manöver* u. ä.
Playboy m [Ausspr. engl.], pl -s *Spielleute*
Playboyselters n, f, **-sprudel** m [Bestimmungsw. engl. Ausspr.] *Sekt*
Plebs m *Mannschaften.* P. eigentl. ›Pöbel‹
Pleitegeier m 1. *Bundesadler* (1919: Reichsadler der Weimarer Republik). → Bundesgeier. — 2. *Geflügel.* Pleite gehen hier ›sterben‹. — 3. *Starfighter.* → Bundespleitegeier. — P. zu »pleite gehen« unter Einfluß von Geier; vgl. *WdU* 1, 386 f.
Plempe f *Gewehr.* P. eigentl. ›Seitengewehr, Säbel‹. 1939 ff.
plockern intr *körperlich schwer arbeiten.* Nebenform von (sich) placken
Plombenkiller m *Karamelle, Bonbon*
Plombenreißer m, **-zieher** m *Rahmbonbon, Kaugummi* u. ä. 1920 ff.
Plombenziehermarmelade f *Marmelade mit zuviel Geliermasse*
Plünnen pl 1. *Uniform.* Spätest. 1939 ff. — 2. *Wäsche.* — P. nordd. ›Kleider, Habe‹; verwandt mit Plunder
Plünnenkontrolle f *Bekleidungsappell.* → Plünnen
Plutz- u. Fickstunde f *Putz- u. Flickstunde.* Wortspiel; plutzen ›rauchen‹; → ficken 1
Pöbelkitt m *Margarine.* → Plebs
pofen intr → poofen
Pokerface n [Ausspr. engl.] *Gesicht mit unreiner Haut.* Scherzhaft für Pockengesicht
Poldi m *Rekrut.* P. (Koseform des VN Leopold) als Witzfigur

Poller m *Kopf.* Ausgangsbed. ›Klotz zum Festmachen von Tauen u. Trossen‹. Marinespr. 1939 ff.

Polleraffe m *seemännischer Gast.* → Poller

Pollux m *Beleibter.* Nach dem Namen eines Hundes in einer Fernsehserie (Zeichentrickfilm)

Polyp m *Feldjäger.* Entstellt aus Polizist mit dem Gedanken an die Fangarme des Polypen

Pommes pl *Ärmelstreifen des Gefreiten.* Die Ä. als P. frites gedeutet

Pommesbude f *Brathähnchenstation*

Pommes frites pl [Ausspr. franz.] *Ärmelstreifen des Gefreiten.* → Pommes

Pommesschmiede f *Kasernenküche*

pönen 1. tr [etw.] *anstreichen.* Marinespr. 1900 ff. — 2. tr, intr, refl *schminken; Make-up auflegen.* 1920 ff. — Zu mittelniederd. punnen ›ordnen‹; vgl. dän. pynte ›schmücken‹

Ponton m 1. *Fuß.* — 2. *Halbschuh*

Ponygeschirr n *Koppeltraggestell.* → Muligeschirr

Poofbeutel m *Schlafsack.* → poofen

Poofbude f *Kompaniegeschäftszimmer.* → poofen

Poofdienst m *bequemer Dienst.* → poofen

Poofe f 1. *Bett.* — 2. P. bauen *das Bett vorschriftsmäßig herrichten.* — 3. einen in die P. hauen *schlafen; zu Bett gehen.* — → poofen

poofen intr *schlafen, nächtigen.* Nebenform von puffen ›stoßen, knallen‹; über rotw. ›koitieren‹ weiterentw. 19. Jh. → auspoofen

Poofer m 1. *Schläfer; Langschlä-*

fer. — 2. *Unaufmerksamer.* — → poofen

Pooferchen n *Schläfchen.* → poofen

Poofingtime f [Grundw. engl. Ausspr.] *militär. Unterricht.* Scheinanglizismus

Poofmulde f *Bett.* → poofen; → Mulde

Poofnase f *Schläfer; Schnarcher.* → poofen

Poofstellung f *militär. Ruhestellung.* 1939 ff. → poofen

Poofstunde f 1. *Putz- u. Flickstunde.* — 2. *militär. Unterricht.* — 3. *Gottesdienst.* — → poofen

Pooftime → Poofingtime

Pope m *Militärgeistlicher.* 1939 ff.

poppen tr, intr *koitieren.* Eigentl. ›mit der Puppe spielen‹. 19. Jh.

Popper m *strenger Ausbilder.* Entspr. → Ficker

Porky n, **P.-Schweinchen** n. P. schlau *sehr Beleibter.* Nach einer Figur in der amerikan. Fernsehserie »Lassie« (dt. 1967—1975; Wiederh. seit 1977). → Schweinchen

Pornographietruppe f *Topographietruppe.* Wortspiel

Portepeechen n *Feldwebel*

Portepeemücke f *Dienstgradabzeichen.* → Mücke 1

Portiersmütze f *Schirmmütze*

Postamt n, P. I (II, III) *I. (II., III.) Korps*

Postbeamtenmütze f *Schirmmütze*

Postbote m 1. *Luftwaffenangehöriger.* Wegen der orange-gelben Kragenspiegel u. Paspelierung. — 2. pl -n *Fernmeldetruppe.* Wegen der zitronengelben Waffenfarbe

Posten m, P. schieben *Posten stehen.* Schieben ›schiebend, langsam gehen‹, 1914 ff. (HAUPT 146)

Postkutscher m *Heeresflieger*. Der
H. befördert (auch) die Post z. B.
vom Garnisonort zum Manöver-
befehlsstand
Postlerkappe f *Arbeitsmütze*
Postmann m, pl -männer *Fern-
meldetruppe*. → Postbote 2
Postmütze f 1. *Bergmütze.* —
2. *Schirmmütze*
Postschaffnermütze f *Schirmmütze*
potent adj, p. sein *Geld haben*
Potenzanreger m, **-futter** n, **-heber**
m, **-helfer** m *Sellerie.* → Potenz-
steigerer
Potenzknolle f *Sellerieknolle.* →
Potenzsteigerer
Potenzpille f *Ei.* Entspr. → Po-
tenzsteigerer
Potenzsteigerer m *Sellerie.* S. stei-
gert angebl. den Geschlechtstrieb
Potenzwasser n *Mineralwasser
ohne Geschmack.* Ironisch
Pott m *Helm, Stahlhelm.* Wegen
Formähnlichkeit. 1914 ff. (IMME
114)
Prämienschlucker m, **-soldat** m
Längerdienender. Anspielung auf
die Verpflichtungsprämie
Prämienstauber m *Zeitsoldat.* →
abstauben 1
Pranger m *Kasernenhof*
Prärie f *Truppenübungsplatz*
Präriezwerg m *Grenadier*
Präsentiersoldaten pl → Bonner P.
Präsenzdiener A 13 m *Offizier in
der Gehaltsstufe A 13*
Präser m *Kopfschützer.* → Pariser 4
Pray-in n [Ausspr. engl.] *geist-
liche Übungen.* Nach dem Vorbild
von Sit-in, Teach-in u. a.
Premier m [Ausspr. franz.] *Ober-
leutnant.* Verkürzt aus veralt.
Premierleutnant
Pressefritze m *Presseoffizier* (Seit
1900: Presseberichterstatter)
Pressejodler m *Presseoffizier.* An-

spielung auf verharmlosend-
freundliche Berichte
Preßluftschuppen m 1. *schlecht
gelüftetes Tanzlokal; enges Lokal
mit Mädchenbetrieb; Nachtlokal;
Diskothek* u. ä. 1939 ff. → Schup-
pen 1. — 2. *Kantine*
Preßlusthammer m *Prostituierte.*
Wortspiel mit Preßlufthammer
Preßspanplatte f *Knäckebrotschei-
be* u. ä. Wegen Ähnlichkeit im
Aussehen
Preuße m, der letzte P. *Vorgesetz-
ter mit übertriebener Dienstauffas-
sung*
Prisenkommando n *Feldjäger.*
Ausgangsbed. ›Kommando, das
in feindl. Gewässern Schiffe auf-
bringt‹. Marinespr.
Pritsche f 1. *Bett, Liege, Sofa* u. ä.
1920 ff. — 2. *Prostituierte.* 1920 ff.
Entspr. → Matratze 1
Pritschenreiter m *Radfahrer.* Prit-
sche ›flacher Reitsattel‹
Probelauf m *Gesundheitsbesichti-
gung*
probeliegen intr, Er ist auf dem
Friedhof p. (Antwort auf die
Frage nach jmds. Aufenthalt)
Profi 1. m *Berufssoldat.* — 2. f
Prostituierte. Verkürzt aus Pro-
fessionelle
Profibeamte m *Berufssoldat*
Profihose f, englische P. *Turnhose*
Profiklamotten pl *Eigentumsuni-
form.* → Klamotten 1
Profisoldat m *Berufssoldat*
Programmierte m, falsch P.r *Offi-
ziersanwärter.* Bild aus der Com-
putertechnik; vgl. den Buchtitel
»Falsch programmiert« (KARL
STEINBUCH, 1968)
Proletarierwhisky m *Bier*
Proletenschlepper m *Verbindungs-
flugzeug Skyservant.* Das V. dient
nicht als Kampfflugzeug

Proletenspargel m *Schwarzwurzel*; *Rhabarber*

Prominentensprudel m *Sekt*

Prop m *Querbinder*. Verkürzt aus → Propeller

Propeller m *schleifenförmige Krawatte*; *Querbinder*. Wegen Formähnlichkeit. 1925 ff.

Propellerdreher m *Luftwaffenangehöriger*. Wohl älter

Propellergoofy m *Luftwaffenangehöriger*. → Goofy

Propellerputzer m 1. *Pilot*; *Heeresflieger*. 1914 ff. — 2. pl *Luftwaffenbodenpersonal*. 1935 ff.

Prothese f *Auto*. Als Beinersatz aufgefaßt

Prothesenflicker m *Zahnarzt*. → Flicker

Protz m *Abort*. → protzen

protzen intr *koten*. Lautmalend; vgl. auch → abprotzen

Protzzylinder m *Abort, Latrine*. → protzen; → Zylinder 1

Prüfstand m *Gesundheitsbesichtigung*. → TÜV 1

Prügel m 1. *Penis*. 1920 ff. — 2. *Zeitsoldat*. Der Z. als kräftiger, handfester Mann gesehen. — 3. *Gewehr*. Verkürzt aus → Schießprügel 1. 1914 ff.

Prunkhut m *Schirmmütze*

Puff m 1. *Kaserne, Kasernenstube, Kasernenbereich*. Kurz für → Männerpuff 1. — 2. *Kantine*. — 3. Keine Haare am Sack, aber im P. vordrängen! (Redensart auf einen Versager, der sich aufspielt)

puffen intr *schlafen*. → poofen

Pufforgel f *Musikautomat*. Anspielung auf musikal. Untermalung im Bordell

Puffstunde f *Putz- u. Flickstunde*

Pufftrommel f *Musikautomat*; *Rundfunkgerät* u. ä. → Pufforgel

Puffz m *Feldwebel*. Als Wort gesprochene Abk. für Portepee-Unteroffizier

Pulle f 1. *Gashebel, -pedal*. Zu engl. pull ›Griff, Schwengel‹. Fliegerspr. 1914 ff. — 2. volle P. *Vollgas*; *Höchstgeschwindigkeit*. 1914 ff.

Pulver n 1. *Geld*. Zu der Redewendung »das Pulver verschossen haben« ›kein Geld mehr haben‹. 1830 ff. — 2. P. bunkern *Sold empfangen*. → Pulver 1; bunkern ›Kohle (in den Bunker) laden‹ (→ Kohle)

Pulverdampf m, P. u. heiße Lieder *36-Stunden-Übung*. Nach dem dt. Titel des amerikan. Films »Love me tender« (1956)

Pulverfaß n *Munitionslager*

Pulverjude m, pl -n *Artillerie*. Die A. schachert gleichsam mit den versch. Pulverladungen (COMMENDA). 1870 ff. (HORN 31; vorwiegend bayr. u. österr.)

Pulvermann m *Artillerist*

Pulversack m, pl -säcke *Artillerie*. P. eigentl. ›Pulverkammer‹. 1914 ff. (GRAFF 127; HAUPT 148)

Pulverschleimergraute m *Altgedienter*. Pulverschleim ›Rückstand abgebrannten Pulvers‹

Pulverschuppen m 1. *BMVg*. Aufgefaßt als Munitionslager oder Soldzahlstelle (→ Pulver 1). — 2. *Soldatenkneipe*. → Pulver 1

Pumascheiße f, scharf wie P. *sexuell triebhaft*. → scharf

Pumaspucke f 1. *Kräutertee*. — 2. *Malzkaffee*

Pumpelhuber m *Bordschütze*. Pumpel, Pumper ›Artillerist‹ (bayr.; HORN 31); → Eselhuber

pumpen intr *sich im Liegestütz auf- u. abbewegen*. Nach der Bewegung der Handdruckpumpe. 1939 ff.

Pumphosenverkleidung f *Sportanzug*

Pumpsmulde f *Bett*. P. Nebenform von → Bumsmulde

Pumpstunde f *Sport*; *Leibesübungen*. → pumpen

Pupe f, Du kannst mir mal an der P. schlabbern! (Ausdr. der Abweisung). Entspr. dem Götz-Zitat

Pupmolle f, **-mulde** f *Bett, Schlafsack*. → Pupsuppe; → Molle; → Mulde

Pupsuppe f *Hülsenfrüchtesuppe*. Pup ›laut abgehender Darmwind‹

Pup- u. Flickstunde f *Putz- u. Flickstunde*. Wortspiel

Puschemaika FN, aussehen wie Anita P., Schönheitskönigin aus X (Redewendung auf jmdn., der wunderlich aussieht u. damit Anlaß zu spött. Bemerkungen gibt)

Puschenkino n *Fernsehgerät*; *Fernsehen*. Puschen ›Pantoffeln‹

Puschenkiste f *Fernsehgerät*. → Puschenkino

Puste f *Handfeuerwaffe, Pistole*. Spätest. 1939. → pusten

pusten intr *schießen*. Eigentl. ›blasen‹

Puster m *Funker*. Marinespr. 1914 ff. Zu → pusten; → Funkenpuster

Püster m, f 1. *Gewehr, Maschinengewehr*. 1914 ff. (IMME 115). — 2. *Pistole*. — 3. große(r) P. *Gewehr*. — 4. kleine(r) P. *Pistole*. — Zu → pusten; Püster: eigentl. das Pusterohr als Kinderspielzeug

Pusterohr n *Gewehr*. 1914 ff. → Püster

Putz m, auf den P. hauen 1. *großsprecherisch sein*; *sich aufspielen*. 1939 ff. — 2. *ausgelassene Stimmung verbreiten*. 1939 ff. — Nach der Vorstellung, es werde auf den

Mauerputz gehauen, daß die Wände wackeln

Putzgeschwader n *Putzfrauenkolonne*. Wohl älter

Putzhauer m, **-klopfer** m, **-klopper** m *Prahler*. → Putz

Putzlappengeschwader n 1. *Luftwaffenbodenpersonal*. 1939 ff. — 2. *Technische Truppe*

Putzlumpen m, pl, durchgedrehte P. *deutsches Beefsteak*

Putzlumpengeschwader n 1. *Luftwaffenbodenpersonal*. 1939 ff. — 2. *Technische Truppe*

Putzmädchen n, P. der Kompanie *Mannschaften*

Putz- u. Fickstunde f *Putz- u. Flickstunde*. Wortspiel. → ficken 1

Putz- u. Schlafstunde f *Putz- u. Flickstunde*

Putz- u. Schleuderkommando n *Putzfrauenkolonne*

Quaddelkiste f *Rundfunkgerät*. Quaddeln ›schwatzen; Unsinn reden‹

Quadrattango m *Schachspiel*

Qualle f *lästiger Liebediener*

Qualm m *Tabakwaren*. Qualmen ›stark rauchen‹

Qualmsocke f *Schweißsocke*

Qualmstengel m *Zigarette*. 1939 ff. → Stengel 1

Quanten pl 1. *Füße*. 1870 ff. (HORN 74). — 2. (*plumpe*) *Hände*. 1900 ff. — Ausgangsbed. ›dicke Fausthandschuhe‹, zu lat. quantum ›Größe‹

quarken intr *töricht reden*; *nörgeln*. Zu Quark ›dummes Geschwätz‹; Unsinn; Belanglosigkeit‹ (16. Jh.)

Quartierhengst m *Quartiergeber*. → Hengst

Quartiermaus f *Tochter des Quartiergebers*. Maus ›Mädchen‹

Quartierschatten m *Tochter des Quartiergebers*. Angelehnt an Kurschatten

Quasselbox f *Fernsprecher*

Quasselbude f, **-penne** f *Schule für Innere Führung*

Quasselstunde f *taktische Besprechung*

Quasselzeit f *Sprechstunde des Militärgeistlichen*

Quatschbude f *Schule für Innere Führung*

Quellwasserfuß m *Schweißfuß*

Quermaul n *Nörgler, Widerspenstiger*. Wie Querkopf

Quirl m *Hubschrauber*. Wegen der Drehflügel; auch → Miefquirl

Quirlfliegerverein m *Hubschrauberstaffel*. → Quirl

Rabatz m *Getümmel, Lärm, Rauferei; Unfriede; energisches Aufbegehren; Angriff; schwerer Luftkampf* u. ä. Viell. zu poln. rabac ›hauen‹ oder auf mundartl. Rabuus ›Unordnung, Getümmel‹ u. ä. 1880ff. Vgl. *WdU* 2, 230

Rabbi m *Militärgeistlicher*. Eigentl. der jüd. Schriftgelehrte u. Prediger

rabotten intr *körperlich schwer arbeiten; anstrengenden Dienst haben*. Zu russisch rabota ›Arbeit‹. 1939ff.

Rad n *Bein*. → Reifen

Radarakademie f *Marineortungsschule*

Radarmixer m *Radargast*. Marinespr. → Mixer

Radaubrühe f *Durchfall*

Radaugemüse n *Bohnen-, Erbsen-, Linsengemüse*. Wegen der blähenden Wirkung

Radaumesser m *Schallmeßgerät*

Radauschuppen m *Tanzlokal, Diskothek*. → Schuppen 1

radeln intr *kriecherisch sein*. Wohl älter. → radfahren

radfahren intr 1. *gegen den Vorgesetzten unterwürfig u. gegen den Untergebenen u. Gleichrangigen herrisch sein*. 1890ff. — 2. *(statt aufzubegehren) widerwillig Dienst tun*. — → Radfahrer

Radfahrer m 1. *jmd., der gegen Vorgesetzte unterwürfig u. gegen Untergebene herrisch ist*. 1890ff. — 2. *des R.s Lohn Dienstauszeichnung*. — Wer mit dem Fahrrad fährt, »buckelt nach oben u. tritt nach unten«

Radfahrer-Diszi f *schriftliche Belobigung*. Ironisch. → Radfahrer; → Diszi

Radfahrerei f 1. *Unterwürfigkeit gegen Vorgesetzte u. Herrischsein gegen Untergebene*. — 2. *Verhalten äußerlicher Dienstfertigkeit bei innerlichem Aufbegehren*. 1890ff. — → Radfahrer

radfahrerisch adj *liebedienerisch*. → Radfahrer

Radfahrstunde f *Sprechstunde des Militärgeistlichen*. Um der Vorteile willen wird in der S. geistl. Interesse geheuchelt. → Radfahrerei 2

Radiergummi m *zähes Gulasch*

Radieschen n *Radargast*. Wortspiel

Radieschenaufklärer m *Heeresflieger*. Anspielung auf das rote Licht an der Unterseite u. auf die geringe Flughöhe

Radiosuppe f *Hülsenfrüchtesuppe*. Wie der Rundfunksender, so »meldet« sich auch, wegen der blähenden Wirkung, die H. »nach kurzer Pause wieder«. 1930ff.

Radio- u. Rauchstunde f *Putz- u. Flickstunde*

Radlfahrer m → Radfahrer

Rakete f, voll wie eine R. *stark betrunken*

Raketenpott m *raketen-, atomgetriebenes Schiff*

Rallyestreifen m *Kotspur in der Unterwäsche.* Anspielung auf den gelben Streifen auf der Karosserie des Rallyefahrzeugs

Rammelbolzen m *Penis.* → rammeln

Rammelbude f *Kasernenstube.* Zu rammeln ›raufen‹

Rammelferien pl *Familien-, Heiratsurlaub.* 1914 ff. → rammeln

Rammelkasino n *Kasernenstube.* → Rammelbude

Rammelkiste f *Bett.* 1914 ff. → rammeln

rammeln intr *koitieren.* R. eigentl. ›decken, begatten‹ von Kaninchen u. Hasen. 1500 ff.

Ranch f [Ausspr. engl.] *Kasernenbereich.* Amerik. ranch ›Viehwirtschaft; Farm‹

ranhauen intr *körperlich schwer, angestrengt arbeiten.* 1920 ff.

ranklotzen intr *körperlich arbeiten; übertriebenen Diensteifer entwickeln; gewissenhaft Dienst tun.* 1939 ff. → klotzen

Rasen m, heiliger R. *Exerzierplatz, Kasernenhof.* Ironisch

Rasendrall m *Grenadier.* Wegen des G.s »rasender« Bewegungen um die eigene Längsachse (Kehrtwendungen)

Rasenmäher m 1. *Maschinengewehr.* — 2. *Leichthubschrauber*

rasieren tr, Sie haben wohl heute morgen mit 9 Mann vor dem Spiegel gestanden u. aus Versehen den falschen rasiert? (Frage des Ausbilders an einen Unrasierten)

Rasierklinge f, scharf wie eine R. sein *nach geschlechtlicher Befriedigung verlangen.* 1920 ff. → scharf

Raspel f *Penis.* Wegen der Hinu. Herbewegung. 19. Jh.

raspeln intr 1. *koitieren.* 1700 ff. → Raspel. — 2. *flirten.* Zu »Süßholz raspeln«. — 3. *schnarchen.* Lautmalend. 1920 ff.

Rasselkasten m *Fernschreiber.* Wegen des Geräuschs

Rattenfänger m, pl *Berufsförderungsdienst.* Zur Sage »Der R. von Hameln«; der B. gesehen als Einrichtung zum Übertölpeln

Rattengift n *Arznei.* 1939 ff.

Rattenloch n *Biwak u. ä.*

Ratterbüchse f *Maschinengewehr*

Ratterkasten m *Fernschreiber.* → Rasselkasten

Ratterkiste f *Maschinenpistole*

Rattermaschine f *Maschinengewehr u. ä.*

Ratze f *Bett.* → ratzen 1

ratzen intr 1. *schlafen.* — 2. *schnarchen.* — Zur Redensart »schlafen wie ein Ratz (eine Ratze, ein Murmeltier)«. 1850 ff.

Ratzunterlage f *Bett.* → ratzen 1

Raub (FN) m *schikanöser Ausbilder.* Der Ausbilder HANS-DIETER R. (Nagold) stand 1968 wegen Schikanierung von Untergebenen vor Gericht. → Nagold

Räuber m, R. u. Gendarm *Manöver*

Räuberkommando See n *Zivilabzeichen des Marineangehörigen.* Deutung der Abk. RKS

Raubgermane m *Feldjäger.* 1939 ff.

Raubtierfütterung f *Mittagessen. Beköstigung.* 1900 ff.

Raubtierfütterungsraum m *Kantine; Eßraum im Soldatenheim*

Raucherurne f *Aschenbecher.* → Urne

Rauch- u. Schwatzstunde f *Putz- u. Flickstunde*

Rauf-u.-runter-Schlips m *Langbinder*

Raum m, heiliger R. *Geschäftszimmer*

Raumenge f *Stuhldrang*

Rauschebart m *Flammenwerfer.* Der Flammenstoß als heranrauschender roter Bart aufgefaßt

raushauen tr [*jmdn.*] *wecken.* Eigentl. ›aus dem Bett prügeln‹. 1900 ff.

rauskicken tr [*jmdn.*] *in Unehren aus der BW entlassen.* Aus der Sportlersprache: den Fußball aus dem Spielfeld stoßen

Rebhuhn n, pl -hühner *Socken.* Wegen der Farbe (grau gesprenkelt)

Rechenschieber m, pl *Topographietruppe*

Rees m *Rede, Prahlerei, Lüge.* Nordd. 1900 ff. → reesen

Reesbruder m *Aufschneider.* 1900 ff. → reesen

reesen intr *reden; prahlen.* Zu engl. to raise ›zur Sprache bringen‹. 1900 ff. Vgl. *Sprachdienst* 1977, 95

Refü-Knecht m *Gehilfe des Rechnungsführers.* Refü: amtl. Abk. für Rechnungsführer

Regenmacher m *Meteorologe*

Regenmantel m *Präservativ*

Regimenter m *Regimentskommandeur.* 1920 ff.

Reifen m *Bein, Fuß.* Nach einer Werbung der Reifenfirma Veith-Pirelli (»Die Beine Ihres Autos ...«); auf der Abbildung neben den Reifen auch die Beine einer Frau

Reifeprüfung f *Musterung*

Reihe f, sich aus der R. abmelden *während des Wehrdienstes sterben*

reinbuttern intr *gierig essen.* Zu buttern ›Butterbrot essen‹

reinfighten tr [Grundw. engl. Ausspr.], einen r. *zechen.* Engl. fight ›Kampf, Gefecht‹; infighting ›Nahkampf (im Boxen)‹

reinhauen 1. intr *körperlich schwer arbeiten.* → ranhauen. — 2. tr, sich einen r. *sich betrinken.* → Kopf 7

reinkeulen tr, sich einen r. *sich betrinken.* Keule ›keulenförmige Flasche‹

reinklatschen tr, sich einen r. *sich betrinken*

reinkloppen intr *gierig essen, trinken*

reinklotzen intr, tr [*etw.*] *gierig essen.* → klotzen

reinkommen intr, Kommen Sie ruhig rein, meine Frau wäscht sich grade! (Redewendung an einen Anklopfenden)

reinmampfen tr. [*etw.*] in sich r. [*etw.*] *lustlos verspeisen.* → mampfen

reinschlingen tr [*etw.*] *gierig essen.* 19. Jh. → schlingen

reinschmeißen tr [*etw.*] *hastig essen*

reinwürgen tr, [*jmdm.*] einen r. [*jmdn.*] *heftig rügen.* An der Rüge würgt der Getadelte wie an widerwärtiger Kost. 1870 ff.

reinziehen tr, sich einen r. *sich betrinken*

reißen intr *körperlich schwer arbeiten; schweren Dienst haben.* 1920 ff.

Reißen n, einarmiges R. haben *trinken, zechen.* Spielerisch zur sportl. Übung e. R. (Gewichtheben): Hochbringen der Hantel mit einem Arm in einem Zug. Vielleicht Überlagerung durch R. ›Rheumatismus‹

Reißer m *kräftiger, leistungsfähiger Arbeiter.* 1920 ff. → reißen
Reißerei f *schwerer Dienst.* → reißen
Reit- u. Springerschule f *Luftlande- u. Lufttransportschule.* Nach dem Vorbild von Reit- u. Springturnier. Die Fallschirmspringer »reiten« in einer Transportmaschine zum Absprunggebiet
Reizanzug m *Kampfanzug.* Ironisch
Reizwäsche f *Männerunterkleidung.* 1900 ff.
Rekordschwimmer m *Torpedo*
Rekrutenarena f *Kasernenhof.* Wohl älter
Rekrutendompteur m *Ausbilder.* 1939 ff. → Dompteur
Rekrutenhengst m *Ausbilder.* → Hengst
Rekrutenmarkt m *Kreiswehrersatzamt*
Rekrutenschinder m *Ausbilder.* 1914 ff. → Schinder
Rekrutenschleifer m *Ausbilder.* 1914 ff. → Schleifer
Rekrutenschreck m *strenger Ausbilder*
Rekrutenverstümmler m *Ausbilder*
Rennbahn f *Exerzierplatz, Kasernenhof*
Rennbootstall m *Schnellbootgeschwader*
Rennfahrersuppe f *Wasser-, Reis-, Milch-, Graupensuppe; aus Konserven schnell bereitete Suppe.* 1925 ff.
Rennsattel m *Sturmgepäck.* Wegen Formähnlichkeit
Rente f 1. *Wehrsold.* Wegen der geringen Höhe des W.s. — 2. die R. verjubeln *den Wehrsold vertrinken*

Rentenauszahlung f, **-empfang** m *Löhnungsempfang.* → Rente 1
Rentenempfänger m *Längerdienender*
Rentenzahlung f *Löhnungsempfang.* → Rente 1
Rentierarsch m, gepeitschter R. *dünne Bratenscheibe*
Rentner m 1. *Altgedienter.* — 2. *schlapper Soldat.* — 3. *Hauptmann.* Viele Hauptleute verbleiben in ihrem Rang bis zum Ausscheiden aus der BW. Es wird auch die Meinung vertreten, der H. erhalte wie ein R. sein Geld, ohne etwas dafür zu tun
requirieren tr *[etw.] listig-diebisch beschaffen.* Ausgangsbed. ›zwangsweise beitreiben‹. 1914 ff.
Reservelefti m *Reserveleutnant.* → Lefti
Reservelolli m *Reserveleutnant.* → Lolli 1
Reservelulli m *Reserveleutnant.* → Lulli 1
Reserveonkel m *Reservist; Reserveoffizier.* 1870 ff. (HORN 54)
Reservepenis m *Banane*
Reservepimmel m *Bockwurst.* → Pimmel 1 u. 3
Reserveschnarcher m *Reservist.* Schnarcher ›Tagedieb‹
Reservist m 1. *Soldat im letzten Vierteljahr seiner Dienstzeit.* — 2. R. in Lauerstellung *Altgedienter.* — 3. R. mit Schirmbild *Soldat nach der ärztl. Abschlußuntersuchung (mit Röntgen) vor der Entlassung*
Rettich m 1. *Kopf.* Entspr. → Rübe 1. — 2. *Rekrut*
Rhabarberwasser n *Schaumwein*
Röhndiesel m *klarer Schnaps.* → Diesel. Aufgefaßt als Öl der Gelenkigkeit

Rhöngeist m *nächtliches Verprügeln eines Kameraden wegen unkameradschaftl. Verhaltens.* → Heilige Geist
Richard Kimble N → Kimble
Richtplatz m *Kasernenhof.* Anspielung auf das Kommando »Richt't euch!«
Rieche f 1. *Nase.* — 2. etw. in die R. kriegen *Gasgefahr erkennen*
Riecher m, pl *ABC-Abwehrtruppe*
Riemen m 1. *erigierter Penis.* 19. Jh. — 2. sich am R. reißen *sich ermannen.* Riemen ›Leibriemen, Koppel‹. 1900ff. — 3. den R. auf die Orgel schmeißen *den Automotor anlassen; das Auto starten.* Riemen ›Transmissionsriemen‹. — 4. Schmeiß den R. auf die Orgel! *Mach schnell!* → Riemen 3
Riemenspanner m, -steifer m *Sellerie, Solei, Ei, Spiegelei u. ä.* Wegen angebl. Steigerung des Geschlechtstriebs; → Riemen 1
Riemensuppe f *Nudelsuppe.* Wegen der Form der Bandnudeln
riemig adj, r. sein *nach Geschlechtsverkehr verlangen.* → Riemen 1
Riese m 1. flüsternder R. a) *Großraumflugzeug; Kampfflugzeug Typ Atlantic.* Wegen des Summgeräusches. — b) *Hubschrauber CH-53.* Wegen des tiefen Brummtons. — 2. weißer R. *Großwüchsiger.* Nach der Werbefigur für das Waschmittel gleichen Namens
Riesenbecher m, pl *große Stiefel.* → Knobelbecher 1
Rinderfreude f *Salat.* Der S. gesehen als Grünfutter für Weidevieh
Ringelpie(t)z m, n *Tanzvergnügen.* Ringel kurz für Ringelreihen;

-pietz zu slaw. pet' ›singen‹. Ausgeh. 19. Jh.
Ringelreihen m *Hochzeitsurlaub*
Rinnsteinperle f, pl -n *Trinkwasser*
Rinnsteinschiffer m *Marineangehöriger*
Ritt m *Flug.* Der F. als Fortbewegung mit Hilfe von PS (Pferdestärken)
Rizinusbar f *Krankenstube in der Kaserne*
robben intr *sich mit Hilfe der Ellenbogen kriechend vorwärtsbewegen.* Nach der Fortbewegung der Robbe. 1914ff. (GRAFF 131)
Rock m, R. des Vaterlands *Uniformrock.* Ironische Pathetisierung. Wohl älter
Röckchen n *Dienstanzug.* Marinespr. 1939ff.
Rockefeller FN, R.s Sohn sein *Geld haben.* Der Name der amerik. Unternehmerfamilie als Symbol großen Reichtums
Rockerzeug n *Lederkleidung.* Die L. gilt als eines der Standessinnbilder der Rocker
Rödeldienst m 1. *schwerer Dienst.* —2. → scheiß 10. — → Gerödel 1
Rödelei f *schwerer Dienst.* → Gerödel
Rödelgeschirr n *Koppeltraggestell, Tornister, Sturmgepäck.* → Gerödel 1
Rödelheim n *Offiziersheim*
Rödelheini m *Pionier.* → Gerödel 1; → Heini
Rödelkiste f *Packwagen.* → Gerödel 1
Rödelkram m *Sturmgepäck u. ä.* → Gerödel 1
rödeln intr 1. *schweren Dienst haben.* → Gerödel 1. — 2. *zechen.* Entspr. »einen rollen«
Rödelschicht f *Dienst.* → Gerödel 1

Rödeltag m *Tag der Einkleidung.*
→ Gerödel 1
Rohr n 1. *erigierter Penis.* —
2. R. dick, Bumm gewaltig *Signalpistole.* Wegen des großen Kalibers (26,5 mm). — 3. volles R. haben *gut schießen.* Voll R. ›äußerste Kraft; größtes Leistungsvermögen‹. — 4. Laber mir kein R.! (Redensart zur Abwehr obszöner Reden). → labern; → Rohr 1
Rohraufbauchung f *Stuhlverhärtung.* Rohr ›Darm‹.'
Röhre f 1. *Darm.* 1900ff. — 2. *Flasche.* — 3. in die R. gucken/glotzen/kieken (u. ä.) *fernsehen.* R. ›Bildröhre‹. — 4. einen durch die R. jagen *koten.* → Röhre 1
rohren intr *koitieren.* → Rohr 1; R. auch ›Vagina‹
röhren intr *schnarchen.* Vom Röhren des Hirsches
Röhrengerät n *ein Kasten Bier.* → Röhre 2
Rohrkrepierer m 1. *Versager; verfehlter Trick; Irrtum.* 1939ff. — 2. *unfähiger Soldat.* 1939ff.
Rohrputzer m, pl *Artillerie*
Rohrreiniger m *flachbrüstiger Soldat.* Der S. kann angebl. durch das Geschützrohr gezogen werden. Wohl älter
Rohrschoner m *Präservativ.* → Rohr 1
Rohrverlegung f *Geschlechtsakt.* → Rohr 1
Rohrvorholer m *gefühlvolle Musik.* → Rohr 1
Rollbahnfeger m, pl *Luftwaffenbodenpersonal.* 1939ff. (MECHOW 88)
Rollbahngärtner m, pl *Luftwaffenbodenpersonal*
Rollbahnkehrer m, pl *Luftwaffenbodenpersonal.* 1939ff.

Rollbahnmasseur m *Pilot; Angeh. des Luftwaffenbodenpersonals*
Rollbahnputzer m, pl *Luftwaffenbodenpersonal.* 1939ff.
Rollbahnschrubber m, pl *Luftwaffenbodenpersonal*
Rolle f 1. *Handkäse.* Wegen der Form. — 2. *zugeteilte Arbeit; Einteilung der Schiffsbesatzung zu versch. Dienstarten.* Marinespr. 1900ff. — 3. intime R. *Toilettenpapierrolle*
Rollenbolzen n *Rollenexerzieren.* Marinespr. 1900ff. → Rolle 2
Rollenschwoof m *Rollen-, Gefechtsexerzieren.* 1900ff. → Rolle 2
Roller m 1. *draufgängerischer Soldat.* Mundartl. rollen ›ausgelassen toben‹; Einfluß von Rollkommando. — 2. pl *Kraftfahrtruppe*
Rolling f, n *Runde durch mehrere Lokale.* Vgl. Rulling ›wellige, bewegte See‹; »die See rullt« ›die Wellen rollen heran‹. Marinespr. 1900ff.
Rollseil n, ein R. legen *koten.* → abseilen 2
rosa adj, r. Truppe → Truppe 1
Rosette f 1. *After.* Einfluß von Rose ›Exkremente‹. 1900ff. — 2. Ihm geht die R. *er hat Angst.* 1939ff. Entspr. → Muffe 5
Roßapfel m *Frikadelle.* → Pferdeapfel
Roßbolle f *Frikadelle.* 1900ff.
Roßdecke f *Wintermantel, Umhang*
Roßhaarmatratze f *minderwertiger Tabak.* 1914ff. → Matratze 3
Rostbeule f *Auto* (abf.) Anspielung auf Blechbeulen u. sich beulenartig wölbenden Rost mit Anlehnung an Frostbeule u. Asphaltbeule (Kleinauto)
Rostboxen n *Rostklopfen.* Marinespr. 1900ff.

Rostentferner m *schwarzer Tee.*
Der T. entfernt den »Rost« (die
Müdigkeit) aus den Gliedern
Rosterzeuger m *Cola-Getränk.* Wegen der rostbraunen Farbe
rostig adj *nach Geschlechtsverkehr
verlangend.* → Schuß 6
Rostkeule f *Gewehr.* Keule ›Gewehrkolben‹
Rostpuste f *Gewehr.* → Puste
Rot n, bei R. über die Kreuzung
gehen *infolge geistiger oder see-
lischer Verwirrung zu unsinnigen
Handlungen fähig sein*
Rotarsch m 1. *Artillerist.* Wegen
der Waffenfarbe. — 2. *Feldjäger.*
Wegen der roten Kragenspiegel.
— 3. *Rekrut.* Viell. Anspielung
auf Wundsein nach ungewohn-
tem Marschieren (→ Rotbäckchen); nach anderer Deutung hat
der R. noch keinen »Schwielen-
arsch«, sondern einen angebl. ro-
sigen wie das Kleinkind. —
4. *Matrose.* → Rotarsch 3. —
5. pl -ärsche *Mannschaften.* —
6. pl -ärsche *Panzertruppe.* Wegen
der roten Kragenspiegel. — 7. alter R. (Schimpfwort). — →
Arsch 1
Rotarschdompteur m *Ausbilder.*
→ Rotarsch 3; → Dompteur
Rotation f *Hetze beim Dienst.* →
rotieren 1
Rotationskommando n *Generalstab.* → rotieren 1
Rotationsmaschine f *Soldat.* Anspielung auf Exerzieren (Kehrtwendungen). → Druck 1 u. 2 u.
rotieren 1
Rotbäckchen n, pl *Wundsein
zwischen den Oberschenkeln.* Nach
einem Fruchtsaft Marke R.
Roth-Händle f, sich die R. aus
dem Leib keuchen *an einem Ge-*

ländelauf teilnehmen. Nach der
Zigarettenmarke R.
rotieren intr. 1. *angestrengt, leb-
haft tätig sein;* (bei einer Inspektion) *übertrieben Dienst tun.* —
2. *ängstlich sein; die Übersicht
verlieren.* — 3. ins R. kommen
sich beeilen. — Man dreht sich um
die eigene Achse, »es geht rund«
Rotierer m *Unselbständiger; übereifriger Soldat; Liebediener.* → rotieren 1 u. 2
Rotkiste f *Rekrut.* Kiste ›Gesäß‹.
Entspr. → Rotarsch 3
Rotrock m, pl -röcke *Artillerie.*
Wegen der roten Kragenspiegel
Rotz m 1. dicker R. mit Eiter-
pickeln *Milchsuppe mit Rosinen*
(o. ä.). — 2. [jmdn.] behandeln
wie R. am Ärmel [jmdn.] *ent-
würdigend behandeln.* 1920ff.
Rotzbremse f 1. *Oberlippenbart.*
1920ff. — 2. *Taschentuch*
Rotzbüchse f *Maschinengewehr.* →
rotzen 2
rotzen intr 1. *schlafen, schnarchen.*
Lautmalend. — 2. *schießen, feuern.*
Vergleich des Auswerfens der
Munition mit dem Schneuzen.
Seit frühem 19. Jh.
Rotzer m *Maschinengewehr.* →
rotzen 2
Rotzfabrik f *Nase*
Rotzknüppel m *Maschinengewehr.*
→ rotzen 2
Rotzkocher m *Tabakspfeife.* We-
gen gurgelnden Geräuschs. 1900ff.
Rotzkollerchen n *Taschentuch.*
Koller ›Lätzchen‹
Rotzkopf m *Tabakspfeife.* → Rotz-
kocher
Rotzschleuder f *Maschinengewehr.*
→ rotzen 2
Rotzstengel m *Maschinenpistole*
Roulette n, französisch(es) R.
Stehabort. Das Loch bei dem in

Frankreich üblichen S. ist vermeintl. so schwer zu treffen, wie das Gewinnen beim R. oder das Überleben beim russ. R. ungewiß ist

Royal Bavarian Hunters pl [Ausspr. engl.] *4. Jägerdivision* (Regensburg). Scherzhafte Anglisierung

Roy Clark (PN) m *Bahnschutz.* Nach einem Eisenbahnattentäter, der sich R. C. nannte (1966 bis 1968)

Rübe f 1. *Kopf.* Wegen Formähnlichkeit. Spätes 19. Jh. — 2. einen in die R. gießen *sich betrinken.* → Rübe 1

Rübensaft m *Bier mit Limonade.* Wegen der Farbe

Rückenkrümmer m *Sturmgepäck*

Rückgrat n 1. R. der Armee a) *Unteroffizier.* Nach einem Ausspruch von Generalfeldmarschall VON HAESELER (1836—1919). — b) *Obergefreiter.* 1939 ff. (MECHOW 87). — 2. R. der Armee (Stärke ist geheim) *Haupt-, Obergefreiter.* — 3. verlängertes R. der Armee *die Offiziere*

Rückgratersatz m *Koppeltraggestell, Schulterriemen*

Rückgrathalter m *Koppeltraggestell, Koppel*

Rucksack-Fla f *Flugabwehrrakete Hawk.* Der Raketenträger wird von einem Transportfahrzeug gezogen. → Fla

Rucksacksoldat m *Gebirgsjäger*

rucksen intr *schlafen, schnarchen.* Lautmalend. 1900 ff.

Ruckser m *Soldat, der einen guten Eindruck machen will.* Zu »ruck, zuck!«

Rückstoßerzeuger m, pl *Hülsenfrüchte.* Wegen der blähenden Wirkung

Rückversicherer m *Wehrdienstverweigerer.* Der W. verweigert vermeintl. den Dienst, um im Kriegsfall vor persönl. Folgen sicher zu sein

Rückwärtsbenzin n *Magenbitter*

Rückwärtshusten m *Erbrechen*

Ruckzucker m *Maschinenpistole.* Zu »ruck, zuck!«; die M. ist schnell feuerbereit

Rudel n, sibirisches R. *starkes Wundsein zwischen den Oberschenkeln.* Der Betroffene hat keinen einzelnen »Wolf«, sondern ein ganzes Rudel

Rudelpopp m 1. *Gruppensex.* → poppen. — 2. *Kameradenjustiz*

Rufer m, R. in der Wüste *zum Schreien neigender Vorgesetzter.* Scherzh. nach Jesaia 40,3

Ruhestörung f *Wecken*

Ruinenklempner m *Zahnarzt.* Das lückenhafte Gebiß als Ruine. → Klempner 2

Rülpswasser n *Mineralwasser, Sekt u. ä.* 1900 ff.

rumackern intr *am Geschütz exerzieren.* 1914 ff.

Rumgammelei f *nutzloses Beschäftigtwerden; Überbrücken der Dienststunden mit sinnlosem Tun.* → gammeln 1 u. 2

rumgammeln intr 1. *ohne Ernst die Zeit vertreiben; nutzlos beschäftigt werden.* 1939 ff. → gammeln 2. — 2. *Posten stehen.* → gammeln 1

rumhängen intr *in schlaffer Haltung stehen; sich ziellos beschäftigen u. ä.* 1890 ff.

rumknallen intr *nach allen Richtungen, wahllos schießen.* 1900 f.

rumkurven intr *hin- u. herfliegen.* 1914 ff.

rumlabern intr *dummschwätzen.* → labern 1

rummosern intr *immer an allem zu nörgeln haben.* 1920 ff. → mosern

rummotzen intr *sich nörgelnd, verdrießlich äußern.* 18. Jh. → motzen

Rumpelkammer f *Spind*

Rumpfmurmel f *Kopf*

rumsocken intr *hin- u. hereilen; marschieren.* Zu »sich auf die Socken machen« ›aufbrechen, weggehen‹. 1910 ff.

rund adj 1. *betrunken.* Der Betrunkene torkelt, weil er auf »runden Füßen« keinen Halt hat. — 2. Es geht r. *es herrscht Betriebsamkeit; es wird streng gedrillt; es wird keine Rücksicht genommen; es findet eine heftige Auseinandersetzung statt.* Vom Umrunden des Exerzierplatzes (→ Runde) oder Rundlaufen des Karussells. 1900 ff.

Rundbügelfalte f → Hose 2

Runde f, eine R. um den Kasernenhof drehen *den Kasernenhof umrunden.* 1939 ff.

Rundfunksuppe f *Hülsenfrüchtesuppe.* 1930 ff. → Radiosuppe

Rundgebügelte 1. m *Sturzhelm.* — 2. f *lange Hose.* Eigentl. die Blue jeans

Rundläufer m *Radarschirm*

Rundschlag m 1. *gierige Eßweise.* — 2. R. 60 *gierige Eßweise.* 60: 60 Sek. bis zum Leeren des Tellers. — 3. amerikan. R. *gierige Eßweise*

Rundschlagverfahren n 1. im mexikan. R. essen *gierig, hastig essen.* Aufgekommen im Zusammenhang mit den Olymp. Spielen 1968 in Mexiko. — 2. im R. essen/reinhauen *gierig essen*

Rundschnitt m, Keinen Arsch in der Hose, aber R.! (Redensart auf einen Eitlen, Vorlauten)

Rundumverteidiger m *Stabsunteroffizier.* Wegen der rundum mit Litze eingefaßten Schulterklappen

Rundumverteidigungsanlage f *Hose*

Runkelrübe f (*unförmiger*) *Kopf.* 1914 ff. → Rübe 1

Runterflieger m *Heeresflieger.* Anspielung auf geringe Flughöhe oder Absturzgefährdung

runtergammeln tr, ein paar Monate r. *ein paar Monate lang nutzlos beschäftigt werden.* → gammeln 2

runterholen tr, sich einen r. *onanieren.* 1900 ff.

runterklopfen tr, **-kloppen** tr 1. [*etw.*] *gierig essen.* — 2. drei Jahre r. *drei Jahre Wehrdienst ableisten.* 1935 ff.

runterreißen tr, eine Zeit r. *eine Zeit verbringen* (z. B. im Wehrdienst, Arrest). 1890 ff. → abreißen

ruse(l)n intr → russe(l)n

Rüssel m 1. *Kopf.* 1939 ff. — 2. *ABC-Schutzmaske*

russe(l)n intr *schlafen.* Fußt auf mhd. ruzen ›schnarchen‹; verwandt mit rauschen. 19. Jh., bayr.

Russenanzug m *Felduniform, Kampfanzug.* Anspielung auf die russ. Volkstracht

Russendecke f *Übermantel, Umhang* u. ä. → Pferdedecke

Rüstzeug n *Eßbesteck*

Rüttelfalke m *Hubschrauber.* Wie der R. kann der H. in der Luft »stehen«

S-1-Mieze f *zivile Angestellte im Geschäftszimmer.* S 1: ›Sachbearbeiter 1 (für Personalangelegenheiten)

S 5 1. *Kantine.* — 2. Er ist beim S 5 (Antw. auf die Frage nach jmds. Aufenthalt). — Scherzh. Vermehrung der Hauptarbeitsgebiete der Führungsstäbe (S 1 bis S 4) um ein weiteres. Vgl. → G 5

Sabbat m *Entlassung aus der BW.* Der Tag der E. als Feiertag empfunden

Sache f, pl -n, zwanzig S. pumpen *20 Liegestütze machen.* 1939 ff. → pumpen

Sack m 1. *Hodensack; Genitalien.* — 2. *Uniform.* Gelegentlich Anspielung auf schlechten Sitz. 1850 ff. — 3. alter S. *Alter; Altgedienter.* Wegen → Sack 1; S. auch ›Bauch‹. 1920 ff. — 4. blöder S. *Dummer.* 1939 ff. — 5. müder S. *Energieloser, Schwungloser.* 1920 ff. — 6. nasser S. *Energieloser, Schwungloser.* 1870 ff. — 7. einen auf den S. kriegen *bestraft werden.* Die Strafe als Prügel oder verglichen mit Tritt in → Sack 1. — 8. Das schlägt/haut mir auf den S.! (Ausr. des Unmuts). Entspr. → Ei 10. — 9. [jmdn.] zusammenscheißen wie einen nassen S. [*jmdn.*] *entwürdigend anherrschen.* 1939 ff. → zusammenscheißen

Sackabschneider m *Fallschirmjäger.* Die Fallschirmgurte klemmen beim Sprung leicht den → Sack 1 ein

Sackhalter m 1. *locker sitzendes Koppel.* Sack meint → Sack 1 oder den Leib. — 2. *Leibbinde.* → Sack 1. — 3. *Unterhose.* → Sack 1

Sackhüpfen n *Geländelauf*

Sackparade f *Musterung, Gesundheitsbesichtigung.* → Sack 1

Sackratte f *Filzlaus.* 1800 ff. → Sack 1

Sackschoner m *Badehose.* → Sack 1

Saftbar f *Soldatenheim.* Aus Saftladen

Saftsack m *Dummer; Versager* (Schimpfw.). Eigentl. das zum Sack gebundene Tuch zum Filtern von gekochtem Saft vor dem Abfüllen; der Rückstand im Sack ist wertlos. Übertragen auf → Sack 1. 1910 ff.

Sage f, Es klingt wie eine S. — nur noch sechzig Tage! (Reimspruch des Soldaten, der nur noch zwei Monate zu dienen hat)

Säge f *Maschinengewehr.* Der Patronengurt läuft wie bei der Bandsäge. 1939 ff. → Baumsäge; → Hitlersäge

Sägemehlpastete f *Frikadelle, Klops.* Anspielung auf mehligen u. trockenen Zustand

Sägewerk n 1. *Schnarchtöne; Schnarcher.* 1914 ff. — 2. *Kaserne(nstube) bei Nacht.* — Zu sägen ›schnarchen‹

Sahne f 1. auf die S. hauen *großsprecherisch sein.* Beruht auf der Vorstellung einer übermütigen, unbeherrschten Handlung. — 2. Das ist erste S. *das ist vortrefflich.* Klasse durch S. ersetzt

Sak m, f *Militärgeistlicher.* Initialwort urspr. aus → Sündenabwehrkanone, in der BW auch aus → Seelenaufkäufer

Salatfresser m *Heeresangehöriger.* Anspielung auf Waffenfarbe u. Bewegen im Gelände

Salathüpfer m *Grenadier.* → Salatfresser

Salatschüssel f *elektronischer Sensor auf einem Zerstörer.* Wegen Formähnlichkeit

Salatspion m *Grenadier.* → Salatfresser

Salbe f, graue S. *Leberwurst.* Wegen Farbähnlichkeit; Anlehnung an das Quecksilberpräparat g. S.

salonfähig adj, sich s. machen *sich zum Antreten fertigmachen*

Salonsoldat m *Soldat mit unsoldat. Benehmen, stutzerhafter Soldat.* Spätest. 1939

Salz n, S. der Erde *Reserveoffiziersanwärter.* Nach Matth. 5,13

Salzgitter n *Arrest.* Wortspiel mit dem ON S.; salzen >hart bestrafen; eine gesalzene Strafe verhängen<

Salzneger m *Marineangehöriger.* »Neger« spielt auf Sonnenbräunung an, »Salz« auf Salzwasser

Salzwasserheini m *Matrose.* → Heini

Samenbomber m *Transportflugzeug bei der Beförderung von Urlaubern*

samenhaft adj *hervorragend.* Wortspiel mit sagenhaft

Samenräuber m *intime Freundin; Prostituierte.* 1910 ff.

Samenschleuder f *Penis*

Samensilo m *Prostituierte*

Samenspritze f *Penis.* Wohl älter

Samentüte f *Präservativ*

Samenverarbeitungsmaschine f, **-vertilgungsmaschine** f *Prostituierte*

Samenzieher m 1. *intime Freundin; Prostituierte.* — 2. *gefühlvolle Musik*

Sanatorium n 1. *Fernmeldeschule Feldafing.* — 2. *Fahrschule in der BW.* — 3. gelbes S. → Sanatorium 1

Sanbär m *Sanitätssoldat.* → Bär 1

Sanbulle m *Sanitätssoldat.* → Bulle 1

Sancar m, f *Sanitätskraftwagen.* Engl. car >Wagen<. Gleichlautend mit gleichbedeut. → Sanka

Sandacker m *Truppenübungsplatz.* Wohl älter

Sandfloh m *Grenadier, Infanterist.* 1914 ff.

Sandfresser m *Panzergrenadier*

Sandhase m *Grenadier (Infanterist).* 1700 ff.

Sandippel m *Sanitätssoldat.* Dippel kurz für Dippeldrücker; D. >Beule, Geschwür<

Sandkasten m *Exerzier-, Truppenübungsplatz.* Wohl älter

Sandkastenakrobatik f *Planspiel*

Sandkastenpanzer m *Schützenpanzer*

Sandlatscher m *Grenadier (Infanterist).* 1860 ff. (HORN 32)

Sandsackorden m → Freischwimmerorden

Sanella-Abzeichen n. **-Orden** m *metallenes Waffengattungsabzeichen an der Uniform.* Nach dem Markennamen S. (Margarine)

Sänfte f *Krankentrage*

Sani m *Sanitätssoldat.* Abk. seit 1914

Sanibeatle m *langhaariger Sanitätssoldat.* Beatle: Träger einer Pilzkopffrisur, wie sie die Mitgl. der Beatmusikgruppe The Beatles (seit Anfang der 60er Jahre) hatten

Sanicar m, f *Sanitätskraftwagen.* → Sancar

Sanitöter m *Sanitätssoldat.* Wortspiel mit Sanitäter. 1914 ff.

Sanka m [Kurzw.] für: *Sanitätskraftwagen.* Eigentl. Sankra, jedoch Ausspracheerleichterung. 1935 ff.

Sankawagen m → Sanka

Sankeule f *Sanitätssoldat.* → Keule 4

Sanranger m [Grundw. engl. Ausspr.] *Sanitätssoldat.* Ranger (amerik. Soldatensprache) ›Lederstrümpfe‹

Sanschlosser m, pl *Sanitätstruppe*
Sardinenbüchse f 1. *Unterseeboot.*
1939 ff. → Ölsardinenbüchse 1. —
2. *Panzerkampfwagen.* 1939 ff.
Entspr. → Ölsardinenbüchse 2
Sardinendose f *Spähpanzer.* Entspr. → Ölsardinenbüchse 2
Sardinenkiste f *Spähpanzer*
(Hotchkiss)
Sarg m 1. *Panzerkampfwagen.*
1939 ff. — 2. *Unterseeboot.* 1939 ff.
— 3. eiserner S. a) *Unterseeboot.*
1939 ff. — b) *Kampfpanzer.* —
4. fahrender/fahrbarer S. *Schützenpanzerwagen.* 1939 ff. — 5. fliegender S. *Flugzeug mit geschlossener Kabine; schlecht konstruiertes Flugzeug; durch Abstürze berüchtigter Flugzeugtyp.* 1914 ff. (GRAFF 54). — 6. gepanzerter S. *Kampfpanzer.* — 7. schwimmender S. *Unterseeboot.* 1918 ff. — 8. stählerner S. a) *Unterseeboot.* 1939 ff. — b) *Panzerkampfwagen.* 1939 ff.
Sargbesatzung f *Panzerbesatzung*
Sargfighter m *Starfighter.* Wortspiel mit Bezug auf → Sarg 5
Sargkutscher m, pl, **-leute** pl *Panzertruppe*
Sargnagel m *Starfighter*
Sarottiflieger m, pl *Heeresflieger.* Nach den Reklameflügen für die Schokoladenfirma Sarotti
Sarottimohr-Hose f *Überfallhose.* Nach der Hose des Mohren als Werbefigur für die Schokolade Sarotti
Satellit m *Angehöriger des Gefolges*
satt adj 1. *außerordentlich; eindrucksvoll; sympathisch.* 1880 ff.
— 2. *volltrunken.* 18. Jh. — 3. s. sein *Geld haben.* — Bedeutungsentwicklung über ›prall; voll und ganz‹

Satteljockei m *würdeloser Liebediener.* S. meint den → Radfahrer im eigentl. u. übertragenen Sinn
Sau f 1. wilde S. a) *Bewegungsgefecht; schweres Gefecht.* 1939 ff. — b) *schreiender Vorgesetzter.* — 2. [jmdn.] zur S. machen [*jmdn.*] *entwürdigend anherrschen;* [*jmdn.*] *moralisch vernichten.* 1890 ff. — 3. [mit jmdm.] wilde S. machen [*jmdn.*] *schikanös drillen.* 1939 ff.
sauber adj. Er ist nicht s. *er ist nicht recht bei Verstand.* Sauber ›klar‹ (im Kopf). 1935 ff.
Sauerkraut n. Er ist auf dem Dachboden/sitzt im Keller u. hängt S. auf (Antw. auf die Frage nach jmds. Aufenthalt)
Saufbude f *Kantine, Wirtshaus.* 1920 ff.
Säuferkolonne f *Kraftfahrtruppe.* Anspielung auf »Benzin saufen«
Säuferschuppen m *Soldatenheim.* → Schuppen
Sauffest n *Löhnungstag*
Saufing f *Zecherei.* 1900 ff. Hochdt. Form von → Suffing
Saufpott m *Trinkgefäß*
Saufraß m *schlechtes, unschmackhaftes, ungenießbares Essen.* 18. Jh.
Saufraum m *Kantine*
Saufschuppen m *Soldatenkneipe.* → Schuppen
Saufstall m *Kantine, Wirtshaus*
Sauftag m *Löhnungstag* (früher: Zechtag des Quartalssäufers)
Säugling m *Rekrut*
Sauhatz f *Nachexerzieren*
Sauhaufen m 1. *undisziplinierte Einheit; ungeordneter Dienstbetrieb.* 1900 ff. — 2. aus einem S. einen anständigen Laden machen *aus einer undisziplinierten Einheit eine disziplinierte machen.* 1939 ff. → Laden 1

sauigeln intr *unappetitlich essen.*
Sauigel ›schmutziger. sudelnder Mensch‹
Sauladen m *undisziplinierte Einheit.* 1910ff. – Laden 1
Saurüssel m *ABC-Schutzmaske; Gasmaske.* 1914ff. → Rüssel 2. (FISCHER 6, 2, 2896)
Sautreiber m *Ausbilder.* → Treiber
S-Bock m *Schnellboot.* → M-Bock
Schablone f *Vagina*
Schachtel f 1. *ein Kasten Bier.* – 2. ein Kreuz haben wie eine S. HB *einen schmalen Rücken haben.* HB: Abk. für Haus Bergmann (Zigarettenfirma)
Schädeldecke f 1. die S. absenken *koten.* – 2. Die S. hebt sich bereits (Redensart bei heftigem Stuhldrang). 1920ff.
Schäfer m 1. *Unteroffizier.* Die Mannschaften sind die »Herde« des U.s. 1914ff. – 2. *Wach-, Postenmantel.* Wegen Ähnlichkeit des Mantels mit dem Hirtenmantel
Schäferhund m *Unteroffizier; auf Ordnung genau achtender Vorgesetzter.* 1939ff.
Schäfermantel m *Wach-, Postenmantel.* → Schäfer 2
Schäferplane f *Postenmantel, Umhang*
Schaffner m *Ohrenschützer.* Post- u. Eisenbahnschaffner (auch Rangierer u. a.) tragen im Winter O.
Schaffnerdeckel m, **-hut** m, **-kappe** f, **-mütze** f *Schirmmütze*
Schafott n 1. *Musterung.* Entspr. → Hinrichtung 1. – 2. zum S. schreiten *heiraten.* → Hinrichtung 2
Schalkehose f, **Schalker-Kreisel-Hose** f *Turnhose.* Bezug auf den traditionsreichen Fußballklub Schalke 04 (Gelsenkirchen) u. ein

einst von ihm praktiziertes Spielsystem
Schalldämpfer m *Zigarettenfilter*
Schallplattenschmuggler m *Schirmmütze.* → Plattenschmuggler
Schambeinantilope f, **-gemse** f *Filzlaus*
Schambergantilope f *Filzlaus.* 1935ff.
Schamlippenantilope f *Filzlaus*
Schamlippenstift m *Penis.* Wortmischung aus Schamlippe + Lippenstift mit Bezug auf Stift ›Penis‹
Schandglück n *unehrenhafte Entlassung aus der BW*
schanghaien tr *einen Wehrpflichtigen mustern, einberufen.* Eigentl. ›jmdn. betrunken machen, kurz vor der Ausfahrt des Schiffes an Bord bringen, um ihn zum Matrosendienst zu zwingen‹ (nach der chines. Stadt Schanghai). Spätest. 1939
schanzen tr, intr *essen.* Ausgangsbed. ›graben, Gräben ausheben, Erde in Schanzkörbe füllen (u. ä.)‹. 1750ff.
Schanzgerät n 1. *Eßbesteck.* – 2. kleines S./S. kleiner Art *Eßbesteck*
Schanzgeschirr n *Eßgeschirr*
Schanzraum m *Kantine, Eßraum*
Schanzwerkzeug n *Eßbesteck*
Schanzzeug n *Eßbesteck, -geschirr.* 1850ff.
Schapp m *Arrest, Arrestanstalt.* Ausgangsbed. ›Schrank mit Doppeltür‹. 1900ff.
Schappi n → Chappi
scharf adj *sinnlich veranlagt; nach Geschlechtsverkehr verlangend.* 1900ff.
Scharfmacher m 1. *schikanöser Ausbilder.* – 2. *Paprika, Senf, Pfeffer, Sellerie u. ä.*

Schaschlik n *Dienstgradabzeichen des Sanitätssoldaten, Stabsarztes.* Deutung der Äskulapschlange
Schaschlikspieß m *Seitengewehr*
Schätzungsamt n *Kreiswehrersatzamt.* Das K. bestimmt vermeintl. nach Ermessen die Anzahl der Einzuberufenden
Schau f 1. *mustergültiger Soldat.* — 2. eine S. abziehen *vorexerzieren lassen*
Schaufel f 1. *plumpe, breite Hand.* — 2. *Löffel.* 1800 ff. → schaufeln
schaufeln intr *viel essen; viel auf Gabel oder Löffel häufen; große Bissen in den Mund stecken.* 1700 ff.
Schaufelstube f *Eßraum, Kantine.* → schaufeln
Schaufelwerkzeug n *Eßbesteck.* → schaufeln
Schaumschläger m *Leichthubschrauber.* Wegen der Drehflügel
Schaustück n *Mustersoldat*
schecken tr → checken
Scheibe f, pl -n, S. klauen *gut schießen*
Scheich m *hoher Offizier; Truppenverwaltungsbeamter; dünkelhafter Offizier* u. ä. 1914 ff.
Scheinchen n *Geldschein*
scheinig adj, s. sein *Geld haben*
scheintot adj 1. alt. — 2. *schwerverwundet.* — 3. zwischen s. u. verwesend *sehr alt*
Scheinwerfer m 1. *Zahlmeister, Rechnungsführer.* Wortspiel. 1914 ff. (GRAFF 135; HAUPT 161). → Scheinchen. — 2. *üppiger Busen.* Wegen Formähnlichkeit. 1920 ff.
scheiß adj (unbeugbar) 1. s. Barras *Wehrdienst* (abf.). 1939 ff. → Barras 2. — 2. s. Bund *BW* (abf.). → Bund 1. — 3. s. Dienst *schwerer, verhaßter Dienst; nur*

wenig Freizeit lassender Dienst. — 4. s. Fraß *minderwertiges Essen.* 1914 ff. — 5. s. Job a) *Zivildienst.* → Job 1. — b) *schwerer, unangenehmer Dienst.* — 6. s. Krieg *verwünschter Krieg.* Spätest. 1939. — 7. s. Laden *üble, gefährliche Lage; abstoßender Dienstbetrieb.* —8. s. Maloche *schwerer Dienst.* → Maloche 1. — 9. s. Mampfe *minderwertiges Essen.* → Mampfe. — 10. s. Rödeldienst *schwerer Dienst.* → Rödeldienst. — 11. s. Zivilist *Zivilist* (abf.). 1939 ff.
Scheiß m 1. *das Ganze* (abf.). — 2. *üble Sache; Unannehmlichkeit.* — 3. *Wertlosigkeit; Belanglosigkeit.* 1500 ff. — 4. Mach keinen S.! *benimm dich kameradschaftlich, natürlich; mach uns keine Scherereien!*
Scheißapparat m *Gesäß*
Scheiße f 1. S. mit Reis a) *unschmackhaftes Essen.* S. umschreibt hier wahrscheinlich Gulasch mit Bezug auf → Gaularsch. 1914 ff. — b) *sehr große Unannehmlichkeit* (Ausdr. der Abweisung, der Mißbilligung). 1914 ff. — 2. die große S. *Krieg.* — 3. S. kehren *Zivildienst leisten.* — 4. [jmdn.] in die S. reiten *[jmdn.] in große Unannehmlichkeiten bringen.* Wohl älter. — 5. Die S. steht vor dem Arschloch wie die Türken vor Wien (Redensart bei heftigem Stuhldrang)
scheiße adj (unbeugbar) *schlecht, minderwertig, hassenswert.* Entspr. → mist
scheißen intr 1. *dumm schwätzen; ohne Überlegung, ohne Sachverstand reden.* 1914 ff. — 2. n, zum S. zu blöde/dämlich/dumm (u. ä.) *überaus dumm; nicht im geringsten anstellig.* 1914 ff.

Scheißer m 1. *Gesäß*. 1920 ff. —
2. *Mann* (abf.); *unsympathischer
Vorgesetzter*. 1914 ff. → scheißen 1.
— 3. *Feigling, Ängstlicher*. Verkürzt aus Hosenscheißer. 1500 ff.
Scheißerei f *Durchfall*. 1700 ff.
scheißerig adj, **-isch** adj *feige*.
1914 ff. → Scheißer 3
Scheißhaufen m 1. (Schimpfw.
auf einen einzelnen). 1914 ff. —
2. *undisziplinierte Einheit*. 1914 ff.
→ Haufen 1. — 3. *BW*. — 4. größter S. (grobes Schimpfw. auf
einen einzelnen)
Scheißhausbalken n, pl *Beine*. →
Scheißständer
Scheißhausbauer m, pl, S. der anderen Truppen *Pioniere*
Scheißhausfliege f, pl -n *Auf-
klärungsverband*
Scheißhauskommodore m *Toilet-
tenwärter innerhalb des Flieger-
horsts*
Scheißhauspapier n *Toilettenpapier*
Scheißhausparole f *Gerücht*. 1914 ff.
(MAUSSER 52; FISCHER 6,2, 2933).
→ Latrinenparole
scheißig adj *minderwertig, lang-
weilig, unsympathisch*
Scheißkorb m *Bett*. 1905 ff.
Scheißständer m, pl *Beine*. 1870 ff.
(HORN 74). Entspr. → Kack-
ständer
Scheiterhaufengeneral m *Hauptgefreiter*. Wegen der → Balken 2
Schenkelschieber m *Tango*
Scherenglotzofon m *Scherenfern-
rohr*. → Glotzofon 1
scheuchen tr 1. [*jmdn.*] *im Lauf-
schritt über den Kasernenhof, das
Übungsgelände hetzen*; [*jmdn.*]
streng drillen. 1914 ff. — 2. einen
s. *Alkohol trinken*.
Scheucherei f *rücksichtsloser Drill*.
1914 ff. → scheuchen 1

Scheuklappe f, pl -n *Ohrenschützer*.
Wegen Formähnlichkeit
Scheunentor n, fliegendes S. *Flugzeugtyp F-4F Phantom II*
schicken tr, Ich schicke dir einen
[ergänze: Kräftigen (der dich
niederschlägt)]! (Drohrede)
schicker adj *betrunken*. Zu jidd.
schickern ›trinken‹. 18. Jh.
schieben intr → Arrest; → Kohldampf; → Wache
Schieber m, pl *Bundesamt für
Wehrtechnik u. Beschaffung*. Zu
schieben ›unsaubere Geschäfte
machen‹; → Bestechungsamt
Schiene f 1. pl -n *Sold, Geld*. Nach
dem Gerät zum Stützen verletzter
Glieder; Geld gibt dem Menschen
Halt. — 2. auf der richtigen S.
laufen *in jeder Hinsicht empfinden
wie alle anderen*
Schießbefehl m *Einberufungsbescheid*. Aus dem Wortschatz der
Wehrdienstverweigerer
Schießeisen n 1. *Gewehr, Pistole*.
1870 ff. (HORN 65). — 2. *Penis*. →
Schuß 1
Schießgeld n *Wehrsold*
Schießlehre f, amerikanische S.
Wildwestroman, -film u. ä.
Schießprügel m 1. *Gewehr* (abf.).
Der Gewehrkolben dient auch
zum Dreinschlagen. 1700 ff. —
2. *Penis*. → Schuß 1
Schießpulver n *Hülsenfrüchte*. We-
gen der blähenden Wirkung
Schießstand m 1. *Latrine*. → ab-
feuern. — 2. *Kasernenküche*. In
der K. wird das Fleisch angebl.
mit Schrotpatronen in die Suppe
geschossen
Schiff n, dickes S. *Kriegs-,
Schlachtschiff*. Wegen der Pan-
zerung u. Bestückung. 1910 ff.
Schiffchen n 1. (*schirmlose*) *Kap-
pe*. Wegen Formähnlichkeit.

1935 ff. (Transfeldt 164). —
2. Ich erschlage dich mit meinem
S. (Drohrede). → Schiffchen 1
Schiffer m *Marineangehöriger*
Schifferfräse f *von Ohr zu Ohr
reichender Bart.* 1900 ff. → Fräse 2
Schifferklavier n *Ziehharmonika.*
1860 ff.
Schifferscheiße f, geil/scharf wie S.
sinnlich veranlagt. S. wahrscheinl.
entstellt aus Schafscheiße oder zu
Schiffe ›Harn‹. 1900 ff. → scharf
Schiffrinne f *Abortrinne.* Zu schif-
fen ›harnen‹
Schiffsuntergang m *langsames
Sichbetrinken*
Schikanierplatz m *Exerzierplatz*
Schildkröte f 1. *Stahlhelm.* Wegen
Formähnlichkeit u. Widerstands-
fähigkeit.—2. pl -n, rummauscheln
wie kleine S. *Bewegungen machen,
die von den vorschriftsmäßigen
abweichen.* Mauscheln ›wenig
zweckmäßig handeln‹; vielleicht
überlagert von mogeln ›täuschen‹
Schinder m 1. *schikanöser Ausbilder.* Zu schinden ›mißhandeln,
peinigen; grob handeln‹. 1900 ff.
— 2. pl, S. u. Schleifer *Fallschirmjäger.* Die F. melden sich
freiwillig; sie werden hart ausgebildet u. bilden ihrerseits hart
aus. → Schinder 1; → Schleifer 1
Schinderei f *harter Drill.* →
1900 ff. → Schinder 1
Schinderhannes (PN) m *Ausbilder.* → Schinder 1; unter Verwendung des Namens des bekannten
Räuberhauptmannes (1783 bis
1803)
Schindplatz m *Truppenübungsplatz.* → Schinderei
Schinkenbeutel m, **-sack** m 1.*Unterhose.* 1900 ff. — 2. *Turnhose*
Schinkenserviette f, pl -n *Toilettenpapier*

Schipper m *Marineangehöriger.*
Niederd. Form von → Schiffer
Schirm m, seinen S. kaputt
haben *die Beherrschung verloren
haben.* S. wahrscheinl. der Fall-
schirm
Schirmflicker m, pl *Fallschirm-
jäger*
Schiß m 1. *Angst.* Wegen Versa-
gens des Afterschließmuskels.
1700 ff. — 2. S. aus 2 m in die
Flasche *Durchfall*
Schiwago (FN) m 1. *Übermantel,
Mantel.* In Boris Pasternaks
Roman »Dr. Schiwago« (dt.
1958) u. im gleichnam. Film trägt
der Titelheld einen sehr langen
Mantel. — 2. Dr. S. *Oberstabsarzt.*
Nach dem Helden des gleich-
namigen Romans; → Schiwago 1
Schlabberlätzchen n *Halstuch*
Schlachtbesteck n *ärztl. Instrumente.* → schlachten
schlachten tr [*jmdn.*] *operieren.*
1914 ff.
Schlachter m, **Schlächter** m *Militärarzt, Chirurg.* 1914 ff. (Buschan). → schlachten
Schlachterausbildungsanstalt f,
-schule f *Sanitätsschule.* →
schlachten
Schlachterwerkzeug n *ärztl. In-
strumentarium.* → schlachten
Schlachtfest n *ärztl. Operation.*
1914 ff. (Buschan). → schlachten
Schlachthaus n *Krankenpflegerschule*
Schlachthofreinigungsmenü n *Gulasch*
Schlachtung f *ärztl. Operation.* →
schlachten
Schlaf m, zweiter S. *militär. Unterricht*
Schlafdeckenanzug m *gefäßter Ausgehanzug.* Anspielung auf gerin-
gere Stoffqualität

Schlafdienst m *Kirchgang*

schlafen intr, Alles schläft, nur einer spricht: das ist militär. Unterricht! (Reimspruch auf eintöniges Unterrichten). Nach dem Weihnachtslied »Alles schläft, einsam wacht...«. 1914ff.

Schläferstunde f *militär. Unterricht*

Schlafhalle f *Kirchengebäude*

Schlafmütze f 1. *Blindgänger.* Der B. »schläft« im Flug ein u. gelangt nicht ans Ziel. — 2. *Präservativ*

Schlafraum m, **-saal** m *Kirchengebäude*

Schlafstunde f 1. *militär. Unterricht.* 1939ff. — 2. *Gottesdienst*

Schlaf- u. Schnarchstunde f *Putz- u. Flickstunde.* 1939ff.

Schlafwagen m *Fahrzeug der Nachrichtentruppen.* Die Mitfahrer können während der Fahrt schlafen; auch gelten die N. als saumselig. 1939ff.

Schlafzimmer n *Kompaniegeschäftszimmer.* Anspielung auf »Büroschlaf«

Schlag m 1. *Essensportion.* 1870ff. (HORN 87). — 2. pl Schläge, Du hast eine seltsame Art, um Schläge zu betteln! (Drohrede an jmdn., der mit seinem Geschwätz lästig fällt). — 3. einen S. im Gesicht haben *betrunken sein.* Betrunkene grimassieren oft. — 4. S. stauen *essen.* Stauen ›eine Schiffsladung richtig einordnen‹. Marinespr.

Schlagbaumpassierschein m *Einberufungsbescheid*

Schlaglochmesser m *Kleinauto*

Schlaglochsuchgerät n *Kleinauto*; *Motorrad ohne Beiwagen.* 1939ff.

Schlagschere f, Zur lustigen S. *Handwerkerraum*; *Hobbyraum*

Schlagwurst f *Hartwurst.* Die H. kann zum Schlagen verwendet werden; auch Wortspiel mit Schlackwurst?

Schlamm m *Quark*

Schlammbad n *Truppenübungsplatz*

Schlammfresser m, **-kriecher** m *Grenadier*

Schlammloch n *Truppenübungsplatz*

Schlammschütze m *schlechter Schütze.* Entstellt aus → Schlumpschütze. 1914ff. (IMME 79)

Schlammspringer m *Grenadier*

Schlammwüste f *Truppenübungsplatz*

Schlamper m *Nachlässiger*; *Unordentlicher, Unsauberer.* Zu schlampen ›schlaff herabhängen‹. 18. Jh.

Schlangenfraß m *minderwertiges Essen; Kantinenessen.* Die Schlange als Sinnbild des Unsympathischen. 1870ff.

Schlangenfresser m *Fernspäher.* Wegen des Zwangs zu primitiver Ernährung

schlapp adj (präd) *mittellos*

Schlappenkino n *Fernsehgerät* (zu Hause)

Schlapperanzug m *Sportanzug*

Schlapperbuxe f *Hose mit weitem Schnitt*

Schlapperjeans pl [Grundw. engl. Ausspr.] *Ausgehanzug*

Schlapperkram m *dünne, fade Suppe.* Schlappern ›schlürfen‹

Schlappmacher m *Malzkaffee.* Der M. hat keine anregende Wirkung

Schlappmann m *dünner schwarzer Tee*; *Kräutertee.* → Schlappmacher

Schlappofix m *dünner Kaffee*; *Kräutertee aus dem Teebeutel.* Nach dem Markennamen Teefix. → Schlappmacher

Schlauch m 1. *große Anstrengung; scharfer Drill* u. ä. 19. Jh. → schlauchen 2. — 2. *Er steht auf dem S.* a) *er ist ratlos, hat Schwierigkeiten.* Wer auf dem Wasserschlauch steht, verhindert das Durchströmen des Wassers. 1939 ff. — b) *er ist mittellos*
Schlauchboot n 1. *Bett.* Wegen Formähnlichkeit. — 2. pl -boote *breite Schuhe*
schlauchen 1. intr *trinken, zechen.* Zu Schlauch ›Bauch‹. 1500 ff. — 2. tr [*jmdn.*] *schwächen, entkräften, überanstrengen.* Eigentl. ›weich machen wie einen Schlauch‹. 1880 ff.
Schlaucher m 1. *überstrenger Ausbilder.* → schlauchen 2. — 2. *Ausgeh-, Tuchhose*
Schlaucherei f *große Anstrengung; harter Drill.* 1880 ff. → schlauchen 2
Schleiermacher m *Nebelbombe.* Wegen der Nebelschleier
Schleifacker m *Truppenübungs-, Exerzierplatz.* 1900 ff. → schleifen 1
Schleifanlage f *Truppenübungsplatz.* → schleifen 1
Schleifanzug m *Arbeitsanzug.* → schleifen 1
Schleifbefehl m *zur Ausbildung erteilter Befehl.* 1939 ff. → schleifen 1
schleifen tr 1. [*jmdn.*] *hart drillen, zu Ordnung u. Pflichtgefühl erziehen.* Auf der Grundlage von s. ›eine Oberfläche glätten‹. 18. Jh. — 2. [*jmdn.*] s., daß [ihm] das Wasser im Hintern/das Kaffeewasser im Arsch kocht [*jmdn.*] *rücksichtslos drillen.* 1914 ff.
Schleifer m 1. *schikanöser Ausbilder.* 1880 ff. → schleifen 1. — 2. *Auto.* Das A. schleift die Stra-

ßendecke. — 3. S. hoch 2 *besonders schikanöser Ausbilder.* → Schleifer 1. — 4. → Schinder 2
Schleiferareal n *Truppenübungs-, Exerzierplatz.* → Schleifer 1
Schleiferei f *harter Drill.* 1880 ff. → schleifen 1
Schleiferkompanie f *Kompanie mit überstrengen Ausbildern.* → Schleifer 1
Schleiferplatz m *Exerzierplatz.* → Schleifer 1
Schleifervorhof m *Kasernenhof.* → Schleifer 1
Schleiferwiese f *Truppenübungsplatz.* → Schleifer 1
Schleifgelände n *Truppenübungsplatz.* → schleifen 1
Schleifmühle f *strenger Drill; Kasernengelände.* 1900 ff. → schleifen 1
Schleifplatz m *Kasernenhof, Truppenübungsplatz.* → schleifen 1
Schleifpiste f *militärisches Ausbildungsgelände.* → schleifen 1
Schleifprogramm n *Exerzierplan.* → schleifen 1
Schleifscheibe f *Kasernenhof.* → schleifen 1
Schleifschule f *Kasernenhof; Manövergelände.* 1900 ff. → schleifen 1
Schleifspur f, eine S. legen *würdelos liebedienern, unterwürfig kriecherisch sein.* Der Unterwürfige hinterläßt beim »Kriechen« angebl. eine S.
Schleifstein m 1. *Truppenübungsplatz.* 1870 ff. — 2. *Ausbilder.* 1914 ff. (GRAFF 138). → schleifen 1
Schleiftenne f *Kasernenhof.* → schleifen 1
Schleifzone f *Kasernenbereich.* → schleifen 1
schleimen intr *liebedienern, schmierig, kriecherisch sein.* Be-

wirkt durch die Vorstellung von der auf Schleim kriechenden Schnecke. 1890 ff.

Schleimer m *Liebediener.* 1890 ff. → schleimen

Schleimling m *Liebediener.* → schleimen

Schleimscheißer m *Liebediener; salbungsvoll Redender.* Spätest. 1900. → schleimen

schleimscheißerig adj *liebedienerisch.* 1900 ff. → Schleimscheißer

Schleuder f 1. *Flugabwehrgeschütz.* 1939 ff. — 2. *Gewehr.* — 3. *Auto; Motorrad; Moped.* Wegen der Stoß- u. Schüttelbewegungen

Schleuderhaufen m 1. *undisziplinierte Einheit.* Anlehnung an Schleuderware ›minderwertige Ware‹. — 2. *BW* (abf.)

schleudern 1. tr, intr [*etw.*] *essen.* — 2. tr, sich einen s. *onanieren.* — 3. n, ins S. kommen *bei zu viel Arbeit die Übersicht verlieren*

Schleuderstube f *Kantine, Eßraum.* → schleudern 1

Schlickrutscher m 1. *Landungsboot.* Marinespr. — 2. *Marineangehöriger*

Schlicktown ON [Grundw. engl. Ausspr.] *Wilhelmshaven.* Wegen des Schlickgrunds des Hafens. 1910 ff.

Schlieffenpimpf m *Teilnehmer an einem Generalstabslehrgang; Generalstäbler.* Nach dem preuß. Generalstabschef (1891—1906) ALFRED GRAF VON SCHLIEFFEN. 1935 ff. → Pimpf

Schließmuskel m, Mister S. *Ängstlicher.* → Schiß 2

Schließmuskeldruck m *Stuhldrang*

Schliff m *Drill.* 1900 ff. → schleifen 1

Schlimme-Augen-Suppe f *Fleischbrühe.* Wie → Schlimme-Augen-

Wurst; auch Bezug auf Fettaugen

Schlimme-Augen-Wurst f *Blutwurst mit Speckstückchen; Blut-, Mettwurst schlechtester Sorte.* Wegen Ähnlichkeit im Aussehen mit entzündeten, triefenden, blutunterlaufenen Augen. 1870 ff.

schlingen tr, intr *hastig [etw.] essen; widerwillig [etw.] verzehren.* 1850 ff.

Schlinggewächs n *Viel-, Schnellesser.* 1900 ff. → schlingen

Schlips m *Luftwaffenangehöriger.* → Schlipssoldat 1

Schlipshalter m *Hals.* 1920 ff.

Schlipssoldat m 1. *Luftwaffenangehöriger.* Der Schlips gehört zu Paradeuniform u. Ausgehanzug. 1935 ff. — 2. *Angehöriger des Bundesgrenzschutzes*

Schlipsträger m *Luftwaffenangehöriger.* 1935 ff. → Schlipssoldat 1

Schlitten m 1. *Motorfahrzeug; Flugzeug.* Anspielung auf Gleitkufen oder Rutschen der Reifen. 1900 ff. — 2. *Panzerkampfwagen.* 1939 ff.

Schlittenschmiere f *Margarine.* Entspr. → Wagenschmiere

Schlitzaugenfraß m *Reis, Reissuppe.* Schlitzauge ›Asiate‹

Schlitzpisser m *weibl. Person*

Schlockerjeans pl [Grundw. engl. Ausspr.] *Hose mit Schlag.* Schlokkern ›schlackern, schlottern‹

Schlot m 1. *Versager.* 1870 ff. — 2. *Schmutziger, Unreinlicher; Ungesitteter.* 1870 ff. — Nebenf. von niederd. Slut ›Schlumpe (Schlampe)‹

Schluchtenheuler m, **-jodler** m, **-kacker** m, **-scheißer** m, **-spucker** m *Gebirgsjäger*

Schluckimpfung f *Zecherei; Alkoholgenuß*

Schlummi m 1. *Rekrut.* — 2. *Schütze.* — Anspielung auf schlummern oder verkürzt aus → Schlumpsoldat oder zu engl. slummy ›Dienstmädchen‹

Schlummitreiber m *Ausbilder.* → Schlummi; → Treiber

Schlump m 1. *Zufallstreffer.* 17. Jh. → schlumpen. — 2. *Gefreiter.* Die Beförderung hat ein G. vermeintl. nur seinem Glück zu verdanken; → Schlump 1

schlumpen intr *zufällig gut schießen; gewöhnlich ein schlechter Schütze sein.* 17. Jh. — Mittelniederd. slumpen ›zufällig treffen; Glück haben‹

Schlumpf m *Versager; Kleinwüchsiger.* Nach einer Figur der Fix-u.-Foxi-Geschichten

Schlumpschütze m *schlechter Schütze.* 19. Jh. → schlumpen

Schlumpsoldat m *schlechter Soldat.* 1910 ff. → schlumpen

Schlunz m 1. *Lazarett; Krankenstube in der Kaserne* u. ä. 1870 ff. (GRAFF 138; BUSCHAN; HORN 126). — 2. *Arrestlokal.* Angebl. Anspielung auf schlampig zubereitete, unschmackhafte Kost. 1900 ff. — Zu westmitteld. schlunzen ›müßiggehen; schlampig sein, arbeiten‹ mit Ausdehnung auf ›kraftlos, schlaff sein‹

Schlunzer m *Sanitätssoldat.* 1870 ff. (HORN 126). → Schlunz 1

Schlunzgast m *Sanitätssoldat.* 1910 ff. Marinespr. → Schlunz 1

Schlurren m *Auto.* Zu schlurren (nordd. Nebenf. von schlurfen) hier ›schleifend fahren‹

Schmachtriemen m *Koppel.* Zu schmachten ›hungern u. dürsten‹. 1870 ff. (HORN 70)

schmal adj, S. denken, breit fahren (Spottw. auf die Panzertruppe)

Schmalspur f *Flachbrüstigkeit.* Nach dem Begriff aus dem Eisenbahnwesen

Schmalspurhengst m 1. *Truppenverwaltungsbeamter.* Ein T. gilt bei den Soldaten nicht als handfester Angeh. der BW (→ Hengst). 1939 ff. — 2. *junger Mann.* Ein j. M. ist noch kein richtiger → Hengst. — 3. *Leutnant zur See.* Wegen des schmalen Streifens auf den Schulterklappen

Schmalspurleutnant m *Oberfähnrich zur See.* Wegen des schmalen Unterärmelstreifens

Schmalspuroffizier m 1. *Fahnenjunker.* Der F. ist noch kein vollwertiger Offizier. — 2. *Leutnant zur See.* → Schmalspurhengst 3

Schmalspur-Uffz m *Unteroffizier, der wegen seiner Vorbildung oder wegen besonderer Verwendung weniger Lehrgänge besuchen mußte als üblich*

Schmalzprotz m *Heeresverwaltungsbeamter.* Anspielung auf angebl. Beleibtheit

Schmarotzer m *Zivilist im Dienst der BW*

Schmerzensgeld n *Wehrsold.* 1939 ff.

Schmetterling m *Leichthubschrauber*

Schmetterlingsbüchse f, **-dose** f *ABC-Schutzmaskenbehälter (Gasmaskenbehälter).* 1914 ff. → Botanisiertrommel

schmettern tr → Schüssel 2

Schmidt FN, Firma S. u. Co. *BW.* Nach HELMUT S., Bundesverteidigungsminister 1969—1972

Schmidt-Airlines pl [Grundw. engl. Ausspr.] *Flugzeuge der BW.* → Schmidt

Schmieraffe m *Liebediener.* → schmieren

Schmiere f 1. *Brotaufschnitt; minderwertiges Speisefett.* 1840 ff. — 2. S. stehen *Posten stehen.* Ausgangsbed. ›Aufpasserdienst leisten bei einem Verbrechen‹
schmieren intr *schmeicheln, liebedienern.* Aus »Honig ums Maul schmieren«. 15. Jh.
Schmierer m 1. *Streber, Einschmeichler.* Spät. 19. Jh. → schmieren. — 2. S. in Uniform *Presseoffizier.* Schmierer ›jmd., der unsauber, schlecht schreibt, als Journalist schlechte Arbeit leistet‹
Schmierfett n *Brotaufstrich, Margarine* u. ä. Wohl älter
Schmierlappen m 1. *Schmeichler; würdeloser Liebediener.* 1900 ff. → schmieren. — 2. pl *Küchenpersonal.* Anspielung auf angebl. Unsauberkeit
Schmiermax(e) m, pl -en *Technische Truppe*
Schmiermaxtag m *Fahrzeugpflege; technischer Dienst*
Schmiernippel m, pl *Kraftfahrtruppe, Instandsetzungstruppe.* S. eigentl. der Verschluß von Schmierstellen
Schmiernippelgeschwader n *Technische Truppe.* → Schmiernippel
Schmiernippelsoldat m, pl -en *Instandsetzungstruppe.* → Schmiernippel
schmirgeln tr, intr *das Gesäß reinigen.* Beruht viell. auf einem alten Witz: Der Verkäufer sagt dem Kunden, mit Toilettenpapier könne er augenblicklich nicht dienen, wohl aber mit Schmirgelpapier. 1914 ff. (GRAFF 139)
Schmirgelpapier n *Toilettenpapier.* 1914 ff. → schmirgeln
Schmuck m *Geld*
Schmuckkästchen n *Spind*
Schmuttje m → Smutje

Schmutzfänger m *Kragen*
Schmutzmaske f *ABC-Schutzmaske.* → ABC-Schmutzmaske
Schnapser m, **Schnäpser** m *Gefreiter.* Ein G. erhielt früher tägl. 5 Pf mehr Sold als der Gemeine, wofür er ein Glas Schnaps trinken konnte (HAUPT 164); nach anderer Deutung geht die Bezeichnung auf die Zeit des Einsteherwesens zurück, als den vielen ewigen Gefreiten der Sold nur zum Schnaps- u. nicht zum Biertrinken reichte. (HORN 49; TRANSFELDT 26). 1870 ff.
Schnapsfaß n *Feldflasche*
Schnarcher m 1. *ziviler Wachangestellter.* Der W. schläft angebl. im Dienst. — 2. *ziviler Truppenverwaltungsbeamter.* Vom vermeintl. Büroschlaf
Schnarchschal m *Kopfschützer*
Schnarchstunde f 1. *Gottesdienst.* 1900 ff. (GRAFF 246). — 2. *militär. Unterricht*
Schnatterbüchse f *Maschinengewehr*
Schnaufgummi m *ABC-Schutzmaske.* Wegen Atmungsbehinderung
Schnauze f. große S. u. nichts in den Muscheln *Großsprecher.* Muschel ›Muskel‹
Schnauzenklempner m *Zahnarzt.* 1880 ff. → Klempner
Schnauzenschinder m *Zahnarzt.* 1939 ff.
Schnauzer m, **Schnäuzer** m *schimpfender Vorgesetzter.* 1914 ff.
Schnee m 1. Wo kein S. liegt, darf gelaufen werden! (Redensart zum Anfeuern eines zu langsam Marschierenden, Laufenden). — 2. Er ist zu dumm, ein Loch in den S. zu pinkeln *er ist überaus dumm, sehr unanstellig.* 1939 ff.

Schneehase m, pl -n *Gebirgsjäger* (1914 ff.: Infanteristen)

Schneepisser m, pl *Fernmeldetruppe.* Wegen der gelben Waffenfarbe

Schnellfickerhosen pl *Hose mit Hosenlatz; Seemannshose; Reithose; Breeches.* 1914 ff. → ficken 1

Schnellpresse f *Lehrgang für vorzeitig beförderungswürdige Angehörige des Mannschaftsstandes* (1939: Offizierslehrgang)

Schnellpuste f *Maschinenpistole.* → Puste

Schnelllusthöschen n *Hose mit Hosenlatz*

Schnittlauch m *strähnige lange Haare.* 1920 ff.

Schnitzbrühe f 1. *dünne Suppe.* — 2. *Malzkaffee.* — Schnitz ›abgeschnittenes Stückchen; Abfall‹

Schnitzel n, S. vom Bäcker *Frikadelle.* Entspr. → Bäckerfleisch

Schnitzelfriedhof m *dicker Bauch*

Schnitzelsilo m *Kantine*

schnitzen tr, sich [etw.] s. (Redewendung beim Fehlen eines Ausrüstungsgegenstandes; wer z. B. kein Kochgeschirr hat, könne sich ja eins s.)

Schnorchel m *ABC-Schutzmaske* (*Gasmaske*). Nach dem Hohlmasten am Unterseeboot zum Ansaugen von Frischluft u. der Atemvorrichtung am Sporttauchgerät. 1939 ff.

Schnorchelbüchse f *ABC-Schutzmaskentasche*

schnorcheln 1. intr *schlafen, schnarchen.* Seit 1914(?). — 2. tr, einen s. *Alkohol trinken.* Zu »sich einen auf die Nase gießen« u. »die Nase ins Glas stecken«; auch zu schnorcheln ›am Schnuller, an der Mutterbrust saugen‹

Schnorchelparade f *Übung mit*

der *ABC-Schutzmaske.* → Schnorchel

Schnorcheltruppe f *ABC-Abwehrtruppe.* → Schnorchel

Schnorcheltüte f *ABC-Schutzmaske.* → Schnorchel

Schnorchler m, pl *ABC-Abwehrtruppe.* → Schnorchel

Schnüffel m *Rekrut.* Anspielung auf vorlautes Wesen oder auf Hochziehen des Nasenschleims

Schnüffelbruder m, pl -brüder *ABC-Abwehrtruppe*

Schnüffelbüchse f, -dose f *ABC-Schutzmaske, ABC-Schutzmaskentasche*

Schnüffelgefahr f *ABC-Gefahr*

Schnüffelgummi m, -maske f *ABC-Schutzmaske*

Schnüffelmunition f *Gasmunition*

Schnüffelnase f *ABC-Schutzmaske*

Schnüffelprobe f *Übung mit der ABC-Schutzmaske*

Schnüffelraum m *Gasübungsraum*

Schnüffelrutsche f *Mundharmonika.* Schnüffel ›Nase, Gesicht‹; Rutsche ›Hobel‹. Vgl. Maulhobel. 1914 ff. (AHNERT 141; HAUPT 165)

Schnüffelschule f *ABC-Abwehrschule*

Schnüffeltest m *Übung mit der ABC-Schutzmaske*

Schnüffeltruppe f *ABC-Abwehrtruppe*

Schnüffeltüte f *ABC-Schutzmaske*

Schnüffeltütengeschwader n *ABC-Abwehrtruppe*

Schnüffelübung f *Übung mit der ABC-Schutzmaske*

Schnüffler m, pl *ABC-Abwehrtruppe*

Schnulzendiesel m *Musikautomat*

Schnupfen m *Tripper.* Anspielung auf das Tröpfeln. 1900 ff.

Schnürriemen m *schmaler Querbinder*

Schnürsenkel m 1. *schmaler Querbinder.* — 2. pl *Fadennudeln*
Schnutenklempner m *Zahnarzt.* Niederd. Entspr. zu → Schnauzenklempner. 1914 ff. (IMME 131)
Schollentechniker m *Grenadier*
Schote f 1. *Geistesblitz.* — 2. *vorgetäuschter Befehl.* — [3.—5. pl -n:] 3. pl *Das bringt S. das ist eine großartige Sache.* — 4. pl, *S. reißen Geistesblitze von sich geben.* Auch ironisch. — 5. pl, mit *S. schmeißen durch geistvolle, witzige Bemerkungen glänzen wollen.* — Viell. zur aufspringenden Samenkapsel (Knallerbse) i. S. v. ›Knaller, Knüller‹
Schott n, S. dicht! *Tür zu!* Zu Schott: Scheidewand im Schiff. 1914 ff.
Schottenkino n *Fernsehgerät.* Beim Fernsehen wird das Geld für den Kinobesuch gespart; Anspielung auf den sprichwörtl. Geiz der Schotten
Schotter m *Kleingeld.* Entspr. → Kies. 1900 ff. (WOLF 5114)
Schotterkönig m *Rechnungsführer (Zahlmeister).* → Schotter
schräg adj *unehrlich, unaufrichtig, nicht vertrauenswürdig; verdächtig.* Zu »auf die schiefe Bahn geraten«. 1920 ff.
Schrank m 1. *Breitschultriger, Großwüchsiger.* 1914 ff. — 2. vor den S. gelaufen sein *eine kurze, flache Nase haben.* — 3. *Du bist wohl vor einen S. gelaufen? du bist wohl nicht recht bei Verstand*
Schrankenwärter m 1. *Angehöriger des zivilen Wachdienstes.* — 2. pl *Bundesgrenzschutz*
Schrankfigur f *Breitschultriger, Großwüchsiger.* 1914 ff. → Schrank 1
Schrat m 1. *Navigationsgast.* — 2. pl -e *Mannschaften.* — Aus-

gangsbed. ›zottiger Waldgeist‹; Anspielung auf Langhaarigkeit
Schraubelhuber m *Hubschrauber.* Wortspiel
Schraubengelehrte m *Ingenieur.* Schraube u. Rad als Sinnbilder der Technik
Schraubenhuber m *Hubschrauber.* Wortspiel
Schraubenschlüsselträger m, pl *Instandsetzungstruppe*
Schraubenschlüsselverein m,
Schraubenzähler m, pl *Technische Truppe*
Schraubhuber m *Hubschrauber.* Wortspiel
Schrebergärtenpilot m *Heeresflieger.* Wegen der geringen Flughöhe
Schreck m, S. in der Morgenstunde *Wecken*
Schreckensschrei m *Weckruf*
Schreibbulle m *Geschäftszimmerdienstgrad.* 1914 ff. (MAUSSER 126). → Bulle 1, 3
schreiben tr, In der I. Kompanie gibt es einen, der kann s.! (Redewendung an einen Soldaten, der sich dagegen sträubt, eine schriftl. Meldung zu machen)
Schreiberaufenthaltshalle f, **-kammer** f *Geschäftszimmer.* Im G. wird angebl. nicht gearbeitet, sondern man hält sich auf oder läßt sich aufhalten
Schreibmaschine f *Maschinengewehr; Maschinenpistole.* Wegen des Ratterns. 1939 ff.
Schreibstubenbulle m *Geschäftszimmersoldat.* 1914 ff. → Bulle 1
Schreibstubenhengst m *Geschäftszimmersoldat.* 1900 ff. → Hengst
Schreibstubenpisser m *Truppenverwaltungsbeamter*
Schreibtischflieger m *nur noch im Verwaltungsdienst verwendeter Flieger*

Schreibtischhengst m *Geschäftszimmerdienstgrad*; *Truppenverwaltungsbeamter* u. ä. 1900 ff. → Hengst

Schreibtischschule f *Logistikschule*. Wegen des vorwieg. theoret. Unterrichts

Schreibtischseelsorger m *Militärgeistlicher, der keinen Wehrdienst geleistet hat*

Schreibtischsoldat m *Geschäftszimmersoldat*

Schreibtischstratege m *Geschäftszimmerdienstgrad*

Schrot n *Linsen*

Schrotkorn n, pl -körner *Graupen*

Schrotspritze f *Gewehr*

Schrott m, S. u. Schrauben *Technische Truppe*

Schrottkunde f *Waffeninstandhaltung*

Schrumpfgermane m *Kleinwüchsiger*. Angelehnt an Schrumpfkopf. 1926 ff.

Schuh m, pl -e, Ihm kann man beim Laufen die S. besohlen *er ist langsam, schwung-, energielos*

Schuhleder n *zähes Fleisch*. 1900 ff.

Schuhsohle f 1. *unausstehlicher Vorgesetzter*. Der V.e ist »ungenießbar«. — 2. *zähe Bratenscheibe* u. ä.

Schule f 1. S. der Blauen *Schule der Technischen Truppe*. Wegen der blauen Waffenfarbe. — 2. S. für Inneres Gewürge *Schule für Innere Führung*. → Gewürge. — 3. S. für Internisten *Schule für Innere Führung*. — 4. S. der späten Mohikaner *Kampftruppenschule Hammelburg*. Wegen der Ausbildung zum Einzelkämpfer; nach dem Roman »Der letzte der Mohikaner« von J. F. Cooper (1826). — 5. S. der Nation *BW*. Von Bundeskanzler Dr. Kurt

Georg Kiesinger am 27. 6. 1969 im Deutschen Bundestag wiederbelebter Ausdr. preußischen Geistes aus den Tagen der Befreiungskriege: Jeder Soldat ein Lehrer u. Erzieher des Volkes beim Stärken der moralischen Kraft (Transfeldt 285 f.)

Schulter f, pl -n, geschwollene S. haben *Offizier vom Major an aufwärts sein*. Wegen der geflochtenen dicken Schulterstücke, -klappen. 1905 ff.

Schultergewicht n *Sturmgepäck*

Schuppen m 1. *Tanz-, Klublokal*; *Lokal mit Mädchenbetrieb*. Ausgangsbed. ›Scheune‹. Nach 1945 wurden Scheunen zu Tanzlokalen umgebaut. Wahrscheinl. Einfluß von engl. shop ›Laden‹. — 2. *Kantine*. — 3. *Kasino, Soldatenheim*. — 4. *Wirtshaus*. — 5. S. 18 (15) *Soldatenkneipe*. Die Zahlen spielen auf ·die Dauer (Monate) des Wehrdienstes an. — 6. *Kaserne*. — 7. *Mannschaftsstube*

Schuß m 1. *Samenerguß*. 1800 ff. — 2. S. durch beide Backen — Gesicht unverletzt *Volltreffer*. — 3. S. in die Botanik *Fehlschuß*. — 4. S. in den Ofen a) *Blindgänger, Fehlschuß*. — b) *Fehlleistung, Übertölpelung*. — 5. S. in den Teich *Fehlschuß*. — 6. einen rostigen S. aus dem Lauf jagen *nach langer Zeit wieder Geschlechtsverkehr haben*. 1939 ff. → rostig

Schüssel f 1. die S. lecken *den Abort putzen*. — 2. einen in die S. schmettern *koten*

Schusterhacke f *Frikadelle* u. ä. Hacke: Hackfleisch; Gemisch von Fleischspeiseresten. Anspielung auf ärml. Leben des Schusters

Schütze m 1. S. Arsch *Soldat ohne Rang*; *Rekrut*. 1939ff. — 2. S. Arsch im dritten/letzten Glied *unterster Mannschaftsdienstgrad.* Im d./l. Glied stehen die Soldaten, von denen zu befürchten ist, daß sie das Bild der ganzen Mannschaft ungünstig beeinflussen. 1939ff. — 3. S. Arsch mit der Ölkanne *Soldat der Instandsetzungstruppe.* — 4. S. Hülsensack *schlechter Schütze*; *dummer Soldat.* Der S. sammelt angebl. die leeren Hülsen auf. 1939ff. — 5. S. mit Stern *Offiziersanwärter.* Der O. trägt einen Stern auf dem Ärmel

Schutzhaft f *Heirat*

Schutztüte f *Sturzhelm*

Schwabenpampe f *Nudeln, Spätzle*

Schwäbisch Sibirien LN *Schwäbische Alb.* → Sibirien

Schwalbe f 1. *Dienstgradabzeichen des Feldwebels.* Formähnlich den Schwalbenflügeln. — 2. *Feldwebel.* → Schwalbe 1

Schwalbenbär m *Hauptfeldwebel.* → Schwalbe 1; → Bär 1

Schwalbenträger m *Feldwebel.* → Schwalbe 1

Schwangerschaftsgürtel m *Koppel*

Schwangerschaftsunterbrechungswässerchen n *Kräutertee*

Schwanz m 1. *Flugzeugheck.* 1914ff. — 2. *Penis.* 15. Jh. — 3. den S. einkneifen/-ziehen a) *nachgeben*; *gefügig werden*; *feige zurückweichen.* 1500ff. — b) *die Waffen strecken.* 1870ff. — Nach dem Verhalten des Hundes. — 4. sich den S. verbrennen *tripperkrank werden.* 1800ff. → Schwanz 2

Schwanzappell m *Gesundheitsbesichtigung.* 1914ff.

schwänzen intr *absichtl. dem*

Dienst fernbleiben. Aus der Schülersprache

Schwanzklammer f 1. *Vagina.* 1900ff. — 2. *Prostituierte.* 1939ff.

Schwanzklemme f 1. *Vagina.* 1900ff. — 2. *Prostituierte; leichtes Mädchen.* 1930ff.

Schwanzparade f *Gesundheitsbesichtigung.* 1870ff. (HORN 127)

Schwarzfuß m, pl -füße *Maschinenpersonal.* Wegen der schmutzigen Arbeit. Marinespr.

Schwarzkittel m 1. *Geistlicher.* 1870ff. — 2. pl *Pioniere.* Wegen der schwarzen Waffenfarbe

Schwarzlichtbestrahlung f *geistliche Übungen*

Schwarzmann m, pl -männer *Pioniere.* Wegen der schwarzen Waffenfarbe

Schwebeklub m *Luftlandedivision*

Schwebeknaller m, pl *Luftlandeartillerie*

Schweden (LN) n *Arrest.* Zu »schwedische Gardinen«

Schweigen n *Kompaniebelehrung.* Nach dem dt. Titel »Das Schweigen« des Films von INGMAR BERGMAN (1962)

Schwein n 1. pl -e, die ärmsten S. der BW a) *Panzergrenadiere.* — b) *Jugendoffiziere.* Die J. müssen der kritischen Jugend die Notwendigkeit der BW erläutern. — 2. ein halbes S. mit Sahne essen können *sehr hungrig sein.* — 3. Ich glaube, mein S. pfeift/ priemt! (Erwiderung auf eine unglaubw. Behauptung; Redewendung angesichts einer Disziplinwidrigkeit)

Schweinchen n, S. schlau *gewitzter Dicker.* Nach einer Walt-Disney-Figur

Schweinefraß m *minderwertiges Essen.* 1914ff.

Schweinefutter n *Proviant*. 1914 ff.
Schweinekartoffel f, pl -n, S.,
auch für Bundeswehr geeignet
matschige Kartoffeln
Schweiß m, S. fassen *schweren
Dienst haben*. → fassen 1
Schweißacker m *Truppenübungs-
platz, Kasernenhof*
Schweißarena f *Ausbildungsgelände*
Schweißasphalt m *Kasernenhof*
Schweißbahn f *Truppenübungs-
gelände*
Schweißbrenner m 1. *Feuerzeug*. —
2. pl *Panzerabwehrtruppe*
Schweißfußindianer m *jmd. mit
Schweißfüßen*. Anlehnung an
Schwarzfußindianer. 1935 ff.
Schweißlappen m, pl *Socken*
Schweißmauke f, pl -n 1. *Schweiß-
füße*. 1914 ff. (FISCHER 6, 2, 3082).
— 2. *Socken, Strümpfe*. 1914 ff. —
→ Mauke
schweißmaukig adj *schweißfüßig*.
→ Schweißmauke
Schweißpfanne f *Arbeitsmütze*
Schweißpropeller m, pl 1. *Schweiß-
füße*. 1925 ff.(?). — 2. *Stiefel,
Schnürschuhe*. — Der Schweiß-
geruch verbreitet sich ringsum
Schweißquanten pl *Schweißfüße;
schweißige Schuhe*. 1870 ff. →
Quanten 1
schweißquantig adj *schweißfüßig*.
→ Schweißquanten
Schweißtreiber m *Felduniform,
Kampfanzug*. Wegen des dicken
Tuchs
Schweißtreter m, pl *Schweißfüße*.
→ Treter 2
Schweißwiese f *Ausbildungsge-
lände*. 1939 ff. (HÄNEL 104)
Schwenkanger m *Truppenübungs-
platz*. → schwenken
schwenken tr *Soldaten ausbilden*.
Eigentl. ›hin u. her bewegen‹.
1939 ff.

Schwenker m 1. *Harnflasche*. An-
lehnung an die Kognakschwen-
ker. — 2. *Fahnenjunker*. Verkürzt
aus Fahnenschwenker. — 3. S.
zur See *Seekadett*
Schwimmer m *Matrose*
Schwimmfuß m, pl -füße *breite
Füße; Senkfüße*. 1914 ff.
Schwimmfüßler m *Marineangehöriger*
Schwimmsarg m *Unterseeboot*. →
Sarg 7
Schwimmschule f *Marineschule*
Schwimmsoldat m *Matrose*
Schwimm- u. Kletterfuß m, pl
-füße *ungeschickte Füße*. → Fuß 4
Schwitzgymnastik f *Übung mit
der ABC-Schutzmaske*
Schwulibert m *Homosexueller*. Aus
schwul + Aribert oder → Her-
bert
Science-fiction-Story f [Ausspr.
engl.] *Befehlsausgabe*
Sechszylinder m 1. *Latrine, Abort
mit 6 Sitzen*. 1939 ff. → Zylinder 1.
— 2. *Hauptgefreiter*. Wegen der
3 Litzen an jedem Ärmel
Seeadel m, *junger S. Seekadett*
Seeaffe m *Marineangehöriger*
Seegras n *minderwertiger Tabak*.
1914 ff.
Seehund m, pl -e *Marineangehöri-
ge*. 1914 ff. (GRAFF 142; BRUMM-
KÜSEL 2, 42)
Seeigel m *Grund-, Treibmine*. We-
gen Formähnlichkeit. Wohl älter
Seelefti m *Leutnant zur See*. →
Lefti
Seeleiche f *Fisch*. 1939 ff.
Seelenabschußrampe f *Kirchenge-
bäude*
Seelenachse f, Gehen Sie zum
Waffenwart u. holen Sie die S.!
(Auftrag an einen Dummen).
Seelenachse: gedachte Mittellinie
des Geschützrohres

Seelenakrobatik f *geistliche Übungen*
Seelenappell m *Kirchgang*
Seelenarche f *Kirchengebäude*. Im K. versammelt sich des Herrgotts menschlicher Tiergarten
Seelenaufkäufer m *Geistlicher*. → Sak
Seelenbändiger m *Geistlicher*
Seelenbohrer m, **-flicker** m *Militärgeistlicher*
Seelenformale n *lebenskundlicher Unterricht; Sprechstunde des Militärgeistlichen*. Als Sonderteil der Grundausbildung aufgefaßt
Seelengeier m *Militärgeistlicher*. Ein M. stürzt sich angebl. auf die Seele wie der Geier auf das Aas. (Vor 1920: eifernder Geistlicher; Heidenmissionar)
Seelenhändler m *Militärgeistlicher*. → Seelenaufkäufer
Seelenklempner m *Militärgeistlicher*. 1939 ff.
Seelenmache f *geistliche Übungen*. Mache ›Vortäuschung, Schein‹
Seelenmarsch m *Kirchgang*
Seelenmassage f *Kirchgang; Predigt; geistliche Übungen u. ä.* 1900 ff.
Seelenmasseur m *Militärgeistlicher*. 1900 ff. → Seelenmassage
Seelenmechaniker m, **-onkel** m *Militärgeistlicher*
Seelenparade f *Kirchgang*
Seelenputzer m *Militärgeistlicher*. 1914 ff. (AHNERT 176; IMME 46)
Seelenreformer m *Militärgeistlicher*
Seelenschinder m *strenger Geistlicher*
Seelenschmied m *Militärgeistlicher* (oft rauher Art)
Seelenschuppen m *Kirchengebäude*. Schuppen als schmuckloser Zweckbau

Seelenspengler m *Militärgeistlicher*. 1939 ff.
Seelenstuhlgang m *Kirchgang*. Anspielung auf seelische Erleichterung
Seelenturnhalle f *Kirchengebäude*. → Seelenakrobatik
Seelenwanderer m *Militärgeistlicher*. Anlehnung an Seelenwanderung
Seelenwäsche f *geistliche Übungen; Predigt u. ä.* Anlehnung an Gehirnwäsche. (1911: Beichte)
Seelenwäscher m *Militärgeistlicher*. → Seelenwäsche
Seelen-WC n *Rüstzeit; geistliche Übungen u. ä. Entspr.* → Seelenstuhlgang
Seelord m 1. *Seemann, Matrose, Marineangehöriger.* 1910 ff. — 2. S. 2. Klasse *Oberleutnant zur See.* Der O. hat neben einem Stern zwei (der Leutnant zur See nur einen) Streifen am Unterärmel. — S. entstellt aus engl. sailor
Seelöwe m *Matrose, Seemann.* 1900 ff.
Seemann m *Marineangehöriger*
Seeratte f *Seekadett*
Seeschwalbe f, pl -n *Marinefliegergeschwader*
Seetang m 1. *übelriechender Tabak.* — 2. *Gemüsesuppe*
Seewebel m *Bootsmann.* Der B. ist mit dem Feldwebel bei Heer u. Luftwaffe ranggleich
Seeziege f *Marineangehöriger.* → Ziege 1
Segelflieger m *Heeresflieger*
Segelschiffer m *Marineangehöriger*
Seher m, kleiner S. *Spähpanzer.* Seher: Auskundschafter (Verbrecherspr.)
Seil n 1. *Langbinder.* → Strick. — 2. das lange S. abwickeln *sich dem Dienst entziehen.* → abseilen 5. —

3. das lange/große S. greifen/in die Hand nehmen *sich dem Dienst entziehen.* → abseilen 5. — 4. am S. hängen *nachlässig Dienst tun*

Seilschaft f *Gesamtheit derer, die vor derselben Beförderung stehen.* Beamtenvokabel

Seite f 1. Quatschen Sie mich nicht von der S. an! *machen Sie keine anzüglichen Bemerkungen!* 1914 ff. — 2. pl -n, nach allen S. offen sein *leichtlebig sein; sich keinem Mann versagen* (Mädchen). Aus dem Politikerdeutsch: zur Koalition mit jeder Partei bereit sein

Sekt m 1. S. ohne Alkohol *Mineralwasser.* — 2. S. des kleinen Mannes *Bier*

Sektbecher m, **-flasche** f, **-glas** n, **-kelch** m *Harnglas*

Selbstbegräbnis n *Eheschließung*

Selbsterhaltungstrieb m *Feigheit vor dem Feind.* 1942 ff.

Selbstfahrlafette f *Stabsbootsmann, -feldwebel.* Wegen des Dienstgradabzeichens

Selbstgestrickte 1. m *Offizier, der seinen Rang erst in der BW erhalten hat.* — 2. m *Fahnenjunker, Fähnrich.* — 3. f *selbstgedrehte Zigarette.* 1945 ff. — 4. pl *wollene Unterhose*

Selbstmörder m *draufgängerischer Soldat*

Selbstversorger m *Selbstsüchtiger*

Selbstverstümmelung f *Eheschließung.* Durch die E. macht man sich zum »Ehekrüppel«

Seligkeitsbunker m *Kirchengebäude*

Seligmacher m, S.s Maat (*Hilfs-*) *Geistlicher.* 1900 ff.

Semmel f 1. gebackene/getarnte S. *Frikadelle, Hackbraten.* Entspr. → Brötchen 4

Sendepause f *Ruhetag.* 1939 ff.

Senkel m, auf den S. dreschen/ hauen *angeben, großsprecherisch sein; dreist schwindeln.* Senkel ›Riemen, Gürtel‹. Zum Beteuern einer Behauptung, des Könnens schlägt sich der Angeber auf den Gürtel

Senkrechtstarter m *Aufbrausender.* Nach der Bezeichnung für einen Kampfaufklärer (VAK 191 B)

Senkrücken m *Diensteifriger; Liebediener.* Ausgangsbed. (med.) ›Wirbelsäulenverkrümmung (Lordose)‹

Senne ON, Der liebe Gott erschuf in seinem Zorn die S. bei Paderborn! (Reimspruch auf Sennelager, Truppenübungsplatz seit 1892)

Sense f 1. *Dienstzeitende.* — 2. *Zapfenstreich.* — S.! (Umgangsspr.) ›Schluß, aus!‹; vgl. *WdU* 2, 265 f.

Serviette f *Toilettenpapier.* → Arschserviette

Seuchenjoe m *Angehöriger der ABC-Abwehrtruppe*

Seuchenpauli m, pl -s *ABC-Abwehrtruppe.* → Pauli

Sextöter m, pl *Unterhose.* Entspr. → Liebestöter

Sezierbesteck n *Eßbesteck*

sFG m *abweisendes Mädchen.* Abk. von »schwer fickbarer Gegenstand« in Anlehnung an → sMG. 1935 ff. → lFG

Shalako m, S. jagen *sich betrinken.* Nach dem trinkfesten Titelhelden eines amerikan. Films (dt. 1968)

Sheriff m *Feldjäger*

Shrupping n [Ausspr. engl.] *Reviereinigen.* Schrubben, schruppen anglisiert

Sibirien LN *entlegener Standort*
Sicherheit f, S. produzieren *Wehr-*
dienst leisten
sicherstellen tr 1. sich [jmdn.] s.
sich [mit jmdm.] verloben. —
2. s. u. weitersuchen *sich ohne*
ernstliche Heiratsabsicht verloben
Siebenschläfer m 1. *Berufssoldat.*
Der B. ist angebl. träge u. hat
einen bequemen Dienst. — 2. pl
zivile Wachangestellte. → Schnar-
cher
Siebentageklosett n *Überfallhose*
Siebzehnerschlüssel m *Flaschen-*
öffner. Marinespr.
Siff f, m *Geschlechtskrankheit.*
Eindeutschende Schreibung für
→ Syph. 1914 ff.
Siffilist m *Zivilist.* Eindeutschende Schreibung für → Syphilist.
1914 ff.
Siffkerlchen n, -kopf m, -kopp m
Schmutziger. Die Ansteckung mit
→ Siff wird auch auf Unsauber-
keit zurückgeführt; → entsiffen 2
Siffschleuder f *Lastkraftwagen.* →
Siff; hier ›Schmutz, Straßen-
dreck‹
Silberfasan m *Oberst.* Wegen der
silbernen Sterne u. des Eichen-
laubs auf den Schulterklappen
Silberfisch m *Offizier.* Wegen der
silbernen Dienstgradabzeichen.
1935 ff.
Silberförster m *Offizier.* Nach dem
österr. Film »Der Förster vom
Silberwald« (1954). Entspr. →
Silberfisch
Silberfuchs m 1. *Fähnrich.* Wegen
des silbernen Sterns. — 2. *Offi-*
zier. → Silberfisch
Silbergeier m 1. *Offizier.* → Silberfisch. — 2. S. mit Ast *Major.* Ast:
das silberne Eichenlaub
Silberheini m *Offizier.* → Silberfisch; → Heini

Silberling m *Offizier.* → Silberfisch
Silberlolli m *Offizier. Leutnant.* →
Silberfisch; - Lolli
Silberpappel f *Offizier*
Silberschatz m *Münzgeld; Mark-*
stücke; 50-Pf-Stücke
Silberspieß m *Oberfähnrich.* Vom
→ Spieß 1 unterscheidet den O.
die Silberkordel (u. der Stern auf
dem Unterärmel). → Spieß 2
Silber-Uffz m *Fahnenjunker.* We-
gen des silbernen Sterns auf dem
Unterärmel. → Uffz
Silbervogel m *Offizier.* → Silber-
fisch
Simulierkohl m *Kopf*
Simulierkugel f *Kopf.* 1935 ff.
Singstunde f *Gottesdienst*
sinpro adj *ängstlich, feige.* Nach
dem Markennamen s. (Kopf-
schmerz-Sprudeltablette) mit Anspielung auf → Muffe 2 ff.
Sippenbesuch m *Familienurlaub*
Sit-in n *Dienstzeit.* S. eigentl. ›De-
monstration (von Studenten) im
Sitzen‹ (seit 1964), dann auch
›Gefängniszeit‹
Skandalfahrzeug n *Schützenpan-*
zer HS 30. → Affairenpanzer
Sklave m *Soldat.* 1900 ff.
Sklaventreiber m *Ausbilder.*
1900 ff. → Sklave
Sloggi n 1. *lange Unterhose.* —
2. *Turnhose.* — 3. S. long-long
lange Unterhose. — Engl.; Ausgangsbed. ›Miederhöschen‹
sMG n *sprödes Mädchen.* Die Abk.
für schweres Maschinengewehr
als »schwer mausbarer Gegenstand« gedeutet; → mausbar.
1935 ff. → lMG
Smut m *Koch.* 1890 ff. → Smutje
Smutje m *Koch, Schiffskoch, Kü-*
chenjunge. Zu niederd. smutt
›große Hitze‹ mit Einfluß von
smuddeln ›schmutzen‹. 1890 ff.

Socken m 1. *Präservativ.* 1935 ff.
Entspr. → Strumpf 2. — 2. geiler
S. *strenger Vorgesetzter.* → geil 2.
— 3. schlapper S. *energieloser
Soldat; Schwächling.* — 4. pl,
Wenn er die S. auszieht, wird es
dunkel im Saal (Redensart auf
einen Schweißfüßigen)
Socken-Ede m *Kammerunter-
offizier* u. ä.
Sockenqualmer m *Grenadier.* An-
spielung auf die langen Märsche
Sockenzähler m *Kammerunter-
offizier* u. ä.
Sofalizenz f 1. große S. *Heirat.* →
Lizenz 1. — 2. kleine S. *Verlöbnis.*
→ Lizenz 2
Sohle f *zähe Bratenscheibe.* →
Schuhsohle 2
Soldat m 1. pl -en S. *des Heeres
Heeresangehörige.* Nur die H.n
gelten als Soldaten; die anderen
sind »Männer der Marine« (→
Mann 18) u. »Herren der Luft-
waffe« (→ Herr). — 2. S. aus ehe-
maligen Heeresrestbeständen *Alt-
gedienter.* — 3. S. in Lauerstellung
Reservist. — 4. S. auf Zeit *Blind-
gänger.* Der B. richtet ebensowe-
nig Schaden an wie der Zeitsoldat.
— 5. S. spielen *Soldat sein; den
Wehrdienst ableisten.* 1850 ff. —
6. pl -en, S. am grünen Tisch
Generalstab. Der grüne Tisch als
Sinnbild wirklichkeitsfremden
Theoretisierens
Soldatenarbeitsamt n *Berufsförderungsdienst.* Das Arbeitsamt
fördert wie der B. die berufl.
Weiterbildung
Soldatenbibel f *Dienstvorschrift.* →
Bibel 1
Soldatenboutique f [Grundw.
franz. Ausspr.] *Bekleidungskam-
mer.* → Boutique
Soldatenbraut f *Gewehr.* Vor dem

Abrücken aus der Garnison zur
Front wurde früher das G. mit
ins Bett genommen, damit es
nicht vertauscht wurde. 1866 ff.
Soldatenfabrik f *Kaserne*
Soldatenfänger m, pl 1. *Feldjäger.*
Die F. greifen Versprengte u.
Fahnenflüchtige auf. 1939 ff. —
2. *Kreiswehrersatzamt.* Das K.
»fängt« den Nachschub für die
BW
Soldatenfibel f *Dienstvorschrift*
Soldatengarn n, S. spinnen (*mehr
oder weniger wahrheitsgetreu) aus
dem Soldatenleben erzählen.* In
Anlehnung an »Seemannsgarn
spinnen«
Soldatengemse f *Gebirgsjäger*
Soldatengold n *Rost an der Hand-
feuerwaffe.* Spöttisch. 1900 ff.
Soldatengroßversandhaus *Kreis-
wehrersatzamt*
Soldatenhilfsschule f *Berufsför-
derungsdienst.* → Hilfsschule
Soldatenkadi m *Truppenrichter*
Soldatenkäfer m *Kübelwagen.*
Nach der Bezeichnung Käfer für
die VW-Modelle in Käferform
(seit 1938)
Soldatenpope m *Militärgeistlicher.*
→ Pope
Soldatensauna f *Felduniform,
Kampfanzug.* Wegen des schweiß-
treibenden dichten Tuchs
Soldatenspielen n *Wehrdienstab-
leistung.* 1850 ff. → Soldat 5
Soldatenstall m *Kaserne.* 1900 ff.
Soldatenverschaukelungsanstalt f
Berufsförderungsdienst. → ver-
schaukeln
Solingen ON 1. halb S. *sinnlich
veranlagtes Mädchen.* — 2. scharf
wie S. *schnell zum Geschlechtsverkehr bereit.* — Solingen als Stadt
der Schneidwarenindustrie; An-

spielung auf »scharf wie ein Messer«; → scharf

Solodrill m, **-tanzen** n *Einzelexerzieren*

Sommer m, australischer S. *Großwüchsiger, Hagerer.* Der Sommer in Australien ist lang u. bringt Dürre

Sommerfrische f *Manöver*

Sommerhut m *Stahlhelm*

Sommerleutnant m *zur Reserveübung eingezogener Offizier*; *Leutnant der Reserve.* 1880 ff. (HORN 54)

Sommersprossengebläse n *Durchfall*

Sonderurlaub m *Arrest.* Der A. bringt Erholung vom Dienst, ohne auf den Urlaub angerechnet zu werden

Sonntagszwirn m *Ausgehuniform.* → Zwirn

sortieren tr *[jmdn.] der Musterung unterziehen.* Wegen der Einteilung in Tauglichkeitsgrade

spachteln tr *(viel) essen.* Durch Spachteln werden Löcher beseitigt; hier wird das Loch gestopft, das man bei Hunger im Magen hat. 1890 ff.

Spachtelsaal m *Kantine, Eßraum.* → spachteln

Spachtelschuppen m *Kantine.* → spachteln; → Schuppen

Spaghettidompteur m, pl -e *Küchenpersonal*

Spahrbier FN, Herr S. *Geldbriefträger, Postbeamter.* Nach dem in Fernsehsendungen (»Vergißmeinnicht«, »Der große Preis«) auftretenden Postbeamten WALTER S.

Spanplatte f *Knäckebrotscheibe.* → Preßspanplatte

Spargel m *Sehrohr, Periskop.* Wegen der Form u. der vertikalen Bewegung. 1939 ff., Marinespr.

Spargeltarzan m *Hagerer*

Sparmaßnahme f *unehrenhafte Entlassung aus der BW.* Ironisch

Spaßvögler m *Lustiger.* Aus Spaßvogel umgebildet mit Bezug auf → vögeln

Spaten m 1. den S. quälen *Schanzarbeit verrichten.* — 2. mit dem S. spazierengehen *im Freien koten gehen.* → Spatengang

Spaten-Fla f *Tieffliegerabwehrrakete Hawk.* Die Feuerstellung muß befestigt angelegt werden; daher viel Spatenarbeit für die Soldaten. → Fla

Spatengang m *Vergraben des Kots im Freien mit einem Spaten*; *Notdurftverrichtung.* Das bereits im 5. Buch Mose (Dtn 23, 13 f.) erwähnte Verfahren ist zwingend vorgeschrieben. 1939 ff.

spatengehen intr *im Freien koten.* → Spatengang

Spatenheini m *Panzergrenadier.* → Spatenpauli 1; → Heini

Spatenpaule → Spatenpauli

Spatenpauli m 1. *Panzergrenadier.* — 2. pl -s *Pioniere.* — 3. pl -s, fliegende S. *Heeresflieger.* — → Pauli

Spatenschiß m *Notdurftverrichtung im Freien.* → Spatengang

Spätheimkehrer m, aussehen wie ein S. *verwahrlost aussehen*

Spatz m 1. *Brathähnchen* u. ä. — 2. *Flieger*; *Luftwaffenangehöriger.* Wegen der Schwingen an der Uniform. 1914 ff. — 3. pl -en *Fernmeldetruppe.* Wegen der Pieptöne beim Funken. — 4. pl -en, Da fliegen die S. im Rückenflug, damit sie das Elend nicht sehen (Redensart auf eine rückständige Gegend). Im Ostfriesenwitz Möwen statt Spatzen. — 5. Muskeln haben wie der S. Krampfadern *ein Schwächling sein*

Spatzenflak f 1. *Gewehr.* —
2. *Tieffliegerabwehrrakete Hawk*
Spatzenknacker m, pl *Heeresflug-
abwehrtruppe.* Wegen der geringen
Schießhöhe
Spatzenschleuder f *Leichtgeschütz*
Spazierstock m *Gewehr.* Entspr. →
Mußspritze 2
Spediteur m, pl -e *Transportver-
band*
Speichenbrille f *Fahrrad.* Vermit-
telt durch die Brille als »Nasen-
fahrrad«
Spektakelkeule f *Stielhandgranate*
Spekulierrohr n, -röhre f *Scheren-
fernrohr*
Spendenempfang m *Löhnungs-
empfang.* Entspr. → Almosen
Sperrholz n *Knäckebrot, Zwieback*
u. ä.
Sperrholzplatte f *Knäckebrotschei-
be; Dosenbrotschnitte.* → Sperrholz
Spielanzug m *Uniform, Kampf-
anzug, Arbeitsanzug*
spielen intr, Einer spielt falsch
Heeresmusikkorps. Entstellt aus
dem Filmtitel »Ein Herz spielt
falsch« (1953)
Spielfeld n *Kasernenhof, Manövergelände.* 1935 ff.
Spielhölle f *Krankenstube in der
Kaserne.* Wegen des Kartenspie-
lens zum Zeitvertreib
Spielplatz m *Truppenübungsplatz*
u. ä.
Spielwarenabteilung f *Leichthubschrauber*
Spielwiese f *Kasernenhof, Trup-
penübungsgelände*
Spielzeug n *militär. Ausrüstung
eines Soldaten.* 1939 ff.
Spieß m 1. *Kompaniefeldwebel*
(1955; bis 1918: etatsmäßiger
Feldwebel; 1919 bis 1938: Oberfeldwebel; 1938 bis 1945: Hauptfeldwebel). — 2. S. OA/Üb./in

Silber *Oberfähnrich.* → OA; →
Üb.; → Silberspieß. — Im
17./18. Jh. trug der Feldwebel
einen Spieß (TRANSFELDT 52).
1870 ff. (HORN 55). → Marionettentheater
Spießarena f *Kompaniegeschäftszimmer.* Im K. werden die Dienstgrade »dressiert«
Spießschnur f *gelbe Schießschnur
des Kompaniefeldwebels*
spike adj [Ausspr. engl.] *gut, tüchtig.* Aus engl. spiked ›mit Zacken
versehen; zackig‹
Spinatlecken n *Zivildienst.* Spinat:
(grüner) Kot. Auch Zivildienst
ist »kein Honiglecken«
Spind m. n 1. tragbarer/-bares S.
Sturmgepäck. — 2. [jmdm.] den/
das S. einordnen [*über jmdn.*] *ein
Kameradengericht abhalten.* Sar-
kastisch für das Herausreißen des
Spindinhalts (als Schikane)
Spindschieber m, pl *Technische
Truppe.* Die T. T. wird auch bei
Umzug, Möbelumstellung usw.
eingesetzt
Spindtraggestell n *Koppeltragge-
stell.* → Spind 1
Spinne f *Hubschrauber.* Wegen des
spinnenbeinigen Fahrwerks u. des
senkrechten Auf u. Ab
Spinner m *Unteroffizier; Feldwe-
bel; Vorgesetzter, der nur seinen
Dienst kennt.* Anspielung auf
Sauberkeitsprüfung in dunklen
Ecken, auch auf Wunderlichkeit
u. Strebertum. 1870 ff. (HORN 53)
Spinnwebenjagd f *Revierreinigen*
spitz adj *sinnlich veranlagt; sexuell
erregt.* Zu »die Sinne auf etw.
spitzen«, auch wegen stechenden
Blicks u. zusammengekniffener
Lippen. 1939 ff.
Spitze f *hervorragender Soldat; Spitzenkönner.* Aus der Sportsprache

Spitzel m *Aufklärungsflugzeug*
Spitzzahn m *sinnlich veranlagtes Mädchen.* → spitz; → Zahn 4
Splittertüte f *Stahlhelm.* → Tüte 1
Sportabzeichen n, Er sitzt im Keller u. macht S. (Antw. auf die Frage nach jmds. Aufenthalt)
Sportangler m *Marineangehöriger*
Sportflieger m, pl *Lufttransportgeschwader*
Sportunfall m *Geschlechtskrankheit.* Die G. gesehen als ein beim »Liebessport«, bei »Liebesübungen« erlittener Unfall
Sprayschiß m [Bestimmungsw. engl. Ausspr.] *Durchfall.* Engl. to spray ›sprühen‹
springen intr *koitieren*
Springerstiefel **Üb.** m, pl *Schnürschuhe.* Der Zusatz → Üb. kennzeichnet die Schn. als eine schlechtere Ausführung der Spr.
Springerurlaub m *Familienurlaub.* Zu → springen
Sprinter m 1. *junger Mann.* Ausgangsbed. ›Kurzstreckenläufer‹. Nach den Olympischen Spielen in Berlin 1936 eingebürgert. — 2. *junger S. Rekrut.* Der R. hat den Dienst im Eiltempo auszuführen. 1936 ff.
Spritbude f *Wirtshaus.* Sprit ›Schnaps‹
Spritbunker m 1. *Kraftstofflager.* — 2. *Soldatenkneipe.* → Spritbude
spriten intr *Alkohol trinken.* → Spritbude
spritig adj *betrunken.* → spriten
Spritinsel f *Wirtshaus.* → Spritbude
Spritist m, pl -en *Kraftfahrtruppe*
Spritkutscher m 1. *Versorgungsfahrer.* — 2. pl *Transportkompanie*
Spritlager n *Kraftstofflager*
Spritschuppen m 1. *Kraftstoffla-*

ger. — 2. *Wirtshaus.* → Spritbude; → Schuppen
Sprittempel m 1. *Kraftstofflager.* — 2. *Wirtshaus.* → Spritbude
Spritze f 1. *Gewehr.* 1870 ff. (HORN 65). — 2. *Maschinengewehr, -pistole* u. ä. 1914 ff. — 3. *Durchfall*
Spritzer (junger) m *Rekrut, Offiziersbursche* u. ä. 1900 ff. Entspr. → Sprinter 2
Spritzhusten m *Durchfall*
Spritzpistole f *Maschinenpistole*
Spruchhauer m *Militärgeistlicher.* Zu »Sprüche klopfen« ›leere Redensarten machen‹
Sprungbrett n 1. *leicht zugängliches Mädchen.* Zu springen ›koitieren‹. — 2. S. zu den Sternen *Mine*
Sprungklasse f *Tauglichkeitsgrad*
Sprungtablette f *Ei* u. a. Wegen angebl. Förderung der Geschlechtskraft; → springen
Sprungteufel m, pl *Fallschirmspringer*
Sprungtime f [Grundw. engl. Ausspr.] *Hochzeitsurlaub.* → springen
Sprungurlaub m *Familienurlaub.* → springen
Sprungzeit f *Hochzeitsurlaub.* → Sprungtime
spucken intr *feuern, schießen.* 1914 ff. (IMME 127; GRAFF 146)
Spülwassermatrose m *Marineangehöriger*
Spund m, junger S. *junger Mann; junger Soldat; Halbwüchsiger.* Zu S. hier ›kleiner Penis‹. 1900 ff.
Spürhund m 1. *Feldjäger.* — 2. pl -e *Bundesgrenzschutz.* — 3. *ABC-Abwehrtruppe*
Sputnik m 1. *(nichteheliches) Kind.* Das Kind als ständiger Begleiter gesehen. — 2. *Frikadelle.* Wegen der Rundform oder Anspielung

auf die Hündin Laika an Bord
von S. 2 (1957). — 3. *Kleinwüchsiger*. Die sowjet. Satelliten
namens S. (zw. 1957 u. 1961) waren klein im Vergleich mit den
späteren Satelliten. — 4. pl -s
Flugabwehrraketenverband. Wegen des Abfeuerns von Raketen
Staatsamateur m *Zeitsoldat*
Staatsbürger m, S. in Uniform
Angehöriger der BW. Prägung
von W. S. T. GRAF VON BAUDIS-
SIN seit 1951 maßgebl. an der Er-
arbeitung des neuen Reform-
konzepts der BW beteiligt. Vgl.
TRANSFELDT 8 ff. → Bürger
Staatskrüppel m *Wehrdienst-
verweigerer*. Der W. dem dauernd
Dienstuntauglichen zur Seite ge-
stellt
Stäbchenkur f *Arrest*. Anspielung
auf die Gitterfenster
Staber m 1. *Stabsarzt*; *-bootsmann*;
-feldwebel; *-unteroffizier*. — 2. S.
zur See *Obermaat*. — (In der Bed.
›Stabsarzt; -feldwebel‹ seit 1914.)
Nach dem Staberl (Hanskasper)
des altbayr. Kasperlspiels
(MAUSSER 57)
Staberer m 1. *Oberstabsfeldwebel*.
— 2. pl *Stabsangehörige*. Bayr.
Stabhochsprung m, Er sitzt im
Keller u. übt S. (Antw. auf die
Frage nach jmds. Aufenthalt)
Stabo m *Stabsarzt*; *-bootsmann*
Stabsbulle m *Angehöriger einer
höheren Befehlsstelle*. 1939 ff. →
Bulle 1
Stabsfeld m *Stabsfeldwebel*. 1939 ff.
→ Feld 1
Stabsknüppel m *Oberstabsfeld-
webel*. → Knüppel 1
Stabsmixer m *Stabsapotheker*. →
Giftmixer
Stabssesselpuper m, pl *General-
stab*. Sesselpuper ›Beamter‹

Stabsungeziefer n *Stabsunteroffi-
ziere*
Stacheldrahtarena f *Sperrgebiet*
Stacheldrahtschwein n, pl -e *Bun-
desgrenzschutz* (1914: Infante-
risten)
Stahlesel m *Fahrrad, Motorrad
u. ä.* Aus »Drahtesel«. 1920 ff.
Stahlglatze f *Stahlhelm*
Stahlhelm m, Ich glaube, mein S.
hat einen Knutschfleck! (Erwi-
derung auf eine unglaubwürdige
Behauptung)
Stahlhelmverpassungsanwärter m
*noch nicht gemusterter Wehrpflich-
tiger; Zivilist*
Stahlhelmwiderlager n *Kopf*
Stahlhut m *Stahlhelm*. 1914 ff.
(FISCHER 6, 2, 3171)
Stahlkeiler m, pl *Panzertruppe*.
→ Keiler
Stahlkutscher m *Panzerfahrer*.
1939 ff.
Stahlsarg m 1. *Panzerkampfwa-
gen*. 1939 ff. → Sarg 1. — 2. *Un-
terseeboot*. 1939 ff. → Sarg 2
Stahlsarg-Armada f *Unterseeboot-
geschwader*. 1939 ff. → Stahlsarg 2
Stahlsargkutscher m *Panzerfah-
rer*. 1939 ff. → Stahlsarg 1
Stahltopf m *Stahlhelm*
Stahltüte f *Stahlhelm*. 1939 ff. →
Tüte 1
Stahlvogel m *(Kampf-)Flugzeug*.
1914 ff. (GRAFF 146)
Stalin (FN) m 1. *Wintermantel*. —
2. Josef S. III *Wintermantel*. —
3. Josef S. alter Art *Winter-,
Postenmantel*. — J. W. STALIN
war auf vielen Bildern mit einem
langen Mantel zu sehen
Stalin-Gedächtniskutte f *Winter-,
Postenmantel*. → Stalin; → Kutte
Stalin-Gedächtnismantel m *Win-
ter-, Postenmantel*. → Stalin

Stalingeige f *Winter-, Übermantel.* → Stalin; → Geige 2

Stalingrad-Gedächtnisdecke f *Wintermantel, Umhang.* Anspielung auf Pferdedecken als Kälteschutz für die um Stalingrad 1941—1943 kämpfenden dt. Soldaten

Stalingrad-Gedächtnisfrack m, **-Gedächtnismantel** m *Winter-, Postenmantel.* → Stalingrad-Gedächtnisdecke

Stall m 1. *Kaserne; Kasernenstube.* 1870ff. (HORN 100). — 2. *Zug, Kompanie; Stammeinheit.* Aufgefaßt als Behausung zusammengehöriger Leute. 1939ff.

Stand m, in den alles wieder heilig machenden S. der Ehe treten *heiraten*

Standartenheini m *Fähnrich.* → Heini

Standnotenzauber m *Standkonzert des Heeresmusikkorps.* Notenzauber ›Musizieren‹ (abf.)

Standortheiliger m *Standortpfarrer*

Standortkomödiant m *Standortältester.* Wortspiel mit -kommandant. 1939ff.

Standortpfarrer m 1. Erzähl dein Leben dem S.! (Redensart zum Abweisen eines Vielschwätzers). — 2. Telefonnummer 297-S. (Empfehlung an einen Dummen; Verweis an die Telefonseelsorge, wo Verständnis zu finden sei)

Standpauke f *Standkonzert.* Anspielung auf das Schlaginstrument Pauke

Stange f → Wasser 6

Stan-Matthews-Schlüpfer m *Turnhose.* Nach dem Engl. STANLEY MATTHEWS (geb. 1915), einem der erfolgreichsten u. bekanntesten Fußballspieler; er spielte 35 Jahre lang (bis 1965) in der höchsten Klasse

Stapo m *Stabsapotheker.* Kurzwort

Starenkasten m *Bergmütze.* Wegen gewisser Formähnlichkeit

Starfaller m *Starfighter.* Wortspiel; der S. ist der Star unter den absturzträchtigen Flugzeugen

Starficker m *Starfighter.* Wortspiel

Starfighter m, Er sitzt im Keller u. fliegt S. ein (Antw. auf die Frage nach jmds. Aufenthalt)

stark adj 1. s. u. zurückgeblieben (Kennwort der Pioniere). Entspr. → dumm 1, 2. — 2. Noch größer, noch stärker, noch dümmer → groß

Startbahnfeger m *Luftwaffenangehöriger*

Startloch n, pl -löcher, in die S. treten *sich zum Dienst fertigmachen, antreten.* Aus der Sportsprache

Staubbad n *Truppenübungsplatz*

Staubloch n *Kompaniegeschäftszimmer*

Staubschlucker m *Heeresangehöriger, Grenadier*

Staubwedel m *Feldwebel.* Wortspiel

Staubwolke f, pl -n *ein Hauch von Staub auf dem Gewehr.* Übertreibung von seiten des Ausbilders

Staufferfett n 1. *Butter, Margarine* u. ä. 1939ff.; wohl älter. — 2. *Mettwurst.* — S. eigentl. ein Maschinenschmiermittel

Steckbrief m *Wehrpaß*

Steckdose f, Hier ist eine S., da kannst du dich waschen (Redensart auf einen Dummen, Unbeholfenen)

Stehaufmännchenknolle f *Sellerie.* Wegen angebl. Stärkung der Geschlechtskraft

Stehaufmännchensalat m *Selleriesalat.* → Stehaufmännchenknolle

Stehen n, S. üben *Posten stehen*
Stehjaule f *Standkonzert.* Die
Musik als Jaulen aufgefaßt
Stehpiepelsalat m *Selleriesalat.*
Piepel ›Penis‹. → Stehaufmänn-
chenknolle
Steilfeuerwaffe f, S. der Grena-
diere *Handgranate*
Steinbock m *Gebirgsjäger*
Steinschleuder f 1. *Kanone.* —
2. *Gewehr*
Stelle f, Hüpf auf der Stelle, bis
der Tod eintritt! (Rat eines Aus-
bilders an jmdn., der sich lang-
weilt)
Stellung f, in S. gehen *nicht am
Dienst teilnehmen.* S.: Ruhestel-
lung
Stellungskrieg m *Geschlechtsverkehr*
Stemmschnitt m, sizilianischer S.
Rundschnittfrisur. Wohl nach
dem Haarschnitt sizilian. Gast-
arbeiter; die R. ist angebl. mit
dem Stemmeisen geschaffen
Stempelplatte *Knäckebrotscheibe.*
Wegen Formähnlichkeit mit der
Eisenplatte am Ende des Gruben-
stempels (Stützholzes)
Stengel m 1. *Zigarette, Zigarre.*
Aus Glimmstengel verkürzt.
1914 ff. — 2. *Stielhandgranate*
sterben intr → Friß oder Stirb
steril adj *gut, tüchtig, einwandfrei,
verläßlich*
Sternchen n, pl 1. Deutschlands
S. *die Offiziere.* Wegen des
Dienstgradabzeichens, auch Anspielung auf S. ›angehende Be-
rühmtheit‹. — 2. S. ausradieren
[jmdn.] *degradieren.* Wegen der
Sterne als Rangabzeichen
Sternchenträger m *Offizier.* Wegen der Sterne als Rangabzeichen
Sternchen-Uffz m *Fahnenjunker.*
Wegen des Sterns auf dem Unterärmel. → Uffz

Sternfabrik f *Offizierschule.* →
Sternträger; auch Anspielung auf
Stern ›gefeierter Künstler‹
Sternschlepper m *General.* →
Sternchenträger
Sternschnuppe f 1. *Offiziersan-
wärter.* Wegen des Sterns auf dem
Unterärmel. — 2. *Starfighter.* Der
S. fällt wie eine S. vom Himmel
Sternsinger m 1. *Offiziersanwär-
ter.* — 2. S. Üb. *Reserveoffiziers-
anwärter.* → Üb. — Mit Bezug auf
die S. vom Dreikönigstag An-
spielung auf den in Aussicht ste-
henden Stern als Rangabzeichen
Sterntaler m 1. *Leutnant.* —
2. *Fahnenjunker.* → Sternchen-
Uffz. — Mit Bezug auf das
GRIMMsche Märchen Anspielung
auf den Stern als Rangabzeichen
Sternteufel m *Offizier.* Vermutl.
weil der O. hinter Sternen her ist
wie der Teufel hinter einer armen
Seele
Sternträger m *Offizier.* → Sternchenträger
Stern-Uffz m *Fahnenjunker.* →
Sternchen-Uffz; → Uffz
Sternwarte f *Offizierskasino.* Im
O. gibt es viele Sterne zu sehen
Steuermarke f *Erkennungsmarke*
Steuernvernichter m *durch Ab-
stürze berüchtigter Flugzeugtyp*
Stichstunde f *Putz- u. Flickstunde*
Stiefel m, pl 1. [jmdm.] die S.
lecken *sich* [jmdm.] *unterwürfig
zeigen.* Seit 1920(?). — 2. [jmdn.]
in die S. pissen [jmdn.] *schikanös
drillen.* — 3. sich die S. vollhauen
sich betrinken. Vom Trinkgefäß in
Stiefelform
Stiefelfett n *Leberwurst*
Stiefellecker m *würdeloser
Schmeichler.* 1920 ff. → Stiefel 1
Stiefelpisser m *schikanöser Aus-
bilder.* → Stiefel 2

Stierkasten m *Fernsehgerät.* Zu stieren ›starr blicken‹

Stift m *Kautabak.* Wegen Formähnlichkeit mit einem Nagel. Spät. 19. Jh.

Stilett n, fliegendes S. *Starfighter*

Stillgeld n *Wehrsold.* Der W. verstanden als Geld zum Stillen des Durstes

Stillgestanden n, Gleich gehst du im S. durchs Fenster! (Androhung eines Hinauswurfs)

stillstehen intr, Sie stehen still, und wenn tausend nackte Weiber vorbeigehen, da bewegt sich nicht einmal das kleinste Haar am Sack! ([Nachahmung einer] Ausbilderredensart zur Verdeutlichung des Kommandos »Stillgestanden«). → Sack 1

Stinkadur m *Romadur.* Wortspiel

Stinkbein n, pl -e *Schweißfüße*

Stinkbombe f, pl -n *Bohnen* u. ä. Wegen der blähenden Wirkung

Stinkbombenverein m *ABC-Abwehrtruppe*

stinken intr, Ihm stinkt es *er hat bange Befürchtungen; es mißfällt ihm sehr; ihm vergeht die Lust.* 1914 ff. (AHNERT 183)

Stinker m, pl 1. *Gasmunition.* — 2. *ABC-Abwehrtruppe* (1914: Gaspioniere). — 3. die grünen S. *Bundesgrenzschutz.* S. hier ›unbedeutender Mensch‹

Stinkhappening n [Grundw. engl. Ausspr.] *Übung mit der ABC-Schutzmaske.* Happening (engl.): künstlerisches Ereignis mit Publikumsbeteiligung

Stinkkübel m 1. *Nebelbombe.* — 2. *Aschenbecher*

Stinkstiefel m *unkameradschaftl. Soldat; Soldat, der sich dem Dienst zu entziehen sucht.* Schimpfwort

Stocher m *Lastwagenfahrer.* Zu stochen ›kräftig auf das Gaspedal treten‹. → Stokis

Stocherheini m, pl -s *Kraftfahrtruppe.* → Stocher; → Heini

Stockfisch m *zu wenig eingeöltes Gewehr*

Stoff m 1. *Geld.* Verkürzt aus Betriebsstoff oder zu amerikan. stuff ›Zaster‹ (Slang). 1945 ff. — 2. *schikanöser Drill; Bestrafung; Strafmaßnahme.* Zu »Stoff hinter etw. setzen« ›in einer Sache auf Eile drängen‹ oder wegen Stoff ›Staub‹. — 3. S. geben/verpassen [*jmdn.*] *hart behandeln; rücksichtslos einexerzieren*

Stoffel m, pl -s *Mannschaften.* S. (Kurzform von Christophorus) ›Ungeschlachter, Tölpischer, Bäuerlicher‹

Stoffwechselendprodukt n, sich des S.s entledigen *koten, harnen.* Offizierssprache

Stoker m *Heizer.* Zu engl. to stoke ›heizen‹. Marinespr. 1900 ff.

Stokis pl *Kraftfahrtruppe.* → Stocher

Stopf m *Standortpfarrer.* Als Wort gesprochene Abk. (amtl.: StoPf)

stopfen tr, gestopft sein *gut bei Kasse sein.* Vom vollgestopften Geldbeutel

Stoppelhopsen n *Geländedienst; infanteristische Ausbildung.* → Stoppelhopser

Stoppelhopser m *Grenadier (Infanterist).* Der G. bewegt sich hüpfend über Stoppeläcker. 1870 ff. (HORN 32)

Stöpselakademie f *Fernmeldeschule.* Zu stöpseln ›eine Fernsprechverbindung von Hand herstellen‹

Stoß m *Geschlechtsverkehr.* Spätest. ausgeh. 19. Jh. → stoßen

Stoßdämpfer m *Präservativ.* 1939 ff. → Stoß

stoßen intr, tr *koitieren*. Aus der Viehzucht. 1880 ff.

Stoßtrupp m 1. *Nachturlaub*. — 2. S. laufen *Hochzeitsurlaub antreten*. — → stoßen

Stoßzeit f *Hochzeitsurlaub*. → stoßen

Stotterbrühe f *Hülsenfrüchtesuppe*. Wegen blähender Wirkung

STOV-Fritze m *Zivilist im Dienst der BW*. STOV: Standortverwaltung

Strachuli m *schlechter Soldat*. Aus poln. strachajlo ›Ängstlicher‹. 1939 ff.

Strafdienst m *Ableistung der Wehrpflicht*

Strahli f *Erkennungsmarke*. Die Aluminiummarke glänzt silbrig, solange sie neu ist

stramm adj *betrunken*. 1930 ff.

Strampler m *Liebediener*. Entspr. → Radfahrer 1

Straßenbahn f, Da nimmt die letzte S. die Schienen mit (Redensart auf eine berüchtigte Gegend)

Straßenbahnermütze f *Schirmmütze*

Straßenpinscher m, pl *Kraftfahrtruppe*. Pinscher ›Unbedeutender‹

Strauß FN, Firma Franz Josef S. *BW*. Nach Franz Josef S., Bundesverteidigungsminister 1956 bis 1962

Straußenküken n *Rekrut*. 1957 ff. → Strauß

Straußjünger m *Angehöriger der BW*. 1957 ff. → Strauß

Streifen m 1. *Dienstzeit*. Streifen ›längliches Stück‹. — 2. [jmdm.] S. nehmen [jmdn.] *degradieren*. Streifen ›Dienstgradabzeichen‹

Streifenbulle m *Feldjäger*. Seit 1939(?). → Bulle

Streudose f *Gewehr*

Streuselkuchen m *Gesicht mit unreiner Haut*. 1920 ff.

Strichbiene f *Straßenprostituierte*. → Biene 2

Strichjunge m 1. *Gefreiter*. Strich: 1 Streifen auf dem Oberärmel. Mit Anspielung auf besondere Dienstwilligkeit um jeden Preis. — 2. doppelter S. *Obergefreiter*. Wegen der beiden Streifen auf dem Oberärmel; → Strichjunge 1. — 3. dreifacher S. *Hauptgefreiter*. Wegen der drei Streifen auf dem Oberärmel; → Strichjunge 1

Strichkoffer m *ABC-Schutzmaskenkoffer*. S. eigentl. die Kosmetiktasche der Prostituierten

Strick m *Krawatte; Selbst-, Langbinder*. Verkürzt aus → Kulturstrick. 1945 ff.

Striporgie f *mehrmaliger Uniformwechsel in kürzester Zeit*. Nach dem Vorbild von Striptease

Strippenzieher 1. m *Angehöriger der Fernmeldetruppe*. — 2. pl *Fernmeldetruppe*. Strippe: Telefondraht. 1914 ff. (Haupt 175; Graff 148), S. davor bereits ›Elektriker‹

Striptease m [Ausspr. engl.] *Gesundheitsbesichtigung*

Strom m 1. *Geld*. Das G. als Antriebskraft für die Lebensmaschine gesehen. — 2. *Feuerzeug, Streichholz*. Euphemismus

Strumpf m 1. *Penis*. Vermittelt über die Bed. ›Vorhaut‹. 1900 ff. — 2. *Präservativ*. 1935 ff. → Gummistrumpf

Struwwelpeterarmee f *BW*. Wegen der → Haarnetzlandser mit Anspielung an das Kinderbuch »Struwwelpeter« (1847) von Heinrich Hoffmann. 1971 ff.

Stubenprügel pl *Kameradenge-richt mit Verprügeln eines Stuben-genossen wegen unkameradschaftl. Verhaltens*

Stubenrabatz m *Herausreißen des Spindinhalts* (als Schikane). → Rabatz

Studentenlocher m *Pistole.* An-spielung auf die Erschießung des Studenten BENNO OHNESORG bei Unruhen am 2. 6. 1967 in Berlin **stud. mil.** m *Soldat* 1939 ff.

Stuffz m *Stabsunteroffizier.* Als Wort gesprochene Abk. (amtl.: StUffz). → Uffz

Stuhlgangbeschleunigungssalat m *Rhabarberkompott*

Stuka m. S. zu Fuß 1. *Minen-, Granat-, Nebelwerfer.* 1939 ff. — 2. *Stielhandgranate.* — Stuka: Sturzkampfbomber

stumm adj *mittellos.* Der Mittel-lose schweigt, weil er nichts be-stellen u. bezahlen kann

Stunde f. Wem die Stunde schlägt *Musterung.* Nach dem dt. Titel von ERNEST HEMINGWAYS Roman »For whom the bell tolls« (1940); auch verfilmt (1943; dt. 1950)

Sturzfighter m *Starfighter.* Wort-spiel mit Bezug auf viele Ab-stürze

Sturztüte f *Sturzhelm.* → Tüte

Such- u. Hackapparat m *Schreibmaschine*

Suffing f *Zecherei.* Suffen ›saufen‹ anglisiert. Marinespr. 1900 ff.

Sülze f *Gehirn, Kopf.* Wegen der gallertartigen Gehirnmasse. 1920 ff.

Sülzpropeller m. pl *Schweißfüße.* Anspielung auf Schmutz zwischen den Zehen. → Schweißpropeller 1

Sülzquanten pl *Schweißfüße.* 1920 ff. → Sülzpropeller; → Quan-ten 1

Sumpfbiber m *Pionier.* → Biber

Sumpftabak m *übelriechender Ta-bak.* Der T. ist vermeintl. aus Sumpfpflanzen hergestellt

Sündenabwehrkanone f *Militär-geistlicher.* 1914 ff. (AHNERT 54; GRAFF 149). → Sak

super adv (präd) [Ausspr. auch engl.] *hervorragend, unübertreff-lich, hochmodern.* Nach amerik.-engl. Vorbild

Superbrötchen n *Frikadelle.* Die F. als Über-Brötchen, weil sie sogar Fleisch enthält

superdienstgeil adj *übertrieben diensteifrig.* → dienstgeil

Supersprit m *Weinbrand.* Der W. ist hochwertiger als Sprit ›Schnaps‹

Suppe f 1. *dichter Nebel.* Verkürzt aus → Milchsuppe. 1935 ff. — 2. *Schwachbier; schales Bier.* 1945 ff.

Suppenhund m *Verpflegungsfeld-webel*

Suppenpanscher m, **-patscher** m *Koch*

Suppenpott m → Suppentopf

Suppenrohr n, **-röhre** f *Hals*

Suppenschüssel f *Stahlhelm.* → Suppentopf

Suppentopf m *Helm, Stahlhelm.* Wegen Formähnlichkeit. 1870 ff. (HORN 67)

Susi (VN) f *Soldat mit langen Haaren.* Ein langhaariges Mäd-chen namens Susi veröffentlicht in versch. Tageszeitungen eine für Heranwachsende bestimmte Serie »Aus meinem Tagebuch«

Süßwasserfisch m *Matrose*

Süßwasserheini m *Matrose.* → Heini

Süßwassermatrose m 1. *Marinean-gehöriger.* — 2. pl *Flußpionier.* — S. eigentlich der Binnenschiffer

Süßwassersoldat m *Marineangehöriger*

Syph f. m *Syphilis*. Kurzform; 1914 ff. → Siff

Syphilist m *Zivilist*. Wortspiel (nicht abf.). 1914 ff. (GRAFF 149). → Siffilist

Tabaksdose f *A BC-Schutzmaskenbehälter*. Entspr. → Bierbox

Tag m 1. pl -e *Wehrdienstzeit*. — 2. T. der Freiheit *Entlassung aus der BW*. — 3. T. des Herrn a) *Löhnungstag*. Der L. wird als Festtag empfunden (s. LUDWIG UHLANDS »Schäfers Sonntagslied«). 1914 ff. (AHNERT 149; GRAFF 150). — b) *Entlassung aus der BW am Dienstzeitende*. — 4. T. des Kreuzes *geistl. Übungen*; *Rüstzeit* u. ä. — 5. T. Null *Tag der Entlassung aus der BW*. Das → Meßband 1 ist bei Null angelangt; auch Einfluß von Stunde N. als Zeitpunkt eines Neubeginns. — 6. pl -e, drei T. in der Scheiße *Manöver*. — 7. T. der Wahrheit *Musterung*. Beruht auf der (ironischen) Meinung, der Musterungsarzt ermittele zweifelsfrei den Gesundheitszustand der angetretenen Zivilisten. — 8. Am T., als der Regen kam *Körperreinigung*. Nach einem Schlager (Komponist: BECAUD/DELANOE; Texter: ERNST BADER). — 9. Jüngster T. → jüngst 2. — 10. schönster T. *Tag der Entlassung aus der BW*. — 11. pl -e, verlorene T. *Wehrdienstzeit*. — 12. pl -e, T. schrubben *Dienst tun*. Anspielung auf »den Hosenboden blankscheuern« ›die Zeit absitzen, abdienen‹

Tagearsch m *Zeitsoldat*

Tagebagger m 1. *Angehöriger des Mannschaftsstandes*; *Zeitsoldat*. — 2. *Offizier*. — Der Bagger als Sinnbild der unaufhörlichen Wiederkehr des gleichen

Tagebär m 1. *Rekrut*. Wegen der langen Grundausbildung. → Bär 1. — 2. *Zeitsoldat*. — 3. *Altgedienter*; *Reservist*. — 4. *schikanöser Ausbilder*. Der Zeitsoldat (→ Tagebär 2) wird bei Bedarf als Hilfsausbilder eingesetzt. — → Bär

Tageberger m *Soldat, der noch viele Tage Wehrdienst abzuleisten hat*. Der S. hat noch einen Berg Dienstzeit vor sich; auch Wortspiel mit Drückeberger

Tagebomber m *Zeitsoldat*

Tageeimer m *Rekrut*. Nach dem Schimpfw. Arscheimer

Tagejäger m *Längerdienender*

Tageklotz m *Zeitsoldat*. Klotz ›grober, unbeholfener Mensch‹

Tageklumpen m *Zeitsoldat*. → Tageklotz

Tagelappen m 1. *Rekrut*. — 2. *Zeitsoldat*. — Lappen ›Energieloser, Schwächlicher‹

Tagemeßband n *gesamte Dienstzeit*. → Meßband

Tagemillionär m *Zeitsoldat*

Tagesilo m *Zeitsoldat*. Der Z. hat einen »Silo« mit einem großen Vorrat an Diensttagen

Taillenschau f *Musterung*

Takelage f *Lederzeug*. Aus der Seemannsspr.

Takelpäckchen n *Arbeitsanzug*. 1900 ff. → Päckchen

Talisman m *Erkennungsmarke*

Talsperre f, T. spielen *sich langsam betrinken*. Eine T. füllt sich allmählich. 1935 ff.

Tampen m *Stück, Endstück*. Eigentl. das dicke Tauende. Marinespr. 1900 ff.

Tampenjonny m *seemännischer Gast*

Tampensgast m *Mannschaftsdienstgrad, der am Ende kommt oder steht.* Marinespr.

Tangodiesel m *Transistorgerät*

Tangoholz n, pl -hölzer *lange Beine*

Tangojüngling m, pl -e *Spielleute.* Die S. bevorzugen vermeintl. Tanzmusik statt Marschmusik; Anspielung auf T. ›weibischer junger Mann‹

Tank m [Ausspr. engl.] *Arrest-(anstalt).* Marinespr. 1914ff. (GRAFF 150)

Tank-fist f [Ausspr. engl.] *Panzerfaust.* Aus engl. panzer-fist

Tankmen pl [Ausspr. engl.] *Panzertruppe*

Tankstelle f 1. *Wirtshaus.* 1925ff. — 2. *Kantine.* — Zu tanken ›Flüssigkeit (in sich) einfüllen‹

Tanktreiber m, pl *Panzertruppe*

Tannenbaumgeneral m *Oberstabsfeldwebel.* Deutung des Dienstgradabzeichens auf den Schulterklappen als Tannenbaum

Tante f, T. Frieda *Truppenführung.* Deutung der amtl. Abk. T. F. 1935ff.

Tanzboden m *Exerzierplatz, Felddienstgelände.* 1935ff.

Tapetenkleister m *Teigwaren.* 1914ff. (IMME 110)

Tapser m *Grenadier*

tarnen tr, t., *täuschen* u. *verpissen sich der Dienstpflicht entziehen; nachlässig Dienst tun.* Erweiterung der Kapitelüberschr. »Tarnen u. Täuschen« der ZDv 3/11

Tarnkappe f *Präservativ.* 1939ff.

Taschenari f, -**artillerie** f *Pistole.* → Ari 1

Taschenflak f *Pistole* u. ä. 1937ff.

Taschengeld n *Wehrsold*

Taschenkanone f *Pistole*

Taschenlampe f *Blinkgerät*

Taschenmesserklau m *Entmilitarisierung*

Tasse f, trübe T. 1. *Versager.* 1914ff. — 2. *jmd. mit unsoldat. Verhalten.* 1939ff. — Anspielung auf Geistestrübung; T. (über ›Schale‹, ›Hirnschale‹) ›Schädel‹

Tastendrücker m, -**klopfer** m, -**klopper** m *Fernschreiber*

Taubenzüchter m *Wehrdienstverweigerer.* Der W. züchtet angebl. Friedenstauben

Tauchröhre f *Unterseeboot*

Tauchstation f, auf T. gehen. 1. *die Koje aufsuchen; zu Bett gehen.* 1939ff. — 2. *sich dem Dienst entziehen.* 1939ff.

Tauchvogel m, pl -vögel *Marinefliegergeschwader.* Wegen der Amphibienflugzeuge

Taufschein m *Einberufungsbescheid*

täuschen tr → tarnen

Tausendtagelappen m *Rekrut.* → Tagelappen 1

Tausendundeine Nacht f *Dienstzeit des Zeitsoldaten.* Die D. — drei Jahre u. mehr — kommt den anderen Soldaten märchenhaft lang vor

Taxiunternehmen n *Kraftfahrtruppe*

TBH f *Tanzlokal, Diskothek.* Abk. von → Teenagerbefruchtungshalle

TE-Ball m, T. feiern *die Trennungsentschädigung durchbringen.* TE: Trennungsentschädigung

Tee m, T. mit Luft/Schaum *Bier*

Teenagerbefruchtungshalle f, -**schuppen** m *Tanzlokal, Diskothek.* → Schuppen 1

Teenagerbusen m *kleine Frikadelle*

Teenagerspätlese f *die Erwach-*
senen; die Eltern; alter Mensch
Teeny n *Mädchen mit modernen*
Ansichten. Engl. *teeny* ›sehr
klein, winzig‹
Teerkocher m *Tabakspfeife.* Ma-
rinespr.
Teerofen m *Tabakspfeife*
Teich m *die See.* 1900 ff.
Teigwerfer m, pl *Küchenpersonal.*
Anspielung auf das schwungvolle
Wenden der Eierpfannkuchen
Telefonzelle f *schwerer Posten-*
mantel
Teller m *Schirmmütze.* → Platten-
teller
Tellermine f 1. *Frikadelle* u. ä. —
2. *Hartwurstscheibe.* — 3. *Mehl-*
pfannkuchen. — 4. *Schirmmütze;*
Baskenmütze. — Wegen Form-
ähnlichkeit
Tellerschwenker m, **-wäscher** m
Ordonnanz
Tempelbegehung f *Kirchgang*
Tempeldiener m, krummbeiniger
T. (Schimpfw.)
Tempeldienst m, **-gang** m *Kirch-*
gang
Tempelhure f, Sie indische T.!
(Schimpfw.). 1935 ff.
Tempelkuh f, altindische T. *zäher*
Braten
Tenente m *Leutnant.* Aus dem
Ital.
Teng m *Arrest.* 1914 ff. → Tank
Tennisball m *Kartoffel-*, *Mehlkloß*;
Knödel, Klops. 1935 ff.
Teppichhändlergruß m *Ehrenbe-*
zeigung mit krummen Fingern.
Anspielung auf vermeintl. Preis-
treiberei u. Geldgier des Teppich-
händlers
Teppichklopfer m *Transporthub-*
schrauber Bell UH 1 D. Wegen
des Schlaggeräuschs des Haupt-
rotors

Teppichnagel m *der Stern als*
Dienstgradabzeichen
Terries pl, **Terry** f *Territoriale*
Verteidigung. Aus engl. territo-
rials
Testgelände n *Truppenübungs-*
platz. Der T. dient zum Testen des
Ausbildungsstands
Teufel m, pl, die schwarzen T.
Pioniere. Wegen der Waffen-
farbe
Teufelsei n 1. *Seemine.* Marinespr.
1939 ff. — 2. *Eierhandgranate*
Teufelsqual f *Truppenübungsplatz*
Teves pl *Territoriale Verteidigung.*
Aus der Abk. TV
Texasrohr n *Hose mit Schlag.*
Nach der aus Wildwestfilmen
bek. Hosenart
Theaterdolch m *Fallmesser*
Theke f *dicker Bauch*
Thekenturner m *Trinker.* Der T.
hält sich an der Thekenstange
fest
Thema n 1. T. durch! *erledigt, ich*
will nichts mehr davon hören!
Nach der gleichlaut. Meldung des
Unteroffiziers an den aufsicht-
führenden Offizier nach ausrei-
chender Behandlung des befohle-
nen Unterrichtsgegenstandes.
1890 ff. — 2. T. eins [als bevorzugter Gesprächsstoff:] *Sex.*
1914 ff. — 3. T. eins — zwei [als
bevorzugter Gesprächsstoff:] *Sex*
u. Alkohol. 1914 ff.
Therese (VN) f *Territoriale Ver-*
teidigung. → Terries
Thermosflaschenbataillon   Son-
derwünsche 160 n *Technisches*
Bataillon Sonderwaffen 160. Zusammenh. mit dem angebl. (sich
als Irrtum erweisenden) Verschwinden einer Thermosflasche
aus dem Besitz eines Majors.
1967 ff.

Thing n *Militärgericht*

Tibetknolle f *Frikadelle*. Das Innere der F. ist unerforschlich

ticken intr, Du tickst nicht richtig *du bist nicht recht bei Verstand*; *du erteilst widersinnige Befehle*. Vom Ticken der Uhr; das Gehirn als techn. Mechanismus gesehen

Ticktackquiz n *taktische Besprechung*. Wortspiel mit Taktik, nach einer Fernsehsendung mit FRITZ BENSCHER (ARD 1964/65 u. 1966)

Tidax m *Dolch*. Nach dem Markennamen eines Nagelreinigers

Tiefflieger m, geistiger T. *Geistesbeschränkter*. Ein G. taugt nicht für geistige Höhenflüge. 1935 ff.

Tiefseeforscherschule f *Marineunterwasserwaffenschule*

Tiefseeschnitzel n *Fischsteak*

Tier n 1. *Draufgänger*. Der D. als angriffslustiges T. gesehen. — 2. *Ausbilder*. Der A. als wütendes, bissiges T. gesehen. — 3. T. in Dosen *Fleischkonserven*

Tierarzt m *Militärarzt*. Wohl älter

Tierbändiger m *Rekrutenausbilder*. 1914 ff. (AHNERT 98)

Tierfreund m, ein T. sein *beim Essen einen Rest auf dem Teller lassen*. Die Speisereste werden als Tierfutter verwertet

Tiergarten m *Soldatenheim, Kaserne*. In S. u. K. sind »wilde Tiere in Freiheit gezähmt«

Tierkörperverwertungsanstalt f *Kasernenküche*

Tilsiter m, aufgeblasener T. *Schweizer Käse*. Der S. K. hat größere Löcher als der T.

Timos pl *Schnürschuhe*. → Timoschenkos

Timoschenkos pl *Gamaschen, Knöchelbinden*. Nach dem sowj. General S. K. TIMOSCHENKO (1895—1970). 1940 ff.

Timoschenkosocken pl 1. *Gamaschen mit Schnallen*; *Segeltuchgamaschen*. 1940 ff. — 2. *Schnürschuhe* (*mit Socken*). → Timoschenkos

Tini n *Mädchen*. → Teeny

Tinte f, Alles hohle T.! (Redensart, wenn einem etw. vorgetäuscht wird). Angelehnt an »hohle Phrasen«

Tintenbar f *Geschäftszimmer*

Tintenfisch m *Oberstabsbootsmann*. Der O. tut in der → Tintenbar Dienst

Tintenkleckser m *Schreibstubendienstgrad*. Spätest. 1914

Tintenpisser m *Schreibstubendienstgrad*. 1870 ff. (HORN 28)

Tipper m, pl *Fernmeldetruppe*

Tippenschule f *Fernmeldeschule*. Tippse eigentl. ›Maschinenschreiberin‹

Tischdecke f *Taschentuch*

titelgeil adj *titelsüchtig*. → geil 4

Titte f, tote T. *Versager*; *untauglicher Soldat*. Ausgehend von der versiegten weibl. Brust

Tittenschwungpalast m *Tanzlokal*; *Lokal mit Mädchenbetrieb*

Tivi n, m *Fernsehgerät*. Engl. Ausspr. von TV (Abk. für Television)

Toaster m *Flammenwerfer*

Töchterverkupplungsanstalt f *Offiziersheim*

Tod m 1. grüner T. *Spinat*. Wegen der Unbeliebtheit des S.s. — 2. Was nicht unmittelbar zum T. führt, macht nur noch härter (Redensart im Stil von Durchhalteparolen, ironisch)

Todesarena f *militär. Übungsgelände*

Todesschaukel f *Sanitätskraftwagen*

Todesurteil n 1. *Einberufungs-*
bescheid. — 2. *Eheschließung;*
Heiratsantrag
Todeszelle f, T. 222 *Wachlokal.*
Nach einem Filmtitel
toft adj, **tofft(e)** adj 1. *gut, tüch-*
tig; sehr eindrucksvoll. 1800 ff.
2. *kameradschaftlich.* — → dufte
Tomate f, pl -n, Er ist mit dem
Fahrrad nach Italien, die T. rot
anstreichen (Antw. auf die Frage
nach jmds. Aufenthalt)
Ton m, den T. abschalten *sprach-*
los sein. Vom Abschalten des
Rundfunk-, Fernsehgeräts
Tonband n, **Tonfilmrolle** f *Toilet-*
tenpapierrolle. →Filmrolle
Toni (VN) m, blauer T. *blauer*
Monteuranzug. → Anton 1
Tontaube f, T. spielen *schweren*
Dienst haben. Die T.n werden in
schneller Folge abgefeuert; der
Schütze kommt dabei nicht zur
Ruhe
Topf m 1. *Stahlhelm.* Wegen
Formähnlichkeit. 1916 ff. —
2. *häßliches Mädchen.* Wohl An-
spielung auf Fehlen von Rundun-
gen; viell. zu »potthäßlich« u. →
Nachttopf 2
Topfschwenker m *Zivildienst-*
leistender, Wehrdienstverweigerer.
→ Pißpottschwenker
Topos pl *Topographietruppe*
Torpedo m *dunkle Zigarre.* 1914 ff.
→ Lungentorpedo
Torpedokaffee m *sehr dünner Boh-*
nenkaffee. Die Kaffeebohnen sind
vermeintl. nur mit dem Torpedo
hindurchgeschossen
Torte f 1. *Mädchen, Frau; Ge-*
liebte. Wegen der Begehrtheit;
sie sind gut zu → vernaschen. —
2. *geballte Ladung.* Ironisch
Tortenheber m, pl, siamesische T.
Halbschuhspanner

tot adj, Du bist t.! (Redewendung
auf einen schlappen Soldaten)
total adj, t. vergammelt *Terri-*
toriale Verteidigung. Deutung der
Abk. TV
Töte f *Pistole u. ä.* 1914 ff.
Totengräber m, pl 1. *Pioniere.*
Wegen der Erdarbeiten u. der
schwarzen Waffenfarbe. 1870 ff.
(HORN 32). — 2. *Spielleute, Mili-*
tärmusiker. Wegen der Mitwir-
kung bei Beerdigungen
Totenkapsel f *Starfighter*
Totenkopf m *Oberleutnant zur*
See. Der O. als Seeräuber gese-
hen; die Piratenflagge zeigt einen
T.
Totenschein m 1. *Einberufungs-*
bescheid. — 2. *Wehrpaß.* — Als
Bescheinigung über das Ende des
Zivillebens gesehen
Totenschild n *Erkennungsmarke*
Totenstarfighter m *Brathähnchen*
u. ä.
Totentellerchen n *Tellermine*
Totenvogel m 1. *Brathähnchen*
u. ä. — 2. *für Abstürze berüchtig-*
ter Flugzeugtyp
Totschläger m *Hartwurst.* 1939 ff.
Tournee f, auf T. *fahnenflüchtig*
Towntrip-Zeit f [Bestimmungsw.
engl. Ausspr.] *Stadturlaub.* Aus
dem Engl.
Tracht f *Uniform.* 1939 ff.
Trachtenanzug m 1. *Uniform.* —
2. Schröders T. *Uniform.* →
Gammelhaufen 4
Trachtengruppe f 1. *BW* (gele-
gentl. abf.). — 2. Kammhubers
T. *Luftwaffe.* → Kammhuber-
propeller. — 3. Norddeutsche T.
Bundesmarine. — 4. Schmidts
T./T. Schmidt *BW.* → Schmidt.
— 5. Schröders T. *BW.* → Gam-
melhaufen 4. — 6. Steinhoffs T.
Luftwaffe. Nach Generalleutnant

JOHANNES STEINHOFF, Inspekteur der L. 1966—1970

Trachtenrock m *Uniformrock.* 1939 ff.

Trachtenschuh m *Halbschuh*

Trachtenverein m 1. *BW.* — 2. *Territoriale Verteidigung.* Deutung der Abk. TV. — 3. Norddeutscher T. *Bundesmarine*

Trachtler m *Gebirgsjäger*

Trail m [Ausspr. engl.] 1. auf T. gehen *auf Stadturlaub gehen.* Engl. trail ›Spur, Fährte‹, to trail ›Wild aufspüren‹; → Wild. — 2. auf long T. *fahnenflüchtig.* → Trail 1

Trainer m *Rekrutenausbilder*

Traktor m, Ich glaube, der T. humpelt! (Erwiderung auf eine unglaubw. Behauptung; Ausr. der Verwunderung)

Tram f, die T. gemietet haben *Stadturlaub machen.* Anspielung auf die weit verstreut wohnenden »Bräute«

Trampler m 1. *Blindgänger.* Er trifft plump auf, aber explodiert nicht. — 2. *schikanöser Ausbilder.* Der A. »trampelt« auf den Rekruten rum

Träne f, eine lange T. weinen *harnen.* 1939 ff.

Tränenkammer f *Gasübungsraum*

Tränenmaske f *ABC-Schutzmaske*

Tränensack m 1. *Versager.* 1935 ff. — 2. *ABC-Schutzmaskentasche*

Tränenschuppen m *ABC-Übungsraum*

Tränentier n *Langsamer, Langweiliger, Energieloser.* 1900 ff.

Transportarbeitermusik f *ernste Musik.* Umschreibung für »schwere Musik«, »getragene Musik«

Trapper m *Soldat mit Ausbildung zum Überleben im Atomkrieg.* T.

eigentl. ›Fallensteller‹. → Atomtrapper

Traratüte f *Stahlhelm.* → Hurratüte

trau, schau, wem (Ausdr. für das bei der Musterung gebotene Mißtrauen)

Traubensaft m, hochkarätiger T. *Wein*

Trauermarsch m *Dienstantritt*

Trauersack m *schlaffe Hose*

Traum m, T. des Soldaten *Zivilist sein*

Traumtänzer m, militär. T. *Rekrutenausbilder.* Der R. erstrebt eine Ausbildung, wie sie nur im Reich der Träume möglich ist. → Miltratä

Trecker m 1. *Schützenpanzer.* — 2. Ich glaube, mein T. humpelt! (Erwiderung auf eine unsinnige Behauptung; Ausr. der Verwunderung)

Treiber m *Ausbilder.* Aus dem Jagdwesen

Treibriemen m (*abgewetztes*) *Koppel.* 1939 ff.

Trenker FN → Luis T.

Treppe f, die T. runterfallen *degradiert werden.* Die Dienstrangfolge als T. aufgefaßt

Treppenschmeißer m, **-stürzer** m *hochprozentiges alkohol. Getränk.* Nach dem Alkoholgenuß ist bes. das Begehen von Treppen gefährlich

Tresorknacker m, pl *Panzerabwehr*

Treter m 1. *Vorgesetzter, der Untergebene schikaniert u. gegen Höhergestellte unterwürfig ist.* Kurz für Pedaltreter, dies zu → Radfahrer; auch zu »mit Füßen treten«. — 2. *Schuhe; Stiefel.* 1880 ff.

Tretmine f 1. *Kothaufen im Freien.* 1939 ff. — 2. eine T. legen *im Freien koten.* 1939 ff.

Trichinenschau f *Gesundheitsbesichtigung*

Trichter m, einen in den T. wirbeln *koten*

tricksen intr *listig vorgehen; vorspiegeln, täuschen.* Zu Trick ›Kniff, Kunstgriff‹. Viell. aus der Fußballersprache

Trickser m *Gewitzter.* → tricksen

Triebtier n *Übereifriger*

trimmen tr [*jmdn.*] *drillen, schulen.* Zu engl. to trim ›ordnen, putzen‹. In der Seemannsspr. ›in sachgemäße Ordnung bringen‹. 1935 ff.

Trimmplatz m *Kasernenhof.* → trimmen

Trinkgeldpfote f *breite, plumpe Hand*

Trip m 1. *Flug.* Aus dem Engl. — 2. *Tripper.* Verkürzung

Tripologe m *Arzt für Geschlechtskrankheiten.* → Trip 2

Tripper m *Blumenkohl.* → Blumenkohl 1

Tripperspritze f 1. *Maschinengewehr 42.* 1914 ff. (GRAFF 152; LOOSE 281). → Spritze 2. — 2. *Gewehr.* → Spritze 1

Tripperspritzenrichtkanonier m *Sanitätssoldat*

Trippertruppe f *Sanitätstruppe*

Tripperwasser n *Mineralwasser* u. ä. Der Tripperkranke muß sich mit M. u. ä. begnügen, weil er Alkohol, Kaffee usw. zu meiden hat

trocken adj *mittellos.* T. als Gegenwort zu flüssig. 1930 ff.

Trockenkupplungsscheibe f *Knäckebrotscheibe* u. ä. → Kupplungsscheibe

Trommel f *A BC-Schutzmaskentasche.* → Botanisiertrommel

Trommelfell n, pl -e, einen Satz neue T. anfordern (Redewendung nach lautem Abfeuern)

Tropfenfänger m *Langbinder*

Trophäenjäger m *Ordensgieriger*

Trottel m *Truppen-Oberstleutnant.* Spielerisch zur Abk. Truppen-OTL

Trottoirbeleidiger m, pl *Stiefel* u. ä.

Trüffel f, pl -s *A BC-Abwehrtruppe.* Anspielung auf das Untersuchen der oberen Erdschicht

Trümmerhaufen m 1. *BW.* — 2. *Spind.* — 3. *Bett.* — 4. *Flugzeug Typ Phantom*

Truppe f 1. T. Arsch *Mannschaften.* → Schütze 1. — 2. rosa T. *Panzertruppe.* Wegen der roten Kragenspiegel

Truppenjesus m *Militärgeistlicher*

Truppenübungsplatz m *Bordell.* Wohl älter

Truppenvergnügungsplatz m *Truppenübungsplatz.* Ironisch

Truppenzebra n *Hauptgefreiter.* → Zebra

Tschako m *Feldjäger.* Nach der Kopfbedeckung (seit 1918) des Schutzpolizisten

Tschängpäng f *Handfeuerwaffe.* Lautmalend

TSP m *Lokal mit Mädchenbetrieb.* Abk. von → Tittenschwungpalast

TTUVP [Abk. für: tarnen, täuschen u. verpissen], T. machen *sich dem Dienst zu entziehen suchen; sich unerlaubt vom Dienst entfernen.* → tarnen

TTV [(Abk. für:) tarnen, täuschen, verpissen], T. machen → TTUVP

Tülle f *Mädchen.* Zu T. ›Harnröhrenausgang‹

Tummelplatz m, T. für Junggesellen *Truppenübungsplatz*

Tunte f *unsympathisches Mädchen.* Zu tunteln ›zögern; spröde sein, tun‹

Turban m *Kopfschützer*

Türke m, pl -n, (einen) T.n bauen *eine oft geprobte Übung als spontane Originalleistung vorführen; ein Täuschungsmanöver vollführen.* Spät. 19. Jh. Herk. unsicher; s. TRANSFELDT 253 ff. u. *Sprachdienst* 1977, 163 ff.

türmen intr *sich der Dienstpflicht entziehen*

Turn m [Ausspr. engl.] 1. *Flug.* Engl. turn ›Wendung, Kursänderung‹. — 2. *Abteilung; Teil einer Gruppe.* Engl. turn ›Arbeitsschicht‹

Turnstunde f, 4 Jahre T. *vierjährige Dienstzeit*

Turnvater-Jahn-Bomber m, f *Turnhose.* Anspielung auf Weite, unmodischen Schnitt

Turnwart m *sehr strenger Ausbilder.* Der A. läßt die Soldaten viel »turnen«. 1920 ff.

Tüte f 1. *Stahlhelm.* → Hurratüte; → Traratüte. — 2. *Präservativ.* 1930 ff. — 3. *Dummer; Wunderlicher; Versager.* Über Tute, Tüte ›Pfeife‹ analog zu → Pfeife 1. 1900 ff.

TÜV m 1. *Musterung; Gesundheitsbesichtigung.* — 2. *Pflegepersonal im Lazarett.* — 3. *Staatliches Gesundheitsamt* (als ärztl. Kontrollstelle der Prostituierten). — 4. Er ist mit der Kuh/Ziege zum TÜV! (Antw. auf die Frage nach jmds. Aufenthalt). — TÜV eigentl. (als Wort gespr.) Abk. für Technischer Überwachungsverein

TÜV-Mädchen n *amtl. überwachte Prostituierte.* → TÜV 3

TV-Koffer m *Territoriale Verteidigung.* → Teves; Koffer ›Altgedienter‹

Twen-Shop m [Ausspr. engl.] *Bekleidungskammer*

Twiggy m, f 1. *Flachbrüstiger, Hagerer.* — 2. *unschönes Mädchen.* — 3. *modernes Mädchen.* — Nach dem seit 1966 bekannten engl. Mannequin T. (LESLIE HORNBY)

Twisthose f *Uniformhose mit Biese.* Die Biesenhose als Kleidungsstück des (Berufs-)Twisttänzers gesehen

Twistschuppen m *Tanzlokal.* → Schuppen 1

Typ m 1. *(junger) Mann; Freund eines jungen Mädchens.* — 2. arbeitsscheuer T. *Zeitsoldat.* Der Z. dient vermeintl. länger, um nicht als Zivilist arbeiten zu müssen

Überbleibsel n *Altgedienter; Angehöriger der BW, der schon in der ehem. Wehrmacht gedient hat*

überbraten tr, [jmdm.] einen ü. [jmdm.] *eine Strafe/Strafverschärfung auferlegen.* 1939 ff.

Überlebensrüssel m *Schnorchel*

Übernachtungsbescheinigung f, amtliche Ü. *Heiratsurkunde*

Überraschungsgarten m *vermintes Gelände.* 1939 ff.

Überstunde f *Nach-, Strafexerzieren.* 1914 ff.

Übertragene m *kriegsgedienter Offizier*

Überzieher m 1. *Präservativ.* 1800 ff. — 2. *Kopfschützer*

U-Boot-Kitt m *Tubenkäse*

Übungsopfer n *Wildbret.* Das geschossene Wild als versehentl. Opfer einer Felddienstübung gesehen

Übungsplatz m, quer durch den Ü. *Gemüsesuppe*

Ufer n, vom anderen U. *homosexuell.* 1935 ff.

Uffz m *Unteroffizier*. Als Wort gesprochene Abk.

Ulk m *militär*. *Unterricht*

Ultimo n *Entlassung aus der BW am Dienstzeitende*

umfallen intr, Er ist umgefallen u. ausgelaufen (Antw. auf die Frage nach jmds. Aufenthalt)

umhängen tr, sich einen u. *sich betrinken*. Zu älterem »sich einen Bart machen«; Bart: der Bierschaum

umnieten tr 1. [*jmdn.*] *erschießen, umbringen*. Die Einschußstelle als Nietloch gesehen. 1939 ff. — 2. eine Frau u. *eine Frau vergewaltigen; koitieren*

umschnallen tr, sich einen u. *sich betrinken*. → umhängen

Umstand m, pl -stände, mildernde demokratische U. haben *dumm sein*

Umstandsbier n *dunkles Bier*. → Ammenbier

Umstandsgürtel m *Leibbinde*

Unfalltote m, pl -n *Gulasch*

Unfallverhütungstee m *schwarzer Tee*

Ungeziefer n *Unteroffiziere*. Wortspiel; die U. als Plagegeister empfunden

Unglücksvogel m *für Abstürze berüchtigter Flugzeugtyp*

Uniform f, sich in U. schmeißen *Uniform anziehen*. 1900 ff.

Uniformiertencafé n *Arrestanstalt*. → Café 3 bis 6

Unkamerad m *unkameradschaftl. Soldat*

Unkraut n *Rhabarber*

Unkumpel m *unkameradschaftl. Soldat*. → Kumpel 1

unkumpelig adj *unkameradschaftlich*. → kumpelig

Unschlüssige m *Zeitsoldat*. Der Z. kann sich vermeintl. nicht darüber schlüssig werden, wann er in seinen Zivilberuf zurückkehrt

oder für welchen Beruf er sich umschulen lassen soll

Unschuldsstation f *Arrestanstalt*

Unterarmleutnant m *Fahnenjunker*. Wegen des Sterns auf dem Unterärmel

Unterhaltung f, körperliche U. *Geschlechtsverkehr*

Unterhosenpartisan m *Filzlaus*. 1941 ff.

Unterkiefer m, Hast du schon mal das Buch gelesen »Wie esse ich ohne U.?«? (Drohrede)

Unterlage f *leichtes Mädchen*. 1933 ff. Entspr. → Matratze 1

Unterlegkeil m *Spähpanzer*. Übertreibung im Vergleich mit dem Panzerkampfwagen

Unterleibsobst n *Pflaumen*. → Pflaume 1

Untermieter m 1. *Soldat*. Der S. versteht sich als Unproduktiver, Schmarotzer; → Untermieter 2. — 2. *Laus* u. ä. 1914 ff.

Unternehmen n, U. Schlafsack *Montagmorgen bei der BW*. Nach dem gleichnam. dt. Film (1955)

Unteroffizier m 1. U. mit Begrenzungsleuchten *Fahnenjunker*. Wegen der Sterne auf den Unterärmeln. — 2. U. mit Portemonnaie *Feldwebel*. P. entstellt aus Portepee

Unteroffiziersgeneral m *Oberstabsfeldwebel*. Der O. als der höchste Unteroffiziersdienstgrad

Unteroffiziersventil n *Kasernenhof, Übungsgelände*. Vermeintl. reagiert der Unteroffizier auf dem K., Ü. sein Unterlegenheitsgefühl am Untergebenen ab

Unterricht m, himmelskundlicher U. *Predigt; geistliche Übungen; Rüstzeit* u. ä.

Unterrockstürmer m *Sekt, Likör* u. ä. Anspielung auf sexuelle Enthemmung bei Alkoholgenuß

Untersatz m 1. fahrbarer U. *Kraftfahrzeug; Kriegsschiff.* 1935 ff. — 2. schwimmender U. *Boot, Schiff, Kriegsschiff.* 1935 ff.

Untertasse f, fliegende U. *Baskenmütze, Barett.* Wegen Formähnlichkeit mit dem f. U. genannten unbekannten Flugobjekt

Unterwasserkotelett n *Fischsteak*

Unterwasserluftschraubengeschwader n *Unterseebootgeschwader*

Unterwassertiroler m *Marineangehöriger.* Angelehnt an Salontiroler

Unverbesserliche m *kriegsgedienter Offizier*

unzackig adj *ohne militär. Straffheit.* 1914 ff. → zackig

Unzahn m *unsympathisches Mädchen.* 1950 ff. → Zahn

Uralte m *Kommandeur.* → Alte 1

Urinkellner m 1. *Sanitätssoldat; männl. Pfleger.* — 2. *Wehrdienstverweigerer; Zivildienstleistender.* — Vom »Servieren« der Harnflasche

Urinkeule f *Penis*

Urinpeitsche f, die U. entleeren *harnen.* → Peitsche 1

Urinschwenker m *Sanitätssoldat.* → Pißpottschwenker

Urkundenausgabe f *Bestrafung.* Nach der Wehrdisziplinarordnung wird dem Bestraften die Strafformel in Abschrift ausgehändigt

Urlaub m 1. *Mittelarrest.* Der M. als U. vom aktiven Wehrdienst aufgefaßt. 1910 ff. — 2. *Dienstzeit.* Die D. als U. von der Berufsausübung oder (iron.) als Arrest empfunden. — 3. U. im Café am Eck *Arrest.* → Café 3 bis 6. —

4. U. auf Ehrenwort *Urlaub bis zum Wecken.* Der Aufenthalt außerhalb der Unterkunft nach dem Zapfenstreich bedarf der Zustimmung des nächsten Disziplinarvorgesetzten. — 5. U. zum Kinderkriegen *Familienurlaub.* — 6. U. auf Staatskosten *Manöver.* — 7. U. bei der Wache *Arrest.* — 8. U. auf Zeit *Arrest.* — 9. bezahlter U. *religiöse Einkehrtage*

Urlauber m, U. auf Lebenszeit *Teilnehmer am Berufsförderungsdienst*

Urlaubsbewacher m *Arrestwache.* → Urlaub 1, 7, 8

Urlaubsjäger m *überaus diensteifriger Soldat.* Der S. erstrebt Sonderurlaub

Urlaubsreich n *Arrestanstalt.* → Urlaub 1, 7, 8

Urlaubszeit f *prakt. Fahrschulunterricht.* Der F. wird als U. empfunden, weil dabei einige Fahrschüler nicht selbst fahren, sondern gefahren werden

Urne f 1. *Aschenbecher.* — 2. Komm gut in die Urne, laß die Asche nicht heiß werden! (Redensart auf einen Dummen oder Versager)

Urwaldmaggi m 1. *Coca-Cola; roter Wermutwein; Malzkaffee* u. ä. Vergleich mit der Farbe des Maggibrühe u. der Hautfarbe des Urwaldbewohners

Uzi f *Maschinenpistole (MP 2).* Amtl. Abk.: UZI. Nach dem israel. Konstrukteur Gal Uziel (um 1950)

Valentin (VN) m *Starfighter.* Wortspiel mit fallen (→ Starfaller) auf der Grundlage der bayr. f-Aussprache von V.

Van Andern f *erbettelte Zigarette.* »Von andern (erbettelt)« niederländisch verfremdet

Vater m 1. V. der Kompanie *Hauptmann.* 1914 ff. — 2. V. Philipp *Arrest-, Haftanstalt.* Nach JOHANN P., Arrestaufseher der Potsdamer Garnison seit 1818. (TRANSFELDT 228). 1870 ff. — 3. alter V. *Altgedienter.* — 4. militär. V. *Ausbilder.* Höhnisch

Vaterunser n *Dienstvorschrift.* Entspr. → Bibel 1

VB Boden—Luft m *Militärgeistlicher.* → Verbindungsoffizier 2

Verarschung f 1. *unerlaubter Drill.* Zu verarschen ›verprügeln‹. — 2. *Dienstvorschrift.* Zu verarschen ›veralbern‹

Verband m, größter schwimmender V. *BMVg.* Anspielung auf schwimmen ›nicht Bescheid wissen u. deshalb unsicher sein‹

Verbandsarchitekt m *Sanitätssoldat*

Verbandskommando n *Sanitätstruppe*

Verbindungsoffizier m 1. *Militärgeistlicher.* 1939 ff. — 2. V. Boden—Luft/Erde—Himmel *Militärgeistlicher*

Verblödungsröhre f *Fernsehgerät*

verbraten tr, einen v. kriegen *bestraft, gerügt werden.* Vgl. *WdU 2, 297*

Verbrauchsmaterial n *Mannschaften; Rekruten; Soldaten.* Gesehen als »Verbrauchsgüter, die entweder aufgebraucht werden oder sich nach ihrer Abnutzung nicht mehr wiederherstellen lassen« (FUCHS-KÖLPER 322)

Verdachtschöpfer m *Vorgesetzter*

verdrücken refl, sich v. — Mücke

tief links *nachlässig Dienst tun.* → Mücke 5

Verdummungskasten m, **-kiste** f *Fernsehgerät*

Verein m 1. *Truppenteil.* 1914 ff. (GRAFF 156). — 2. *undisziplinierte Einheit.* 1914 ff. — 3. *BW.* — 4. V. der Nillenflicker *Sanitätstruppe.* 1939 ff. → Nillenflicker

verflüssigen refl, Er hat sich verflüssigt u. ist geplatzt (Antw. auf die Frage nach jmds. Aufenthalt)

Verfolgungswurst f *Hartwurst.* Die H. wird zu oft vorgesetzt, sie »verfolgt« den Soldaten

verfranzen refl *sich verfliegen.* 1914 ff. (MAUSSER 32; HAUPT 188; GRAFF 157). → franzen 1

vergammeln tr, die Zeit v. *die Zeit in Untätigkeit verbringen.* → gammeln 2

vergammelt adj → total

Vergasung f *Übung mit der ABC-Schutzmaske*

Vergasungsanstalt f *ABC-Abwehrschule*

Vergasungsprobe f *Übung mit der ABC-Schutzmaske*

Vergasungsraum m *ABC-Übungsraum*

vergattern tr [jmdn.] *dienstlich streng verpflichten.* 1850 ff. (TRANSFELDT 144 f.; *WdU 2,* 298 f.)

Vergatterung f 1. *Forderung nach strengem Befolgen der Vorschriften.* 1900 ff. — 2. *Freiheitsbeschränkung; Disziplinarstrafe.* 1900 ff. — 3. *Eheschließung.* — → vergattern

Verhaftung f *Eheschließung*

verholen refl *sich einer Aufgabe entwinden; davongehen.* Eigentl. ›das Schiff an einen anderen Liegeplatz bringen‹. Marinespr. 1900 ff.

Verhüterli n 1. *Präservativ*. Schwäb. — 2. *Gummimantel*. Wegen Materialgleichheit mit → Verhüterli 1

Verkehrslärm m *Standkonzert der Militärkapelle*

Verkehrstod m *Gulasch*

Verkehrsunfall m 1. *Geschlechtskrankheit*. 1935 ff. — 2. *unbeabsichtigte Schwängerung*. 1935 ff. — 3. *nichtehel. Kind*. 1935 ff. — 4. *Wellwurst*. Wegen der unbestimmten Zusammensetzung angebl. hergestellt aus den Resten eines bei einem V. getöteten Tieres

verknacken tr [*jmdn.*] *bestrafen, verurteilen*. Zu knacken ›einen kurzen hellen Ton von sich geben‹ (der Riegel, das Schloß der Zellentür). 1870 ff. (HORN 119)

Verknackung f *Bestrafung*. → verknacken

Verlängerung f, V. des Rückgrats der Armee *Hauptgefreiter*. → Rückgrat 1 b

Verlaufcomputer m *Marschkompaß*

Verlegenheitsessen n *Hülsenfrüchtesuppe*. Wegen der blähenden Wirkung gibt es nach dem Essen Verlegenheit

Verlies n *Arrestanstalt*

verlöten tr 1. einen v. *Alkohol trinken*. Zu Lötwasser (ein starker, hochprozentiger Schnaps) u. Lötkolben ›Trinkernase‹. 1870 ff. — 2. *koitieren*. Wegen v. ›dicht machen, verbinden‹. 1900 ff.

vermampfen tr *Geld für Essen ausgeben; essen*. → mampfen

vernaschen tr [*mit jmdm.*] *kurzlebige Liebesabenteuer haben; koitieren*. 1925 ff.

verpassen tr 1. [*etw.*] *geben, aushändigen*. Vom Einkleiden.

1870 ff. — 2. [jmdm.] eine(n) [ergänze: Rüge, Zigarre; Tadel, Verweis, Anschiß] v. [*jmdn.*] *rügen, bestrafen*. 1914 ff. (HAUPT 188). — 3. eine(n) verpaßt kriegen *getadelt werden*. 1914 ff. → verpassen 2. — 4. [jmdm.] einen [ergänze z. B. → Schuß 1] v. *koitieren*. 1900 ff.

Verpassung f *Einkleidung*. 1900 ff. → verpassen 1

Verpflegung f 1. außer V. gehen *den Soldatentod erleiden*. 1939 ff. — 2. [jmdn.] aus der V. nehmen [*jmdn.*] *erschießen*. 1939 ff.

Verpflegungsbehälter m *ABC-Schutzmaskenbehälter*. Entspr. → Bierbox

Verpflegungsteilnehmer m *Soldat*. 1939 ff.

Verpflichtungsprämienjäger m *Längerdienender*

verpieseln refl *unbemerkt davongehen; sich dem Dienst entziehen*. 1939 ff. Nebenform von → verpissen

verpissen refl 1. *sich davonschleichen*. 1890 ff. — 2. *sich der Dienstpflicht, einem dienstlichen Auftrag entziehen*. → tarnen. — Verpissen eigentl. ›sich zum Pissen (Harnen) entfernen‹. (*WdU* 2, 302)

Verpisser m 1. *jmd., der sich einem Befehl zu entziehen sucht*. — 2. *Wehrdienstverweigerer*. — → verpissen

Verpisserdienst m, **-job** m *angenehmer, leichter (unbeaufsichtigter) Dienst*. → verpissen

Verpisserlehrgang m *geistliche Übungen u. ä*. → verpissen

Verpisserschule f *Krankenpflegerschule*. Wegen der Ausbildung zu vermeintl. leichterem Dienst; → verpissen

Verpisserstunde f 1. *Kirchgang.* —
2. *Putz- u. Flickstunde.* — → verpissen
Verpissertrick m *Trick zum Ver-
schaffen eines |leichteren Dienstes.*
→ verpissen
Verpisserurlaub m *Ernteurlaub.* →
verpissen
Verplanungsraum m *Geschäftszimmer.* Im G. wird die Diensteintei-
lung »verplant«
verpoofen tr *die Zeit verschlafen.*
1914 ff. → poofen
Verrecker m *heftige Erkältungs-
krankheit.* Beim Tier: V. ›Tod‹
(FISCHER 2, 1273)
verrödeln refl *sich dem Dienst entziehen.* → rödeln; → Rödeldienst
verschenken refl, Ich könnte
mich so v.! (Redensart bei Erschöpfung). Zu »sich verschenken« ›sich beim Geschlechtsverkehr hingeben‹
Verschlag m *Spind*
verschossen adj *nicht bei Kasse.*
→ Pulver 1
versifft adj *verlaust; schmutzig.* →
entsiffen 2
Versilberte m, V.r mit abgeschlos-
sener Laufbahn *Oberst.* Der O.
als letzter Dienstgrad mit Silber
auf den Schulterklappen
verspäten refl *nachexerzieren.* Euphemistisch
Verstand m, Der V. ist durchge-
rostet (Redewendung auf rotes
Haar)
verstrahlt adj *betrunken.* Zu strah-
len ›umherschwärmen‹
Verstreichfett n, V. einfach *Margarine*
Versuchslabor n *Kasernenküche*
Verteidiger m, pl *BMVg*
Verteidigungsbeamte m *Altgedienter; Soldat.* → Bundesverteidigungsbeamte

Verteidigungs-GmbH f NATO
Verteidigungskollege m *Soldat;
Kamerad*
Verteidigungsrat m *Major*
Verteidigungssekretär m *Feldwe-
bel.* Wegen des Dienstes im Ge-
schäftszimmer
Verteidigungszeit f *Wehrdienstzeit*
Verteidigungszentrale f *Kaserne*
Vertragsspieler m *Zeitsoldat.* Aus
der Sportlerspr.
vertretbar adj *schmackhaft*
Verwaltungsbulle m *Truppenver-
waltungsbeamter.* → Bulle 1
Verwaltungsmuffel m *Truppen-
verwaltungsbeamter.* → Muffel
Verwendungsbremse f, pl -n *Taug-
lichkeitsgrade.* Die T. verhindern
z. T. den vollen militär. Einsatz
Verzweiflung f, Territoriale V.
Territoriale Verteidigung. Wort-
spiel
vibrieren intr, V. im Dickdarm
haben *Stuhldrang verspüren*
Viehdoktor m *Stabsarzt.* → Tier-
arzt
Viehschau f *Musterung*
Viehtreiber m *Stabsveterinär*
Viehtreibermantel m *langer
Postenmantel*
Vieltag m *Rekrut.* → Tag 1
Viereck n *Arrestanstalt.* 1935 ff. →
Café 6
Vierpickel m *Viersternegeneral.* →
Pickel 1
Viersterneloch n *Feld-, Kasernen-
küche.* Nach der Baedeker-Kenn-
zeichnung sehr empfehlenswerter
Häuser. Ironisch
Viertakter m *Kapitän zur See.*
Wegen der vier gelben Ärmel-
streifen
Vierwochen- n, **Vierzehntageklo-
sett** n *Reit-, Überfallhose.* 1930 ff.
Vierzylinder m *Latrine (Abort) mit
vier Sitzen.* 1939 ff. → Zylinder 1

Vietcong m *Draufgänger*. Wegen der unerbittl. Kampfweise der südvietnam. Guerillakämpfer im Vietnamkrieg (1957/58—1976) **Vietnamdünnschiß** m *Gulasch auf Reis* **Vietnamkugel** f *Frikadelle* **Villa** f 1. *Arrest, Arrestanstalt.* — 2. V. Eichmann *ABC-Übungsraum.* → Eichmann. — 3. V. Klamott *Kasernenstube.* Wegen der oft alten, abgenutzten Einrichtung. — 4. V. Sonnenschein *Arrestanstalt.* — 5. V. Zaun *Postenhaus.* Das P. steht am Außenzaun der Kaserne, des Lagers **Villenportier** m *Arrestwache.* → Villa 1 **Vitamin** n, pl -e *Patronen.* Die P. sind zur Angriffsabwehr »lebensnotwendig« **Vize** m 1. *Soldat drei/sechs Monate vor der Entlassung.* → Vizereservist. — 2. V. in Lauerstellung *Reservist* **Vizereservist** m *Soldat im (vor)letzten Vierteljahr der Dienstzeit.* → Reservist 1 **Vogel** m 1. *Flugzeug.* Früh. 20.Jh. — 2. *Luftwaffenärmelband*; *Abzeichen für das fliegende Personal.* — 3. blinder V. *schlechter Schütze*; *Dummer.* → blind 1. — 4. toter V. *Versager*; *Langweiliger.* — 5. pl Vögel, tote V. *Territoriale Verteidigung.* Deutung der Abk. TV **Vögelbauer** n *Prostituierte.* Aus Vogelbauer unter Einfluß von → vögeln **Vogelflinte** f *Gewehr* **Vogelfutter** n *Reis* **Vogel-** n, **Vögelhaus** n, **Vogelhäusl** n *Bordell.* 1930ff. → vögeln **vögeln** tr, intr *koitieren.* Fußt auf mhd. vogelen ›begatten‹ (anfangs nur vom Vogel). 1300ff.

Vogelstange f *Latrinensitzstange* **Völkervermehrungsbolzen** m, **-knüppel** m *Penis* **Volksbelustigung** f *Sportstunde* **Volksfeldwebel** m *Gefreiter.* Die Zahl der Gefreiten ist größer als die der Feldwebel **Volksfilm** m *Toilettenpapier.* → Filmrolle **Volksglotze** f *Fernsehgerät.* → Glotze **Volksnahrung** f *Bier* **Volksoffizier** m, V. mit Arbeitergesicht *aus dem Unteroffizierstand hervorgegangener Fachoffizier.* Bez. mit klassen- u. standeskämpfer. Nebenton. 1939ff. **Volkssturm** m *Territoriale Verteidigung* **Volksverblödungsapparat** m, **Volksverdummungsgerät** n, **-kasten** m, **-kiste** f, **-röhre** f *Fernsehgerät* **Volksvergifter** m, pl *Küchenpersonal* **Volksvermehrungskeule** f *Penis* **vollaufen** intr, sich v. lassen *sich betrinken.* 1920ff. **Vollballon** m, **Vollballonbereifung** f *wundgelaufene, geschwollene Füße.* → Ballon 2 **vollblind** adj *sehr dumm*; *ganz unfähig.* → blind 1 **vollgeschlagen** adj *satt* **Vollgummi** n, m 1. *wundgelaufene Füße.* → Gummi 4. — 2. V. verteilen/-passen *schikanös ausbilden.* → Gummi 1 **vollgummibereift** adj *wundgelaufen* (die Füße). → ballonbereift **Vollgummibereifung** f *Blasen an den Füßen.* → Ballon 2 **Vollkapitän** m *Kapitän zur See.* Zur Unterscheidung vom K. in der Binnenschiffahrt

Vollkettenklotzer m, pl *Panzerartillerie.* Wegen der beim Panzerfahrzeug von Bug bis Heck laufenden Raupenkette. → klotzen

vollkrachen refl *sich betrinken.* Zu »trinken, bis die Schwarte kracht«

vollmampfen refl *sich satt essen.* → mampfen

vollmuff adj *volltrunken.* → muff 1

Vollpension f *Arrest.* 1920ff.

Vollprofi m *Berufssoldat.* → Profi 1

Vollstratz m *Betrunkener.* Zu stratzen (Nebenform von strotzen) hier ›von Alkohol übervoll sein‹

Voll-Z m *Berufssoldat.* → Z m

Vollzähligkeitstest m *Musterung.* Bei der Musterung wird festgestellt, ob alle Knochen vollzählig vorhanden sind

Vomag m *Fachoffizier.* Initialwort aus »Volksoffizier mit Arbeitergesicht«; → Volksoffizier. 1939ff.

vorbei adv, V., weit vorbei (Redensart auf die Flugabwehr). Anspielung auf Treffunsicherheit. 1939ff.

vorbestraft adj *verheiratet.* Ironisch; wohl aus einem Witz

Vordermann m, [etw.] auf V. bringen *ein Fahrzeug fahr-, startbereit machen.* Nach dem Exerzierreglement: Ausrichten der Soldaten Kopf hinter Kopf; der Vordermann bestimmt die Richtung des Hintermanns

Vorfahrt f, V. haben *bevorrechtigt abgefertigt werden; Mitbewerber ausstechen.* Dem Straßenverkehrswesen entlehnt

Vorgartenzwerg m *kleinwüchsiger Soldat*

Vorhaut f, Das kannst du dir hochkant unter die V. jubeln! *mach damit, was du willst!; laß mich damit in Ruhe!* 1939ff.

Vorhautfeinmechaniker m *Stabsarzt; Sanitätssoldat*

Vorhautklempner m *Stabsarzt; Sanitätssoldat.* → Klempner

Vorhautmechaniker m, **-monteur** m, **-schlosser** m, **-verbindungstechniker** m *Sanitätssoldat*

Vorkriegsprobe f *Manöver*

Vorsänger m *Vorgesetzter.* Die Untergebenen müssen das vom V.n Gesagte »nachsingen«

Vorschriftsrotation f *Drill.* → rotieren 3

Vorseher m *Längerdienender.* Ein L. hat das höhere Entlassungsgeld im Auge

vorturnen intr *nachexerzieren*

Vorübergehende m *Zeitsoldat*

Vorzimmer n, V. zum Vatikan *Kompaniegeschäftszimmer*

Voyeur m [Ausspr. franz.], dem V. Spaß machen *sich der Gesundheitsbesichtigung unterziehen*

VU m *Blindgänger.* Abk. für Versorgungsunteroffizier. Dem Nachschub gehören die am Aufstieg gehinderten, für Versager gehaltenen Hauptgefreiten im 6. Dienstjahr u. ä. an

VU-Bulle m *Angehöriger einer Versorgungseinheit.* → VU; → Bulle 1

VU-Gewächs n *Gehilfe des Versorgungsunteroffiziers.* → VU

W [in Zusammensetzungen:] *Wehrpflicht-*

Wache f 1. W. schieben *Posten stehen.* 19. Jh. → schieben. — 2. W. schrubben *Posten stehen.* Schrubben ›scheuern‹; mit den Schuhen über die Planken scheuern‹. Marinespr.

Wachgetränk n *Kaffee*
Wachhund m 1. *Soldat auf Posten.*
— 2. pl -e *Schnellbootgeschwader*
Wacht f, die Wacht am Rhein
BMVg. Nach dem gleichnam.
Gedicht von MAX SCHNECKEN-
BURGER (1840)
W-Achtzehner m 1. *Wehrpflich-*
tiger mit 18 Monaten Dienstzeit. —
2. W. mit Durchblick *Zeitsoldat.*
→ Durchblick. — 3. W. mit Hirn
Zeitsoldat. — 4. W. de Luxe
Zeitsoldat; Längerdienender. We-
gen der finanz. Vergünstigungen
(höheres Gehalt statt Wehrsold).
— 5. Das juckt einen W.! (Re-
densart der Gleichgültigkeit). —
→ W
Wach- u. Schießgebiet n *Trup-*
penübungsplatz
Wade f, Rechts mehr durchtre-
ten, die linke W. eiert! (Zuruf an
eine Straßenprostituierte)
Wadenschoner m *Strumpf*
Waffelbeck m 1. *Nörgler.* —
2. *Unteroffizier.* — Zu waffeln
›schwätzen; Unsinn äußern‹.
Bayr.
Waffenbulle m *Waffenmeister,*
-handwerker. 1939ff. → Bulle 1
Waffenkammerbulle m *Waffen- u.*
Gerätewart. → Bulle 1
Waffenmuffel m *Soldat, der sich*
über den Dienst mit der Waffe keine
Gedanken macht. → Muffel
Waffenschein m *Soldbuch, Wehr-*
paß
Waffenscheinpflichtige m, pl -n
spitze Halbschuhe. Die H. scherzh.
als Stichwaffe gesehen. 1925ff.
Waffensegner m *Militärgeist-*
licher
Waffenstillstand m, W. machen
ins Wirtshaus gehen
Wagenschmiere f 1. *Margarine.*
1900ff. — 2. *Marmelade, Rüben-*

sirup. 1914ff. (MAUSSER 64;
GRAFF 159)
Waggonwächter m, pl *Bahnschutz*
Wahnsinnige m *Längerdienender*
Wahnsinnstat f *Verpflichtung als*
Zeitsoldat; Zeitsoldat sein
wahrschauen intr, tr *Bescheid*
geben; warnen. Ausgangsbed. ›zur
Obacht aufschrecken‹. 14. Jh.
Wal m 1. (eiserner) W. *Untersee-*
boot. 1939ff. — 2. fliegender W.
Seeaufklärungs- u. U-Jagdflug-
zeug Typ Breguet »Atlantic«. Das
größte Kampfflugzeug wiegt mit
voller Ladung über 43 t. —
3. pl -e, Ihr seid wie die W. —
großes Maul u. alle Kraft im
Schwanz (Redensart auf Großsprecher). Anspielung auf gerin-
ges Denk- u. großes Geschlechts-
vermögen
Wald m 1. W. u. Wiese a) *min-*
derwertiger Tabak. 1945ff. —
b) *Kräutertee.* 1939ff. — 2. Geh
in den W. zu deinen Freunden!
geh weg! Anspielung auf Hinter-
wäldler ›Einfältiger‹. — 3. Ihn
hat der W. geschafft *er ist dumm,*
einfältig, wenig anstellig. →
Wald 2. — 4. Marke »Deutsche,
raucht eure Wälder!« *übelrie-*
chender Tabak. — 5. Ich denke/
glaube, ich bin/stehe im W.!
(Ausr. der Entrüstung, der Verwunderung). → Wald 2
Waldbrandaustreter m, **-be-**
kämpfer m *breiter Schuh; Stiefel*
Waldheini m *Dummer; Versager.*
1935ff. → Heini; → Wald 2
Waldkapelle f *Latrine auf dem*
Truppenübungsplatz. Die L. als
Ort stiller Beschaulichkeit; viell.
auch Deutung der Abk. WC
Waldschrat m 1. *Kleinwüchsiger.*
— 2. *Einfältiger.* → Schrat 1

Waldspecht m, pl -e *Bundesgrenz-schutz*
Wald-u.-Wiesen-FBI m [Grundw. (Abk.) engl. Ausspr.] *Heeres-angehöriger*
Wald-u.-Wiesen-Schrat m *Heeres-angehöriger.* → Schrat
Wald-u.-Wiesen-Tee m *Kräuter-tee.* 1939 ff.
Wald-u.-Wiesen-Webel m *Feld-webel.* → Waldwebel
Waldwebel m *Feldwebel.* Wort-spiel. 1914 ff.
Walfischsteak n *Fischsteak*
walk m, the last walk [Ausspr. engl.] *Zapfenstreich.* Engl. walk ›Gang, Wanderung, Tätigkeit‹
Wampe f, **Wampen** m, [etw.] in die W./den W. schmeißen [*etw.*] *essen*
Wand f, Scheiß die W. an! (Ausr. der Verzweiflung, der Gleichgültigkeit). Urspr. Rat an jmdn., der sich langweilt. 1935 ff.
Wanderlokus m *Überfallhose*
Wanderprediger m *Militärgeist-licher.* Ein M. ist unterwegs von einer Einheit zur andern
Wandertasche f *ABC-Schutzmas-kentasche.* Entspr. → Bierbox
Wanze f, aussehen wie eine an-gepoppte/schwangere W. *feist, be-leibt, schwerfällig sein.* 1914 ff.
warm adj 1. [jmdn.] w. machen [*jmdn.*] *streng drillen.* — 2. w. quetschen *koten*
Wärmflasche f 1. *Brandflasche.* — 2. W. (mit Ohren) *Bettgenossin.* 18. Jh.
Wartesaal m *Kantine.* Wegen un-gemütl. Ausstattung
Warze f *Dienstgradabzeichen des Offiziers* (Stern)
Warzensau f, ruppelige W. (Schimpfw.). Ruppelig ›zer-lumpt; flegelhaft‹

Wäsche f 1. W. achtern *Marine-uniform mit großen Kragen auf dem Rücken.* Der Matrosenschlips wird hinten gebunden. — 2. W. vorn *Jacke mit Schlips u. Kragen* (bei Bootsleuten u. Offizieren). Der Schlips wird vorn gebunden
Wäsche-achtern-Träger m *Matro-se.* → Wäsche 1
Wäsche-vorn-Träger m *Boots-mann, Offizier.* → Wäsche 2
Waschraum m, Er liegt im W. u. blutet (Antw. auf die Frage nach jmds. Aufenthalt)
Waschtag m *Revierreinigen*
Wasser n 1. gefärbtes W. *Malz-kaffee.* 1920 ff. — 2. W. fassen *sich waschen.* → fassen. — 3. Er hängt wie ein Schluck W. in der Kurve *er ist mißgestaltet, krumm.* — 4. eine Handvoll W. nehmen *sich waschen.* — 5. eine Kanne W. wegbringen *harnen.* — 6. eine Stange W. kaltstellen/wegstellen/ in die Ecke stellen *harnen.* 1925 ff. — 7. W. ins Gesicht werfen *sich waschen*
Wasserabschlagstation f *Steh-abort*
Wasserballon m, pl -s *wundgelau-fene Füße.* → Ballon 2
wasserbereift adj *wundgelaufen* (die Füße). → ballonbereift; → luft- u. wasserbereift
Wasserdichte m *Stahlhelm.* 1939 ff. (MECHOW 89)
Wasserfederung f *Blasen an den Füßen.* → Wasserballons
Wasserfloh m *Matrose.* 1914 ff.
Wasserfrosch m *Marineangehöri-ger*
wassergekühlt adj, w. gehen *Bla-sen an den Füßen haben.* 1939 ff.
Wassergeneral m *Admiral.* Der A. hat den gleichen Rang wie der General

Wasserhauptmann m *Kapitän-leutnant*. Der K. hat den gleichen Rang wie der Hauptmann

Wasserheini m *Marineangehöriger*. → Heini

Wasserlatscher m *Pionier*. Anspielung auf Brücken-, Dammbau

Wasserlefti m *Leutnant zur See*. → Lefti

Wasserleiche f *Herings-, Fischspeise*

Wasserlord m *Marineangehöriger*. → Seelord

Wassermajor m *Korvettenkapitän*. Der K. hat den gleichen Rang wie der Major

Wassermann m *Marineangehöriger*

Wassermelone f *Treibmine*. Wegen Formähnlichkeit

Wassermolch m *Matrose*

Wasserorgel f *Unterseeboot*. Anspielung auf das Tauchen u. Aufsteigen des U.s

Wasserpanscher m 1. *Marineangehöriger*. — 2. *Pionier*. → Wasserlatscher

Wasserpatscher m *Pionier*. → Wasserlatscher

Wasserratte f 1. *Marinesoldat*. 1900 ff. — 2. pl -n *Landungsgeschwader*. — 3. *Pionier*. 1914 ff. (GRAFF 160; AHNERT 13). → Wasserlatscher

Wasserschwein n *Matrose*. Anlehnung an Front-, Etappenschwein u. ä.

Wassersoldat m *Marineangehöriger*

Wasser-Stuffz m *Obermaat*. → Stuffz

Wassersüchtige m *Marineangehöriger*

Wasserträger m *Marineangehöriger*. Anspielung auf Reinigen der Schiffsplanken

Wassertreter m *Marineangehöriger*

Wasser-Uffz m *Maat*. Der M. hat den gleichen Rang wie der → Uffz

Wasserwebel m *Bootsmann*. Der B. hat den gleichen Rang wie der Feldwebel

Watschensepp m *Gebirgsjäger*. Nach der Bez. für den bayr. (rauflustigen) Bauern

Wechselschleichdienst m *Wachdienst*. Die Wachen bewegen sich lautlos u. werden von Zeit zu Zeit abgelöst

Weckadelle f *Frikadelle*. Wortspiel mit Bezug auf Weck ›Brötchen‹

Wedel m *Feldwebel*. Wortspiel

Weg m 1. W. ohne Umkehr *Musterung*. Nach dem Titel des gleichnam. dt. Films (1953). — 2. Du kannst zwar einer alten Frau den falschen W. zeigen, aber . . . (Redewendung an einen Großsprecher). Spätest. 1930

wegtreten tr 1. geistig weggetreten *geistesabwesend; besinnungslos; dumm*. 1925 ff. — 2. völlig weggetreten *volltrunken*. 1925 ff. — Vom Wegtreten der Soldaten

Wegschmeißpuste f *Handgranate*. → Puste

Wehe f, pl -n *Stuhlverhärtung*

Wehrdienst m 1. W. abklopfen/-kloppen *der Wehrpflicht nachkommen*. 1935 ff. Zu abklopfen vgl. → Griff 3. — 2. den W. absitzen *den Wehrdienst ableisten*. Anspielung auf sitzen ›Gefängnisinsasse sein‹

Wehrflüchtling m *Wehrpflichtiger, der vor der Einberufung seinen Wohnsitz in Berlin nimmt*

Wehrkollege m *kameradschaftl. Soldat*

Wehrpflichtige m, wie ein W. r fressen *gierig essen*

Wehrsau f, ranzige W. (Schimpfw.)
Wehrschaffen n, frohes W. *militär. Grundausbildung.* Ironisch
Wehrsilo m *Gebäude des BMVg*
Wehrsoldgrab n *Soldatenkneipe*
Weib n 1. W. fassen *Umgang mit einem Mädchen suchen.* → fassen.
— 2. pl -er, Er stemmt dicke W. (Antw. auf die Frage nach jmds. Aufenthalt)
Weibel m *Feldwebel.* W. als Ausgangsform von (Feld-)Webel; Ausgangsbed. ›Gerichts-, Amtsbote‹
Weichei n *energieloser, feiger Soldat.* → Ei 7
Weichensteller m, pl *Luftwaffenbodenpersonal.* 1939 ff. — 2. *Flugsicherungspersonal.* (1914 ff.: unfähiger Flugzeugbeobachter)
Weichmann m *Feigling; verwöhnter junger Mann.* Weich ›willensschwach‹. 1939 ff.
Weide f, Sie muß noch 1 Jahr/ 5 Jahre auf die W. (Redensart auf ein schmächtiges, körperlich noch nicht voll entwickeltes Mädchen)
Weihnachtsmann m *Buckliger.* Vergl. des Buckels mit dem Sack auf dem Rücken des W.s
Weihnachtsmantel m *Postenmantel*
Weinbrand m *Hauptmann.* Entspr. → Kognak 1
Weinbrandflasche f *Hauptmann* (abf.). → Weinbrand; → Flasche 1
Weitblickerlehrgang m (in Redensarten scherzh. Bezeichnung für einen angebl. Lehrgang, der die Fähigkeit zum Weitblick vermittelt). → Durchblickerlehrgang
Weiterverpflichtungsbehörde f *Berufsförderungsdienst.* Der B. ist für die Zeitsoldaten eingerichtet
Weitspucker m, pl *Artillerie.* → spucken

Wellenbrecher m, **-hopser** m *Marineangehöriger*
Wellenjauler m, pl *Fernmeldetruppe*
Wellenplanierer m *Marineangehöriger*
Wellenreiter m *Funker.* 1939 ff.
Welt f, eine W. voller Rätsel *Beförderungswesen.* Nach dem dt. Titel des Films »Secrets of live« (1956) von WALT DISNEY
Weltfebel m *Feldwebel.* Wortspiel
Weltmeister m, pl *die Offiziere*
Werkbank (der Liebe) f *Bett.* 1900 ff.
Werkstatt f 1. → Adolf. — 2. (der Liebe) *Bett* u. ä.; *Schlafzimmer.* 1900 ff.
Werkzeug n *Eßbesteck*
Wertfach n 1. Noch tausend Tage im W. haben *noch lange zu dienen haben.* — 2. Ich glaube, ich stehe im W. (Erwiderung auf eine unerwartete Handlung oder unglaubw. Behauptung). — 3. Er übt Wendungen im W. (Antw. auf die Frage nach jmds. Aufenthalt). — W.: Wertsachenfach im Spind
Wertfachbewohner m, **-schläfer** m *kleinwüchsiger Soldat.* → Wertfach
Wespe f 1. *Kampf-, Beobachtungsflugzeug.* Wegen des Motorgeräuschs u. der »Stiche« (Feuergarben). 1914 ff. — 2. *Hubschrauber.* Wegen des Motorgeräuschs
Wespennest n *Flugzeugträger.* → Wespe 1
Westentaschen-Fla f *Flugabwehrrakete Hawk.* Entspr. → Rucksack-Fla
Wetterfrosch m *Angehöriger eines Wettertrupps; Meteorologe.* Spätest. 1900

Wetzer m 1. *eilfertiger Liebediener; Schmeichler; Flirtender.* — 2. W. vom Dienst *Ordonnanz.* — Zu wetzen ›eilen‹

W-Fuffzehner, -Fünfzehner m *Wehrpflichtiger mit 15 Monaten Dienstzeit.* → W

Whisky m 1. *schwarzer Tee.* — 2. *Mineralwasser mit Geschmack*

Whiskybecher m *Feldflasche*

Whiskyschwemme f *Offizierskasino*

Wichsbeutel m *schikanöser Ausbilder.* Zu wichsen wie → schleifen 1

wichsen intr. 1. *onanieren.* Nach der Hin- und Herbewegung. 1850 ff. → abwichsen 2 a. — 2. *koitieren.* 1900 ff.

Wichsgrenze f *Zapfenstreich.* → wichsen 2

Wichsgriffel m *Finger.* 1900 ff. → wichsen 1

Wichtel m *Halbwüchsiger*

Widerstandskämpfer m *widerspenstiger Soldat*

Widowmaker m [Ausspr. engl.] *für Abstürze berüchtigter Flugzeugtyp.* Amerikan. Pilotenslang. → Witwenmacher

Wiederbelebung f, **-geburt** f *Entlassung aus der BW*

Wiesenwebel m *Feldwebel.* → Wald-u.-Wiesen-Webel

Wild n, jagdbares W. *leichtes Mädchen*

Wilddieb m 1. *guter Schütze.* — 2. *Soldat, der das Gewehr mit der Mündung nach unten trägt.* Der W. ist ständig bereit zum Anlegen u. Abdrücken

Wilderer m, die W. vom Silberwald *Jägerzug.* Nach dem dt. Film »Der Wilderer vom Silberwald« (1957)

Wildsau f *Ungestümer; Draufgän-*

ger; *rücksichtsloser Fahrer; Kameradenschinder.* 1850 ff.

Wildschwein n *Draufgänger.* → Wildsau

Wind m 1. Und der W. kann nicht lesen *Rekrutentest.* Nach dem dt. Titel des engl. Films »The wind cannot read« (1958). — 2. W. über den Zaun schaufeln/schippen (u. ä.) *Betriebsamkeit vortäuschen.* — 3. Er schaufelt W. um die Ecke (Antw. auf die Frage nach jmds. Aufenthalt)

Windhund m *Presseoffizier.* Anspielung auf Anpassungsfähigkeit u. (geistige) Beweglichkeit

Windmühle f *Hubschrauber.* Wegen der Drehflügel. 1941 ff.

Windorgel f *Hubschrauber.* Zu orgeln ›runddrehen‹ (den Drehorgelgriff)

Windschläger m *Oberfeldwebel.* Angebl. wegen Eitelkeit

Winkel m, **-eisen** n, **-fritze** m, **-putzer** m *Feldwebel.* Wegen des Dienstgradabzeichens

Winki m *Signalgast.* Marinespr.

Winteranzug m *Schlafanzug.* Der S. wärmt mehr als das Nachthemd

Winzling m *Kleinwüchsiger*

wirken intr *körperliche Arbeit verrichten; schwer arbeiten*

Wirkungstrinken n, W. veranstalten *zechen, bis einer Wirkung zeigt u. umfällt*

Wirsing m *Kopf.* Wegen Formähnlichkeit. 1900 ff.

Wischwasch n *Gulasch.* W. im 18. Jh. »Machwerk; Durcheinander‹. Vgl. engl. wish-wash ›dünnes, wässeriges Getränk‹

Witwenmacher m *für Abstürze berüchtigter Flugzeugtyp.* → Widowmaker

Witwenschreck m *Starfighter*

Witz m (unsinniger) Befehl
Wochenklosetthosen pl Überfall-
hose. 1930ff. → Vierwochenklo-
sett
Wochenspiegel m Gemüsesuppe
Wohlstandsadler m Brathähnchen
u. ä.
Wohlstandsbrause f Sekt
Wohlstandskugel f dicker Bauch
Wohlstandslimonade f Sekt
Wohlstandsmolle f dicker Bauch.
→ Mollenfriedhof
Woilach m Winter-, Postenman-
tel, Umhang. Aus russ. u. poln.
wojlok ›Filz(decke)‹; vgl. Grimm
14. 2, 1236
Wolf m, pl Wölfe, graue W.
1. Unterseeboote. 1939ff. —
2. Schnellboote. — Wegen des
Farbanstrichs u. des Auftretens
in »Rudeln«
Wolga (FlußN) m, W. lang
Posten-, Wintermantel. — Wegen
der Winterkleidung der dt. Sol-
daten an der Wolgafront 1941ff.
Wolgadecke f Winter-, Posten-
mantel, Umhang. → Wolga
Wolgamantel m Posten-, Winter-
mantel. → Wolga
Wolganerz m pelzgefütterter
Postenmantel. → Wolga
Wolgaschlepper m langer Posten-
mantel. → Wolga
Wolkenquirl m Hubschrauber.
1941ff. → Quirl
Wolkenschieber m Flieger
Wolkensheriff m Geistlicher. An-
spielung auf das »in den Wolken«
liegende Jüngste Gericht
Wolldeckenanzug m Ausgehanzug.
Wegen des dicken Tuchs
Wollschwein n, eierlegendes u.
milchgebendes W. Alleskönner
Wollustpuffer m Frikadelle. Die
F. gesehen als Kartoffelpuffer in
Form einer Brust

Woyzeck (FN) m Angehöriger des
Mannschaftsstandes. Nach der Titelfigur W. (Soldat u. Barbier) in
Georg Büchners Drama (1879)
WSW n Frühstück. Abk. von
»Wir schlafen weiter« (als Antw.
auf den Zuruf »Zum Frühstück!«
oder in Anspielung auf die Früh-
stückseinnahme in halbwachem
Zustand)
Wuchtbrumme f nettes, lebens-
lustiges Mädchen. → Brumme
WUG m Querschläger. Abk. von
»Waffen- u. -Geräte(-Unteroffi-
zier)«; der Uffz. gilt als Q.
Wuhlacker m Truppenübungs-
platz. → wuhlen
wuhlen intr körperlich schwer ar-
beiten; eifrig arbeiten. W. Neben-
form von wühlen. 1900ff.
Wühlmaus f 1. Grenadier. —
2. Pionier. 1914ff. (Haupt 195).
— 3. W. spielen Schanzarbeiten
verrichten
Wühl-Uni f Pionierschule. →
Wühlmaus 2
Wumm m Energie, Schwung u. ä.
Lautmalend für den dumpfen
Klang bei kräftigem Schlag
Wumme f Pistole, Gewehr u. ä.
1939ff. → Wumm
Wundertüte f 1. Kopf. 1930ff. —
2. Stahlhelm. → Tüte 1. — 3. ABC-
Munition
Wunderwehr f BW. Wortspiel
Wunderzettel m Speiseplan. Iro-
nisch
Wunsch m, W. eines Vorgesetzten
Befehl. Ironisch
Wünschelrutengänger m, pl
ABC-Abwehrtruppe. Anspielung
auf den Gebrauch des Geigerzäh-
lers
Wunschtraum m, W. eines Wehr-
pflichtigen Dienstunwürdigkeit
Würdigung f Bestrafung. Ironisch

Würfelhusten m *Erbrechen.*
1900 ff.

Würfelspiel n *Musterung.* Über
Einberufung u. Nichteinberufung
entscheidet vermeintl. der Zufall

Wurfobjekt n *Klops*

Wurm m *Dienstgradabz. des Sa-*
nitätssoldaten. Deutung der Äskulapschlange. 1914 ff.

Würstchen n 1. *Einfältiger, Ener-*
gieloser. — 2. ungares W. *Ver-*
sager. — Beruht auf Wurst
›Penis‹. 1900 ff.

Wurzel f *Penis.* Wegen Formähnlichkeit des P. mit der Rüben-
wurzel. 1910 ff.

Wurzelbrecher m, **-mechaniker** m
Zahnarzt

Wurzelzwerg m *Kleinwüchsiger.*
Entweder zu → Wurzel oder
Anspielung auf die aus einer Wurzel geschnitzte Menschenfigur
oder die als Mensch gedeutete
Wurzel (Mandragora, Alraune).
1939 ff.

Wüstengeld n *Geld für Teilnehmer*
an Wehrübungen. Wüste: Truppenübungsplatz

W. v. D. m *Ordonnanz.* Abk. von
»Wetzer vom Dienst«; → Wetzer 2

W-Vierundzwanziger, -Sechsund-
dreißiger (u. a.) m *Zeitsoldat auf*
24, 36 (u. a.) *Monate.* → W

W-Zwölfer m *Wehrpflichtiger mit*
nur noch 12 Monaten Dienstzeit.
→ W

Y *BW.* Nach dem amtl. Kennzeichen der BW-Kraftfahrzeuge.
→ Ende

Youngster m [Ausspr. engl.] *jun-*
ger Mann; Rekrut. Engl. y.
›Jüngling, Knabe‹

Z [in Zusammensetzungen Abk.
für:] *Zeit-*

Z m [(Abk. für:) Zeitsoldat] 1. Z
acht in Lauerstellung *Zeitsoldat*
auf 8 Jahre. — 2. Z bewußtlos
Berufssoldat. Der B. hat bis zur
Bewußtlosigkeit zu dienen. — 3. Z
drei *Zeitsoldat auf 3 Jahre.* →
Z-Dreier. — 4. Z dunkel *Berufs-*
soldat. Das Ende der Dienstzeit
des B.en liegt im Dunkel. —
5. Z ewig a) *Berufssoldat.* →
Z-E. — b) *Stabsoffizier, Offizier.*
— c) *Ehemann.* Einfl. von Z:
Zuchthaus. — 6. Z neunund-
neunzig mit Erbpacht *Berufssol-*
dat. Die Verpflichtung des B.en
erstreckt sich vermeintl. auch auf
die folg. Generationen; 99 Jahre
symbolisch für Ewigkeit. — 7. Z
zwölf *Zeitsoldat auf 12 Jahre.*
→ Z-Zwölfer. — 8. Z, bis ihn
der Tod erlöst *Berufssoldat.* —
9. Z, bis der Tod uns scheidet
Berufssoldat. Nach der Trau-
formel

zack adj *einwandfrei*

Zack m 1. *militär. Straffheit;*
vorbildl. Zucht u. Ordnung. 1920 ff.
— 2. [jmdn.] auf Z. bringen
[*jmdn.*] *zu vorschriftsmäßigem Ver-*
halten anleiten; [*jmdn.*] *drillen.*
1920 ff. — 3. keinen Z. mehr haben *ohne Geld sein.* Geldmangel
erzeugt Schwunglosigkeit. — 4. auf
Z. sein *in tadelloser Ordnung sein;*
gut bewandert sein; seinen Vorteil
wahrzunehmen wissen; einer Lage
gewachsen sein. 1920/25 ff. —
Vgl. *WdU* 1, 525

zackig adj *straff; militär. ein-*
wandfrei; hervorragend. → Zack;
Einfl. von der Vorstellung ruck-
artiger Bewegung. 1870 ff.

Zackige m *vorbildlicher Soldat.*
1910 ff.

Zackigkeit f *militär. Straffheit.*
1900 ff.

Z-Affe m *Zeitsoldat.* → Z; A. als
Schimpfw.

Zahlemann (FN), Z. u. Söhne
(Redewendung bei Begleichen
einer Zeche o. ä.)

zählen intr, Zähle bis drei u. bete
Gefechtsschießen. Nach dem dt.
Titel eines amerikan. Westerns
(1957)

Zahlenmichel m *Zahlmeister, Rechnungsführer*

Zahlmops m *Zahlmeister, Rechnungsführer.* Mops spielt an auf
Beleibtheit u. mürrischen Gesichtsausdruck; auch → Möpse;
→ Mopsverwalter. 1939 ff.

Zahn m 1. *Mädchen; intime
Freundin.* 1945 ff. — 2. dufter Z.
hübsches Mädchen. → dufte. —
3. irrer Z. *sehr anziehendes junges
Mädchen.* → irr. — 4. spitzer Z.
sinnlich veranlagtes Mädchen. →
Spitzzahn. — 5. steiler Z. *großes
Mädchen; hübsches Mädchen; elegant gekleidetes Mädchen.* — Z. zu
jidd. sona ›Dirne‹.

Zähnezieher m *Rahmbonbon.* →
Plombenzieher

Zahnflicker m *Zahnarzt.* → Flikker

Zahnkeule f *Zahnarzt; Sanitätsdienstgrad in der Zahnstation.* →
Keule 4

Zahnklempner m *Zahnarzt.* 1890 ff.
→ Klempner

Zahnrad n *Angehöriger des techn.
Personals.* Wegen des Abzeichens. Marinespr. u. Fliegerspr.
1910 ff.

Zahnradgymnasium n *Schule der
Technischen Truppe.* Wegen des
Abzeichens

Zahnschlosser m *Zahnarzt.* 1890/
1900 ff.

Zahnspengler m *Zahnarzt.* 1890 ff.
→ Zahnklempner

Zahnstocher m 1. *Seitengewehr,
Dolch.* 1914 ff. (HAUPT 196;
GRAFF 163). 2. *Rakete Typ Nike*

Zange f *Dienstgradabz. des Hauptfeldwebels*

Zapfen m 1. *Penis.* 1900 ff. —
2. *Zapfenstreich.* 1900 ff. — 3. über
den Z. hauen *die Ausgangsfrist
überschreiten.* 1900 ff. Zu → Zapfen 2. — 4. Z. streichen *die befohlene Heimkehrzeit überschreiten.*
1900 ff. Zu → Zapfen 2; Wortspiel mit → Zapfenstreich. —
5. den Z. streichen a) *harnen.*
1935 ff. — b) *onanieren.* — Zu
→ Zapfen 1 mit Anklang an →
Zapfen 2. — 6. (über den) Z.
wichsen *den Abendurlaub überschreiten.* 1900 ff. Zu → Zapfen 2;
→ Zapfenstreich

Zapfenstreich m, über den Z.
wichsen *die Ausgangsfrist überschreiten.* 1900 ff.

Zapfenwichsen n *Überschreiten
der Ausgangsfrist.* 1900 ff.

Zapfenwichser m *Soldat, der den
Abendurlaub überschreitet.* 1900 ff.

Zappenwichsen n → Zapfenwichsen

Zaster m *Geld, Wehrsold.* Zu
zigeuner. saster ›Eisen‹. 1830 ff.

Zasterbulle m, **-Ede** m, **-sack** m
Zahlmeister, Rechnungsführer. →
Zaster

Zaun m, Da möchte ich nicht tot
überm Z. hängen! (Redensart auf
eine unwirtl. Gegend)

Zaunkarte f, die Z. haben (Redewendung bei Ausgang ohne Erlaubnis; der Soldat — ohne Nachturlaubskarte — kehrt über den
Zaun in den Kasernenbereich
zurück). 1914 ff.: »Zaunbillet nehmen«

Zaunkönig m *Wachsoldat*
Z-Backe f *Berufssoldat*. → Z;
Backe: Gesäßbacke
Z-Bär m *Zeitsoldat*. → Z; → Bär 1
Z-Bock m *Längerdienender*. → Z
Z-Bolzen m *Berufssoldat*. → Z;
Bolzen spielt auf Beleibtheit an
Z-Bratz m *Zeitsoldat*. → Z;
Bratz: Kopf (*Hamburg. Wb.* 449)
Z-Dreier m → Z 3
ZDv [(Abk. für:) Zentrale Dienst-
vorschrift] f 1. ZDv 3/Texas
Dienstvorschrift. Texas gilt als
gefährl. Gebiet (Mord an Präsi-
dent KENNEDY in Dallas 1963);
die ZDv enthält Anweisungen für
den Umgang mit Waffen, für
Geländekunde, Beobachten, Mel-
den, Tarnen, Täuschen usw. —
2. ZDv 3/wichtig *Dienstvorschrift*
Z-E. m *Berufssoldat*. → Z 5 a
Z-Eber m *Zeitsoldat*. → Z-Schwein
Zebra n *Hauptgefreiter*. Wegen
der drei Streifen auf den Ober-
ärmeln. → Bundeszebra
Zebra-Igel m, pl *NATO-Truppen*.
Der Igel als Symbol des bewaff-
neten Friedens; Konzept der
Defensivverteidigung der NATO
Zehnliterhose f *Arbeitshose, Über-
fallhose*. Wegen des weiten
Schnitts
Zeit f 1. keine Z. haben *ohne Geld
sein*. 1920 ff. — 2. viel Z. haben
bei Kasse sein. — Zur Redensart
»Zeit ist Geld «
Zeitbremser m *Zeitsoldat*. →
bremsen
Zeitqualle f *Zeitsoldat*. → Qualle
Zeitsau f *Längerdienender*. Sau als
Schimpfw.
Zeitschwein n *Zeitsoldat*. Schwein
als Schimpfw.
Zeitungsesel m *Presseoffizier*. Den
P. »schlägt « man, wenn man den
Sack (die BW) meint

Z-Elch m *Zeitsoldat*. Im An-
schluß an → Zwölfender. → Z
zelebrieren tr *Geschäftigkeit vor-
täuschen*. Marinespr.
Zelt n 1. Z. in der Hose *Glied-
versteifung*. 1935 ff. — 2. ein Z.
bauen *sich geschlechtlich erregen,
geschlechtlich erregt werden* (der
Mann). 1935 ff. → Zelt 1
Zeltjäger m *Feldjäger*. Wortspiel
Zementbrot n *Dauerbrot*
Zementkragenträger m *kathol.
Geistlicher*. Zementkragen: steifer
Kragen
Zementmarine f *Küstenschutz*. An-
spielung auf die Bunkerstellungen
Zementplatte f *Hartwurstscheibe*
Zementwurst f *Leberwurst*. Wegen
der Farbe. 1900 ff.
Zerlegung f *Musterung*. Der Ge-
musterte wird »auseinanderge-
nommen «
Zersetzungsbeamte m, pl -n *Bun-
desamt für Wehrtechnik u. Be-
schaffung*. → Bestechungsamt
Zerstäuber m *Gewehr*. Entspr. →
Spritze 1
Zerstreuer m *Zerstörer*. Wort-
mischung aus Zerstörer + engl.
destroyer
Zerwalter m, pl *Truppenverwal-
tungsbeamte*. Wortspiel; vgl.
Sprachdienst 1977, 132
Zetter(er) m, **Zetti(e)** m, **Zet-
tig(e)** m, **Zettler** m *Zeitsoldat*. Zu
→ Z
Zeughaus n *Bekleidungskammer*.
(1915 nichtmilitär.: Bekleidungs-
geschäft)
Zeugungskommando n, **-urlaub** m
Hochzeitsurlaub
Z-Grabstein m 1. *Berufssoldat*. —
2. *Stabsoffizier*. — → Z
Z-Hobel m *Zeitsoldat*. → Z; Ho-
bel ›Gesäßkerbe‹; → Z-Backe
Zichte f *Zigarette*. Verkürzung

Ziege f 1. pl -n *Mannschaften.* Die
M. wähnen sich »angepflockt« u.
sind bekannt für »Meckern« (Nör-
geln). — 2. Es hört sich an, als ob
eine Z. aufs Trommelfell scheißt
(Redensart bei ungleichem
Marschtritt). 1900 ff.
Ziegenfutter n *Salat.* 1914 ff.
Ziegenklempner m, pl *Instand-
setzungstruppe.* → NATO-Ziege
Ziegenscheiße f, scharf wie Z.
geschlechtlich triebhaft. → scharf
Ziehungsamt n *Kreiswehrersatz-
amt.* Über Einberufung u. Nicht-
einberufung entscheidet ver-
meintl. der Zufall wie in einer
Lotterie
Zielgrube f, **-rohr** n *Stehabort*
Zielscheibe f 1. *Schweizer Käse.*
Die Löcher rühren vermeintl. von
Einschüssen her. — 2. *Bildschirm.*
Der B. aufgefaßt als Zielscheibe
der Augen oder der Kritik
Zielscheißhaus n *Stehabort*
Zigarette f *leichte Rüge.* 1900 ff. →
Zigarre 1
Zigarettenanzünder m *Flammen-
werfer.* → Flammenwerfer 1
Zigarettenautomat m *Patronen-
tasche; Magazintasche für Patro-
nen.* Die Tasche kann (aber darf
nicht) zur Aufbewahrung von
Zigaretten dienen
Zigarettendose f, **-kiste** f *ABC-
Schutzmaskentasche.* Entspr. →
Bierbox
Zigarettenetui n *Patronentasche.*
→ Zigarettenautomat
Zigarre f 1. *Strafrede des Vorgesetzten; strenge Rüge.* Vom Anbieten einer Z. am Beginn auch
einer Strafpredigt; der Zurecht-
gewiesene wird »angeblasen«, »an-
gehaucht« o. ä. 1900 ff. — 2. *Torpedo.* Wegen der Formähnlichkeit. 1939 ff. — 3. pl -n, Er ist

mit dem Rad weg, Z. holen
(Antw. auf die Frage nach jmds.
Aufenthalt). — 4. [jmdm.] eine Z.
verpassen [*jmdn.*] *streng rügen.*
1914 ff. (HAUPT 199). → Zigarre 1
— 5. eine Z. verpaßt kriegen
streng gerügt werden. 1914 ff.
(GRAFF 200; BRUMMKÜSEL 2, 50).
→ Zigarre 1
Zigarrenanzünder m *Flammenwerfer.* → Zigarettenanzünder
Zigarrenklo n *Aschenbecher*
Zigeuner m, pl, Da fahren sogar
die Z. im Trab vorbei (Redens-
art auf eine ärml. Gegend)
Zigeunerartillerie f *Infanteriege-
schütz; leichte Artillerie; Mörser;
Minenwerfer; Gebirgs-, Luftlande-
artillerie.* Anspielung auf oftmali-
gen Standortwechsel. 1914 ff.
(FRITZ 89)
Zigeuner-Fla f 1. *Tieffliegerab-
wehrrakete Hawk.* Die T. ist auf
ein Ladefahrzeug montiert. —
2. *Mörser.* — → Zigeunerartillerie
Zigeunerkutsche f *Kübelwagen,
Jeep.* Wegen der großen Beweg-
lichkeit
Zigeunervilla f *Zweimannzelt*
Zimmer-Fla f *Maschinenpistole*
Zimmerflak f *Pistole, Maschinen-
pistole.* 1933 ff.
Zimmerflinte f *Pistole*
Zimmerhuste f *Pistole.* → Huste
Zimmerkino n *Fernsehgerät*
Zinkenputzlappen m *Taschentuch.*
Zinken ›Nase‹
Zipfel m *Penis.* 19. Jh.
Zirkus m 1. *Formaldienst.* —
2. *Appell mit Uniformwechsel.* —
3. *Luftmanöver; Kurvenfliegen.*
1939 ff. — 4. *BW* (abf.)
Zirkusschau f, **-show** f *Manöver*
Zirpakademie f *Fernmeldeschu-
le.* → Piepsakademie

Zitrone f *Eierhandgranate.* Wegen Formähnlichkeit u. der für den Gegner »sauren« Wirkung

Zitronenfalter m, pl *Nachrichten-, Fernmeldetruppe.* Wegen der zitronengelben Waffenfarbe.1939 ff.

Zitronengelbe m, pl -n *Fernmeldetruppe.* → Zitronenfalter

Zitronenkopf m *Feldjäger.* Wegen der gelblich-orange Waffenfarbe

Zitterschnitzel n *eine Portion Pudding*

Zitterwochen pl *Hochzeitsurlaub.* Zu zittern ›koitieren‹; vgl. auch die Redensart »Nach den Flitterwochen kommen die Zitterwochen« (MÜLLER 9, 816)

Zivilbruder m *Zivilist* (abf.)

Zivilbulle m *ziviler Verwaltungsbeamter im Dienst der BW.* → Bulle 1

Zivilisationsstrippe f *Krawatte.* → Kulturstrippe

Zivilist m 1. *Soldat mit unsoldat. Benehmen.* 1900 ff. — 2. → scheiß 11. — 3. Z. gesehen — ganzer Tag verdorben/-saut! (Ausr. dessen, der Nur-Soldat ist oder sich scherzh. als solcher gibt)

Zivilistenpennstube f *Handwerkerraum* u. ä. Der Truppenhandwerker wird vom Soldaten als Zivilist eingestuft

Zivillump m *Zivilist* (abf.)

Zivilpelle f *Zivilkleidung.* 1914 ff. → Pelle

Zivilpenner m *Zivilist in der Truppenverwaltung.* → Penner 1

Zivilstrick m *Langbinder.* → Kulturstrick

Zivil(l)unke m *Zivilist; ziviler Truppenverwaltungsbeamter.* Zu Lunken ›Lumpen‹ oder Wortmischung aus Zivilist + Halunke

Zivilversager m *Längerdienender, Berufssoldat*

Z-Keiler m *Zeitsoldat.* → Z; → Keiler

Z-Keule f *Zeitsoldat.* → Z; → Keule 4

Z-Klumpen m *Zeitsoldat.* → Z; Klumpen ›ungefüger Brocken; plumper Kerl‹

Z-Knochen m *Zeitsoldat.* → Z; → Knochen 2

Z-Knüppel m *Zeitsoldat.* → Z; → Knüppel 1

Z-Koffer m *Berufssoldat; Zeitsoldat.* → Z; → Koffer 6

Z-Kolben m *Berufssoldat.* → Z; Kolben ›untersetzter, plumper Kerl‹

Z-Kopf m, **-Kopp** m *Zeitsoldat.* → Z; → Kommißkopf

Z-Lappen m *Zeitsoldat;* Verkürzung von Waschlappen ›Schwächling‹ (im Zivilleben)

Z-Lichtjahr n, pl -e *Berufssoldat.* → Lichtjahr

Z-Löwe m *Zeitsoldat.* → Z; der Löwe als Symbol der Kraft- u. Machtfülle

Z-Made f *Zeitsoldat.* → Z; der Z. als Schmarotzer gesehen

Z-Mann m *Längerdienender.* → Z

Z-Mensch m *Zeitsoldat.* → Z

Z-Mucke f *Zeitsoldat.* → Z; Mucke ›großer Brocken‹; ›närrischer Einfall‹

Z-Muckel m *Zeitsoldat.* → Z; → Erdmuckel

Z-Muli m *Zeitsoldat.* → Z; Muli (über Maulesel, Esel) ›Dummer‹

Z-Ofen m *Zeitsoldat.* → Z. Der Z. wärmt sich vermeintl. am »Ofen« der BW

Zone f, saure Z. *militär. Sperrgebiet.* Wer das S. unbefugt betritt, wird »sauer« empfangen

Zoo m *Kaserne.* → Tiergarten

Z-Opa m *Berufssoldat.* → Z

Zopf m, pl Zöpfe *Mannschaften.* Anspielung auf die lange Haartracht

Zossen m *Kraftfahrzeug.* Z. eigentl. ›Pferd‹

ZPL m *Taschentuch.* Abk. für → Zinkenputzlappen

Z-Porky m, n *Zeitsoldat.* → Z; → Porky

Z-Prügel m *Zeitsoldat.* → Z; → Prügel 2

Z-Qualle f *Zeitsoldat.* → Z; → Qualle

Z-Rentner m *Berufssoldat.* Der B. erwirbt in der BW Rentenansprüche, bleibt bis zum Rentenalter

Z-Säge f *Zeitsoldat.* Sägen ›schnarchen‹; der Z. verschnarcht die Zeit

Z-Sau f 1. *Zeitsoldat* (abf.). → Zeitschwein; → B-Sau. — 2. fressen wie eine Z. *gierig essen*

Z-Schmuddel m *Zeitsoldat.* → Z. Anspielung auf abgetragene Uniform

Z-Schuppen m *Soldatenkneipe.* → Z; → Schuppen

Z-Schwein n 1. *Zeitsoldat* (abf.). Der Z. »mästet« sich angebl. während der Dienstzeit. → Z; → Zeitschwein. — 2. pl -e *die Offiziere.* → Z 5 b

Z-Soldat m *Zeitsoldat.* → Z; → B-Soldat

Zuchthaus n 1. *Kaserne.* — 2. Da wir gerade vom Z. reden — was macht dein Bruder? (Herausfordernde Redensart)

Zuchthauskotelett n, **-praline** f, **-schnitzel** n *Frikadelle*

Zuckerwasser n *Likör*

Zug m 1. Z. in die Kolonne bringen *eine Gruppe an Zucht u. Ordnung gewöhnen.* 1900 ff. — 2. Z. in der Kolonne haben *in einer*

Gruppe auf Zucht u. Ordnung halten. 1900 ff. — Nach dem (ordentl.) Z. im Ofen u. Kamin

Zugabe f *Nachexerzieren*

zugleich adv, Z.! (Schlachtruf der Artillerie, der Pioniere). Auf das Kommando Z.! ziehen die Kanoniere das Geschütz aus dem Schlamm oder bringen es in Stellung

Zugochse m *Zugdiensttuender.* Zug ›Gruppe Marschierender‹

Zuhälterdeckel m *Baskenmütze.* Die B. als eine in den 20er Jahren u. in den ersten Jahren nach dem 2. Weltkrieg für den Zuhälter typ. Kopfbedeckung

Zulu *Zonenzeit, die gegenüber der Greenwich-Zeit (Westeurop. Zeit) 1 Stunde nachgeht* (Guinea, Azoren). Z. tastfunktechn. Ausdr. im NATO-Alphabet zur Wiedergabe des Buchstabens Z

Zündbereitschaft f *Geschlechtstrieb*

Zünder m, Da kriegst du einen auf den Z.! (Ausr. der Verwunderung, des Unwillens). Wie → Detonator

Zunft f 1. blaue Z. *Marineangehörige.* Wegen der blauen Uniform. — 2. schwarze Z. *Pioniere.* Wegen der schwarzen Waffenfarbe

Zunftbuch n *Wehrpaß*

zupfen 1. tr [jmdn.] *degradieren.* — 2. intr *liebedienern; sich einschmeicheln.* Fußt auf der Vorstellung vom Federnablesen oder auf dem Kratzen nach Katzenart

Zupfer m *Liebediener.* → zupfen 2

zurechtschleifen tr [jmdn.] *rücksichtslos drillen, eingewöhnen.* 1914 ff. → schleifen 1

zurückficken tr, Man sollte ihn z. u. abtreiben/Er gehört zurückgefickt u. abgetrieben! (Redensarten auf einen höchst Unsympathischen)

zurückgeblieben adj → stark 1

zusammenkacheln tr, X Flugstunden z. *X Flugstunden erreichen.* Kacheln ›den Ofen stark einheizen; schnell, keuchend radfahren‹

zusammenscheißen tr [*jmdn.*] *entwürdigend anherrschen*; [*jmdm.*] *derbe Worte entgegenschleudern.* 1935 ff. → anscheißen

zusammenschmeißen intr *heiraten.* Vom Vereinigen der Haushalte, der Lohntüten u. ä. Frühes 20. Jh. z. refl. ›[mit jmdm.] einen gemeinsamen Haushalt führen‹

Zusammenschmiß m *Eheschließung.* → zusammenschmeißen

zuschlagen intr 1. *gierig essen.* — 2. *sich betrinken*

Zustand m *Fähnrich.* F. zu sein gilt nur als vorübergeh. Zustand

Z-Vierer m *Zeitsoldat auf 4 Jahre.* → Z

Z-Wahnsinn m *Berufssoldat.* Der B. dient angebl. bis zum Wahnsinn; man hält es für Wahnsinn, über die Pflichtzeit hinaus zu dienen. → Z

Zwangsjacke f *Waffenrock, Uniform.* 1914 ff. (AHNERT 179)

Zwecksport m *Geschütz-, Fahrzeug-, Panzerexerzieren*

Zweiachser m *Obergefreiter.* Wegen der beiden Streifen auf dem linken Oberärmel

Zweigleisiger m *Wehrpflichtiger, der noch weniger als 100 Tage zu dienen hat.* Wegen der zweistelligen Zahl. → Eingleisiger

Zweisternemajor m *Oberstleutnant.* Wegen der beiden Sterne auf den Schulterklappen

Zweizylinder m *Latrine mit 2 Sitzen.* → Zylinder 1

Zwergenheim n *Ein-, Zweimannzelt*

Zwieback m, n *Truppenlager.* Wortspielerisch aus Biwak

Zwiebel f *Kopf*

Zwiebelsack m *Haarnetz* (TRANSFELDT 293)

Zwiebelbombe f *Frikadelle*

Zwiebelförster m *Soldat, der das Gewehr mit der Mündung nach unten trägt.* Z. eigentl. Spottw. für den Feldhüter

Zwiebelportemonnaie n *Geldmangel.* Wer in das Z. hineinblickt, vergießt Tränen wegen der Leere

Zwille f *Gewehr.* Ausgangsbed. ›kleine Schleuder‹

Zwingburg f *Kaserne*

Zwinger m *Sperrgebiet*

Zwirn m 1. *Uniform; Kampfanzug.* — 2. *bester Z. Ausgehanzug.* → Ausgehzwirn. — 3. *grauer Z. Uniform.* — Z. als Bez. für Textilkleidung im Gegensatz zur Lederkleidung

Zwitschergemüse n *Hülsenfrüchte.* Zu zwitschern hier ›(in Bauch u. Darm) rumoren‹; wegen der blähenden Wirkung

Zwitscherlatte f, **-stange** f *Latrinensitzstange.* Zu zwitschern ›plaudern‹. 1914 ff. (GRAFF 165)

zwölf num, von z. bis Mittag denken *dumm, gedankenlos sein*

Zwölf f *Gesicht.* Wegen der 12 als Mitte der Schießscheibe; »mitten ins Ziel treffen« ›mitten ins Gesicht schlagen‹

Zwölfender m *Soldat, der 12 Jahre gedient hat u. anschließ. beim Militär bleibt oder als Beamter in den Staatsdienst übernommen wird.* Aus der Jägersprache. 1900 ff.

Zwölfer m *Volltreffer.* Eigentl. der bestmögliche Treffer beim Scheibenschießen. → Zwölf

Zwölfzöller m, einen Z. im Kopf haben *von Sinnen sein; eingebildet sein; wunderliche Gedanken äußern.* Gröber für »einen Nagel im Kopf haben«

Zwölfzylinder m *Latrinen-, Abortanlage mit 12 Sitzen.* 1939 ff. → Zylinder

Zwostern m *Oberleutnant.* Wegen der beiden Sterne auf den Schulterklappen

Zylinder m 1. *Abortsitz.* Wegen gewisser Formähnlichkeit von A. u. Motorzylinder (gemeinsame Bezeichnung: Topf). 1939 ff. — 2. *Stahlhelm.* 1916 ff.

Zylinderhut m, knitterfreier Z. *Stahlhelm.* 1939 ff. → Knitterfreie

Z-Zwölfer m → Z 6

Literaturverzeichnis

AHNERT, KURT: *Sprühende Heersprache*; Nürnberg; 1917.

Alte Kameraden. Unabhängige Zeitschrift deutscher Soldaten. Karlsruhe, I ff. (1953 ff.).

BERGMANN, KARL: *Wie der Feldgraue spricht*; Gießen 1916.

BRUMMKÜSEL, HANNES (d. i. HANS BRUHN): *1000 Worte Marine-deutsch*; Wilhelmshaven 1933, 1950.

BUSCHAN, GEORG: *Vom Arzt und [von] Ärzten in der Soldatensprache*; in: *Wiener Medizinische Wochenschrift*, Nr. 44/1935, S. 1 ff.

CARSTENSEN, BRODER: *Englische Einflüsse auf die deutsche Sprache nach 1945*; Heidelberg 1965.

COMMENDA, HANS: *Österreichische Soldatensprache*; 1960.

DEPPISCH, WALTER: *99 Wörter Hamburgisch*; Hamburg 1972.

Deutsches Soldaten-Jahrbuch (Deutscher Soldatenkalender); München, I ff. (1953 ff.).

ERKA, ROLF: *Von Landsern und Muschkoten*; Wiesbaden 1965.

Fallschirm. Spiegel der Luftlandetruppen; Koblenz/Bonn, I ff. (1958 ff.).

FISCHER, HERMANN: *Schwäbisches Wörterbuch*; Tübingen 1904 ff.

FRISCHBIER, H[ERMANN]: *Preußisches Wörterbuch*; Berlin 1882 u. 1883.

FRITZ, MAX: *Schwäbische Soldatensprache im ersten Weltkrieg*; Stuttgart 1938.

FUCHS, KARL HEINZ, u. FRIEDRICH WILHELM KÖLPER: *Militärisches Taschen-Lexikon. Fachausdrücke der Bundeswehr*; Bonn 1958.

GÖRZ, HEINZ: *Drei, vier: ein Witz*; Gütersloh 1967.

GRAFF, SIEGMUND, u. WALTER BORMANN: *Schwere Brocken. 1000 Worte Front-Deutsch*; Magdeburg ⁴1925.

Grenzwald, Der. Zeitschrift der 4. Jägerdivision; Regensburg, I ff. (1958 ff.).

Grimm = GRIMM, JACOB, u. WILHELM GRIMM: *Deutsches Wörterbuch*; Leipzig 1854 ff.

Hamburg = *Hamburgisches Wörterbuch*, hrsg. von HANS KUHN u. ULRICH PRETZEL, bearb. von KÄTHE LASCH; Neumünster 1956 ff.

HAMMER, WALTER: *Fettigkeiten — naplü! Anschluß — bukom!*; Elberfeld 1917.

HÄNEL, CARL: *Flieger-ABC*; Berlin 1942.

HAUBRICH, W[ERNER]: *Die Bildsprache des Sports im Deutsch der Gegenwart*; Schorndorf 1965.

HAUPT-HEYDEMARCK (d. i. GEORG HEYDEMARCK): *Soldatendeutsch*; Berlin 1934.

HOCHSTETTER, GUSTAV: *Der feldgraue Büchmann*; Berlin 1916.

HOLT, BERT: *Soldaten-Deutsch*; Frankfurt am Main 1970.

HORN, PAUL: *Die deutsche Soldatensprache*; Gießen 1899.

IMME, THEODOR: *Die deutsche Soldatensprache der Gegenwart und ihr Humor*; Dortmund 1917/1918.

Information für die Truppe. Hefte für staatsbürgerliche Bildung und Innere Führung; Köln.

Jahrbuch der Bundeswehr; Wiesbaden 1957.

JUNGANDREAS, WOLFGANG: *Niedersächsisches Wörterbuch*; Neumünster 1953 ff.

KEMPHEN, WALTER V.: *Uniform-Fibel*; Frankfurt am Main 1960.

KIRST, HANS HELLMUT: *Fabrik der Offiziere*. Roman; München 1960.

KIRST, HANS HELLMUT: *08/15 heute*. Roman; München/Wien/Basel 1963.

KLAUSSMANN, A[NTON] OSKAR: *Der Humor im deutschen Heere*; Berlin/Leipzig/Wien 1889.

KLUGE, FRIEDRICH: *Seemannssprache*; Halle a. d. S. 1911.

KREBS, GOTTHOLD: *Militärische Redensarten und Kunst-Ausdrücke*; Wien 1892.

KREBS, GOTTHOLD: *Militärische Sprichwörter und Redensarten*; Wien 1895.

KRETSCHMER, PAUL: *Wortgeographie der hochdeutschen Umgangssprache*; Göttingen 1918.

KÜCK, EDUARD: *Lüneburger Wörterbuch*; Neumünster 1942, 1962, 1967.

KÜPPER, HEINZ: *Am A.... der Welt. Landserdeutsch 1939/45*; Hamburg 1970.

KÜPPER, HEINZ: siehe *WdU*.

LADENDORF, OTTO: *Historisches Schlagwörterbuch*; Straßburg/Berlin 1906.

LIEBE, GEORG: *Der Soldat in der deutschen Vergangenheit*; Leipzig 1899.

LOOSE, GERHARD: *Zur deutschen Soldatensprache des zweiten Weltkriegs*; in: *The Journal of English and Germanic Philology*, 46 (1947), S. 268—279.

Luftwaffe; Koblenz/Bonn, I ff. (1960 ff.).

MARCKS, OTTO: *Die Bundeswehr im Aufbau*; Bonn 1957.

MAUSSER, OTTO: *Deutsche Soldatensprache, ihr Aufbau und ihre Probleme*; Straßburg 1917.

MECHOW, MAX: *Zur deutschen Soldatensprache des zweiten Weltkrieges*; in: *Zeitschrift für deutsche Sprache*, 27 (1971), S. 81—100.

MENSING, OTTO: *Schleswig-Holsteinisches Wörterbuch*; Neumünster 1927 ff.

MILLER, AUGUST: *Die deutsche Soldatensprache und die Arbeit an ihr*; in: *Deutsche Kultur im Leben der Völker*, H. 3/1941, S. 385 ff.

MILLER, AUGUST: *Neue Begriffe und Worte in unserer deutschen Soldatensprache*; in: *Bayerisch-Südostdeutsche Hefte für Volkskunde*, 15 (1942), S. 21—23.

MILLER, AUGUST: *Die deutsche Soldatensprache*; in: *Hessische Blätter für Volkskunde*, 40 (1942).

MILLER, AUGUST: *Die Wertung der Rekruten in der deutschen Soldatensprache*; in: *Oberdeutsche Zeitschrift für Volkskunde*, 16 (1942), S. 115 ff.

MÜLLER, JOSEF: *Rheinisches Wörterbuch*; Bonn 1928—1971.

Muttersprache (bis 39 [1924]: *Zeitschrift des [Allgemeinen] Deutschen Sprachvereins*), hrsg. von der Gesellschaft für deutsche Sprache (Wiesbaden), I ff. (1886 ff.).

NESKE, FRITZ, u. INGEBORG NESKE: *dtv-Wörterbuch englischer und amerikanischer Ausdrücke in der deutschen Sprache*; München 1970.

OCHS, ERNST: *Badisches Wörterbuch*; Lahr 1925 ff.

RASMUS-BRAUNE, JOACHIM: *Rekruten der Freiheit*; Darmstadt 1960.

RIPPL, EUGEN: *Die Soldatensprache der Deutschen im ehemaligen Tschecho-slowakischen Heere*; Reichenberg/Leipzig 1943.

SCHMELLER, J[OHANN] ANDREAS: *Bayerisches Wörterbuch*; München ² 1872 u. 1877.

SCHULZ, HANS: *Deutsches Fremdwörterbuch*; Straßburg 1913; fortgeführt von OTTO BASLER; Berlin 1942 u. Berlin/New York 1972; weitergeführt im Institut für deutsche Sprache; Berlin/New York 1977 ff.

Soldat der Berge. Truppenzeitschrift der 1. Gebirgsdivision Garmisch-Partenkirchen; Koblenz/Bonn, I ff. (1957 ff.).

Soldatenkurier; Koblenz/Bonn, I ff. (1957 ff.).

Sprachdienst, Der, hrsg. im Auftrag der Gesellschaft für deutsche Sprache (Wiesbaden), I ff. (1957 ff.).

TODENHAGEN, CHRISTIAN: »*Das ist (nicht) mein Bier*«; in: *Muttersprache*, 82 (1972), S. 334—336.

Transfeldt: Wort und Brauch im deutschen Heer. Allerlei Militärisches, was mancher nicht weiß. »*Transfeldt*«. Bearb. von OTTO QUENSTEDT; Hamburg ⁷ 1976.

WdU = KÜPPER, HEINZ: *Wörterbuch der deutschen Umgangssprache*; Hamburg 1955 ff.

WEISSBACH, WOLFGANG: *Rocker, — Stiefkinder unserer Gesellschaft*; Hamburg 1971.

WILDHAGEN, KARL/WILL HÉRAUCOURT: *English-German, German-English dictionary*; Wiesbaden ¹³ 1964.

WOLF, SIEGMUND A.: *Wörterbuch des Rotwelschen. Deutsche Gaunersprache*; Mannheim 1956.

WOSSIDLO, RICHARD, u. HERMANN TEUCHERT: *Mecklenburgisches Wörterbuch*; Neumünster 1942 ff.

WYKEHAM, REGONALD: *1000 idiomatische Redensarten Englisch*; Berlin 1961.

Zehnte, Die; Wolfhagen, I ff. (1961 ff.).

Zeitschrift für deutsche Sprache (bis 19 [1963]: *Zeitschrift für Deutsche Wortforschung*); Straßburg u. Berlin, I ff. (1901 ff.).

ZIENERT, JOSEF: *Unsere Marineuniform*; Hamburg 1970.

ZIESEMER, WALTHER: *Preußisches Wörterbuch*; Königsberg 1935 ff.